《讀懂論語就能成功》

讀懂論語就能成功

《讀懂論語就能成功》

這本中文電子書乃專門為付費讀者製作。
請尊重作者權益,切勿任意刪節、複製、修改、轉寄或轉售其內容,以免觸犯著作權法。

《讀懂論語就能成功》
作者:劉明德
德國柏林自由大學政治學博士

中文電子書於 2020 年由電書朝代製作發行,推廣銷售
電書朝代 (eBook Dynasty) 為澳大利亞 Solid Software Pty Ltd 經營擁有
網站:http://www.ebookdynasty.net
電郵:contact@ebookdynasty.net

《讀懂論語就能成功》

目錄

作者介紹	4
作者序	5
第一：學而篇	9
第二：為政篇	31
第三：八佾篇	57
第四：里仁篇	80
第五：公冶長篇	101
第六：雍也篇	126
第七：述而篇	153
第八：泰伯篇	183
第九：子罕篇	207
第十：鄉黨篇	235
第十一：先進篇	253
第十二：顏淵篇	283
第十三：子路篇	310
第十四：憲問篇	341
第十五：衛靈公篇	384
第十六：季氏篇	417
第十七：陽貨篇	435
第十八：微子篇	460
第十九：子張篇	474
第二十：堯曰篇	497
附錄一：對所謂「孔子的十大糟粕思想」的一點看法	505
附錄二：儒家之辨——我們真的了解孔孟嗎？	511
附錄三：作者解開的《論語》謎題——至今無解以及有爭議的章句列舉	527

《讀懂論語就能成功》

作者介紹

　　劉明德，台灣台南人，德國柏林自由大學政治學博士，熱愛善良、自由、真理。作者寫這本《讀懂論語就能成功》，緣起於和研究生們的讀書會共同研讀《論語》，而深入研究此書，並在研究過程中發現，中國歷代的《論語》註解竟然有非常多的錯誤，這才促使作者寫一本好的、完整的註釋專書。希望出版此書能提供大眾對《論語》有正確的解讀，更明確掌握聖人孔子的原意。

　　作者另著有《環境政策研究理論與方法》（北京：清華大學出版社），並譯有《德國問題與歐洲新秩序》（台北：翰蘆出版社）。

作者序

這世界紛紛擾擾，人心無所適從，何以然哉？沒有善良的指引所致。人想成功，但不知如何成功？人想善良，卻不知如何善良。孔聖人教導我們，以仁為第一義，自然這世界就沒有紛爭；以志於道為手段，自然每一個人都可成功且無後患。捨此，還有第二條成功路嗎？捨此，這世界能不爭戰不已嗎？

《論語》自從問世以來，即遭到很多人的誤解，以至於整部《論語》誤解之處甚多。正因為《論語》的錯解，導致很多人對《論語》多所批評，包括不合時宜，以為孔聖人不過如此爾爾。而其實，正如孟子所說，孔聖人乃「聖之時者也」，日本學者伊藤仁齋評價《論語》是「最上至極，宇宙第一書」，均無過譽也。

為什麼我會寫這本書？事實上，在這之前，我從沒想過寫與儒家有關的書。我是學政治科學的，之前我的學術生涯，與儒家從沒發生過關係。要不是我組織了讀書會之後發現，原來，兩千多年來，我們所讀的《論語》的各種註釋有很大的問題，我也不會寫這本書。

本書共三十萬字，分為正文和附錄的《對所謂「孔子的十大糟粕思想」的一點看法》、《儒家之辨》兩篇文章，以及作者解開的《論語》之謎的章句清單一百八十餘條，例如：「唯女子與小人為難養也」、「學而時習之」、「人能弘道，非道弘人」。正文的每一章的結構如下：都是以《論語》的原文開頭，接著是譯文，然後是字詞的註釋。接下來則是「明德說」以及我和我的學生之間的「問答」，這兩個部份並非每一章都有，但大部份都是有的。其中，「明德說」這一部份，我會引用朱熹、錢穆、楊伯峻、毛子水等權威學者的理解或譯文作為比較，以便讀者參酌。

兩千多年來，中外研究《論語》的學者都提出這樣的一個問題，他們認為今本《論語》中凡有難講之處，便說是錯簡、衍文、脫漏、誤文。也有人認為，《論語》所記載的孔子言論有諸多不一致與矛盾之處、《論語》必然遭到「捏造、錯植與改寫」，所以今天的《論語》並非原貌。對此，我的看法是，這種情形不是不可能，但至今我還沒有看到。

明德認為，若要讀懂《論語》，有幾個地方可能要注意：第一、句子有沒有成份的省略。例如：「何有」、「難養也」，這些都有成份的省略，如果不知道省略了什麼，當然就無法掌握孔聖人的意思；其次，確定主語是誰。有時候句子沒有主語，那是省略，而非沒有主語或是就是我們所認為的主語。例如「不在其位，不謀其政」。其三、孔聖人用字非常精確，因此，任何望文生義或所謂的「微言大義」都很可能是誤解孔聖人的自說自話。其四，孔聖人非常習慣使用倒裝句，這是讀《論語》時一定要注意到的，否則，就讀不懂章句。其五、需要參照《論語：定州漢墓竹簡》。其六、古義與今義的不同或字的假借或詞義轉變或是同名義異，這些情形在《論語》一書中經常出現，例如「好學」、「東周」、「士師」、「不讓於師」、「耕也，餒在其中矣」。其七，不能有先入為主的成見，例如以別的宗教、學說來「印證」或批判《論語》或先設定孔聖人是怎樣的一種意思。第八是最重要的，也是最難的，那就是讀者要有仁心。《論語》並非訓詁、知識、典故、辭章、師心之學，更非偽學，而是聖學、道學、真學、境界、心量之學。王聖人陽明對此有所發明，他說：「世儒只講得一箇伯者的學問，所以要知得許多陰謀詭計，純是一片功利的心，與聖人作經的意思正相反，如何思量得通」、「若此者，皆是就文義上解釋牽附，以求混融湊泊，而不曾就自己實功夫上體驗，是以論之愈精，而去之愈遠」，這也是為什麼《論語》問世兩千多年來，好些章句，讀者百思不得其解、錯解的根本原因所在。

　　《論語》固然產生於中國，但其作用和價值不只是中國的，也不只是東方的，而是全世界的。因此，把《論語》裡面的每一個概念理解為「有著獨特的東方文化、倫理和哲學觀念」，那就是錯的，就好像有人把「孝」理解為中國所獨有，這就不對，原因是《論語》一書的內容沒有時間、地域、文化的限制，字字珠璣。個人建議，所有人都應該讀《論語》，所有人，這世界上的所有人，原因是孔聖人的仁，純乎天理、合乎人性、沒有一點不義、沒有一點自私、沒有一點虛偽，所有人都需要、所有人都適用、所有人都能從中得到鼓勵和啟發。此外，個人還建議，從今以後，以孔聖人代孔子之稱。

　　本書之所以能夠完成，是很多因緣的促成，他們同時也是我感恩的對象。回想七年前，我剛到中國大陸任教，我在想，如何跟我的學生有更多的互動，

而不只是專業課程。所以，我組織了讀書會，邀請我的學生和我一起讀《論語》，他們是：維妍、小菊、胡珂、可欣、耀慧、月月、思樺、玉華、曉男、媛媛、珊珊、鄭亮、曾秒、長江、陽陽、鑫茹、王夢、王嵐、王濤、德朗、天藝、張桐、思宇、茂文、晴予、萬餘、雅琦、彭霞、俊宏、曉圓、陳蕊、舒雯和冰鑫，他們很聰明、很可愛、很認真，他們的讀書心得和提問是本書的基礎，沒有他們的參與，就不會有這本書。其次，我要感謝那些工具書以及前輩的研究成果。《康熙字典》和《漢典》等工具書對於我的《論語》研究有著無與倫比的重要性。其三，我要特別感謝我的家人：家母、內人、兩個女兒 YenYen 和 Luisa 以及先父 劉作文 公的在天之靈，他（她）們的支持與鼓勵，使得這本書得以更早的呈現在世人面前。最重要的，我要感謝孔聖人的在天之靈。沒有孔聖人的神助，很多難解的謎是不可能解出來的。我常為了《論語》當中的一個字、一句話而苦思冥想數天、數十天，竟然能豁然開朗，讓我自己都覺得不可思議，箇中原因與我自身的中文造詣無關，也與我的努力無關，畢竟這些謎已經沈睡兩千五百年了，我又何德何能！

　　筆者魯鈍，加上本書在倉促中完成，書中一定有很多錯誤、不妥的地方，還請讀者不吝來信指正。

　　最後，謹把本書獻給孔聖人的在天之靈，希望我的詮釋沒有離他的原意太遠；同時獻給所有希望這個世界純真、沒有邪惡、沒有欺騙的那些朋友們，讓我們一起為這樣的目標生生世世努力、永不止息！

——劉明德　於台灣平鎮
孔曆 2571 年四月
liumingte@hotmail.com

《讀懂論語就能成功》

第一：學而篇

1.1. 子曰：「學而時習之，不亦說乎？有朋自遠方來，不亦樂乎？人不知而不慍，不亦君子乎？」

語譯

　　孔聖人說：「學習一樣東西，如果能真正的通曉，這不是讓人很高興的事情嗎？有朋友遠道而來，這不也是很快樂的事情嗎？懷才不遇卻能沒有怨氣，這樣的人，不就是一個君子嗎？」

字義

　　學而時習之：而，如果。時，《廣韻》是也，此時之本義。言時則無有不是者也。是，真也、實也。習，通曉、掌握。按《戰國策・秦策五》：「嘗無師傅所教學，不習於誦。」這裡的「習」與「學而時習之」的「習」是同一意思。

　　不亦說乎：亦，加強語氣；說，音義同「悅」，高興。

　　人不知而不慍：為「人不知我而不慍」的省略。人，別人。知，了解、認識。而，轉折語氣，卻。慍，讀音「運」，悶積在心裡的怨氣。

　　不亦君子乎：亦，委婉語氣。

明德說

　　一、「學而時習之」的主語是誰？是所有人，而非特定人。那麼，學什麼呢？由讀者自己回答。對此，王聖人陽明的回答是：「學是學去人欲，存天理，從事於去人欲、存天理，則自正諸先覺，考諸古訓，自下許多問辨思索存省克治功夫。然不過欲去此人心之欲，存吾心之天理耳。」我贊成王聖人的理解，但是，如同我一開始就說的，孔聖人的「學」是個很開放的內容，並沒有標準答案，「學去人欲，存天理」固然能「不亦說乎」，而學「小道」、學六藝、學今天的物理、化學、數學，只要能「時習之」，真正的通曉，都是能「不亦

說乎」的啊！反過來說，如果有個人學了一個東西卻沒有喜悅，那就證明了這個人對他所學的東西並沒有通曉。

二、「學而時習之」的「而」，不是「而且」，而是「如果」。《康熙字典》把這裡的「而」解釋為「因」，不對，按《韻會》因辭，因是之謂也。《論語》學而時習之。又《國語辭典》把這裡的「而」解釋為「並且」也不對。又《教育部國語小字典》把「而」解釋成「然後，表示語義承接」也不對。又《教育部國語詞典重編本》把「而」解釋成「（連）並且」，都不對。

三、對「學而時習之」的各家註解如下：楊伯峻：「學了，然後按一定的時間去實習它」；毛子水：「學得一種知識而能夠應時實行」；錢穆的理解：「學能時時反復習之」；朱熹《四書集注》說：「習，鳥數飛也。學之不已，如鳥數飛也。程子曰：『習，重習也。』又曰：『學者，將以行之也。時習之，則所學者在我，故說。』謝氏曰：『時習者，無時而不習。坐如尸，坐時習也；立如齊，立時習也。』」換言之，上述大家無不是把「時」理解為「時間」、「時時」、「應時」，但「時」應理解為「是」、「真」，這是有根據的，按照《廣韻》，時者，是也、真也。此時之本義也。而「習」也不應理解為「重習」、「實習」、「反復習之」，而應理解為「通曉」、「掌握」，當然，我這麼理解也是有根據的。例如《管子‧正世》：「明於治亂之道，習於人事之終始者也。」這裡的習就是掌握、通曉的意思，與次數並沒有必然的關係。因為不管重覆多少次，只要做不到真正通曉，只會帶來痛苦，而不會帶來喜悅！

四、為什麼我們大部份人，在學習的時候（，不管是學什麼），都沒有樂趣？很簡單，都是被迫學的，都是為了應付考試、為了前途、為了名利、為了別人的掌聲才學的，在這種前提之下的學習，怎麼可能會有樂趣？不可能。

五、如何證明「學而時習之」，能「不亦說乎」呢？有沒有例子呢？有，這個例子就發生在希臘數學家阿基米德(Archimedes)身上。他在洗澡時，因為想通了浮力的原理，當下從澡盆裡跳出來，高興得忘乎所以，大喊：「我知道了！我知道了！」周圍的人看他沒穿衣服就跑出去。阿基米德的「我知道了！我知道了！」就是孔聖人所說的「時習」，真的時習了，那一定很快樂。

六、孔聖人說：「學而時習之」，那麼，如何才能「時習」呢？孟子告訴我們：「學問之道無他，求其放心而已。」這句話翻成白話就是：做學問沒有別

的方法，就是把丟失的心找回來而已。我們之所以無法在學問上有成就，就是因為我們的心不在上面。心猿意馬、虎頭蛇尾，滿滿的功利心，當然無法真正的懂得學問，也就無法享受阿基米德的樂趣。本書的書名取名為《讀懂論語就能成功》，這不是假的，不是用來矇騙讀者的。如果我們真的讀懂《論語》，我們就一定能成功，而絕大部份想成功的人都沒有讀《論語》，這是多麼可惜的一件事啊！

　　七、一定有讀者會問，難道成功一定要讀懂《論語》嗎？不需要。但是，讀懂《論語》保證能成功，沒讀懂《論語》不保證能成功。

　　八、很多注家都把「有朋自遠方來」的「朋」理解為志同道合的朋友，這不能說錯，但可能錯，原因是志同道合固然是朋友，沒有志同道合，也可以是朋友啊！因此，把「朋」理解為「彼此友好的人」更為準確。

　　九、何謂「遠方」？千里迢迢。在古代，交通不便、路途崎嶇、路況不好，即使是騎馬乘車搭船，也是要花上很長一段時間，何況，還可能徒步前來。為了看一個朋友而跋山涉水，這樣的情誼，如何能不讓人動容。因此，這裡的「不亦樂乎」，還有感動的味道在其中。

　　十、怎樣才有「自遠方來」的朋友？若非自己主忠信、深情義重，哪裡來這樣的朋友。因此，與其期待有「自遠方來」的朋友，不如先對待朋友情深義重。

　　十一、何謂「人不知而不慍」的「人」？一般注家都理解為「別人」，這樣的理解並不準確。所謂的「別人」是指他人，即除自己以外的其他人。然而，別人，例如鄰居小李，他不了解我，我會因此有怨氣嗎？不會。因此，把「人」理解為別人是不對的，正確的理解是上級、用人單位等能對我們的前途起決定性作用的人，即對自己有人事任命權的人。

　　十二、何謂「人不知而不慍」的「慍」？朱子《論語集注》說：「慍，含怒意。」那什麼是「怒」？生氣、氣憤。然而，孔聖人這裡的「慍」是怒嗎？不是。我們來說文解字一下。「慍」字由三個部份構成，分別是「囚」、「皿」、「心」。其中，「心」一定與「心情」有關；其中「囚」字，當一個囚犯，心裡一定非常不好受、很痛苦。其中「皿」是裝盛東西的器具，如杯碗碟盤，在這一句裡，皿所裝盛的，不是食物，而是怨氣。因此，「慍」是「悶

積在心裡的怨氣」，無法發洩。附帶說明，慍不能寫成「慍」，原因是「囚」不能寫成「曰」。

十三、何謂「人不知」？人不知就是人不知我，也就是長官/用人單位不知道或沒有肯定我的才華，也就是自己沒被重用。當一個人有才華卻沒被重用，她／他會是怎樣的一種心情？這是不言而喻的，那就是很鬱悶，覺得受到很大的委屈。這種認知和情緒如果沒有抒發，那麼，可能鋌而走險、作奸犯科，甚至叛國或造反，例如太平天國的洪秀全；也很可能日漸消沉，最後鬱鬱以終，例如漢初思想家賈誼。綜上，「人不知而不慍」就是懷才不遇還能夠不抱怨。

十四、很多人才都過不了「人不知」這一關，以至於要嘛放棄了自己的才華，要嘛急躁起來，為了滿足心中的欲望，做出違背良心的事情，兩者都不可取，最好是耐心等待，心態保持平靜。

十五、人世間，有幾個人能做到「人不知而不慍」？絕大部份的人都做不到，因此，可以證明，要成為君子實在是太難了，那是一種很高的修養，子貢、子路做不到，只有孔聖人德性科的弟子才比較可能做得到。

十六、如何做到「人不知而不慍」？孔聖人的教法是「好學」，也就是一心想要覺悟。具體作法是：「君子食無求飽，居無求安，敏於事而慎於言，就有道而正焉，可謂好學也已。」由於一般人都不願意好學，因此，也就不可能「人不知而不慍」，也就不會是一個君子，自然無法享受到君子之樂。

十七、那麼，成為君子重要嗎？做總統、當首富，不是更好嗎？對於這個問題，《論語》季氏篇也討論過：「齊景公有馬千駟，死之日，民無德而稱焉。伯夷叔齊餓于首陽之下，民到于今稱之。其斯之謂與？」雖然大家都欽佩伯夷叔齊這樣的君子，但當君子太苦了，還可能餓死，有機會還是當齊景公好。為什麼人們會這樣想呢？因為認識上的顛倒，以為當君主有多好、多威風，都沒有想過他們都做了多少壞事、整天提心吊膽，死後還要下地獄。做君子，很困難：人不知而不慍、清白持身、無終食之間違仁、無所爭、成人之美（時時刻刻替別人著想、承擔別人的痛苦），即使修煉成君子的過程很痛苦，但最終能無憂無懼、洞察人性、無入而不自得，這才是真正聰明的人。

十八、本章其實是孔聖人自己的寫照：他研究學問而且讀通，他從中得到快樂；他有朋友千里迢迢來魯國看他（證據：問人於他邦，再拜而送之），能不

快樂嗎！孔子一生都沒有受到重用，也沒能實現心中的東周，然而，他不但沒有鬱鬱寡歡，還很快樂。

1.2. 有子曰：「其為人也孝弟，而好犯上者，鮮矣；不好犯上，而好作亂者，未之有也。君子務本，本立而道生。孝弟也者，其為仁之本與！」

語譯

　　有子說：「一個人孝順父母、祖父母、友愛姐妹兄弟，卻喜歡以下犯上，這種人是很少的。不喜歡以下犯上，卻喜歡作亂，這種人是從來沒有的。君子致力於錨定什麼是最重要的一件事，最重要的一件事確立之後，方法也就有了。孝順父母、祖父母，友愛姐妹兄弟，這就是做人的根本吧！」

字義

　　有子：其氏為有，名若，字子有（一說字子若）。據《史記‧仲尼弟子列傳》，有子比孔聖人小四十三歲，生於西元前508年；而《孔子家語‧七十二弟子解》則作小三十三歲，為西元前518年。相較而言，《家語》材料較早，故應是西元前518年生。史無記載有子卒年，但《禮記‧檀弓》提到：「有若之喪，悼公吊焉，子游擯，由左。」可見有子死於魯悼公在位時期。悼公為哀公之子，於西元前466-429年在位。

　　弟，音義同「悌」，指善兄弟也，按現在的說法。就是對自己的姐妹兄弟非常好。

　　犯：抵觸、違反。

　　君子務本：君子致力於錨定什麼是最重要的一件事。務，致力於。本，根本、最重要、第一件事。

　　本立而道生：最重要的一件事確立之後，方法也就有了。立，確立。而，連接詞，表示承接關係，可譯為則、就。道，方法、做法。生，猶言「有」。

　　其為仁之本與：其，代名詞，指孝悌；為，是也。仁，通「人」。與，音義同「歟」，語助詞，可翻譯成「吧」。

明德說

一、為什麼「仁之本與」的仁通「人」，而非「仁愛」的仁呢？因為仁乃萬德之源，怎麼可能又說「孝悌為仁之本」？因此，「孝悌」並非「行仁愛（為仁）」或「是仁愛（仁）」的根本，而是「做人」的根本。

二、就我所知，所有學者都把本章的「道」當作形而上的「道」，這是錯誤的理解，如錢穆的翻譯是：「君子專力在事情的根本處，根本建立起，道就由此而生了。孝弟該是仁道的根本吧？」楊伯峻的翻譯是：「君子專心致力於基礎工作，基礎樹立了，『道』就會產生。孝順爹娘，敬愛兄長，這就是『仁』的基礎吧！」毛子水：「一個用心於世道的君子，專致力於根本的事情；根本的事情做好了，這個世界就可變成為有道的世界了。孝和弟應是仁的根本！」事實上，本章的道是指方法、做法，而非世道、有道、道義、法則、規律或不可言說的道。

問答

問：「君子務本」本指的什麼？「本立而道生」這裡的「道」指的什麼。是與老子所說的相似或者相關聯嗎？

答：(1) 本是根本，最重要的事情，也可以理解為終極目標、第一義。道也者方法、途徑、辦法是也，與老子的道無關。(2) 每個人的本不同，有的是權、有的是名，有的是利，有的是良心，因此，我們的世界必然永遠是紛紛擾擾，這是無法避免的，就像白天與黑夜的交替，從沒停止。(3) 儒家的本與其他宗教的本也不同。儒家的本是仁，而有些宗教的本則是上帝、真主。而上帝與仁只能選擇一個。無數的邪惡無不是假上帝之名。

1.3. 子曰：「巧言令色，鮮矣仁！」

語譯

孔聖人說：「把話說得很巧妙，臉色裝得很友善，這種人少有愛心。」

字義

　　令：美好、善。

　　鮮矣仁：即仁鮮矣的倒裝。鮮，少。仁，愛也，也就是能幫助別人、犧牲自己的人，因為孔聖人說「無求生以害仁，有殺身以成仁」。

明德說

　　一、孔聖人在本章主要是教我們如何辨識有仁之人與無仁、少仁之人。少仁之人為了從別人那裡得到好處和信任，通常會把話說得很動聽，博得你的歡心，臉色裝得很和善，讓你放鬆戒心，這樣，你就被騙了。

　　二、畫大餅、烏托邦、違背常理都是巧言令色，都是針對人性的需求所設下的圈套。

問答

　　問一：巧言令色，如果僅僅是親近的人為了哄你開心，何罪之有呢？是不是不能稱之為不仁？！

　　答一：仁與不仁的界線就在於這一個行為的動機是利己還是利他。愛你的人哄你開心，是利他，因此，是仁。而逢迎拍馬的人也會哄長官開心，但他這麼做，是利己，因此是不仁。

　　問二：在我看來，當今時代，在社會中打拼無巧言令色無以立，巧言令色是在社會打拼需要的一個技巧，為了升職，為了更好地生活而迎合領導，何罪加之？可稱為不仁？！

　　答二：為了升職，只有巧言令色這一途徑嗎？升職的途徑有多少？能力強過別人、比別人有信用、能判斷信息的正確性等。如果只會巧言令色，你看能走多遠？此外，當你在巧言令色的同時，你是在浪費時間。很多人就是這樣被害了一生，你可以好好檢驗一下那些曾經拍馬屁而成功的人的最後下場，花點時間做一下檢驗，你就會發現我說的一點也沒錯。

　　問三：「巧言令色，鮮矣仁」，這是否是通過表面的東西就過於輕率的評判了一個人呢？

　　答三：不會，可信度很高。一個人為什麼要巧言令色？事實上，是因為有所

求、求財、求色、求官位、求你相信他。如何才能求到？巧言令色是最便宜有效的方法。但那是一個陷阱。

問四：在實際生活中「拍馬屁」是否可取？

答四：(1) 我反對拍馬屁，拍馬屁只能得到一時的好處，反而會讓人迷失方向，對自己的進德修業是一大阻礙。(2) 我鼓勵大家盡可能去發現別人的優點，且毫不猶豫的給予對方由衷的讚美，但不是為了升官發財得好處而拍馬屁。(3) 先想看看，拍馬屁會讓你的朋友、同學、同事對你產生什麼觀感？(4) 你會相信一個拍馬屁的人嗎？(5) 成功一定要拍馬屁嗎？台灣大導演李安、歌手周杰倫這些成功的人，他們有拍馬屁嗎？拍馬屁就一定能成功嗎？(6) 當上級接受你的拍馬屁的時候，那他是在重用你還是在利用你？你可要小心啊。(7) 成功的路子很簡單，老老實實進德修業，用其他方式，固然也能成功，但都不久。

1.4. 曾子曰：「吾日三省吾身，為人謀而不忠乎？與朋友交而不信乎？傳不習乎？」

語譯

曾子說：「我每天反省自己三件事情：為人謀劃有沒有盡心竭力？與朋友交往有沒有真心誠意？傳授給別人的知識，自己是否通曉？」

字義

三省吾身：三，實數，即一加二之和。省，讀音醒，反省。
忠：盡心盡力、全力以赴。
信：真。這裡的「信」同老子「信言不美，美言不信」的信。
傳不習乎：傳，讀音船，由一方交給一方、傳授的意思。習，通曉、掌握。

明德說

一、三省吾身的「三」，乃實數，非多次。

二、為人謀的「謀」，並非辦事而已，說「辦事」那就是指涉不準確，「謀」實是謀劃、出主意、給建議，如曾子臨死前對孟敬子說的話就是謀：

「君子所貴乎道者三：動容貌，斯遠暴慢矣；正顏色，斯近信矣；出辭氣，斯遠鄙倍矣。籩豆之事，則有司存。」

三、傳不「習」乎的「習」與「學而時習之」的「習」是同一個意思，都是通曉，而非「復習」，也不是「熟習」。此外，通曉不等於熟習或純熟。

四、曾子這裡為什麼要講「傳不習乎」？原因是曾子認識到很多老師對於某一學問或是技能，其實是一知半解，甚至不懂自以為懂，這種老師不多嗎？例如，朱熹對《大學》的改經以及對《論語》自以為是的解讀——這種做法非常不可取，自他以後，害了多少人？這些人錯誤的理解《論語》，即使他們把《論語》背得滾瓜爛熟、講得頭頭是道，又何曾通曉《論語》呢！

五、為什麼書難懂？每一本書就是一個人。人好懂嗎？如果承認人不好懂，那麼就得承認書也不好懂。很多老師、教授、專家、大師都以為讀懂了一本書，其實，他們誤讀了，他們所理解的並非作者的原意。

六、很多學者有一個問題，那就是扭曲讀本的意思，尤其是把作者的善意曲解成惡意，例如有人把孔聖人說的「無友不如己者」曲解成沒有一個朋友比得上自己。又有人把作者的惡意曲解成善意，例如把烏托邦說成是人類的未來。

七、要檢驗一個學說是善還是惡的方法很簡單，那就是是否公平、正義，是否前後一致。

八、書，簡單的分類，可以分為真書和假書。真書是作者內心所想就是書本所呈現的。假書是作者說假話的書，假書的用意是要誤導讀者，以達到作者所想要的目的。假書經常比真書還受歡迎，原因是假書是作者刻意揣摩讀者的需要而寫作。

九、楊伯峻的譯文如下：「曾子說：『我每天多次反省自己：替別人辦事是否盡心竭力了呢？同朋友往來是否誠實呢？老師傳授我的學業是否複習了呢？』」毛子水的翻譯如下：「曾子說：『我每天以三件事情反省我自己：我替人計議事情，有沒有盡了心？我對朋友、有沒有不誠信的地方？我的傳授學業、有沒有不純熟的地方？』」

1.5. 子曰：「道千乘之國，敬事而信，節用而愛人，使民以時。」

語譯

　　孔聖人說：「治理千輛戰車的國家，對所有事情都要嚴肅認真看待，說話要言而有信，花費要節約、要愛護人民、要根據時節使用民力。」

字義

　　道千乘之國：道，治理也。乘，讀音聖，意為輛，指戰車的數量。因此，千乘之國是指擁有一千輛戰車的國家，即諸侯國。戰車越多意味著軍事力量越強大。

　　敬：嚴肅。

　　使民以時：為「以時使民」的倒裝，即根據時節使用民力。例如人民正忙著收割，就不要選這時候讓人民從事勞役。以，根據。

1.6. 子曰：「弟，子入則孝，出則弟，謹而信，汎愛眾，而親仁。行，有餘力，則以學文。」

語譯

　　孔聖人說：「從次第上來說，為人子女首先是在家裡要孝順父母，在外面要把別人都當成兄長一樣的來敬愛，說話謹慎而且守信，而且，對所有人都要有愛心，而且，親近有仁心的人。做完了上述那些事情之後，如果還有時間能做點什麼，那就拿來學習知識技能。」

字義

　　弟子：弟，同「第」，指的是次第、次序、先後。子，子女。

　　出則弟：出門在外，則把所有人都當作兄長一樣的敬愛。出，出門在外；弟，音義同「悌」，敬愛兄長。

　　謹而信：謹，說話謹慎。「謹」字有「言」，口為禍福之門，言語的謹慎尤為重要。信，守信。

　　汎愛眾：汎，同泛，廣泛、普遍。眾，眾人、大眾。

　　親仁：親，親近。仁，仁愛之人。

行，有餘力：做完了上述事情之後，如果還有時間精力。行，做、實施、從事，指上述那些事情都做好了。

文：文章、法令、典章，泛指知識技能。

明德說

一、此弟子，非彼弟子。此弟子，是「第」和「子」。第，是次第，子是子女。因此，楊伯峻把弟子解釋成「後生小子」是不對的，毛子水把弟子解釋成「做一個學生」也是不對的。至於有人乾脆不翻譯弟子，那也是不對的。

二、相對於知識技能，孔聖人更重視德行，這是孔聖人為什麼會說「吾未見好德如好色也者」的原因。本章，孔聖人強調「行有餘力，則以學文」，說的就是先把孝悌（做人）做好了，再來學習知識（即怎麼做事）。但今天的教育是整個的本末倒置，絕大部份的人都只學習知識、絕大部份老師也只教知識技能、對教授的徵選、考核也只看他（她）的論文數量，悲夫！

三、孔聖人說「泛愛眾」，指的是我們在一個群體當中，對於別人要不分彼此的愛，不要結黨，選擇性的喜歡一個人或幾個人，而排擠其他人。

四、「謹而信」的「謹」，我認為是「說話謹慎」，原因是後面接著「信」，信用也，而信用跟說話有關。因此，毛子水說「謹」是「做事謹慎」，楊伯峻說「謹」是「寡言少語」，我認為都不夠準確。

五、毛子水的翻譯：「孔子說，做一個學生，在家應當孝順父母；出外應當恭敬尊長；做事謹慎而說話誠信；普遍的愛眾人而特別親近仁人。在學習這些德行以外，又用力於讀書。」楊伯峻的翻譯：「孔子說，後生小子在父母跟前，就孝順父母，離開自己房子，便敬愛兄長；寡言少語，說話誠實可信，博愛大眾，親近有仁德的人。這樣躬行實踐之後，有剩餘力量，就再去學習文獻。」

問答

問：這章，孔子認為在注重自己的德行修養之餘若還有時間的話，再去學習文化知識。那麼沒有通過讀書的德行修養與讀書所獲得的德行修養有沒有什麼差別？

答：這句話說明在孔聖人心中，道德比知識還重要。至於讀書在德行修養上的意義和作用則隨個人而異。因為每個人讀書的動機不同，因此，所產生的效果也不一樣。讀了壞書的人，只會助長他的惡。

1.7. 子夏曰：「賢賢易色；事父母能竭其力；事君能致其身；與朋友交言而有信。雖曰未學，吾必謂之學矣。」

語譯

子夏說：「重視一個人的德行而不重視一個人的外表；侍奉父母能夠盡心盡力；侍奉君主，能夠奉獻自己全部的心力；與朋友交往，說到做到。這樣的人，即使沒讀過書，我也一定說他是讀書人了。」

字義

子夏：西元前507—前400，姓卜，名商，字子夏。關於子夏的詳細介紹，請見本書19.11.中的明德說第二點。

賢賢易色：第一個賢，重視、尊崇；第二個賢，德行、善良。易：輕視、不放在心上。色：外表。何謂外表？容貌、年紀、學歷、經歷、財富、權勢、知名度等等都是色，都是外表。

君：統治者或是國家。

致身：獻身，指奉獻全部的身心力量，必要時，犧牲生命。致，達到。

雖曰未學：雖，表示假設推想。曰，用於句首或句中，無義。未學，沒讀過書。

明德說

一、有人把本章的「君」解釋成「對所尊重的人的一種稱呼」，這種理解是錯誤的。原因是「君」在這裡的解釋被前後文給限定住了，以至於只能解釋成「君主」或「國家」，原因是後面提到「能致其身」，能讓一個人致其身的，一般而言，只有君主（國家），一般人是沒有資格承擔這樣的厚禮的。而且，前面也限定了「君」只能做君主解釋，原因是「事」君、「事父母」，都是對

上，是人之大倫。

二、朱子《論語集注》：「賢人之賢，而易其好色之心」，顯然，朱子把「易」理解為「改變」、「置換」，把「色」理解為「女色」，這樣的理解是不對的。當然，把「色」理解為容貌也是錯的。毛子水把「賢賢易色」理解為「娶妻能夠貴德而輕色」、楊伯峻把「賢賢易色」理解為「對妻子重品德，不重容貌」，都是不對的。至於錢穆把「賢賢易色」理解為「一個人能好人之賢德勝過其好色之心」，這樣的理解比較接近，但不全面，主要在於錢穆老師對於「色」僅理解為女色是不夠的。「色」不限於女色，而是外表，包括財富、地位、學歷、長相、能力、年齡等等，都屬於色的範圍，都屬於外表。

1.8. 子曰：「君子不重則不威。學則不固。主忠信。無友不如己者。過則勿憚改。」

語譯

孔聖人說：「君子要是沒有擔當，就沒有威望。學習的時候，就不要故步自封。持守誠實和信用。沒有一個朋友是比不上自己的。要是做了錯事，就不要害怕改過。」

字義

不重則不威：重，擔當、負責。《左傳‧昭公五年》：「備之若何，誰其重此？」威，威望。

學則不固：學習的時候，就不能故步自封。則，即、就。固，閉塞。

主忠信：主者，宰也、守也、宗也。忠，誠實。信，守信。

無友不如己者：沒有一個朋友是比不上自己的，意謂把每一個朋友都看做比自己強，都有自己能夠學習的地方。無，沒有；友，朋友。無友就是沒有朋友。不如，比不上。己，自己。

明德說

一、固，四塞也，換成今天的話就是封閉、固執、有成見。「學則不固」

這句話可以有兩種解釋：第一種解釋，如果從學習方法、學習過程來看，「學則不固」可以解釋為：學習方法應該是不固執己見、不先入為主、不要有意識型態。這個時候，「則」作為連接詞，可以做「應該」、「要」解；「固」解為固執；在這個語境之下，「學則不固」與德國社會學家韋伯 (Max Weber) 的價值無涉 (Value free) 是同一個意義。第二種解釋，就學習的意義、功能、結果來說，「學則不固」可以譯為（正確的）學習可以讓自己不會變得固執、封閉、僵化。這時候，「則」一樣作為連接詞，可以做「就」、「便」、「就能夠」解，而「固」可以解為封閉，因此，「不固」就是「不封閉」、「思想開通」。有意思的是，第一種解釋與第二種解釋有因果關係，只有做到第一種的學習方式，才能得到第二種的學習效果。

那什麼叫「價值無涉」？簡單的說就是「不涉及價值」、「是什麼就說什麼」，也就是不造假。數據不造假、沒有文字陷阱、不故意引導、引用不造假、理由不造假、問題不造假、沒有一個地方造假。學習（學術研究）為什麼不應該涉及價值？因為一旦涉及價值問題（價值問題即善惡、對錯），而不是真假問題的話，這樣，學術研究就會陷入永無止境的爭辯，試想，在一個沒有自由的地方，能不涉及價值嗎？而一旦涉及價值，還能稱為科學研究嗎？學術，首先是真假判斷，然後才是價值判斷，不能先有結論，再找「證據」。

所有的學術問題都涉及兩個部份，一個是價值部份，例如人治好還是法治好、自由重要還是安全重要；另一個是事實部份。價值部份必須討論、爭辯，不用害怕爭論，就算最後是各說各話也沒有關係。而事實部份就是韋伯所說的價值無涉，不能因為價值而竄改事實、而說謊。

二、「無友不如己者」這句話有兩個意思。字面的意思是，因為每一個朋友都比自己好，所以，每一個朋友都有值得自己學習的地方，我們要清楚這一點。如果我們沒有發現朋友的優點，那是我們自己的眼睛有問題，我們的心態有問題。其次，要知道自己的不足，不要自認為比別人優秀，一旦有這種心理，就會在無意中傷害到朋友，自己也會錯失成長的機會。

三、毛子水對本章的翻譯：「孔子說，一個君子如果不莊重就不能使人敬畏；能夠求學問就不至於頑固。〔一個人應當〕守住忠信的道理！不要和不如己的人為友！如發覺自己有了過失，不要怕去改。」楊伯峻對本章的翻譯如下：

「孔子說，君子，如果不莊重，就沒有威嚴；即使讀書，所學的也不會鞏固。要以忠和信兩種道德為主。不要跟不如自己的人交朋友。有了過錯就不要怕改正。」

　　四、朱熹在《集注》裡面解釋何謂「重」、「威」與「固」，他說：「重，厚重。威，威嚴。固，堅固也。」就我的理解，「重」應該解釋成「擔當」，「威」解釋成「威望」會更好，應該更符合孔聖人的原意，而固則應該解釋成閉塞、封閉。簡單的說，孔聖人認為一個君子要滿足以下要求：第一、做事情要有擔當；第二、學習要虛心、要開闊；第三、為人要誠實和守信；第四、學習朋友的優點；第五、對於過錯的態度，也就是要面對，要改過，不要逃避。

　　五、「無友不如己者」並非如錢穆所說「莫和不如己的人交友」，而是「每一個朋友都比自己強」。孔聖人的這種心態和印光大師一樣，後者說：「看一切人皆是菩薩，唯我一人實是凡夫。」

1.9. 曾子曰：「慎終、追遠，民德歸厚矣。」

語譯

　　曾子說：「對生命的盡頭很慎重、對祖先很懷念，這樣，人的德行就能趨向敦厚樸實了。」

字義

　　終：終止、結束、盡頭。
　　追遠：追，追念。遠，遙遠，意指列祖列宗。
　　民德歸厚：民，人也，所有人，上至帝王，下至販夫走卒。歸，趨向。厚，淳厚。

明德說

　　一、慎終、追遠是兩件事情，因此，宜用頓號分開。
　　二、朱子在其《集注》裡面說到：「慎終者，喪盡其禮。追遠者，祭盡其誠。」這種說法不能說不對，但也不能說對，原因是包含的範圍太狹隘。慎終

的「終」指與死亡相關的所有事情，包含臨終、遺囑、喪禮、墳墓等等，並非僅指喪禮而已。

三、一般把慎終的對象僅限於父母，在我看來，慎終不應只限於父母，而是所有人。

四、楊伯峻的翻譯：「謹慎地對待父母的死亡，追念遠代祖先，自然會導致老百姓歸於忠厚老實了。」毛子水的翻譯：「我們如果能夠慎行親長的喪禮，不忘記對祖先的祭祀，則風俗便自然會趨向厚道了！」

1.10. 子禽問於子貢曰：「夫子至於是邦也，必聞其政，求之與？抑與之與？」子貢曰：「夫子溫、良、恭、儉、讓以得之。夫子之求之也，其諸異乎人之求之與？」

語譯

　　子禽問子貢說：「老師每到一個國家，一定有人請教他對於政治的看法，這種情形，是老師去求來的，還是別人主動找上門來請教的呢？」子貢回答：「是因為我們的老師寬厚、善良、謙虛有禮、樸實、不爭，別人主動上門來請教。夫子所追求的，跟一般人所追求的是不一樣的吧！」

字義

　　子禽：春秋時期人，姓陳名亢，字子禽。
　　子貢：端木賜（西元前 520-456 年），姓端木，名賜，字子貢（古同子贛），衛國人。善於經商，有口才，列於孔門四科中的言語科，料事多中。
　　必聞其政：聞，音義同「問」，被請教。
　　抑與之與：還是別人主動找他的呢？抑，或是、還是；第一個「與」，給予、賜予；之，代詞，代指孔聖人；第二個「與」，通「歟」，置於句末，表疑問，可譯為「嗎」。
　　溫良恭儉讓：溫，柔和、寬厚；良，善良；恭，謙遜有禮；儉，樸實、有節制、約束自己；讓，不爭也。

1.11. 子曰：「父在，觀其志；父沒，觀其行；三年無改於父之道，可謂孝矣。」

語譯

孔聖人說：「父母親在世的時候，要觀察父母親的志向；父母親過世了，要考察父母親一輩子的事蹟。如果三年內能不改變父母親在世時的做法，這樣，也就算是孝子了。」

字義

父在，觀其志：父，實指父母，因為不可能只孝順父親而不孝順母親。在，在世，也就是活著。觀，有目的地仔細察看。其，代名詞，指父母親。

父沒，觀其行：父，父母的省稱。沒，讀音墨，意指過世。觀，審視。其，指父母親。行，道也。——《說文》，這裡指一輩子做過的事、走過的路。

父之道：父母的道路、方向、做法。道，道路、方向，包括父母的遺志、遺願、生前立下的規矩、做法。

明德說

一、有人說如果父親是一個壞蛋，難道要等到父親過世之後三年才改正嗎？這種說法顯然是存心找茬。萬一父親真的很壞，那當然應該趕快改，甚至立刻改，然而，這種父親多還是少？很少。因此，做這種批評的人顯然懷有惡意。

二、本章不是用來觀察或是評價別人是不是孝子的，而是孔聖人為想要盡孝的那些人所提供的一種依據：(1) 知不知道父母親的志向？(2) 知不知道父母親一輩子做了哪些事情？(3) 能不能堅守父母之道至少三年。如果上述三件事都能做到，那麼，自己就算是孝順了。

三、為什麼「三年無改於父之道」的「三年」是實實在在三年，而非「多年」、「長期」？原因是孔聖人留給每個孝子一定的彈性，就像守孝是三年，而非多年，目的是讓孩子有自己的空間，畢竟人事、時空一直在變，能守住三年，那就可以稱為孝子了。三年之後，改與不改由當時的時空來決定。

四、錢穆、楊伯峻、毛子水等人都把「父在，觀其志；父沒，觀其行」的

「其」理解為兒子是不對的，如錢穆「觀其志：其，指子言」。其，是指父親（包括母親）。

1.12. 有子曰：「禮之用，和為貴。先王之道，斯為美，小大由之。有所不行，知和而和，不以禮節之，亦不可行也。」

語譯

有子說：「禮的效用，以達到和諧為重要。先王在世時的治理之道，尤其在和諧這一方面體現得最為美善，從上到下都以和諧為依歸。但是，這麼做也會出問題，那就是為了和諧而刻意和諧，卻不用禮來節制，這也是不對的。」

字義

禮之用，和為貴：禮，各種社會規範。用，效用、功用。和，和諧、沒有爭端、衝突。貴，重要。

先王：先代的君主，當指堯、舜、禹、湯、文王、武王。

斯：此，這裡指和諧。

小大由之：小大，即上下也，從上到下。由，遵從、遵照、依歸。之，指和。

亦不可行：亦，加強語氣。

明德說

一、本章的爭議主要有三個。第一，斯為美的斯，究竟是指禮（毛子水等人說），還是兩者兼有（錢穆等人說）？還是和，如明德？第二，「和」如何解釋？是解釋成「樂」，如皇侃？是解釋成「恰當」，如楊伯峻、毛子水？還是「和諧」，如明德？第三，如何斷句。有各種不同的斷句法，這裡不詳列，否則會把讀者繞暈，對讀者難有幫助。按明德的理解，本章分為三段，第一段是「禮之用，和為貴」。第二段是「先王之道，斯為美，小大由之」。第三段是「有所不行，知和而和，不以禮節之，亦不可行也」。

二、按錢穆說：「禮必和順於人心，當使人由之而皆安，既非情所不堪，

亦非力所難勉，斯為可貴。」錢老師於此所言極是。因此，任何規定（此即禮也）都不能失之苛刻，都是一般人能做、願意做的，而非強加的，例如要求每一個人都當武訓或貞潔烈女，否則就給予道德譴責或處罰，這些都是不對的。我們可以鼓勵節操，但不能強迫節操。

　　三、禮是一個社會的行為規範，但具體來講有哪些？每個時代、每個地方都有差別，有同也有不同。換言之，並非所有的禮都是對的、都是好的，有的禮甚至是邪惡、束縛人心，而非自由人心的，例如古代中國要婦女三從四德、有些宗教明顯的歧視女性、歧視別的民族和宗教，有種姓之分。因此，禮顯然不等於和，不必然能有和諧的作用。

　　四、毛子水的翻譯：「有子說，在行禮的時候，以能斟酌得中為最可貴。先代傳下來的道理，最好的就是禮；不過，如果我們大大小小的事情都要死板的照著禮，有時候就行不通〔；所以我們必須用和〕。但若知道和的重要而一味用和、不用禮來節制，那也是不行的。」楊伯峻的翻譯：「有子說，禮的作用，以遇事都做得恰當為可貴。過去聖明君王的治理國家，可寶貴的地方就在這裡；他們小事大事都做得恰當。但是，如有行不通的地方，便為恰當而求恰當，不用一定的規矩制度來加以節制，也是不可行的。」

1.13. 有子曰：「信近於義，言可復也。恭近於禮，遠恥辱也。因不失其親，亦可宗也。」

語譯

　　有子說：「說到做到已經接近是在做對的事情了。這樣的人（即說到做到的人），可以往來。恭敬已經接近禮了，這樣的人足以遠離恥辱。成功之後，沒有忘記幫助過他的人，這樣的人值得投靠。」

字義

　　信近於義：信，說到做到；近，接近；義，宜、對的。
　　言可復也：言，無義，用於句中或句首，作語氣助詞。復，往來，即交往也。

因不失其親：因，就也，成也。古語「因」與「就」相通。失，遺棄；親，本義指感情深厚、關係很近，引申為恩情，指家人以及曾經幫助過自己的人。

亦可宗也：亦，加強語氣；宗，歸向、投靠、依附。

明德說

一、一般把「言」理解為「諾言」，不對。言，無義。「復」也非如朱熹所說「復，踐言也。言約信而合其義，則言必可踐矣」。事實上，復，往來也，即可以與之交往。換言之，說話不算話的人，可以不用往來，因為與這樣的人交往的風險太大了。

二、對於「因不失其親，亦可宗也」，毛子水說：「朱子訓『因』為『猶依也』；皇侃則訓『因』為『猶親』也。依和親的意義相近。朱子說：『所依者不失其可親之人，則亦可以宗而主之矣。』皇侃卻說：『能親所親，則是重為可宗也。』這兩種解釋都不十分有意義；在語氣上，這兩句和前四句又不很和諧：對這兩句話，似乎以闕疑為是。」其實，本句沒有什麼好闕疑的。因為「因」並非「依」，也非「親」，而是「成就」，正確的理解「因」的意思，整句話就明白了；而「宗」也非「宗主」、「效法」、「可靠」或「尊敬」，而是「投靠」、「歸附」義。

三、毛子水的翻譯：「有子說，一個人對人家所做的諾言如能近於義，那這個諾言就能保得住。如果對人的恭敬能合於禮，那便不至於為人所輕視；如果一個人可以依靠可親的人，這也是可以為我們所效法的。」楊伯峻的翻譯：「有子說，所守的約言符合義，說的話就能兌現。態度容貌的莊矜合於禮，就不至遭受侮辱。依靠關係深的人，也就可靠了。」錢穆的翻譯：「與人約而求信，必先求近義，始可踐守。向人恭敬，必先求合禮，始可遠於恥辱。遇有所因依時，必先擇其可親者，亦可依若宗主了。」

1.14. 子曰：「君子食無求飽，居無求安，敏於事而慎於言，就有道而正焉，可謂好學也已。」

語譯

　　孔聖人說：「君子在飲食方面，不追求飽足；住的地方不追求舒適，做事情很認真，說話很謹慎。親近有道德的人，並修正自己的行為，這樣的人，可以說是一心要覺悟了。」

字義

　　安：舒適。
　　敏：敬也、莊也。
　　就有道而正焉：就，親近；有道，有道德的人；正，修正。
　　好學也已：好學，一心要覺悟。好，愛而不釋；學，《說文》覺悟也，本作斆，篆作學，讀音「叫」。也已，語氣助詞，表肯定。

明德說

　　何謂好學？孔聖人說的好學與今天我們所說的好學完全不一樣。我們今天所說的好學是那些喜歡讀書的人。而孔聖人說的好學是「食無求飽、居無求安、敏於事而慎於言、就有道而正焉」、「一簞食，一瓢飲，在陋巷，不改其樂」，這樣的人是真的想要覺悟，而不是為了榮華富貴而讀書。兩者是兩條完全不同的路。前者無法被收買，後者輕易就能被收買。

1.15. 子貢曰：「貧而無諂，富而無驕，何如？」子曰：「可也；未若貧而樂，富而好禮者也。」子貢曰：「詩云：『如切如磋，如琢如磨』，其斯之謂與？」子曰：「賜也，始可與言詩已矣，告諸往而知來者。」

語譯

　　子貢說：「一個人貧窮卻不諂媚，有錢卻不驕縱，這種人好嗎？」孔聖人回答：「這種人不錯。但是，還比不上貧窮卻快樂、有錢卻有禮的人。」子貢說：「《詩經》裡面說，『就好像把骨角玉石加工成器物、就好像把象牙加工成器物、就好像雕刻玉石使成器物、就好像要把刀子磨利』，說的就是這個意思

嗎？」孔聖人說：「子貢啊！可以開始跟你談論《詩經》了。因為告訴你過去，你就能知道未來。」

字義

如切如磋如琢如磨：切，把骨角玉石加工製成器物；磋，磨治象牙加工成器物。琢，雕刻玉石使成器物。磨，摩擦使銳利。

其斯之謂與：您說的就是這個意思嗎？其，代名詞，指您說的，並非推測語氣。

告諸往而知來者：諸，代名詞，之也，這裡指子貢。往，過去；來，未來。

明德說

本章的意義在於「如切如磋，如琢如磨」，也就是精益求精，好還要更好。

1.16. 子曰：「不患人之不己知，患不知人也。」

語譯

孔聖人說，「不用擔心別人不知道自己（的厲害），要擔心的是自己不知道別人（的厲害）。」

字義

患：擔心。

不己知：不知己的倒裝。

明德說

孔聖人要我們不要以自我為中心，眼裡要有別人。我們只關注自己是否受到重視，卻不在乎別人是否受到重視，我們都只認為自己很厲害，都不把別人看在眼裡，這是絕大部份人的問題。

第二：為政篇

2.1. 子曰：「為政以德，譬如北辰，居其所而眾星共之。」

語譯

孔聖人說：「為政者本身要有品德，並用自己的品德來治理國家，就好像北極星處在它所在的地方，而其他星星都圍繞著它。」

字義

為政以德：這是倒裝句，按現代的語法是以德為政。以，用也。為政，從政、治理。德，品德、道德，是指為政者本身要有品德。

北辰：北極星。

居其所而眾星共之：居其所，處於它該在的位置上。居，處於。共，音義同「拱」，圍繞、環繞。

明德說

一、孔聖人從不要求人民，而是要求為政者。這裡的「為政以德」就是要求為政者自己要有德性，要做好榜樣，而不是為政者可以要求人民或下屬有道德，這當中的區別（也就是儒家和法家的區別）一定要很清楚。

二、如果為政者本身沒有道德，卻要求人民和下屬有道德，這可能嗎？

2.2. 子曰：「詩三百，一言以蔽之，曰：『思無邪』。」

語譯

孔聖人說：「《詩經》共有三百零五篇詩，用一句話來概括，那就是沒有半點虛偽。」

字義

　　詩:《詩經》,共三百零五篇,但取整數,故曰詩三百。

　　一言以蔽之:倒裝句,即以一言蔽之。一言,一句話。以,用。蔽,概括。之,指《詩經》。

　　思無邪:思,助詞,無義,用於句首或句中。邪,虛偽。

明德說

　　一、思無邪的「思」不能當思想來解釋,「思」只是助詞,無義,因此,楊伯峻把「思無邪」理解為「思想純正」,就不對了。此外,「無邪」無關正確、善惡,「邪」是指虛偽,而非邪惡。因此,毛子水把「思無邪」理解為「心裡沒有邪念」也不準確。愛一個人無關善惡、正邪,只要是真情,就是思無邪。

　　二、《詩經》總括就是一句話,無邪、完全是真性情,自然流露,沒有造作。聖人老子說「不失其所者久」,我把「所」理解成「真」,因此這句話也可以改成「不失其真者久」,只有真的東西才能長久。

2.3. 子曰:「道之以政,齊之以刑,民免而無恥;道之以德,齊之以禮,有恥且格。」

語譯

　　孔聖人說:「用皮鞭來引導人民,用刑殺來約束人民,人民雖不敢犯罪,但不會有羞恥心;為政者用自己的德性來引導人民,用禮來約束人民,人民不但會有羞恥心,而且恪守正道。」

字義

　　道之以政:倒裝句,即以政道之。道,音義同「導」,引導也;之,人民。以,用也;政,皮鞭。

　　齊之以刑:倒裝句,即以刑齊之。刑,刑殺。齊,約束。

　　道之以德:倒裝句,即以德道之。德,為政者的品德。

民免而無恥：免，止也，也就是不會犯罪。恥，羞愧。

有恥且格：格，正也。

明德說

一、毛子水老師說「孔子這章的話，是說禮治優於法治」。毛老師把「禮治」與「法治」對立起來是不對的，同時也誤解了禮治、法治這兩個概念。在專制時代，只有人治，沒有法治，有法律不等於有法治，很多人不明白這一點。人治與法治才是對立的兩個概念。所謂法治就是以法為最高依據，而且該法必須經過具有正當性的立法機關的同意。而人治是以統治者的喜好為依據，兩者顯然不同。其次，法治好還是人治好？當然是法治好。人治多昏君、暴君，不可靠。其三、法治與禮治並非對立關係。一個法治的國家，一樣要有禮。對於禮的理解，請見本書第八篇第八章。

二、「道之以政，齊之以刑」是法家，如商鞅、李斯、韓非子的主張，但法家不是法治。法家依然是人治，眼中只有君主的利益，把人民當牛馬豬狗，而且是人治當中的不好主張。

三、「齊之以刑」的「齊」，並非整齊、看齊、整頓，而是約束；「齊之以刑」的「刑」並非法律或刑法，而是懲罰，尤其是殺。沒有一個國家可以不用法律，孔聖人也從沒說過不要法律。法律是必要的，但法律的目的不是為了脅迫人民以讓人民不敢說話，而是伸張正義。

四、「道之以政」的「政」，並非政治或是政令、政策，而是皮鞭。任何一個政權的治理，都是政治，都不可能沒有政策、政令，因此，如果把「道之以政」的「政」理解為政治、政策或政令那就錯了。

五、本章是孔聖人對為政之道的對比，前者以「政刑」，後者以「德禮」，當然，結果不同。前者以秦朝為代表，後者以周朝為代表。

六、錢穆的翻譯：「用政治來領導人，用刑法來整齊人，人求免於刑罰便算了，不感不服領導是可恥。若把德來領導人，把禮來整齊人，人人心中將感到違背領導是恥辱，自能正確地到達在上者所要領導他們到達的方向去。」楊伯峻的譯文：「用政令來誘導他們，使用刑罰來整頓他們，人民只是暫時地免於罪過，卻沒有廉恥之心。如果用道德來誘導他們，使用禮教來整頓他們，人民

不但有廉恥之心，而且人心歸服。」

2.4. 子曰：「吾十有五而志於學，三十而立，四十而不惑，五十而知天命，六十而耳順，七十而從心所欲，不踰矩。」

語譯

　　孔聖人說：「我在十五歲的時候就立志要覺悟（明白萬事萬物的道理）。三十歲的時候就能獨立面對各種困難。到了四十歲，已經沒有什麼東西可以誘惑我。到了五十歲，已經很清楚知道這輩子奮鬥的目標。到了六十歲，什麼話都不會影響我的心情。到了七十歲，想做什麼做什麼，但都合乎正道。」

字義

　　十有五：即十五，有，通「又」。
　　志於學：志，心之所向，未表露出來的長遠而大的打算。學，讀音「叫」，覺悟也，也就是明白萬事萬物的道理。案《玉篇·子部》：「學，覺也。」
　　立：獨立。這時孔聖人已經學有所成，創辦民間教育，收徒講學，可以獨自面對、應對各種困難，不用再依靠家人、朋友。
　　不惑：不被迷惑，包括美色、權力、財富、假知識、假學說，所有假的東西，都能看得一清二楚。惑，不是疑惑，而是誘惑、欺騙。
　　天命：上天賦與的使命，也就是這輩子該全心投入的目標，就這個目標，沒有其他目標。
　　耳順：心裡不被是是非非影響，心情總是很愉快。順，調和、通暢、舒服。
　　踰矩：踰越規矩。踰，同「逾」，越過。

明德說

　　一、「吾十有五而志於學」的「學」究竟是什麼意思？一般人不認為把「學」理解為「學習」、「求學」、「學問」會是一個問題。例如楊伯峻的翻譯「我十五歲，有志於學問」；毛子水的翻譯「我十五歲而立志求學」；錢穆「我十五歲時，始有志於學」。渠等對「學」的理解不對。這裡的「學」，不

是學習知識，而是覺悟、明白萬事萬物的道理，這是他一輩子的追求，這一輩子的追求在他十五歲這麼早就已經決定了（就像金泳三就讀高三時，就揮毫寫下自己將是韓國「未來的大統領」、台灣政壇人物許信良在他的國小畢業紀念冊上寫著立志當大總統），因此，孔子在三十歲就能獨立，在四十歲能夠不被人欺騙、五十歲能夠知天命、六十歲能夠耳順、七十歲能夠從心所欲，其實，孔子後來的成就、境界都源於他十五歲時的立志。他的立志不是只是學習那麼簡單、那麼籠統含糊，而是很具象的、很偉大的、很清楚的，那就是明白萬事萬物的道理，就是覺悟。

二、把「學」理解為學習是不對的，因為如果只是想做學問，那就不需要用到立志這個詞。因為「志」是一個清楚具體的目標，而且還必須很高遠、很不容易達到，就像許信良、金泳三立志要當總統。想想看，以孔子而言，他需要立志學習嗎？反過來說，立志學習有什麼意義嗎？如果真的有人立志學習，那麼，這會是一個多麼蒼白無力的目標，而且不知所云。

三、「志於學」就是孔子自己說過的：「志於道、據於德、依於仁、游於藝」、「士志於道而恥惡衣惡食者，未足與議也」的「志於道」。注意，這裡的「志於學」的「學」不是學習，而是覺悟。而「志於道」的「道」也是覺悟、明白，這是為什麼我說志於道就是志於學。

四、「志於學」（立志要覺悟），這句話其實很偉大、很讓人尊敬。這句就像有人立志要成佛一樣，這是多麼充沛、持續、強大的一股力量，正因為孔子「志於學」，所以，有能力修訂《詩》、《書》、《禮》、《樂》、《易》、《春秋》，才能成為聖人，帶給中華文明生生不息的能量，那就是中華文化道統的來源。

五、傅佩榮在他《人能弘道：傅佩榮談論語》一書中說道：「孔子『四十而不惑』，理性上已經通達了，何來『五十而知天命』呢？這實在令人費解。」其實，孔聖人這句話沒有什麼好費解的，之所以造成傅佩榮（包括錢穆等人）費解的原因就在於他們誤解了四十而不惑的「惑」字，他們把「惑」理解為「疑惑」、「困惑」，而事實上，孔子到了四十歲的時候，不是沒有疑惑，而是能不被迷惑。錢穆對「四十而不惑」的翻譯：「到四十，我對一切道理，能通達不再有疑惑。」

六、孔聖人說他「五十而知天命」，那麼他的天命是什麼？弘道。這是為什麼他在五十五歲高齡周遊列國的原因，因為這是他的天命，他知道，他必須做。正因為他的周遊列國，他才有「人能弘道，非道弘人」的體悟，也是為什麼他與眾弟子畏於匡，他能說：「文王既沒，文不在茲乎？天之將喪斯文也，後死者不得與於斯文也；天之未喪斯文也，匡人其如予何？」「天生德於予，桓魋其如予何？」也是在陳絕糧七日，外無所通，藜羹不充，從者皆病，而孔子竟能「愈慷慨講誦，弦歌不衰」的原因啊！

七、楊伯峻譯：孔子說：「我十五歲，有志於學問；三十歲，〔懂禮儀〕說話做事都有把握；四十歲，〔掌握了各種知識〕不致迷惑；五十歲，得知天命；六十歲，一聽別人言語，便可以分別真假，判明是非；到了七十歲，便隨心所欲，任何念頭不越出規矩。」毛子水譯：孔子說：「我十五歲而立志求學；三十歲而能用學得的道理以立身行己；四十歲而能不為世俗邪說所惑亂；五十歲而知道天命；六十歲而能知言；七十歲而能隨心所欲以行而不至於違犯法度。」錢穆譯：先生說：「我十五歲時，始有志於學。到三十歲，能堅定自立了。到四十，我對一切道理，能通達不再有疑惑。到五十，我能知道什麼是天命了。到六十，凡我一切聽到的，都能明白貫通，不再感到於心有違逆。到七十，我只放任我心所欲，也不會有踰越規矩法度之處了。」

問答

問：孔子所說的「知天命」其內涵到底是什麼？一般人是否可以做到？

答：知天命就是明白上天賦予他要用一生去完成的事業，例如：武訓（1838-1896，終身行乞辦學）就是知天命的人、張志新（女，1930-1975，因質疑文革而受盡邪惡的折磨，至死不屈）也是知天命的人。知天命的人不因任何外在條件而改變初衷，否則就不叫知天命。當我們在講一般人的時候，事實上，是從結果來說的。所有的聖人都是從一般人來的。每一個人都可以知天命，只是自己願不願意而已。

2.5. 孟懿子問孝。子曰：「無違。」樊遲御，子告之曰：「孟孫問孝於我，我對曰，『無違。』」樊遲曰：「何謂也？」子曰：

「生，事之以禮；死，葬之以禮，祭之以禮。」

語譯

　　孟懿子問什麼是孝。孔聖人回答說：「不要違背。」樊遲駕車。孔聖人告訴樊遲說：「孟孫問我什麼是孝，我回答說：「『不要違背』。」樊遲說，「怎麼說呢？」孔聖人說：「父母活著的時候，要以禮伺候他們；父母死了之後，要以禮埋葬他們，要以禮祭祀他們。」

字義

　　孟懿子（西元前?-481年）：姬姓，魯國孟孫氏第九代宗主，本姓仲孫，也稱孟孫，名何忌，世稱仲孫何忌，諡號懿，是孟僖子的兒子，孟子的六世祖。
　　違：違背。
　　樊遲御：樊遲，即樊須，名須，字子遲，小孔聖人三十六歲（或說小四十六歲，按《孔子家語》），弱仕於季氏。御，駕車。

2.6. 孟武伯問孝。子曰：「父母唯其疾之憂。」

語譯

　　孟武伯問什麼是孝？孔聖人回答說：「擔憂父母親的痛苦怎麼解決。」

字義

　　孟武伯：魯國大夫，姓仲孫，名彘（讀音至），「武」是諡號，孟懿子「世家」（繼承王位）之子，孟子五世祖。
　　父母唯其疾之憂：唯，用於句首，無實義。疾，痛苦。

明德說

　　一、「父母唯其疾之憂」是倒裝又省略成份，按現代語法是：子唯憂其父母之疾。換言之，父母不是主詞，主詞是子女。
　　二、孔聖人這裡雖然是這麼說，但他真正要表達的是：孝，不只是擔憂父

母親的痛苦，光是憂慮有什麼用，重要的是想辦法解除父母親的痛苦，不只是生理上，也包括心理上。

　　三、「父母唯其疾之憂」的「唯」不是「只是」，而是發語詞，而「疾」也不是疾病，而是痛苦，疾病只是痛苦當中的一種而已。因此很多解釋是錯的，例如毛子水的翻譯：「一個人，如果能夠使他的父母只擔心他的疾病，那就可以算作孝子了！」讓父母親只擔心他的疾病，這樣，竟然是孝子，太荒謬了。楊伯峻的理解也是錯的，他的翻譯：「做爹娘的只是為孝子的疾病發愁。」錢穆的翻譯也是錯的：「讓你的父母只憂慮你的疾病。」

2.7. 子游問孝。子曰：「今之孝者，是謂能養。至於犬馬，皆能有養；不敬，何以別乎？」

語譯

　　子游問什麼是孝。孔聖人說：「現在的人都說，所謂的孝就是贍養父母。然而，人們連狗馬都能飼養，如果對父母沒有恭敬心，那麼，對待父母和對待狗馬有什麼不同嗎？」

字義

　　子游（前506—？）：姓言，名偃，字子游，亦稱「言游」、「叔氏」，春秋末吳國人，與子夏、子張齊名，「孔門十哲」之一。曾為武城宰（縣令）。
　　至於：甚至於、連。
　　能養：養，讀音「樣」，晚輩供養長輩。
　　有養：養，讀音「仰」，飼養。

明德說

　　孝不只是贍養父母而已，更重要的是要恭敬，而且要及時。宋・歐陽修〈瀧岡阡表〉：「祭而豐，不如養之薄也。」

2.8. 子夏問孝。子曰：「色難。有事，弟子服其勞；有酒食，先生

饌，曾是以為孝乎？」

語譯
　　子夏問什麼是孝。孔聖人說：「僅僅是父母親、祖父母有事情需要幫忙的時候，作為子女、孫子女的去幫個忙，有酒有食物的時候，讓他們先吃先喝，難道這樣就可以說是孝了嗎？難就難在保持和顏悅色啊！」

字義
　　子夏：卜商（西元前 507-400 年），姬姓，卜氏，名商，字子夏，尊稱卜子（夏）。孔門十哲之一，以文學著稱，曾為莒父宰。
　　弟子：弟，同「第」，副詞，僅僅也；子，後代，包括子女、孫子女，現代也包括女婿。
　　先生饌：先生，先自己而出生，這裡是指自己的父母，祖父母、曾祖父母、高祖父母。饌，讀音「賺」，吃喝。
　　曾是以為孝乎：難道這樣子就可以視為是孝了嗎？曾，讀音層，難道的意思，讀音不是「增」，意思也不是「乃」。是，此也，指前面所說的那件事；以為，認為、視為。
　　色難：最困難的在於對父母能夠和顏悅色。此句亦是倒裝，即難色，難在色。色，即臉色，實指好臉色。

明德說
　　一、有把「先生」解釋為「父兄、長者」、「老師、師長」都是錯的，原因是子夏問孝，而孝只限於直系血親。因此，本章中的先生是指九族中自身以上的四族，分別是父母、祖父母、曾祖父母、高祖父母。此外，不包含兄，因為這裡是談孝，而不是悌。從今天來看，「先生」還包括自己母親、自己配偶那一邊的上四族。
　　二、這句話是很大的倒裝。按現在的語法，整句是：子夏問孝。子曰：「第有事，子服其勞；有酒食，先生饌，曾是以為孝乎？難色。」孔聖人的講話有個很明顯的特色，那就是他習慣把想說的重點放在最前面，因此，就經常

有倒裝句。例如本章的重點就在色難，因此就把色難放在整句話的一開始。而色難本身的重點在色，因此，色就放在整句話的第一個字，這種情形，整部《論語》都是如此。再舉個例子。「賢哉，回也！一簞食，一瓢飲，在陋巷，人不堪其憂，回也不改其樂。」整句話的重點就在賢，因此，賢字第一個字出現，其他都是在補充和闡述這個字，包括是誰賢，如何的賢。

　　三、「弟子服其勞」當中的「弟子」不是一個概念，而是副詞＋名詞，這個名詞是「子」，也就是後代。孔聖人之所以寫先生而不寫父母的原因就在於孝的對象顯然不是只有父母，還包括祖父母、曾祖父母，甚至自己的岳父母、岳祖父母都是。而「子」也不只是兒女、媳婦，還包括孫子女、曾孫子女，包括女婿。

　　四、毛子水等人的理解有問題，毛老師的翻譯如下：「伺奉父母，難在時常保持和顏悅色！人子中年紀少的做事；年紀長的具備飲食：難道這就可以算得孝麼！」楊伯峻的翻譯如下：「兒子在父母前經常有愉悅的容色，是件難事。有事情，年輕人效勞；有酒有肴，年長的人喫喝，難道這竟可認為是孝麼？」朱熹《集注》：「先生，父兄也。」錢穆：「子夏問：『怎樣是孝道？』先生說：『難在子女的容色上。若遇有事，由年幼的操勞，有了酒食，先讓年老的喫，這就是孝了嗎？』」

2.9. 子曰：「吾與回言終日，不違，如愚。退而省其私，亦足以發，回也不愚。」

語譯

　　孔聖人說：「我跟顏回說了一整天的話，他都沒有質問，就像傻子般一直點頭。等他離開之後，我暗地裡觀察他，發現他能對我的話進行闡明。顏回，不笨啊！」

字義

　　不違：沒有反駁。違，違背。
　　省其私：讀音「醒」，視也、察也。其，指顏回；私，私下、暗地裡。

發：闡明，表示顏回真正懂了老師在說什麼。

2.10. 子曰：「視其所以，觀其所由，察其所安。人焉廋哉？人焉廋哉？」

語譯

孔聖人說：「仔細考察他做了哪些事情。仔細考察他所交往的人。仔細考察他愛好什麼。（經過三番仔細考察之後，）一個人的真面目，哪裡還能躲得了呢？哪裡還能躲得了呢？」

字義

視、觀、察，三字是同一個意思，就是仔細考核、明辨、觀察。

以：為也，行事、行為、做也

由：用也。

安：喜歡、愛好。按《左傳‧莊公十年》：公曰：「衣食所安，弗敢專也，必以分人。」

人焉廋哉：一個人的真面目，哪裡還能隱藏呢？人，每人、人人；焉：哪裡；廋，讀音「搜」，「廋」是隱匿，不為人見；哉：文言語氣助詞，表疑問或反詰，相當於「嗎」、「呢」。

明德說

一、孔聖人如何鑑定一個人好壞？看他做什麼事情（事）？探尋他所用的人或所交往的朋友（人）、這個人從什麼當中得到快樂（物，有形或無形、精神或物質），從這三個方面來考察一個人，等於是對這個人的一種三角驗證(Triangulation)，經由此驗證，其結果基本上不會有錯，這也是孔聖人自信的說「人焉廋哉？人焉廋哉？」

二、「所以」、「所由」、「所安」都是「所字結構」，相當於「做的事情」、「用的人」（或來往的人）、「愛好的東西」。

三、就本章的譯文，毛子水：「從他做一件事情的動機、方法和識度來觀

察。」楊伯峻的翻譯：「考察一個人所結交的朋友；觀察他為達到一定目的所採用的方式方法，了解他的心情，安於什麼，不安於什麼。」錢穆：「要觀察他因何去做這一事，再觀察他如何般去做，再觀察他做此事時心情如何，安與不安。」由以上三個翻譯可以知道：(1) 就「以」字而言，毛子水解釋成「動機」，楊伯峻解釋成「結交的朋友」，錢穆解釋成「原因、動機」，我則理解是「為」、「做什麼事情」。(2) 就「由」字而言，毛子水的解釋是「方法」；楊伯峻解釋成「方式、方法」；錢穆解釋成「如何去做」，我的解釋是「用的人」或「交往的朋友」。(3) 就「安」字而言，毛子水的解釋是「識度」；楊伯峻的解釋是「心安」、「安心」；錢穆的解釋是「做此事的心情，安或不安」；我的解釋是愛好、喜愛、心之所樂也，也就是這個人從做什麼事情當中得到快樂。例如：從女色、從做善事、從征服別人。此外，也有以害人、作賤別人為樂的，這種變態也是有的。

四、錢穆說：「視、觀、察：此三字有淺深之次序。視從一節看，觀從大體看，察從細微處看。」這種說法不妥，我認為，三者義同，都是深入考察。

問答

問：如何才能做到了解別人？

答：了解一個人最重要的是判斷他的善惡，至少是偏善還是偏惡。那麼，如何判斷呢？(1) 光看語言不看其他，就很能了解一個人。怎麼做，記錄他的語言內容，分析他為什麼這麼說？是說真話，還是說假話？說真話，基本上判定是好人，說謊話，基本上判定是壞人。(2) 信用。守信，基本上是好人；不守信，基本上是壞人。(3) 觀察他說話是否誇大、是否拍馬屁、阿諛諂媚。(4) 看他讀什麼書。(5) 看他喜歡做什麼事情。(6) 看他做事情是否公正客觀。(7) 看他的信仰，這是最重要的一件事。信仰不限於宗教，還包括價值或實物，例如：真理、自由、權力、金錢等等。不同的信仰自然會有不同的行為表現。

2.11. 子曰：「溫故而知新，可以為師矣。」

語譯

　　孔聖人說：「溫習已經學過的，而且，還要認識新的，這樣就可以當老師了。」

字義

　　溫故而知新：溫，複習。而，而且。知，知道、認識。

明德說

　　一、有前輩說，「溫故而知新」是能從溫習舊知中開悟出新知，鄙人不敢贊同，原因是，舊知不斷溫習確實能有新的體會，但仍然是舊知，而非新知。換言之，光是溫習舊知還不夠格成為一個老師，還必須苟日新、日日新、又日新的吸收新知。

　　二、我本身是一個老師，我的學生每一年就換一批，社會事件隨時都在發生，在這樣的前提之下，我能不隨時吸收新知嗎？我上課的內容能不隨時更新嗎？

2.12. 子曰：「君子不器。」

語譯

　　孔聖人說：「君子樣樣精通，什麼角色都能扮演得很好。」

字義

　　君子不器：君子，才德兼備的人。器，器皿，引申為限制、局限。

明德說

　　一、這是負負得正的用法，「不」是負、「器」也是負，因為不器，所以，什麼都會，而且都很能幹、能做得很好，不管是把他擺在什麼位子，他都能做得有聲有色、都能游刃有餘。正因為君子樣樣精通，所以，孔聖人精通軍事，也就不足為奇。這也是子以四教中的「行」必然解釋為軍事的原因。這也印證了

達巷黨人所說：「大哉孔子。博學而無所成名」中的「博學」就是樣樣精通的意思。

二、王聖人陽明對本章的理解是：「人要隨才成就，才是其所能為，如夔之樂，稷之種。是他資性合下便如此；成就之者，亦只是要他心體純乎天理，其運用處皆從天理上發來，然後謂之才。到得純乎天理處，亦能『不器』。使夔稷易藝而為，當亦能之」。又曰：「如『素富貴行乎富貴。素患難行乎患難』，皆是不器。此惟養得心體正者能之。」

三、毛子水的翻譯：「一個君子不能跟器物一般，隨人使用。」楊伯峻的翻譯：「君子不像器皿一般〔只有一定的用途。〕」錢穆說：「一個君子不像一件器具，只供某一種特定的使用。」

2.13. 子貢問君子。子曰：「先行，其言從之。」

語譯

子貢問什麼樣的人可以稱為君子。孔聖人說：「先做再說。」

註釋

先行：行動在先。行，行動。
其言從之：說在後面。言，說也。從，跟在後面。

明德說

按今本，本章文字乃是：「先行其言而後從之。」但按《定州漢墓竹簡》，本章文字卻是：「先行，其言從之。」本書採定州版本。

問答

問：「先行其言而後從之。」君子一定是這樣的嗎？
答：君子不一定是這樣。孔聖人只是間接強調信用的重要，一旦說出來就要做到。為了避免說出來卻做不到，所以，最保險的方式是先做到了，然後才說出來。

2.14. 子曰：「君子周而不比，小人比而不周。」

語譯

　　孔聖人說：「君子忠信，但不結黨營私，相反的，小人結黨營私而不忠信。」

字義

　　周：忠信為周。——《國語・魯語》。
　　比：結黨營私。

明德說

　　小人無分貴賤，這意謂著，即使是皇帝、開國君主、現代社會的總統、總理、首相、獨裁者也可能是小人，原因是他的所作所為不是為了天下蒼生，而是為了一己之私，例如：出賣國家利益的政治菁英、學術菁英、企業菁英。

2.15. 子曰：「學而不思則罔，思而不學則殆。」

語譯

　　孔聖人說：「只學習卻不思考就會被蒙蔽（被洗腦）。光是思考卻不學習就會有危險。」

字義

　　罔：蒙蔽。
　　殆：危險。

明德說

　　一、罔，既非迷惘，也非無知，而是蒙蔽，被書本蒙蔽、被老師、教授、專家蒙蔽。光是學習而不思考的結果，並不會迷惘（所謂的迷惘是迷惑失措，不知道怎麼辦），而是以為書本和老師、專家、權威說的都是對的，並按他們

說的去做。然而，有些書本/老師教給我們的卻是錯的、假的，甚至是惡意的誤導。如果我們光學習，信以為真，當然就會被蒙蔽。

二、為什麼光思考而不學習會有危險？因為會以為自己想的都是對的，而這是多麼危險的事情啊！因此，必須透過學習別人的知識來檢驗自己的所思對或不對。

三、毛子水的翻譯：「勤求學問而不用心思索，那還是罔罔無所知的；只用心空想而不勤求學問，那就得不到明確的知識。」楊伯峻的翻譯：「只是讀書，卻不思考，就會受騙；只是空想，卻不讀書，就會缺乏信心。」

問答

問：如何看待「學」和「思」？

答：一、學與思是不夠的，還要行，也就是檢驗。這裡要特別指出，學是有前提的，也就是要破除我們的功利心，否則，所學的東西就不客觀，這也是為什麼很多人雖然知識很多，但同時也有很多偏見的原因。因為，他學的東西當中，有很多是假的、錯的，當然，他自己不知道，也無法覺察。世界上有一些很壞的人，他們刻意製造假的知識、理論、歷史，以矇騙那些有所圖的人，這些有所圖的人圖什麼？功名、財富、健康、美麗、長壽、永生、名譽、心寧等等。而有功利心的人則因為有所圖，因此對假知識、假道理、邪說邪教深信不疑。

二、有人曾問王聖人陽明「看書不能明，如何？」王聖人回答：「此只是在文義上穿求，故不明。如此，又不如為舊時學問，他到看得多，解得去。只是他為學雖極解得明曉，亦終身無得。須于心體上用功，凡明不得，行不去，須反在自心上體當，即可通。蓋《四書》、《五經》不過說這心體，這心體即所謂道。心體明即是道明，更無二。此是為學頭腦處。」我之所以引用王聖人這段話，主要是想告訴有心向學的人，真想把書讀通，需在心體上用功，否則，讀書越多，我慢越重，得的都是虛名，終身無益。

2.16. 子曰：「攻乎異端，斯害也已。」

語譯

孔聖人說：「把時間專注於那些怪異不祥的事情上面，這是有害處的。」

字義

攻乎異端：攻，治也、致力。乎，相當於「於」。異，災異、怪異不祥。端，事物的一頭或一方面。

斯害也已：斯，此也，指前面所說的攻乎異端這件事。害：禍害、不幸、傷害、不利。也已：語氣助詞，表肯定。如《左傳‧僖公三十年》：「臣之壯也，猶不如人；今老矣，無能為也已。」「已」的讀音為「以」，「已」不能解釋為「止」，而是語終詞。

明德說

一、攻，定州漢墓竹簡本作「功」。

二、當一個人花很多時間在那些怪異不祥的事情上面，那還會有什麼好結果嗎？不會。所謂的怪異不祥，例如悲劇、鬼怪、命案、外星人、UFO、魔法、驚悚等等。孔聖人這樣的說法是我深信不疑的，後世的「吸引定律」也是這麼說的。吸引定律又稱吸引力法則，指當一個人把他的思想集中在某一領域的時候，跟這個領域相關的人、事、物就會被它吸引而來。

三、朱子的解釋不對，他說：「范氏曰：攻，專治也，故治木石金玉之工曰攻。異端，非聖人之道，而別為一端，如楊、墨是也。其率天下，至於無父無君，專治而欲精之，為害甚矣。」把異端解釋成非聖人之道是後人的說法，在孔聖人的時代，還沒有這種說法。其他註家的翻譯羅列如下：(1) 毛子水老師的翻譯：「一個人於修業時而分心於外務，那是有害的。」(2) 楊伯峻老師說：「批判那些不正確的議論，禍害就可以消滅了。」(3) 李澤厚老師講，如果去攻擊異端邪說的話，那可就很有害了。

2.17. 子曰：「由！誨女知之乎！知之為知之，不知為不知，是知也。」

語譯

孔聖人說：「子路，我來教你什麼叫智慧。知道就說知道，不知道就說不知道，這樣子才叫智慧。」

字義

由！誨女知之乎：由，子路也。子路，姓仲名由，字子路，又字季路。誨女，教你。誨，讀音「會」，教導。女，音義同「汝」，你也。

第一個、最後一個「知」：智慧，讀音「志」。中間的「知」：讀音「之」，知道。

明德說

一、首先，這句話是孔聖人說給子路聽的，不是說給顏淵、冉伯牛、仲弓、閔子騫聽的。這說明了在孔聖人看來，子路身上是有一些毛病的，這個毛病就是不知道還說知道或者知道卻說不知道。

二、這章之中，第一個和最後一個「知」不適合解釋成「知道」，而應解成「智慧」。想想看，不知道還說知道的人，有一天一定會被拆穿，那時候，不是自取其辱嗎？而不知道就說不知道的人，一來有什麼好慚愧的呢？二來不用面臨後來被拆穿的風險；三來可以補救這方面的知識，這樣，難道不是智慧嗎？

三、智慧是以誠實為前提的。知道就說知道，不知道就說不知道，這就是誠實。藉由欺騙所得到的成就終將失去，並非智慧，頂多是惡慧。

四、不知道卻說知道或知道卻說不知道是很多人都有的毛病。前者是一種為了面子的虛偽，表示自己懂得很多，胡說八道只為了建立起自己的權威，特別是裝腔作勢的官員；後者是惡意的欺騙，不願與別人分享自己所知道的事情或者想要誤導別人，陷害別人。

五、錢穆對本章的翻譯：「先生說：『由呀！我教你怎麼算知道吧！你知道你所知，又能同時知道你所不知，纔算是知。』」本章是孔聖人教子路怎樣做才叫智慧，而錢穆把第一個知和最後一個知都理解為知道，這不對。此外，「你知道你所知」，這種說法是不知所云。至於所謂「同時知道你所不知」，

這很矛盾。

六、楊伯峻的翻譯是：「孔子說：『由！教給你對待知或不知的正確態度吧！知道就是知道，不知道就是不知道，這就是聰明智慧。』」楊伯峻的解釋大體上是對的，不過，沒有把第一個「知」解釋清楚。根據譯文，於是，楊伯峻所理解的第一個「知」就變成是「對待知或不知的正確態度」，而事實上，第一個「知」是智慧，而非正確態度。至於所謂「知道就是知道，不知道就是不知道」，也是語意不明。

七、至於毛子水的翻譯則讓人如丈二金剛摸不著頭腦。他的翻譯是：「由，我教你的、你都能知道麼？你知道的、你就以為『知道』；你不知道的、你就以為『不知道』：這就是真正的『知道』！」

延伸閱讀

一、《荀子・子道》子路盛服見孔子，孔子曰：「由，是裾裾何也？昔者江出於岷山，其始出也，其源可以濫觴，及其至江之津也，不放舟，不避風，則不可涉也，非維下流水多邪？今女衣服既盛，顏色充盈，天下且孰肯諫女矣？由！」子路趨而出，改服而入，蓋猶若也。孔子曰：「志之，吾語女，奮于言者華，奮于行者伐，色知而有能者，小人也。故君子知之曰知之，不知曰不知，言之要也；能之曰能之，不能曰不能，行之至也。言要則知，行至則仁。既知且仁，夫惡有不足矣哉！」

二、《荀子・儒效》記載：知之曰知之，不知曰不知，內不自以誣，外不自以欺，以是尊賢畏法而不敢怠傲；是雅儒者也。

三、《史記》：子路性鄙，好勇力，志伉直，冠雄雞，佩豭豚，陵暴孔子。孔子設禮稍誘子路，子路後儒服委質，因門人請為弟子。

2.18. 子張學干祿。子曰：「多聞闕疑，慎言其餘，則寡尤。多見闕殆，慎行其餘，則寡悔。言寡尤，行寡悔，祿在其中矣。」

語譯

　　子張請教孔聖人如何做官。孔聖人說：「多聽，弄清楚不明白的地方，剩

下的就是謹慎說話，這樣，過失就少。多看，弄清楚危險的地方在哪裡，剩下的就是謹慎做事情，這樣，能讓自己後悔的事情就少。說話沒什麼過失，行為沒什麼好後悔的，自然就能當官了。」

字義

子張：顓孫師也，字子張。據《史記‧仲尼弟子列傳》記載，少孔聖人四十八歲。

學干祿：請教做官的方法。學，請教。干祿，追求官職俸祿。干，追求，求取。祿，官吏的俸給、俸祿，指官位。

多聞闕疑：多聽，然後弄清楚不明白的地方。聞，聽。闕，音義同「掘」，去除。疑，不明白。

慎言其餘：此倒裝句也，還原之後為「其餘慎言」，即剩下的就是謹慎說話了；其餘，剩下的。

寡尤：少過失。尤，過失。

多見闕殆：多看，搞明白哪些地方是危險的。見，看。闕，音義同「掘」，挖掘，猶言弄清楚。殆，危險。

在其中：在裡面。

明德說

一、子張問孔聖人怎麼做官？孔聖人建議他「多看多聽，謹言慎行」，自然就能把官做好。那麼，何謂「闕疑」、「闕殆」？闕者去除也，「疑」者不明白，「殆」者危險。闕疑就是去除不明白，如何能去除不明白？多聽。何謂多聽，就是不能只聽一方的說法，要聽不同的人的說法，這樣子，事情就清楚了，因此能做出正確的判斷，而不會不明白了。「多見闕殆」是一樣的邏輯，這裡不重覆了。

二、毛子水的翻譯：「多聽人家的話，而把可疑的地方撇去；就是那些不可疑的地方，也得很謹慎的去講；這樣，錯誤就少了。多看人家的行事，而把可疑的地方撇去；就是那些不可疑的地方，也得很謹慎的去做；這樣，就不至有很多的悔恨了。說話很少錯誤，做事很少可悔恨的地方；到了這個地步，祿

位就自然來了！」楊伯峻的翻譯：「多聽，有懷疑的地方，加以保留；其餘足以自信的部份，謹慎地說出，就能減少錯誤。多看，有懷疑的地方，加以保留；其餘足以自信的部份，謹慎地實行，就能減少懊悔。」渠等的錯誤在於把「闕」理解為保留，把「殆」與「疑」視為同義，然而「闕」並非保留，而是去除；而「疑」並非懷疑，而是不明白；「殆」也並非懷疑，而是危險。

問答

問：「該如何正確的說話」？孔子極力提倡「慎言」，不該說的話絕對不說。所以古人有「君子一言，駟馬難追」之說。因為，白玉被玷污了，還可以把它磨去，而說錯了的話，則無法挽回。如今，隨著中西方文化交流的加深，尤其是中西方教育相交融的影響下，國內外學生給人留下截然不同的印象。國內學生羞澀寡言，國外學生積極活躍。其實，有時候並不是因為國內學生不知道問題的答案，而是覺得應該讓別人先回答，這是對別人的一種尊重。雖然這種現象是由多種因素造成的，但不可否認的是我們多多少少是受到儒家所推崇的「謹言慎行」這種價值觀所影響的。現實生活中為了鼓勵學生發言，同時為了防止活動現場冷場，老師甚至還安排專門的「托」以活躍現場氣氛。我想這種做法既不符合學習的初衷，也達不到學習的效果。而現在也有不少老師、專家、學者等鼓勵學生們大膽發言，不要犯錯。我們一方面宣導「謹言慎行」，另一方面又鼓勵踴躍發言，關於在何地於何時怎麼發言才是最恰當的這個問題一直是個讓我困惑不解的。（在課堂上，在餐桌上，在教堂裡，在火車上，在馬路上；上下級之間，同事之間，朋友之間，師生之間，隔代之間；而且隨著時間地點和情景的變化還會出現言行不一的現象。）

答：這個問題剛好是我的弱點。如果一定要我說，我說說話是首先要誠實，不說假話。其次，不道聽途說。其三、勇敢的說，就算說錯也沒有關係，當作是學習，在試誤當中把握分寸。總不能怕錯就不說或不敢說。其四、要考慮到別人的感受。

2.19. 哀公問曰：「何為則民服？」孔子對曰：「舉直錯諸枉，則民服；舉枉錯諸直，則民不服。」

語譯

魯哀公問:「我怎麼做,人民才會信服?」孔聖人回答說:「提拔正直的人,不用那些品行不端的人,這樣,人民就會信服。提拔品行不端的人,不用那些正直的人,這樣,人民就不會信服。」

字義

何為則民服:何為,如何做。何,如何。為,讀音「維」,做也。則,表示因果關係,就、便。服,信服。

舉直錯諸枉:舉,提拔;直,正直;錯,通「措」,捨棄不用、廢棄,按:殷既錯天命。——《書·微子序》;諸,《玉篇》非一也。皆言也。《正韻》凡眾也。《書·舜典》歷試諸艱。枉,不直、邪惡、人的品行不正。

明德說

一、楊伯峻、毛子水、錢穆等人把「錯」理解為「放」、「安置」、「放置」是不對的,應理解為「捨棄不用」;而他們把「諸」理解為「之乎」、「之上」也不對,應理解為「眾」,猶言那些。

二、孔聖人是偉大的,他在他那個時代就已經知道民意的神聖與重要。他認為,人民對國君是否信服的依據,就是來自於人民的肯定而已,而非來自於大臣的阿諛諂媚或統治者的剛愎自用、自我感覺良好。人民才是統治者的審判者。

2.20. 季康子問:「使民敬、忠以勸,如之何?」子曰:「臨之以莊,則敬;孝慈,則忠;舉善而教不能,則勸。」

語譯

季康子問:「我要如何做才能獲得人民的尊敬?如何做才能讓人民盡心?如何做才能讓人民心悅誠服?」孔聖人回答:「您用認真嚴肅的態度處理人民的事情,人民就會尊敬您;您讓他們都能孝順父母、慈愛子女,人民就會對您盡心;您提拔好人且傳授人民知識、技能,人民就會對您心悅誠服。」

字義

　　季康子：魯國大夫，姓季孫名肥，諡康。

　　使民敬、忠以勸：使，讓；敬，尊敬。忠，盡心；以，及也；勸，悅從。

　　如之何：怎麼做。

　　臨之以莊：為「以莊臨之」的倒裝。臨，面對（上對下，尊對卑）；之，代詞，指人民；以，用。莊，嚴肅。

　　舉善而教不能：舉善，提拔善人。而，而且。教，把知識或技能傳授給人。不能，不會的人。

明德說

　　一、「使民敬、忠以勸，如之何？」為倒裝句，不倒裝的話，應是「如何使民敬、忠以勸？」

　　二、本章中的「勸」不當「互相勉勵」或「勸勉」或「自己奮勉」或「加倍努力」解，而是「悅從」。楊伯峻對本章的翻譯：「季康子問道：『要使人民嚴肅認真，盡心竭力和互相勉勵，應該怎麼辦呢？』孔子說：『你對人民的事情嚴肅認真，他們對你的政令也會嚴肅認真了；你孝順父母，慈愛幼小，他們也就會對你盡心竭力了；你提拔好人，教育能力弱的人，他們也就會勸勉了。』」錢穆對本章的翻譯：「季康子問：『如何可使民眾敬其上，忠其上，並肯加倍努力呀？』先生說：『你對他們能莊重，他們自會敬你。你讓他們都能孝其老，慈其幼，他們自會忠於你。你拔用他們中間的善人，並教導他們中間不能的人，他們自會互相勸勉，加倍努力了。』」

2.21. 或謂孔子曰：「子奚不為政？」子曰：「書云：『孝乎惟孝，友于兄弟，施於有政。』是亦為政，奚其為為政？」

語譯

　　有人就告訴孔聖人說：「您為什麼不當官？」孔聖人說：「《書經》中有句話是，『孝啊！就是孝順父母、友愛兄弟姐妹。孝能運用到政治上。』能做到孝就是參與政治了啊，為什麼（一定要）做官才是參與政治呢？」

字義

　　或謂：或，有人；謂，告訴。按《論語・雍也》：「子謂子夏曰：『女為君子儒，無為小人儒。』」

　　子奚不為政：子，對孔聖人的尊稱；奚，為什麼。為政，這裡指當官。

　　書：指《書經》。原文在《尚書・君陳》篇，王若曰：「君陳，惟爾令德孝恭。惟孝友於兄弟，克施有政。」

　　施於有政：施，運用。有，附著在動詞、名詞、形容詞前，相當於詞綴，無實際意義。政，政事。

　　是亦為政：這就是參與政治了！是，此，指前面所說的孝。亦，表示加強的語氣。

　　奚其為為政：為什麼（一定要）做官才是參與政治呢？奚，疑問代名詞，猶何，為何。其，代名詞，指做官。第一個「為」，是也。第二個為是從事。

明德說

　　本章中的「為政」，實是一語雙關。子奚不為政的「為政」是做官，這裡的「政」範圍比較小，僅止於當官；奚其為為政的「為政」是從政，這裡的「政」範圍比較大，與政治有關都算是「政」。就像孔聖人本章說的，做一個孝子也算參與政治，原因是對社會安定有利、起到模範作用，都算是為政。而孔聖人本身教書育人、宣揚正道，那更是為政了。

2.22. 子曰：「人而無信，不知其可也。大車無輗，小車無軏，其何以行之哉？」

語譯

　　孔聖人說：「如果一個人沒有信用，那就不知道他還可以走多遠？牛車馬車沒有套住牛馬的插銷，這車子還能走嗎？」

字義

　　而：如果。

不知其可也：其，代名詞，指前面所說沒有信用的人。可，能夠。也，語氣助詞，表疑問。

大車無輗：大車，指牛車。輗，讀音「泥」，是連接牛與車的插銷。

小車無軏：小車，指馬車。軏，讀音「月」，鉤住馬和車的鉤子。

明德說

「不知其可也」有成份省略，不省略的話應為「不知其可行多遠也」。省略的用意是使這一部份含蓄簡潔。

2.23. 子張問：「十世可知也？」子曰：「殷因於夏禮，所損益，可知也；周因於殷禮，所損益，可知也。其或繼周者，雖百世，可知也。」

語譯

子張問孔聖：「可以知道三百年後〔，周朝還在嗎〕？」孔聖說：「商朝借鑒了夏朝的禮體，能夠正確的評估商朝禮體的得失，就能夠知道〔商朝的國祚〕；周朝借鑒了商朝的禮體，能夠正確的評估周朝禮體的得失，就能夠知道〔周朝的國祚〕。或許會有一個繼承周朝的朝代，即使三千年之後〔的一個朝代，我們用同樣的方法〕，一樣能夠知道〔它的國祚〕。」

字義

十世：三百年。世：三十年為一世。——東漢・許慎《說文》。百世：三千年。

殷：即商朝（約西元前 1600-1046 年），是中國第一個有文字記載的朝代。商朝前期經常遷都，一直到盤庚遷都於殷（今河南省安陽市），以後就再也沒有遷都了，所以商朝又叫殷朝或殷商。

因：用、憑藉，這裡解釋成參考、借鑒。

禮：體也。《釋名》禮，體也。得其事體也。

所損益：即所損所益。損益並非增減，而是得失，指制度的得失，而得失

的依據就是對人民有利或有害，對人民有利就是益，不利於人民就是損。

問答

問一：在孔子的政治思想中，德禮與刑法是完全對立，非此即彼的嗎？

答一：德禮與刑法當然不是對立的。禮是總括。道德與法律只不過是禮的其中兩個子體系，另外兩個子體系是儀式和制度，即禮儀與禮制。

問二：孔子主張恢復周禮，那麼周禮中的哪些內容是他主張沿襲的，哪些是需要進行改造的？

答二：孔聖人所說的周禮，並不是具體而微的周禮，而是讓整個國家、所有人能過上自由幸福生活的那些制度、做法、追求，這才是孔聖人所提到的周禮的真正意義，而非一定是哪一個制度或哪一條法律。

2.24. 子曰：「非其鬼而祭之，諂也。見義不為，無勇也。」

語譯

孔聖人說：「不是自己的祖先卻去祭拜，這是諂媚。看到該做的事情卻不去做，這是懦弱！」

字義

鬼：自己的祖先。

諂：諂媚、巴結奉承。

無勇：沒有勇氣，懦弱也。

第三：八佾篇

3.1. 孔子謂季氏：「八佾舞於庭，是可忍也，孰不可忍也？」

語譯

孔聖人評價季氏：「一個大夫竟然在庭院裡跳起天子才能使用的八佾舞。如果這種事都可以忍耐，還有什麼事情不能忍耐！」

字義

謂：評價。

季氏：氏，古代姓的分支。季氏之始為季成子。季成子，姓姬，名友，諡成，又稱公子友、季友、成季友、成季，季子，是魯桓公的第四子，他的後代稱為季氏，是魯國貴族中最有權勢者。

八佾舞：祭祀天子的舞蹈。佾，讀作易，佾，列也。——《廣雅》，一佾有八人。八佾就有六十四人。按《周禮》，八佾是天子之禮，諸侯六佾，卿大夫四佾，士二佾。

庭：堂階前的院子。

明德說

春秋中期之後，魯國政權轉入大夫手中。魯莊公的三個弟弟季友、叔牙及慶父的後代長期掌握魯國實權，稱為季氏、叔孫氏、孟氏三家，由於三家都是魯桓公的後代，被稱為「三桓」，魯國從此「政在大夫」。

3.2. 三家者以《雍》徹。子曰：「『相維辟公，天子穆穆』，奚取於三家之堂？」

語譯

當時魯國的三個大夫：孟氏、叔孫氏和季氏，他們都在撤去祭品的時候誦

《雍》。對此，孔聖人說：「唱誦雍詩『大臣、諸侯助祭天子，天子的威儀盛大』，這是天子的祭禮，怎麼可以在這三家的正廳中唱誦呢？」

字義

　　三家：指掌管當時魯國朝政的三個卿大夫，即孟氏、叔孫氏和季氏；家，卿大夫之邑。

　　以《雍》徹：歌雍詩以撤祭。《雍》是古代天子祭祀完畢，於撤去祭品時所誦之詩。徹，撤除、撤去，這裡指撤去祭品。

　　相維辟公：相，讀音「向」，輔助也，這裡指助祭、陪祭；維，語助詞，無義；辟公，官吏以及諸侯。辟，讀音必，指在天子身邊的卿士。三卿一長曰辟。──《周書・武順》。公，指一切諸侯。

　　穆穆：威儀盛大。

　　堂：正廳。

3.3. 子曰：「人而不仁，如禮何？人而不仁，如樂何？」

語譯

　　孔聖人說：「如果一個人沒有愛心，就算用禮來約束他，有什麼用呢？如果一個人沒有愛心，就算用雅樂來薰陶他，有什麼用呢？」

字義

　　人而不仁：而，如果。不仁，沒有愛心。仁者，愛也。

　　如樂何：樂，讀音月，雅樂。

明德說

　　一、人而不仁，如禮何？人而不仁，如樂何？因此，仁心是最重要的。孔聖人的學說為什麼重要而偉大？因為它體現了平等觀，是人性的、溫暖的、和平的、自由的、共享的，而非像一些宗教主張是不平等的、是不人性的、是殘酷的、是暴力的、是排他的、是獨佔的、是自大的、是一種思想禁錮，切不可

信仰這樣的宗教。

　　二、錢穆的翻譯：「人心若沒有了仁，把禮來如何運用呀！人心若沒有了仁，把樂如何來運用呀！」楊伯峻的翻譯：「做了人，卻不仁，怎樣來對待禮儀制度呢？做了人，卻不仁，怎樣來對待音樂呢？」

3.4. 林放問禮之本。子曰：「大哉問！禮，與其奢也，寧儉；喪，與其易也，寧戚。」

語譯

　　林放問孔聖人，什麼是禮的根本？孔聖人回答：「你這個問題很關鍵啊！禮這個東西，與其鋪張、講排場，不如節儉的好；至於喪事，與其簡省，不如哀戚的好。」

字義

　　林放：人名，不需要追問他是誰。
　　大哉問：倒裝句，即「問大哉」，這個問題很關鍵啊！大，重要、關鍵。
　　與其易也，寧戚：易，簡省。戚，心中哀傷。

明德說

　　一、孔聖人在這裡對於「禮」該怎麼表示做了一番比較。首先，從外觀來說，不需要排場，不需要浪費；其次，相較於繁複，簡單的「禮」固然比較好，但更好的是「發自內心」。如果不發自內心，「簡省」的禮又有什麼意義呢！

　　二、與其易也的「易」，並非如楊伯峻所解釋「周到」，也非如錢穆所說「治辦」。本章，楊伯峻的翻譯是：「林放問禮的本質。孔子說：『你的問題意義重大呀！就一般禮儀說，與其鋪張浪費，寧可樸素檢約；就喪禮說，與其儀文周到，寧可過度悲哀。』」至於「戚」也非如楊伯峻所說「過度悲哀」，而就只是「心中哀傷」。因為「過度悲哀」必然是孔聖人反對的。錢穆的翻譯：「林放問：『什麼是禮的本原？』先生說：『你所問，意義大了。一切的禮，與其過於奢侈，寧過在節儉上。喪禮與其過於治辦，寧過在哀戚上。』」

3.5. 子曰：「夷狄之有君，不如諸夏之亡也。」

語譯

孔聖人說：夷狄的人都把他們的君主當作君主來對待，而中原諸侯的各個國家雖然都有君主，但是已經不像君主了（，因為臣民眼中已經沒有國君了）。

字義

夷狄之有君：夷狄，沒有文明的國家，這裡指當時中國四周圍的國家；君，國君。

不如諸夏之亡也：不如，不像。如，好像。諸夏，指當時的中原各諸侯國，例如：魯國。亡，音義同「無」。

明德說

一、每個國家不管大小、不管有沒有文明，一定都有君主，但問題是君主在臣民心中的地位高低就差別很大了，這裡孔聖人想要表明的是，當時中原那些國家裡面的那些權臣，已經不把他們的國君當作國君看待了。

二、有一種錯誤理解，把孔聖人這句話解釋成：「夷狄小國有君主（但不知禮儀），不如中原各國沒君主（但仍懂得禮儀）。」說：「在孔子的思想裡，有強烈的『夷夏觀』，以後又逐漸形成『夷夏之防』的傳統觀念。在他看來，『諸夏』有禮樂文明的傳統，這是好的，即使『諸夏』沒有君主，也比雖有君主但沒有禮樂的『夷狄』要好。這種觀念是大漢族主義的源頭。」持這種見解的人是對孔聖人的汙衊，也是對經文的誤解，孔聖人從沒所謂的「大漢民族主義」。

三、《論語》第三篇「八佾」都在講「禮」，編者把此章放在這裡，用意就在講「禮」在當時中原各國的喪失以及喪失的各種實際情形。

四、楊伯峻、毛子水、錢穆對本章的理解都是錯的。楊伯峻：「文化落後國家雖然有個君主，還不如中國沒有君主哩。」毛子水：「文化程度低的國家如果有政府和法律，就不會像文化程度高而沒有治安的國家那樣壞。」錢穆說：「夷狄雖有君，仍不如諸夏之無君。」

3.6. 季氏旅于泰山。子謂冉有曰：「女弗能救與？」對曰：「不能。」子曰：「嗚呼！曾謂泰山不如林放乎？」

語譯

　　季氏祭祀泰山。孔聖人對冉有說：「你難道不能阻止這件事情的發生嗎？」冉有回答：「不能。」孔聖人說：「唉呀，難道說，泰山還不如林放嗎？」

字義

　　季氏旅于泰山：季氏，魯國大夫。旅，祭祀的名稱，古時祭山稱「旅」；泰山，位於中國山東省中部。

　　冉有：孔聖人弟子，此時是季氏家臣。

　　女弗能救與：女，音義同「汝」，你也。弗，不也；救，阻止也；與，音義同「歟」，相當於「嗎」。

　　嗚呼：嘆詞，表示悲傷。

　　曾謂：難道說。曾，難道，讀音層；謂，說也。

明德說

　　一、季氏有資格祭祀泰山嗎？沒有。誰有資格祭祀泰山？帝王。而季氏只是一個大夫，不合禮。

　　二、祭泰山有特殊意涵。自黃帝起已有封禪的傳說。封為「祭天」，禪為「祭地」。古人認為泰山為「天下第一山」，因此人間的帝王應到泰山祭過天帝，才算受命於天。在泰山上築土為壇祭天，報天之功，稱封；在泰山下梁父山或云云山等小山上闢場祭地，報地之功，稱禪。這是古代帝王的最高大典，而且只有改朝換代、江山易主或者久亂之後重返太平，才可以封禪天地。

3.7. 子曰：「君子無所爭。——必也射乎！揖讓而升，下而飲。其爭也君子。」

語譯

　　孔聖人說：「一個君子沒有什麼好去跟別人爭勝的。如果一定要爭的話，那就只有比賽放箭了。到了比賽放箭的時候，先拱手行禮，禮讓對方先登台，放完箭之後，一起喝酒。即使是比賽放箭，也是要有君子風度。」

字義

　　爭：爭奪、力求獲得、互不相讓。
　　射：放箭。
　　揖：舊時拱手行禮。
　　飲：喝，又特指喝酒。

問答

　　問：孔子提出「君子無所爭」，謙遜禮讓自然無可厚非，可一味強調禮讓，也會抑制人的進取心，怎樣把握好「讓」與「爭」的度。

　　答：(1) 你喜歡一個性好鬥爭、不擇手段的人嗎？(2) 鬥爭一定能得到自己想要的嗎？鬥爭會有什麼後果？(3) 你以為你贏得了不爭的人嗎？你以為不爭的人就沒有作為嗎？(4) 爭有什麼好呢？共產中國不是到處在爭嗎？爭來的只是一時的好處，失去的是永久無法彌補的遺憾，是所謂「好行小慧」。(5) 以德服人不是更好嗎？

3.8. 子夏問曰：「巧笑倩兮，美目盼兮，素以為絢兮」何謂也？子曰：「繪事後素。」曰：「禮後乎？」子曰：「起予者商也，始可與言詩已矣。」

語譯

　　子夏問孔聖人，《詩經》中有這麼一句話：「（衛莊公的妻子，名叫莊姜）笑起來是那麼的讓人著迷、她的眼睛是那麼的明亮動人。再穿上白色絲織的衣服，她就顯得更為美麗了！」這句話是什麼意思？孔聖人就回答說：「繪畫這件事情，白色的染料是最後才上的。」聽完孔聖人的解釋，子夏就說，「那

就是說，相對於仁心，形之於外的禮是較不重要的囉？」孔聖人看到子夏一點就通，就說：「能讓坐著的我站起來的，就是你了。以後，我可以開始和你談論《詩經》了。」

字義

　　巧笑倩兮：巧，美好；倩，含笑的樣子；兮，文言助詞，相當於「啊」、「呀」。

　　美目盼兮：盼，眼睛黑白分明。

　　素以為絢兮：素，白色的衣服、白色的生絹；以為，作用、用來；絢，點綴。

　　繪事後素：繪，作畫。後素，後來才上白色。後，時間較晚的。

　　禮後乎：禮排在後位嗎。後，次序近末尾的，即相比之下較不重要；乎，疑問詞。

　　起：由坐而立、起身。

明德說

　　一、形之於外的「禮」是重要的，但更重要的是發自內心的仁。

　　二、本章表明孔聖人對他的學生子夏的才能的肯定，以及他在學生面前情感的自然流露，這是每一個人都該有的認識，在任何人面前都不需要裝模作樣。

　　三、「巧笑倩兮，美目盼兮」出自《詩經·衛風·碩人》：「手如柔荑，膚如凝脂，領如蝤蠐，齒如瓠犀。螓首蛾眉，巧笑倩兮，美目盼兮，素以為絢兮」。那麼，什麼叫「巧笑倩兮，美目盼兮，素以為絢兮」？孔聖人說，就像「繪事後素」，繪畫這種事，先上其他顏色，最後才上白色，這就是「後素」。禮是素，素是白色的生絹，之所以是美人，就是因為她天生漂亮，再加上穿上白色的衣服，就更漂亮了。素的用途在於「絢」，即點綴、裝飾。既然禮在後，那麼，什麼在前呢？仁心在前，仁才是最重要的。至於有人把「起予者商也」的「起」解釋成「啟發」，不妥，因為在這件事情上面，不是子夏啟發了孔聖人什麼，而是孔聖人看到子夏的慧根，一點就通，導致老師本來是坐著的，聽完子夏的回答，非常高興，忍不住就站起來了，直說：「好，不錯，優秀，以

後可以和你談論《詩經》了。」

　　四、楊伯峻的翻譯：子夏問道：「『有酒窩的臉笑得美呀，黑白分明的眼流轉得媚呀，潔白的底子上畫著花卉呀』這幾句詩是什麼意思？」孔子道：「先有白色底子，然後畫花。」子夏道：「那麼，是不是禮樂的產生在〔仁義〕以後呢？」孔子道：「卜商呀，你真是能啟發我的人。現在可以和你談論《詩經》了。」錢穆的翻譯：子夏問道：「古詩說：『巧笑倩啊，美目盼啊，再用素粉來增添她的美麗啊。』這三句詩指的是什麼呢？」先生說：「你看繪畫，不也是臨後始加素色嗎？」子夏說：「不是說禮是後起之事嗎？」先生說：「開發引起我心意的是商了。如他那樣，纔可和他言《詩》了。」

3.9. 子曰：「夏禮，吾能言之，杞不足徵也；殷禮，吾能言之，宋不足徵也。文獻不足故也。足，則吾能徵之矣。」

語譯

　　孔聖人說：「夏朝的典章制度，我能說，但杞國所保留的文獻無法為我的所說做證明。商朝的典章制度，我也能說，但是，宋國所保留的文獻無法為我的所說做出證明。原因是有歷史價值的圖書、文物不夠。要是夠的話，那麼，我就能證明。」

字義

　　夏禮：夏朝的典章制度。禮，體也《釋名》，也就是一個國家的典章制度。

　　杞不足徵也：杞，一個小國，是大禹王的後裔，主管對禹的祭祀。商湯滅夏之後，封夏王室一支於杞國，以奉祀宗廟。周滅商後，一樣封禹王的後裔于杞地，延續杞國國祚。

　　徵：驗證、證明。

　　宋：宋國。商紂王滅，周武王封殷紂王的庶兄微子啟於商丘，國號宋，以奉商朝的宗廟。

　　文獻：有歷史價值的圖書、文物。

3.10. 子曰：「禘自既灌而往者，吾不欲觀之矣。」

語譯

孔聖人說：「禘祭在灌禮之後的那些儀式，我就不想再看下去了。」

字義

禘：古代帝王或諸侯在始祖廟裡對祖先的一種盛大祭祀。按《禮記・王制》：「天子諸侯宗廟之祭，春曰礿（讀音月），夏曰禘（讀音第），秋曰嘗，冬曰烝。」

灌：是一種古代祭祀的儀式，酌酒灑地以告神。這裡「灌」是禘祭前的儀式，其做法是將鬯（讀音唱）獻給「尸」，「尸」再把所獻的鬯澆灌於地，藉著香氣上傳祖先。「尸」由貌似祖先的子孫擔任。鬯是指重大節日活動慶典用的香酒，比如慶祝勝利，文定迎親，敬天神、地祇、人神等所用的一種酒，天神稱祀，地祇稱祭，宗廟稱享，有嚴格等級。《說文解字・鬯部》：「鬯，以秬釀鬱艸，芬芳攸服，以降神也。」秬，讀音「巨」，黑黍、黑也。又《禮記・明堂位》：「季夏六月，以禘禮祀周公於大廟，牲用白牡，尊用犧象山罍，鬱尊用黃目，灌用玉瓚大圭。」

既：盡、全部，這裡指「灌」禮結束。

往：從一個地方往目的地走，這裡指「灌」之後的儀式。

明德說

為什麼舉行「禘祭」之後，孔聖人就不想繼續觀禮了呢？原因很簡單，那一定是不合禮了。至於具體發生了什麼事情？根據《論語簡說》，「因為灌禮後，接著依『昭穆』的次第祭祀祖先。所謂『左昭右穆』，宗廟之中始祖最大，牌位安在正中間。第二依序排在始祖左邊，稱為『昭』。第三則在始祖右邊，稱為『穆』。接著，第四排在第二的左邊，第五排在第三的右邊……依序不能亂。但是，魯國到了魯文公時，不管閔公是僖公前一任的國君，竟將自己的父親魯僖公牌位，躋升到魯閔公的前面，亂了原來閔公在前，僖公在後的次序。文公卻以僖公是閔公的庶兄，年紀較長為理由，錯亂了禮制」。

3.11. 或問禘之說。子曰：「不知也，知其說者之於天下也，其如示諸斯乎！」指其掌。

語譯

有人問孔聖人禘這個儀式的道理。孔聖人說：「不知道啊！知道禘禮道理的人對於治理國家，大概就像一個人在看他自己手掌一樣的一目了然吧！」孔聖人就指著自己的手掌。

字義

說：道理、解釋、說法。

天下：國家，此指治理國家。

其如示諸斯乎：其，好像、大概；如，好像；示：通「視」，看也。《疏》示視古字通；諸，之於。斯，此也，也就是自己的手掌。

明德說

一、為什麼孔聖人會說知道禘這個儀式的道理的人，就能知道如何的治理天下呢？原因是禘禮的祭祀對象是當今帝王歷代的祖先，尤其是始祖，知道先祖創業之艱難、守成之不易，就能知道如何治理天下，而且，本身一定善盡職責，兢兢業業。

二、對於本章，王聖人陽明的理解是：「此道至簡至易，亦至精至微的。孔子曰：『其如示諸掌乎。』且人於掌何日不見，及至問他掌中多少文理，卻便不知。即如我良知二字，一講便明，誰不知得；若欲的見良知，卻誰能見得？」

3.12. 祭如在，祭神如神在。子曰：「吾不與祭，如不祭。」

語譯

祭祀時要好像受祭者就在現場一樣。祭某神就好像那個神就在現場。孔聖人說：「祭祀時，我若不能全心全意，那我就乾脆不祭（換言之，祭祀時我一

定全心全意）。」

字義

　　吾不與祭：與，全也，指全心全意。
　　如不祭：如，應當。按「君若愛司馬，則如亡」。——《左傳》

明德說

　　一、祭祀的對象非常多，山川神祇祖先都是。例如：祭祀某個山神，就好像某個山神就在現場；祭祀過世的祖父，就好像過世的祖父就在眼前。
　　二、祭如在，祭神如神在。子曰：「吾不與祭，如不祭。」從這句話得知，孔聖人相信神是存在的，否則，就不需要祭祀了。
　　三、根據《定州漢墓竹簡》以及今本，「吾不與祭，如不祭」這樣的句讀沒問題，而非有人說的「吾不與祭如不祭」。
　　四、毛子水的翻譯：「我自己如不參與祭禮，雖祭亦等於我沒有祭。」楊伯峻的翻譯：「我若是不能親自參與祭祀，是不請別人代理的。」毛師與楊師都把「與」理解成「參與」，但這樣的理解是錯的。

3.13. 王孫賈問曰：「與其媚于奧，寧媚於竈，何謂也？」子曰：「不然。獲罪於天，無所禱也。」

語譯

　　王孫賈問孔聖人：「與其諂媚奧神，不如諂媚灶神，這句話是什麼意思？」孔聖人回答：「不對。要是得罪了上天，祈禱也是沒有用的。」

字義

　　王孫賈：衛國大夫，有能力，衛靈公的許多施政都來自於他。
　　奧：古代以房屋之西南隅為奧，以其隱奧，故尊者居之，即是家長的尊位。《禮記・曲禮上》：「凡為人子者，居不主奧，坐不中席，行不中道，立不中門。」這裡奧指的是衛侯衛靈公。

何謂也：這句話是什麼意思。
竈：指灶神，灶神地位雖低，但卻掌有實權，這裡暗指王孫賈自己。
禱：告事求福也。

3.14. 子曰：「周監於二代，郁郁乎文哉！吾從周。」

語譯

孔聖人說：「周朝借鑒夏朝、商朝的得失，典章制度非常完備，因此，我採用周朝的做法。」

字義

周監於二代：周，周朝；監，通鑒，儆戒，借鑒。二代：夏朝、商朝。
郁郁乎文哉：郁，豐盛。文，典章、法令、儀式。
從：採取、按照。

3.15. 子入大廟，每事問。或曰：「孰謂鄹人之子知禮乎？入大廟，每事問。」子聞之，曰：「是禮也。」

語譯

孔聖人進入周天子祭祀祖先用的廟宇，只要有不懂的就問。有人就說：「誰說叔梁紇的孩子知道禮啊？進入太廟，什麼事情都問。」孔子聽到這件事之後就說：「這（才）是禮啊。」

字義

大廟：大，音義同「太」，天子供祭祀歷代祖先的地方。廟，宗廟，供奉祭祀祖先的處所。
孰謂：誰說。孰，誰也；謂，說也。
鄹人之子：即孔聖人。鄹，讀音「謅」，古地名，在今山東省曲阜縣東南，孔聖人的家鄉。鄹人，指叔梁紇，原因是孔聖人的父親叔梁紇作過鄹邑的大夫。

子，孩子。

明德說

　　一、為什麼孔聖人進入大廟每事問是禮呢？因為，不知道就要問才是禮，不知道卻不問，甚至裝懂，那反而不是禮。

　　二、至於朱熹等人說孔聖人是「雖知亦問，敬謹之至」，這種說法不通。按《論語集注》：「大廟，魯周公廟。此蓋孔子始仕之時，入而助祭也。鄹，魯邑名。孔子父叔梁紇，嘗為其邑大夫。孔子自少以知禮聞，故或人因此而譏之。孔子言是禮者，敬謹之至，乃所以為禮也。尹氏曰：『禮者，敬而已矣。雖知亦問，謹之至也，其為敬莫大於此。』」

　　三、到底孔聖人所入的太廟是周天子的太廟還是魯國的太廟，我個人的看法是周天子的太廟，原因是孔聖人曾經去過東周都城洛陽。

3.16. 子曰：「射不主皮，為力不同科，古之道也。」

語譯

　　孔聖人說：「比賽射箭的時候，並不看重能否射穿皮革，因為每個人力氣不同，這是自古以來的規矩。」

字義

　　射不主皮：射，射箭；主，注重；皮，剝、裂也。謂使革與肉分裂也。皮，作動詞，可以解釋成貫穿。革，去毛的獸皮。

　　為力不同科：為，讀音「味」，因為。力，力氣。科，等級。

　　古之道也：道，規矩、辦法。

3.17. 子貢欲去告朔之餼羊。子曰：「賜也！爾愛其羊，我愛其禮。」

語譯

子貢打算在每月初一，行告朔禮時不再殺羊。孔聖人就說：「賜啊！你是珍惜羊的生命，我卻珍惜告朔之禮的完整。」

字義

子貢：見 1.10. 介紹。

告朔：一種古代祭儀。天子於歲末將來年每月曆書頒給諸侯，諸侯將之藏於祖廟，每月朔日，以活羊祭告於廟，然後聽政。《周禮・春官・大史》：「頒告朔于邦國。」告，讀音「故」。朔，農曆每月初一。

餼羊：用於告朔的活羊。餼：讀音「細」，古代祭祀或饋贈用的活牲畜。

3.18. 子曰：「事君盡禮，人以為諂也。」

語譯

孔聖人說：「對待君主，完全依禮，別人以為我在諂媚國君。」

明德說

當時的情況已經是沒人把魯國國君當國君看待了，唯除孔聖人，這導致有些人以為孔聖人是在諂媚國君，想從國君那裡圖得什麼好處。

問答

問：子曰：事君盡禮，人以為諂也。那麼這是自己的問題嗎，遇到這種情況應該怎麼做呢？

答：不要受別人影響，要有自己的主見，只要是對的，雖千萬人吾往矣。

3.19. 定公問：「君使臣，臣事君，如之何？」孔子對曰：「君使臣以禮，臣事君以忠。」

語譯

　　魯定公問孔聖人：「國君如何讓臣子做事？臣子如何為國君做事？」孔聖人回答：「國君根據禮來讓臣子做事，臣子全心全意為國君做事。」

字義

　　定公：魯定公（西元前 556-495 年），是魯國第二十五任君主，魯昭公的弟弟，魯昭公的繼位者。

　　忠：全心全意。

明德說

　　君使臣以禮的「禮」，不只是禮節，也不只是法律這些東西，更重要的是，該有的對待，例如尊重、該有的獎懲這些。

問答

　　問：「君使臣以禮，臣事君以忠」，能夠理解為我們在任何情況下都要以「忠心」為重要的事情嗎？

　　答：臣事君以忠，這不是一句話，而只是半句。臣事君以忠的前提是君使臣以禮。換言之，要是君使臣不以禮，自然，臣事君不需要忠，也不應該忠，否則，就是愚忠。有所謂「良禽擇木而棲，賢臣擇主而事」，這才是平等的。

3.20. 子曰：「《關雎》，樂而不淫，哀而不傷。」

語譯

　　孔聖人說：「《關雎》這首詩是歡喜卻不過度，有愛慕卻不悲傷。」

字義

　　關雎：《詩經》之首篇。雎，讀音「居」，古書上說的一種鳥，亦稱「王雎」。原文如下：關關雎鳩，在河之洲。窈窕淑女，君子好逑。參差荇菜，左右流之。窈窕淑女，寤寐求之。求之不得，寤寐思服。悠哉悠哉，輾轉反側。

參差荇菜，左右采之。窈窕淑女，琴瑟友之。參差荇菜，左右芼之。窈窕淑女，鐘鼓樂之。

樂而不淫：樂，讀音勒，歡喜。淫，過度。

哀而不傷：哀，通「愛」，愛情、愛慕。傷，悲哀、難過。

明德說

一、日本實業家澀澤榮一（日語：渋沢栄一）在《論語講義》一書中說：「此章乃《論語》中頗有爭議、甚為難解之章。原因在於《詩經》中有〈關雎〉之詩篇……此章乃孔子批評此詩者。……孔子所評之『樂而不淫』之淫字，甚為難解。蓋作詩之人為第三者，第三者言其不淫，實為奇怪。因為非彼思欲婦人之人，不能言不淫。」其實，澀澤榮一之所以會認為此章「難解」以及「奇怪」，其原因就在於他誤解了「淫」字的意思。這裡的淫，並非如澀澤榮一所理解的不當／過度交媾或是放蕩，而只是過度。哪件事情的過度？快樂的過度。這裡的快樂是君子想像求得淑女的歡愉。不淫，沒有過度快樂。

二、哀而不傷的「哀」並非悲哀，而是愛慕。在讀過《關雎》一詩之後，我完全沒有感受到該詩的作者有任何的哀怨，反而充滿了思慕之情，一種期待，乃至最後琴瑟和鳴，因此，哀而不傷的哀，沒有解釋成哀怨或悲哀的理由。

三、毛子水的翻譯：「關雎的樂章，使人快樂而不過濫；使人悲哀而不至於傷神。」楊伯峻的翻譯：「關雎這詩，快樂而不放蕩，悲哀而不痛苦。」錢穆的翻譯：「先生說：〈關雎〉那一章詩，有歡樂，但不流於放蕩。有悲哀，但不陷於傷損。」

3.21. 哀公問社於宰我。宰我對曰：「夏后氏以松，殷人以柏，周人以栗，曰，使民戰慄。」子聞之，曰：「成事不說，遂事不諫，既往不咎。」

語譯

魯哀公問宰我，要用什麼作為社主呢？宰我就對魯哀公說：「夏朝是用松樹，商朝是用柏樹，周朝是用栗子樹。」接著說：「讓人害怕。」。孔聖人聽

到這件事之後就說：「已成定局的事就不需要再去討論了。已經進行中的事就不要去更改了。已經過去的事就不需要再去追究是誰的過失了。」

字義

社：即社主，也就是土地神的神主。按「用命，賞於祖，弗用命，戮於社。」——《書・甘誓》

松：耐貧瘠，傲霜雪，四季長青而不凋零，象徵不渝和永恆。

柏：鬥寒傲雪、堅毅挺拔，素為正氣、高尚、長壽、不朽的象徵。

栗：栗仔樹的象徵意義是碩果纍纍、穩定，壽命長。

成事不說：已成定局的事就不需要再去討論了。成：已定的、定形的；說：討論。

遂事不諫：已經進行中的事情就不要去更改了。遂：行、往。諫：更改、糾正。

既往不咎：已經過去的事情就不需要再去追究罪過了。既，已經。咎，追究罪過。

明德說

一、對於「成事不說，遂事不諫，既往不咎」這三句話的理解，毛子水說：「孔子這三句話的意思，我們已難以明白。」楊伯峻的翻譯：「已經做了的事不便再解釋了，已經完成的事不便再挽救了，已經過去的事不便再追究了。」

二、錢穆在他的《論語新解》中說：「成事不說，遂事不諫，既往不咎：事已成，不再說之。遂，行義。事已行，不復諫。事既往，不追咎。此三語實一義。」然而，此三語並非一義，而是三義，是一件事情的三階段，分別是決議之後、執行當中、結束之後。

三、古代祭祀土地神，要替祂立一個牌位，這牌位叫主。人們認為，這一牌位便是神靈之所憑藉。主，要用什麼材料呢？根據《淮南子・齊俗訓》：「有虞氏之祀，其社用土；夏後氏，其社用松；殷人之禮，其社用石；周人之禮，其社用栗」，可見，土、石、木都可以作為土地神所依附的對象。而木主裡面，還可以根據每一種樹木的象徵意義作為選擇的依據。這就是魯哀公問宰

我，要用什麼材料作為神主的原因。

問答

問：在哀公問社於宰我後，宰我的回答為什麼令孔聖人不滿意，並談到「成事不說，遂事不諫，既往不咎」？

答：(1) 原因是宰我給魯哀公的建議竟然是「使民戰慄」，讓人害怕，這當然不是好的建議，也不是正本清源之道，因此，孔聖人反對。(2) 周朝以栗樹作為社樹的原因不是要讓人民害怕，而是希望碩果累累，而宰我說的「使民戰慄」是取諧音，而非栗樹原來的象徵意義。(3) 有一句話是「往者已矣，來者可追」，過去就算了，不要再想去彌補或改正，因為來不及了。有些人經常活在過去，一直想對過去的所作所為進行修正或彌補，有的可以，有的不可以，因為，人事已非！回不去了。「既往不咎」讓我想起發生在中國的一個故事，即洛陽農民張虎群「被偷走的三十七年」。失去了，就不要想再要回來，放手吧！早日重新開始吧！

3.22. 子曰：「管仲之器小哉！」或曰：「管仲儉乎？」曰：「管氏有三歸，官事不攝，焉得儉？」「然則管仲知禮乎？」曰：「邦君樹塞門，管氏亦樹塞門。邦君為兩君之好，有反坫，管氏亦有反坫。管氏而知禮，孰不知禮？」

語譯

孔聖人說：「管仲的器量小啊！」有人就說：「管仲有約束自己嗎？」孔聖人回答說：「管仲有那麼多老婆，而且，房事也不節制，怎麼可以說有約束自己呢？」有人又問：「那麼，管仲知道禮嗎？」孔聖人說：「齊王的宮殿立有照壁，管仲的家也有照壁。齊王為了兩國君主的友好而設置酒臺，管仲家裡也有酒臺。如果管仲知禮，那還有誰不知禮呢？」

字義

管仲（約西元前 723-645 年）：齊桓公相，名夷吾。桓公尊之曰仲父。

儉：自我約束。
器：容器，這裡指器量。
三歸：很多老婆。歸，妻室，歸是委婉語。三，多也。
官事不攝：官，通「館」，即房舍。按俞樾《諸子平議》：官乃館之古文。攝，管理。
邦君樹塞門：邦君，指齊王，也就是齊桓公。樹，立也；塞門是宮殿外的照壁（又稱影壁、蕭牆）。塞，讀音「色」。
反坫：宴樂嘉賓時置空酒杯的專用器具，即酒臺也。坫，讀音「甸」。

明德說

一、孔聖人把一個人的生活分為公私兩個方面，私生活對應的要求就是「儉」，也就是私生活有沒有節制；公生活對應的要求就是「禮」，也就是行為舉止有沒有非分僭禮。

二、「管仲儉乎」的「儉」並非如朱熹、毛子水、錢穆、楊伯峻所說「節儉」之意，而是「約束自己」。「節儉」不等於「約束自己」。「三歸」的「歸」也不是如朱熹所說是「臺名」，也不是如楊伯峻所說是「市租」，也非如俞樾、錢穆、毛子水所說「三處家庭」，而是「妻妾成群」。而「官事不攝」也非如楊伯峻所說「他手下的人員，從不兼差」，也非如錢穆所說「各處各項職事，都設有專人，不兼攝」，而是「房事不節制」。

3.23. 子語魯大師樂，曰：「樂其可知也：始作，翕如也；從之，純如也，皦如也，繹如也，以成。」

語譯

孔聖人對魯國樂官之首談論音樂，他說：「好的音樂或許是可以識別的。最起碼做到協調一致。往上，不只要協調一致，還要純淨；再往上，還要作到明亮。最困難的是能演奏出生生不息的生命力。如果做得到的話，那就是最好的音樂了。」

字義

　　子語魯大師樂：子，孔聖人也；語，讀音「羽」，做動詞，談論也，同「夏蟲不可語冰」的語；太師，樂官之首。大，讀音「太」。樂，讀音「月」，音樂也。

　　樂其可知也：樂，有規律而和諧動人的聲音。其，表示揣測，可譯為或許、大概。知，識別。

　　始作：初階的好作品。始，最初。作，巧匠揮斧削木造器、作品。

　　從之：從，讀音「叢」，接下來。

　　翕：讀音「係」，合也，互相配合、協調一致，一體感也。

　　純：不染、純淨、純一不雜、清純。

　　皦：古同「皎」，讀音「腳」，明亮。

　　繹：讀音「易」，連續不斷、充滿生命力、生生不息。

　　以成：以，則、那麼，表示條件關係。成，就也、畢也、預期的目的的實現，也就是最好、完善、完美的意思。

明德說

　　一、「始作」、「從之」、「以成」並非講音樂演奏的順序，而是好的音樂的四個境界、四個層次。第一個層次，要能協調一致，有一體感。第二個層次，不只要協調一致，還要能清純。第三個層次是，還要加上明亮。第四個層次，也就是最高的層次、最難的地方在於能煥發生生不息的生命力，那就是最好的音樂。換言之，翕純皦繹乃是評判音樂好壞高低的四個判別準則。換言之，一首曲子要是連起碼的一體感都做不到，那就不是音樂，而是折磨人了。

　　二、從之，不是只有一個層次，而是兩個層次，分別是純如也以及皦如也。

　　三、楊伯峻的翻譯：「音樂，那是可以曉得的。開始演奏，翕翕地熱烈；繼續下去，純純地和諧，皦皦地清晰，繹繹地不絕，這樣，然後完成。」毛子水說：「這章論當時樂章的結構；我們現在既不能聽到古樂，自不易懂得這章的話。……譯文從缺。」錢穆的翻譯是：先生告訴魯國的太師官說：「樂的演奏之全部進程是可知了。一開始，是這樣地興奮而振作，跟著是這樣地純一而和諧，又是這樣地清楚而明亮，又是這樣地連緜而流走，樂便這樣地完成了。」

3.24. 儀封人請見，曰：「君子之至於斯也，吾未嘗不得見也。」從者見之。出曰：「二三子何患於喪乎？天下之無道也久矣，天將以夫子為木鐸。」

語譯

　　儀這個地方的邊防長官希望能拜見孔聖人，就說：「只要有君子到了我這個地方，我沒有不拜見的。」孔聖人的弟子就安排他們見面。這位官吏見過孔聖人之後說：「你們何必擔心會有大道淪喪的情形？現在天下亂糟糟的已經很久了。上天將派你們的老師作為木鐸，使大道傳遍天下。」

字義

　　儀封人：儀，邑名，衛國境內的一個邊界邑。封人，古官名，守邊界的官吏，春秋時各諸侯國都設有封人，典守封疆。
　　請見：請，敬詞，用於希望對方做某事。見，拜會、拜見。
　　吾未嘗不得見也：未嘗，加在否定詞前面，構成雙重否定，使語氣委婉，猶沒有、不是。得，本來沒有而爭取得來成為己有。見，拜會。
　　從者：孔聖人的隨行，也就是孔聖人的弟子。
　　二三子何患於喪乎：二三子，諸位、你們。何患，何必憂慮。喪，淪喪，指的是大道淪喪。
　　天將以夫子為木鐸：以……為，用作、讓他做、把他作為；夫子，指孔聖人；鐸，音同「奪」，為輔佐政令文告發佈而使用的打擊樂器。

明德說

　　一、按《康熙字典》：「《論語》二三子何患於喪乎。《注》喪，失位也。」這樣的理解必然是錯的，原因是在孔聖人眼裡，沒有失不失位的問題。
　　二、這位儀封人真是厲害，竟然能預言「天將以夫子為木鐸」，至今，孔學已經傳遍全世界，未來還要更光大。

3.25. 子謂《韶》：「盡美矣，又盡善也。」謂《武》：「盡美矣，

未盡善也。」

語譯

　　孔聖人評論《韶樂》：「聽覺上的享受已經達到最大了。對於一個人心性的陶冶也已經達到最大程度了。」評論《武樂》：「聽覺上的享受已經達到最大了。但對於一個人心性的陶冶則還未達到最大程度。」

字義

　　子謂《韶》：謂，評論。韶，讀音ㄕㄠˊ，樂名。韶樂是舜以文德受堯之禪所作樂曲，表達政權轉移之和平以及舜帝政治之清明美好。

　　盡善盡美：盡，達到頂點；善，心地仁愛，能對心靈起到陶冶作用，是一種精神享受；美，讓人愉悅的一種感受，屬於感官的舒服。

　　武：樂名。武是周武王伐紂所作樂曲。曲中訴說武王政治美好，只是音樂之中仍有殺伐之聲。蓋周武王以武力得天下，非若舜得位之和也，故孔聖人言「未盡善也」。

明德說

　　一、美指感官上的舒服，例如耳朵聽了舒服，眼睛看了舒服，味道上舒服，嗅覺上的舒服、觸感上舒服，這些都叫美。盡美矣，意思是在這些不同的感官上得到最大的舒服、達到極致。而《韶樂》與《武樂》都是在聽覺上得到最大的享受。善指的是有助於一個人心性、道德情操的陶冶和提升。有助於一個人道德情操陶冶的活動很多，例如：讀書、助人、集郵、美術、書法、插花、茶道、打坐、下棋、聽音樂、攝影、勞動、爬山、釣魚、射箭……這些都是孔聖人眼中的善。其中，《韶樂》在這個功能方面，已經達到最大的效果，而《武樂》則比不上《韶樂》，因此，孔聖人說《武樂》未盡善也。

　　二、毛子水的翻譯：孔子講到韶樂說：「美極了，又好極了。」講到武樂說：「美是很美了，但沒有很好。」楊伯峻的翻譯：孔子論到韶說：「美極了，而且好極了。」論到武，說：「美極了，卻還不夠好。」

3.26. 子曰：「居上不寬，為禮不敬，臨喪不哀，吾何以觀之哉？」

語譯

　　孔聖人說：「作為上級心胸狹窄，對於禮不嚴肅，遇到喪事不悲痛，這樣的人，怎麼有辦法讓我稱讚他呢？」

字義

　　不寬：心胸狹窄。寬，寬大、寬厚。
　　臨喪不哀：臨，面對、遇到；哀：悲痛。
　　吾何以觀之哉：何以，用反問的語氣表示沒有或不能。觀，多也，讚許也。

明德說

　　「吾何以觀之哉」的「觀」並非「看」，而是稱讚。楊伯峻老師對本章的翻譯如下：「居於統治地位不寬宏大量，行禮的時候不嚴肅認真，參加喪禮的時候不悲哀，這種樣子我怎麼看得下去呢？」

第四：里仁篇

4.1. 子曰：「里仁為美。擇不處仁，焉得知？」

語譯

孔聖人說：「居住的鄉里有仁義之風才是好的。不選一個有仁義之風的地方居住，這怎麼能算是智慧呢？」

字義

里仁為美：里，居住也，這裡指居住地的鄉里風氣；仁，仁義之風。美，善也、好也。

擇不處仁：為「處不擇仁」的倒裝，即住處不選擇一個有仁義之風的地方；擇：選擇；處：讀音「觸」，名詞，指居住、置身。

明德說

一、本章強調居住地的選擇，要選一個有仁義之風的鄉里居住，這才是有智慧的。有句話是「遠親不如近鄰」，但前提是近鄰要有仁義之風，否則也不濟事。有些鄰居甚至是惡鄰，這時，趕快搬家吧！

二、孔聖人本章的說法與老子「居善地，與善仁」說法一致。

三、「里仁為美」不是錢穆所說「人能居於仁道，這是最美的了」，也不是楊伯峻所說「跟有仁德的人住在一起，才是好的」，而是居住的鄉里有仁義之風才是好的。

四、「擇不處仁」非錢穆所說「若擇身所處而不擇於仁」。至於楊伯峻所說也不夠準確，他說「如果你選擇的住處不是跟有仁德的人在一起」。孔聖人這裡講的是我們四周圍的鄰居、我們住的社區、鄉里要有仁義之風，而不是要我們跟有仁德的人住在一起。那麼，為什麼錢穆、楊伯峻的理解會有誤？原因是他們沒有發現，原來「擇不處仁」是「處不擇仁」的倒裝。

4.2. 子曰：「不仁者，不可以久處約，不可以長處樂。仁者安仁，知者利仁。」

語譯

孔聖人說：「沒有仁心的人做不到長久處於儉省當中，其內心也辦不到長久處於愉悅、平靜之中。能夠讓別人安定、平靜下來的人，才是仁者；能夠幫助別人的人才是有智慧。」

字義

不可以久處約：不可以，做不到；約：儉省。

處樂：處，讀音「楚」，置身於；樂，讀音勒，歡喜、愉悅。

仁者安仁：此句倒裝，即「安人者仁」，能讓別人安定、平靜的人方可稱為有愛心。「安仁」的安，動詞，使人安定、平靜。「安仁」的仁，同「人」。

知者利仁：此句倒裝，即「利人者智」，能幫助別人的人方可稱為智慧。仁，同「人」。

明德說

一、「仁者安仁」非楊伯峻所說「有仁德的人安於仁」，也非毛子水所說「一個天生有道德的人，以道德為他生活中最大的快樂」，也非錢穆所說「只有仁人，自能安於仁道」，而是「能讓別人安定、平靜的人才能稱為仁、稱為有愛心」。

二、「知者利仁」非楊伯峻所說「聰明人利用仁」；也非毛子水所說「一個聰明的人，把道德當作最安穩的生活規範」，也非錢穆所說「智人，便知仁道於他有利，而想欲有之了」，而是「能幫助別人的人方可稱為智慧」。

三、「不仁者，不可以久處約，不可以長處樂」，這句話中的「不可以」是指「辦不到」。那麼，誰辦得到久處約、長處樂？仁者。另外要注意，這裡的「約」不是楊伯峻等人說的「窮困」，而是「儉省」、「約束自己」；「樂」不是毛子水、楊伯峻所說的「安樂」，也不是錢穆所說的「逸樂」，而是一種「內心平靜的喜樂」。

4.3. 子曰：「唯仁者，能好人，能惡人。」

語譯

孔聖人說，只有仁者能夠知道一個人是好人還是壞人（或：只有仁者能知道一個人的好，能知道一個人的壞）。

字義

唯：只有。

仁者：能將心比心、有仁愛之心的人。

能好人，能惡人：好，讀音郝，善良也。惡，讀音遏，邪惡、壞也。

明德說

一、毛子水的翻譯：「只有仁人能夠愛人愛得對，能夠惡人惡得對。」楊伯峻的翻譯：「只有仁人才能夠喜愛某人、厭惡某人。」錢穆的翻譯：「只有仁者能真心地喜愛人，也能真心地厭惡人。」

二、「能好人，能惡人」中的「好惡」做善惡解，於是「能好人」就是能知人之好；「能惡人」就是能知人之惡。那麼，什麼是仁者？仁者愛人，能愛別人的人，不管這個人是好人還是壞人，他都愛。為什麼說只有仁者才能知道一個人的好惡呢？因為他能將心比心。如果他不能將心比心，他如何愛人？愛一個人的前提是了解那一個人，否則就會產生誤解，以至於釀成悲劇。因為將心比心，所以，我們能了解別人的心理。每個人都有好的一面，也有壞的一面，但我們對於喜歡的人通常只看到好的一面，而沒有看到壞的一面；同樣的，對於我們不喜歡的人，通常也只會看到他壞的一面，而看不到他好的一面。而仁者，因為他愛人、沒有偏私，因此能看到兩面，既能看到他的好，也能看到他的壞。

三、孔聖人這句話在說，仁者的能力非同凡響，一般人對於善惡的判斷經常出錯，把好人當成壞人，把壞人當成好人，而仁者不會出錯。

4.4. 子曰：「苟志於仁矣，無惡也。」

語譯

孔聖人說:「如果有心要做一個仁者,那他就不會做壞事了。」

字義

苟志於仁矣:苟,如果。志,心之所向、志向。

無惡也:惡,讀「俄」,做動詞用,意為「作惡」。

明德說

一、「苟志於仁矣,無惡也」為什麼這個地方,惡的讀音要讀扼而非物,原因在於這裡是講「苟志於」,也就是說,「如果有志於」仁,而不是「已經是」仁者了。在只是「有志於」的時候,已經可以保證他不會做壞事了,一旦會做壞事,那他的「志」就是騙人的。

二、有志於仁只是有志於仁,還不是仁者,離仁者還有一段很長的路要走。

三、「無惡也」並非楊伯峻所說「總沒有壞處」,也非錢穆所說「他對人,便沒有真所厭惡的了」。

問答

問:子曰:「苟志於仁矣,無惡也。」難道說立志成仁就不會犯錯了嗎(各行業的人有不少都是立志成仁,為何還會有一部份人走上違法犯罪的道路)?

答:那只說明那些人並非真的立志成仁,而是假仁或說說罷了。

4.5. 子曰:「富與貴,是人之所欲也,不以其道得之,不處也。貧與賤,是人之所惡也,不以其道得之,不去也。君子去仁,惡乎成名。君子無終食之間違仁,造次必於是,顛沛必於是。」

語譯

孔聖人說:「富和貴都是人所想要擁有的。假設有人用不正當的方法得到富貴,這樣的富貴是不會長久的。貧和賤都是人所厭惡的。若用不正當的方法擺脫貧賤,〔終究還是〕擺脫不了的(意指終究要回到貧賤的)。一個君子離開

了仁心，怎麼還能說是君子呢？一個君子不會有片刻之間違背了仁心，匆忙之間必不離開仁，極度困難的時候也必不離開仁。」

字義

不以其道得之，不處也：「不以其道得之」為「其得之以不道」的倒裝。其，他。以，用、採取；道，正當的手段。之，代名詞，指富與貴。不處，不久也。處，定也、常也、久也。按《呂氏春秋・誣徒》喜怒無處。注：「處，常也。」

不以其道得之，不去也：不以其道得之，不用正當的手段得到擺脫貧賤。之，代名詞，指擺脫貧賤這件事。不去，去不了、擺脫不了。不，否定詞。去，除掉、免除、擺脫。

惡乎成名：惡，讀音「屋」，怎麼、如何。成名，成就君子之名。

終食之間：吃一頓飯的時間，比喻時間極短，即片刻之間。

造次：匆忙、倉促。

顛沛：極度困難。

明德說

一、針對「富與貴，是人之所欲也，不以其道得之，不處也。貧與賤，是人之所惡也，不以其道得之，不去也。」的翻譯，錢穆是：「富與貴，人人所欲，但若不以當得富貴之道而富貴了，君子將不安處此富貴。貧與賤，人人所惡，但若不以當得貧賤之道而貧賤了，君子將不違去此貧賤。」楊伯峻是：「發大財，做大官，這是人人所盼望的；不用正當的方法去得到它，君子不接受。窮困和下賤，這是人人所厭惡的；不用正當的方法去拋掉它，君子不擺脫。」

二、楊伯峻認為原文「不以其道得之，不去也」有錯。他在他書中註釋說：「貧與賤……不以其道得之——『富與貴』可以說『得之』，『貧與賤』卻不是人人想『得之』的。這裡也講『不以其道得之』，『得之』應該改為『去之』。譯文只就這一整段的精神加以詮釋，這裡為什麼也講『得之』可能是古人的不經意處，我們不必再在這上面做文章了。」然而，楊老師之所以會有這樣的疑問，來自於他對「不以其道去之，不去也」的「之」有了誤解。之是代

名詞，指涉擺脫貧賤這件事。因此，「得之」就是「擺脫貧賤」，而非「得到貧賤」。

4.6. 子曰：「我未見好仁者惡不仁者。好仁者，無以尚之；惡不仁者，其為仁矣，不使不仁者加乎其身。有能一日用其力於仁矣乎？我未見力不足者。蓋有之矣，我未之見也。」

語譯

　　孔聖人說：「我沒有見過有愛心的人會厭惡沒有愛心的人。一個有仁心的人，沒什麼好自負的。一個討厭沒有愛心的人，他一定是這樣的一個人：他不會讓沒有愛心的人欺凌自己，他能有一時半刻把他的能力用在別人身上、幫助別人嗎？不會。我沒有看過（好仁者）會有能力不足的情形。或許有這種情況，我是沒有見過。」

字義

　　好仁者：一心向仁的人，也就是非常有愛心、非常慈悲的人。
　　不仁者：沒有愛心的人。
　　無以尚之：沒有什麼好了不起的。無以，沒有什麼。尚，自負、矜誇。
　　其為仁矣：他一定是這樣的一個人。其，代詞，代指前面所說的「惡不仁者。」仁，同「人」。矣，確實，表示堅決、肯定。
　　加：凌駕、欺凌。
　　有能一日用其力於仁矣乎：一日，短暫、一時。仁，同「人」。
　　蓋：表示假設，如果也。
　　我未之見也：即「我未見之也」的倒裝。之，代名詞，代指前面所說的「力不足者」。

明德說

　　一、錢穆、楊伯峻等人的句讀有誤，他們的句讀是：「我未見好仁者、惡不仁者。」正確的句讀是：「我未見好仁者惡不仁者。」

二、朱熹等人對本章的理解有誤。(1) 朱子說孔聖人沒有見過好仁的人，也沒有見過厭惡不仁的人。事實上，孔聖人沒見過的是：有愛心的人會去厭惡沒有愛心的人。(2) 朱子說「不仁之可惡」，然而，孔聖人沒有這樣評價「不仁者」，孔聖人評價的是「惡不仁者」，而非「不仁者」。

三、章旨：第一、好仁並非有什麼了不起，只不過是人本來就該做的事情而已，只是絕大部份人都意興闌珊，只想追名逐利；第二、惡不仁者是不對的、也是不夠的，是不得中正的，要成為好仁者。第三、為什麼好仁者不會厭惡不仁者？因為不仁者也是好仁者度化的對象，這是為什麼孔聖人從事教育事業、周遊列國的原因。

四、楊伯峻、毛子水的翻譯都有問題。楊伯峻的翻譯：「我不曾見到過愛好仁德的人和厭惡不仁德的人。愛好仁德的人，那是再好也沒有的了；厭惡不仁德的人，他行仁德，只是不使不仁德的東西加在自己身上。有誰能在某一天使用他的力量於仁德呢？我沒見過力量不夠的。大概這樣的人還是有的，我不曾見到罷了。」毛子水的翻譯：「我沒有見到〔這樣〕好仁和〔這樣〕惡不仁的人：那好仁的人呢，看仁高於一切；那惡不仁的人呢，他的做人、絕不讓不仁的人靠近他。我沒有見到，一個人真有一天決心用力去行仁而力不足的人！可能有這樣的人；不過，我沒有見到。」

五、孔聖人說：「我未見好仁者惡不仁者。」但是，孔聖人也說君子「惡稱人之惡者」。那麼，究竟仁者有無好惡？(1) 仁者有好惡，「如好好色，如惡惡臭」，這是從用上面來說的，也就是一「生其心」就有好惡、就有是非對錯；(2) 仁者沒有好惡，是從心體上說的，也就是「無所住」，不被善惡給影響而致喜樂哀怒不得其正。例如：碰到小人竊取國家政權，仁者對此小人深惡痛絕，但是，不因此而心生煩惱。佛家講「無所住而生其心」就是在講仁者的體與用。(3) 同樣是惡，但是有分別。好仁者不會厭惡特定的人，但是會厭惡特定的行為，因為這些行為會傷害到別人，因此，孔聖人厭惡。

4.7. 子曰：「人之過也，各於其黨。觀過，斯知仁矣。」

語譯

孔聖人說,「一個人所犯的過錯,與他的同夥是一樣的。因此,審視一個人的過錯,就知道他的那一群同夥會是個什麼樣子(相反的,看那一群人的行為,就可以反過來推斷那一群人當中的某一個人的行為會是個什麼樣子)。」

字義

各於其黨。各,同「皆」,同也。黨,小團體、同夥。

觀過:觀,審視、審查。過者,過錯也。

斯知仁矣:斯,則、就;仁,通「人」,意指:某一類人,這裡指那一群人。

明德說

一、本章最大的誤解可能來自於對「仁」的理解。一般人都把此處的「仁」理解為「仁德、仁愛」的「仁」,其實,這裡的「仁」同「人」。

二、本章的主旨在於物以類聚。好人就會跟好人在一起,惡人就會跟惡人在一起、色鬼就會跟色鬼在一起、好權的就會跟好權的在一起。如同《周易·繫辭上》:「方以類聚,物以群分,吉凶生矣。」這一點非常重要,我想提醒那些想追求幸福的人,要「與善仁」,因為「與善仁」的結果就是生吉,要是「與善惡」,其結果就會生凶。

三、毛子水的翻譯:「人的過失,和他的環境有關。我們觀察他的過失,就可以推知他是哪一類的人了。」楊伯峻的翻譯:「人是各種各樣的人,人的錯誤也是各種各樣的。什麼樣的錯誤就是由什麼樣的人犯的。仔細考察某人所犯的錯誤,就可以知道他是什麼樣式的人了。」

4.8. 子曰:「朝聞道,夕死可矣!」

語譯

孔聖人說:「早上聽進了恕道,晚上為道而死也值得了。」

字義

朝聞道：聞，聽到心裡去了。道，恕道、仁道。

夕死可矣：可，值得。

明德說

一、本章有省略成份，不省略的話是：「朝聞道，夕為道而死可矣。」

二、一般人對本章主要有兩個地方不理解，其一，本章的道所指為何？其二，道有那麼重要嗎？值得為之而死嗎？道，仁也、恕也，也就是儒家的信仰。道有那麼重要嗎？孔聖人說「志士仁人，無求生以害仁，有殺身以求仁」，即是朝聞道，夕死可矣。道當然重要，可是一般人都沒有能力認識到道的重要。一般人只能認識到權力、錢財、愛情、慾望的重要，以至於有人為權力而革命／造反、為財而賭上性命、為愛情而死都覺得很值得，偏偏不能理解為道而死，之所以如此，只是反證了提出這個問題的人本身沒有信仰而已。任何有信仰的人，不管信什麼，殉道是再自然不過了，文天祥、伯夷、叔齊、張志新、方孝儒、Giordano Bruno 等人都是殉道者，都是「夕死可矣」的實踐者。

三、儒家不反對名利美色，但取之有道。問題在於名利美色是天然的陷阱。一旦落入有心人設下的陷阱，就只能任人擺佈了，這時候，不要說權力、錢財、美色隨時能喪失，甚至自己生命也不保，連累家人，悔之無及。

四、只有真正懂得道的人，才知道孔聖人這句話是多麼地理所當然，並憐憫那些拿別人當工具的人。

4.9. 子曰：「士志於道，而恥惡衣惡食者，未足與議也！」

語譯

孔聖人說：「（如果）一個知識份子立志於道德，卻以穿不好的衣服、吃不好的食物為可恥，這種人，是不值得我結交和談論道的！」

字義

士志於道：士，讀書人、知識份子。道，道德、真理。

而：表示轉折關係，相當於「卻」、「但是」。

惡：讀音「遏」，差的、不好的。

未足與議也：未足，不值得。與，結交；議，語也。——《說文》，這裡指談論。

明德說

一、孔聖人說：「士志於道，而恥惡衣惡食者，未足與議也！」誰有志於道？武訓是也。

二、「未足與議」的「與議」是「與」、「議」兩個動詞，不是一個動詞，也就是結交和論及。如果我的理解沒錯，那麼，楊伯峻說「這種人，不值得同他商議了」、毛子水說「那便不足道了」、錢穆說「那便不足與議了」，就都錯了。

4.10. 子曰：「君子之於天下也，無適也，無莫也，義之與比。」

語譯

孔聖人說：「道德之人對於天底下的各種事情，沒有什麼一定是可以的，也沒有什麼一定是不可以的，完全取決於怎麼做才是對的、應該的。」

字義

君子：道德之人。

適：符合標準、適合、可以。

莫：表示否定，相當於「不」。

義之與比：「與義比之」的倒裝，和義相比，即以義為依據。與，和也、同也、跟也。義，宜也，應該、正當、合理；比，相比、查對，這裡引申為依據。

明德說

一、孔聖人這句話當然是對的。然而，一般人非常難以拿捏「義之以比」，

什麼該做，什麼又不該做，那個分寸、那個度以及時機的把握，太難了！因此，我以為孔聖人這句話僅適用於上上人，一般人不適用。例如，白色謊言是不是屬於「義之與比」？我相信大部份人都會認為是，但我反對。原因在於，一旦是的話，就會導致有人成天說謊，並把每個謊都說成了「白色謊言」，都說成了「義」，甚至把說謊說成是為了愛國，說謊變成必須了，那就成了魔鬼了。

二、王聖人陽明對「義之與比」的理解是：「固是事事要如此，須是識得箇頭腦乃可。義即是良知，曉得良知是箇頭腦，方無執著。且如受人餽送，也有今日當受的，他日不當受的，也有今日不當受的，他日當受的。你若執著了今日當受的，便一切受去，執著了今日不當受的，便一切不受去，便是『適莫』，便不是良知的本體。如何喚得做義？」

三、康熙字典把這裡的「適」解成「主也、專也」，不對。按《康熙字典》「《韻會》主也，專也。《論語》無適也。《詩‧衛風》誰適為容。」本章的「適」是符合標準。無適就是沒有一定的標準，也就是沒有非怎樣不可。此外，「比」不是靠攏、挨著、為鄰，而是依據、根據。

四、對本章的舉例。在古代，男女授受不親是「適」。但是當一個女子掉入水中，這時，一個男子跳入水中而把女子救上岸，這種做法就是「無適也」。又例如殺人當然是「莫」，是不對的，但是正當防衛，那就沒有不對，這就是「無莫也」。

五、毛子水的翻譯：「一個君子對天下的人和事，沒有好惡的偏心，只以義為歸。」錢穆的翻譯：「先生說：『君子對於天下事，沒有一定專主的，也沒有一定反對的，只求合於義便從。』」

4.11. 子曰：「君子懷德，小人懷土；君子懷刑，小人懷惠。」

語譯

孔聖人說：「君子心裡面想的都是道德，小人心裡面想的都是財富；君子心裡面想的都是聖賢的行誼；小人心裡面想的都是自己的好處。」

字義

　　懷土：懷，心中想的、追求。土者土地，也就是財富，因為有土斯有財。

　　刑：音義同「型」，意謂典型，像堯、舜、禹、湯、文、武、孔、孟、武訓、文天祥、王陽明、張志新、諸葛亮、方孝儒那樣的典型。

　　惠：好處。

明德說

　　本章中的懷都不作「懷念」解，而是念茲在茲、追求。而君子懷「刑」的「刑」也不做刑法解，而是典型的意思。楊伯峻的翻譯：「君子懷念道德，小人懷念鄉土；君子關心法度，小人關心恩惠。」毛子水的翻譯：「君子懷念著一個德化好的國家；小人則懷念著一個生活容易的地方。君子做一件事，必想到這件事的合法不合法；小人做一件事，只想到這件事對自身有沒有利益。」錢穆的翻譯：「君子常懷念於德性，小人常懷念於鄉土。君子常懷念到刑法，小人常懷念到恩惠。」

4.12. 子曰：「放於利而行，多怨。」

語譯

　　孔聖人說：「一個人以利益作為他行為的依據，必然導致很多的仇恨。」

字義

　　放，讀音「訪」，依據。
　　怨，仇恨。

明德說

　　這句話在理解上不會有差錯，但是，我想提醒那些自以為聰明的人，當你在欺騙別人的時候，一定會有很多人上當，但也一定有人不會上當，這時候，你就要付出代價了。

4.13. 子曰：「能以禮讓為國乎，何有！不能以禮讓為國，如禮何！」

語譯

孔聖人說：「假設能以禮讓治理國家，那麼，〔把國家治理得好，〕有何困難呢？如果不能以禮讓治理國家，就算有禮，又有什麼用呢？」

字義

能以禮讓為國乎：以，用也。禮，規範、各種形式的規範。讓，退也、協助對方獲得。為國，治理國家。為，讀音維，治理。這裡的禮讓，是發自內心的禮讓。

何有：為「治，有何難」的倒裝與省略，即把國家治理得好，有何困難呢？意謂著沒有困難。治，安定、太平，如文景之治、貞觀之治的「治」。

如禮何：即使有禮，又有什麼用呢？這裡的禮，是指形式的禮。

明德說

一、楊伯峻對本章的翻譯是：「孔子說，能夠用禮讓來治理國家嗎？這有什麼困難呢？如果不能用禮讓來治理國家，又怎樣來對待禮儀呢？」楊伯峻的理解有問題，「何有」不是指「用禮讓來治理國家」沒有困難，而是指「把國家治理得好」沒有困難。其次，「如禮何」不是指「又怎樣來對待禮儀呢」，而是指「沒有讓的禮有什麼用呢」。

二、毛子水的翻譯：「能用禮讓的道理來治國，對處理國事就沒有困難了！不能用禮讓的道理來治國，那真對不起這個『禮』！」毛子水對「何有」的理解是對的，但對「如禮何」的理解就錯了。「如禮何」不是「對不起這個禮」，而是「這樣的禮有什麼用呢」。

三、楊伯峻和毛子水等人之所以誤解這章，原因在於他們不知道「能以禮讓為國乎」、「不能以禮讓為國」以及「如禮何」當中的不同。前面的「禮讓」是發自內心的遵守和信從，而最後的「禮」是形式主義的禮，走過場、做樣子。

4.14. 子曰：「不患無位，患所以立；不患莫己知，未，為，可知也。」

語譯

孔聖人說：「不用擔心沒有舞台，該擔心的是自己沒有本領。不用擔心沒有人知道自己的能耐，（要是真的有能耐，）未來的某一天輪到你上場了，有作為了，別人自然就知道你了。」

字義

不患無位：患，擔心。位：本義是獨立空間，在此可以解釋成舞台。

患所以立：所以，用來；立，立足，指才能、為人、處事、德行等等立足之道，也就是本領。

莫己知：即莫知己的倒裝。

未：將來。

為：做、作為，這裡指輪到你上場表現了，可以證明你的能耐了。一旦你的能力得到證明，自然大家都知道你的大名了。

明德說

一、本章最主要的問題在於今本「求為可知也」這句話可能不是原文。原因是按照《論語·定州漢墓竹簡》是「未為可知也」。因此，本章文字依據《定州漢墓竹簡》改正過來。

二、孔聖人本章的意旨在於：第一、不用擔心沒有自己的舞台，該擔心的是自己沒有才能。第二、要是本身有才能，那麼，有一天，終會輪到你上場。第三、大部份的人是沒有本領，因此，該做的不是急於上場，而是修煉自己的本領。

4.15. 子曰：「參乎！吾道一以貫之。」曾子曰：「唯。」子出。門人問曰：「何謂也？」曾子曰：「夫子之道，忠恕而已矣。」

語譯

孔聖人說:「參啊!我的學說用一個概念貫穿全部。」曾子說:「是的!」孔聖人離開之後,其他弟子問:「老師說的是什麼意思呢?」曾子就說:「老師的道理,就是發自內心的愛人而已〔,就只有這一件事,沒有其他的了〕。」

字義

參:曾子的名字。曾子,字子輿。

吾道一以貫之:道,學說、主張、道理。一以貫之,即以一貫之的倒裝。一,一個字、一個概念,此即恕也。恕即仁也、仁即愛也。以,用。貫,貫穿、貫通。之,代名詞,代指孔聖人學說的所有內容。

唯:諾也,是也。

門人:弟子、學生。此指孔門之人。

何謂也:怎麼說呢?是什麼意思呢?也,音義同「耶」,疑問詞。

忠恕:發自內心的愛。忠,直率、發自內心。《疏》中心曰忠。中下從心,謂言出於心,皆有忠實也。恕,仁也。——《說文》

明德說

一、孔聖人的一以貫之,並非忠與恕兩個德目,只有一個,那就是恕,所以才叫「一」以貫之。

二、本章的忠,不是一心一意,而是發自內心,是形容詞,而非名詞。

三、為什麼做一心一意解釋的忠不是本章的「忠」的意思?原因是在孔聖人看來,忠的境界並不高,也不難,孔聖人在評價令尹子文的時候說過:忠矣,然而,「未智,焉得仁」,換言之,三者由高到低是仁,然後是智,然後是忠,忠連智都不是,無法與仁並列。而仁者恕也,愛也。

四、曾子吾日三省吾身的「為人謀而不忠乎」的「忠」與本章的「忠」不同。前者是指竭心盡力,而本章的忠指「真實」,也就是沒有一點虛偽、雜質。蓋孔聖人見曾子的恕還未達精熟純一,故告以用功之要。

五、楊伯峻的翻譯:「孔子說:『參啊!我的學說貫穿著一個基本觀念。』曾子說:『是。』孔子走出去以後,別的學生便問曾子道:『這是什麼意思?』

曾子道：『他老人家的學說，只是忠和恕罷了。』」毛子水的翻譯：「孔子說，『參，我平日所說的許多道理，是可以用一種道理來貫通的。』曾子說，『是的。』孔子出了講堂，同學們問曾子，『老師說的什麼意思？』曾子說：『我們老師的道理，〔千言萬語〕，不過忠恕罷了！』」

4.16. 子曰：「君子喻於義，小人喻於利。」

語譯

孔聖人說：「君子只曉得道義，而小人只曉得怎麼謀私利。」

字義

君子：道德之人。

小人喻於利：小人，道德卑劣之人。喻，明白、曉得，可以翻譯為「只認得」。於，在。利，好處、私利、一己欲望的滿足。利不限於錢財，還包括掌權以謀私、擺排場、耍威風、刁難、玩弄、控制別人、殘殺和虐待人民等等。

明德說

一、要辨別小人還是君子，孔聖人說很簡單，就看他心裡裝什麼、只認什麼。只認道義，那他就是君子，只認對他有沒有利用價值、能不能讓他爽歪歪、洩慾，那他就是小人。

二、毛子水說，「喻」字最好訓為「樂」，因此，他對本章的翻譯是「君子樂於義，小人樂於利」。楊伯峻說：「這裡的君子是指在位者，還是有德者，還是兩者兼指，孔子原意不得而知。」在我看來，這裡的君子顯然是有德者，這就是孔聖人的原意。

4.17. 子曰：「見賢思齊焉，見不賢而內自省也。」

語譯

孔聖人說：「看到善良的人就想到要向他看齊〔，努力成為和他一樣的善

人〕；看到不善良的人，就要反省自己〔，是否有與他一樣不好的行為〕。」

字義

賢：善良。按《玉篇》有善行也。
齊：使同等、一致。

4.18. 子曰：「事父母幾諫，見志不從，又敬不違，勞而不怨。」

語譯

孔聖人說：「侍奉父母，在父母犯了微小錯誤的時候就要直言規勸。要是父母不聽從，這時候，還是要對父母恭敬〔，不能理直氣壯〕，但不能因此就算了，還必需繼續規勸，這麼做雖然很辛苦，但不抱怨。」

字義

幾諫：幾，苗頭、細微，指過錯剛形成或是小過錯。諫：（在帝王／上級／父母做出錯誤選擇時）直言規勸。
見志不從：見，碰到；志，心意；不從，不聽從。
違：離也，這裡指離開那件事，也就是不管那件事情。

明德說

一、不違的「違」不是觸忤、冒犯、違逆，而是離開、放下不管。幾諫的「幾」不是委婉、婉轉，而是苗頭、小、微。

二、本章的重點有三個：第一，幾，幾就是小、微、苗頭，也就是父母所犯的過錯才出現苗頭、或是過錯還小。第二、諫，直言規勸。第三、不違，不離開也。不因為規勸沒效果就撒手不管，依然要繼續規勸。

三、楊伯峻的翻譯如下：「伺奉父母，〔如果他們有不對的地方，〕得輕微婉轉地勸止，看到自己的心意沒有被聽從，仍然恭敬地不觸犯他們，雖然憂愁，但不怨恨。」錢穆的翻譯：「子女奉事父母，若父母有過當微婉而諫，把自己志意表見了，若父母不聽從，還當照常恭敬，不要違逆，且看機會再勸諫，

雖如此般操心憂勞，也不對父母生怨恨。」

4.19. 子曰：「父母在，不遠遊，遊必有方。」

語譯

孔聖人說：「父母還在世的時候，身為子女的不要離家太遠。如果真的要遠遊，一定要有隨時可以聯絡得上的方法。」

字義

方：方式，也就是聯繫得上的方式、辦法。

明德說

一、之所以遊必有方是因為家裡隨時可能有重要、緊急事情發生，這時候，要是沒有聯繫得上的方式，那就麻煩了。

二、遊必有方，省略定語，不省略的話是「遠遊必有方」。

三、「遊必有方」的「方」並非錢穆所說「位所」、「方位」，也非楊伯峻所說「去處」；也不是毛子水所說的「地方」，而是「法子」、「辦法」，也就是聯絡方式。

4.20. 子曰：「父母之年，不可不知也：一則以喜，一則以懼。」

語譯

孔聖人說：「父母親的年齡，不可以不知道。一方面是很高興，高興父母親健在；另一方面則是要害怕，害怕哪一天父母就要離世。」

字義

父母之年：父母親的年齡。年，年紀、歲數。

明德說

父母之年為何要懼？因為父母親隨時可能離開人世，要是不及時行孝，那就會後悔終生。

4.21. 子曰：「古者言之不出，恥躬之不逮也。」

語譯

孔聖人說：「古時候的人不輕易承諾，因為他們以承諾了卻沒做到為可恥」。

字義

言之不出：不輕易許諾。言：許諾。

恥躬之不逮也：躬，身體，指自己；逮，達到、做到。

明德說

「古者言之不出」的「言」究竟如何解釋？楊伯峻、錢穆、毛子水等都說是「說話」，我認為是承諾。

4.22. 子曰：「以約失之者，鮮矣。」

語譯

孔聖人說：「因為約束自己反而造成過失的，這種情形是很少的。」

字義

以約失之者：以，因為。約，約束；失，出差錯。

鮮，讀音「顯」，少的意思。

明德說

毛子水的翻譯是：「因為儉約而犯了過失的，是很少的」錢穆的翻譯是：

「由儉約而差失的很少了。」約，不能做儉約解釋，而是約束自己，不放縱自己。

4.23. 子曰：「君子欲訥於言而敏於行。」

語譯

  孔聖人說：「君子心裡想著要說話謹慎，做事勤勉。」

字義

  訥，言難也。——《說文》。即說話謹慎。
  敏：勤勉。

4.24. 子曰：「德不孤，必有鄰。」

語譯

  孔聖人說：「有德之人不會孤單，一定會有人來接近。」

字義

  孤：孤單、孤立。
  必有鄰：必，必定、百分之百；鄰：接近、親近。

4.25. 子游曰：「事君數，斯辱矣；朋友數，斯疏矣。」

語譯

  子游說：「批評國君，就會遭到處分。數落朋友，關係就會疏遠。」

字義

  數，讀音「屬」，數落、責備，就是批評的意思。
  斯辱矣：斯，就、導致。辱，受辱、受挫、遭到打壓。

明德說

　　「事君數」、「朋友數」的「數」應該不是毛子水所說的「急切」、楊伯峻所說的「繁瑣」，也不是錢穆所說的「逼促、瑣屑」，而應該是「數落」、「批評」之意。

第五：公冶長篇

5.1. 子謂公冶長：「可妻也。雖在縲絏之中，非其罪也。」以其子妻之。

語譯

　　孔聖人評價公冶長：「可以嫁給他。雖然他現在被關在牢裡。他並沒有罪。」於是，就把自己的女兒嫁給了他。

字義

　　子謂公冶長：子，孔聖人也。謂，評價、評論。公冶長（前519—前470），又稱公冶氏，名萇，字子長、子芝。孔聖人的女婿。

　　縲絏：讀音「雷謝」，監獄也。

　　以其子妻之：其，代名詞，指孔聖人；子，這裡指女兒，也就是孔聖人的女兒。妻：嫁。

5.2. 子謂南容：「邦有道，不廢；邦無道，免於刑戮。」以其兄之子妻之。

語譯

　　孔聖人評價南容：「要是國家有公平正義，他就能發揮才幹。要是國家昏亂，他也能明哲保身，不會遭到刑罰或誅殺。」就把自己哥哥的女兒嫁給他。

字義

　　南容：即南宮适（ㄎㄨㄛˋ，kuò）、又稱南宮括，字子容，魯國人，孔聖人學生。孔聖人稱讚他是個「君子」，並將他的姪女（孔聖人兄長孟皮之女）嫁給他。

　　邦有道：邦，國家。有道：有公平正義。

不廢：不會閒著，也就是能發揮才幹；廢：荒廢，閒著。
刑戮：刑罰或誅戮。

明德說

我這裡想探討一個問題，那就是「邦無道」時，知識份子如何面對？第一種可能：不做官，例如躲到山裡或隱居在城市。第二種：做官，但是裝傻，以甯武子為代表。第三種：離開祖國，前往有道之邦。每一個國家總有疆界，自己的國家無道，就到別人的國家，也是可以啊！事實上，春秋戰國時期，人才流動已經很明顯了，例如商鞅是衛國人，卻跑到秦國當官，這是可以的啊！

另一個問題是，「免於刑戮」可取嗎？在南容的例子上，在孔聖人來看並沒有不對。否則，孔聖人不會把姪女嫁給南容。

5.3. 子謂子賤：「君子哉若人！魯無君子者，斯焉取斯？」

語譯

孔聖人評論宓子賤說：「這樣的一個人是一位君子啊！魯國要是沒有君子的話，子賤又是從哪裡取法君子呢？」

字義

子賤：宓子賤，宓，讀音「福」，名不齊，字子賤，魯國人，孔聖人弟子，曾經擔任單父（《呂氏春秋》記為「亶父」，今山東菏澤單縣）宰。宓：在古代，因宓（古音伏，今多讀蜜音）字和伏字通用，伏姓也叫宓姓。

若人：此人，即宓子賤。若，此、如此。

斯焉取斯：第一個「斯」，此，指子賤；焉：文言疑問詞，怎麼、哪兒、哪裡。取：取法。第二個「斯」：此，指魯國的君子。

明德說

一、本章是別人從旁記錄，所以記錄的這個人稱字「子賤」，以示尊重。如果是孔聖人本人，就會直接稱名「不齊」。

二、成語「掣肘難書」出自《呂氏春秋・審應覽・具備》，該文的主角便是宓子賤。

5.4. 子貢問曰：「賜也何如？」子曰：「女，器也。」曰：「何器也？」曰：「瑚璉也。」

語譯

　　子貢問孔聖人：「我是怎樣的一個人？」孔聖人說：「你是一個有用的器具。」子貢接著問：「是哪一種用具啊？」孔聖人回答：「是瑚璉。」

字義

　　賜也何如：賜，讀音四，子貢姓端木，名賜，字子貢，少孔子三十一歲。何如，即如何，怎麼樣。
　　女，器也：女，音義同「汝」，你也；器，用具。
　　瑚璉：瑚、璉都是宗廟禮器。

問答

　　問：孔子是怎麼看待子貢的？
　　答：君子不器，而子貢還是器。當然，同樣是器，但不同於飯桶、米缸，子貢的器是瑚璉之器，瑚、璉皆宗廟禮器，已經相當不得了了，是個治國安邦的人才了。另按《雪廬老人全集》：「夏曰瑚，殷曰璉，周曰簠簋（讀音如府鬼）。孔子廟上供的都是簠簋，上供時盛糧食，新下的糧食，先供太廟，馨香祝禱。不是簠簋，不能上供，不夠材料，可見瑚璉的尊貴，孔子認為子貢是宗廟的大器。」

5.5. 或曰：「雍也仁而不佞。」子曰：「焉用佞？禦人以口給，屢憎於人。不知其仁。焉用佞？」

語譯

有人說:「冉雍這個人啊,心地善良,但是,口才不好。」孔聖人就說:「哪裡需要口才好。用伶牙俐齒來反駁別人,經常要惹人厭惡,這種人並不聰明。哪裡需要口才好?」

字義

雍也仁而不佞:雍,冉雍也,字仲弓。佞,讀音「濘」,口才好。

禦人以口給:禦,反駁;口給;口才便給,能言善辯。給,讀音「己」,富裕、充足、敏捷的意思。

屢憎於人:經常要被別人厭惡。屢,經常;憎,讀音「增」,厭惡意。於,被,表示被動。

不知其仁:即「其仁不知」的倒裝。其,代名詞,非指仲弓,而是指禦人以口給、伶牙俐齒的那類人;「仁」通「人」;「知」通「智」。不知,不聰明。因此,「不知其仁」即「其人不智」。

明德說

很多人都把「不知其仁」的「仁」解釋成「仁德」的「仁」,把「知」解釋成「知道」,都是錯的。例如楊伯峻的翻譯:「冉雍未必仁,但為什麼要有口才呢?」錢穆也錯了,他說:「我不知雍是否得稱為仁,但那裡定要口才呀!」

5.6. 子使漆雕開仕。對曰:「吾斯之未能信。」子說。

語譯

孔聖人要讓漆雕開去當官。漆雕開就回答說:「老師您這樣的建議,我不能聽從。」孔聖人很高興漆雕開這麼回答。

字義

子使漆雕開仕:子,孔聖人;使,讓也。漆雕開(西元前540-489年),

姓漆雕，本名啟，諱漢景帝劉啟改為開。字子開，又字子若，又說作子修。在孔門中以德行著稱。仕，做官。

　　吾斯之未能信：吾，指漆雕開本身；斯，此也，指孔聖人的建議；信，聽從。

　　子說：子，指孔聖人。說，音義同「悅」，高興。

明德說

　　一、孔聖人聽到漆雕開說不去做官之後，很高興。因為，孔聖人聽到漆雕開還想讓自己更為提升，繼續學習而感到欣慰。

　　二、吾斯之未能信的信，不能解釋成「自信」，而應做「聽從」解。

　　三、以下說明引自王明泉：「對曰：『吾，斯之未能信。』『吾』應該是上戶下口的『启』字，漆彫開回答老師時，稱自己的名『啟』，表示尊敬。後來漢朝皇帝漢景帝，名也是『啟』，為了避諱其名，當時讀書人讀到本章時，不敢直呼『啟』，就改為「吾」，而沿用下來。這種避諱在於中國文化重視五倫，平時接到君上的聖旨及父親的信件，都是跪讀，如同君父親臨，又怎敢直稱其名？然而漢朝距今，時間已經很久遠，何以『吾』不改回『啟』字呢？這是對經文慎重，闕疑經文保留原貌，以免後人隨意更改經文，造成經文面目全非，喪失經典智慧的真諦。」

5.7. 子曰：「道不行，乘桴浮於海。從我者，其由與？」子路聞之喜。子曰：「由也，好勇過我，無所取材。」

語譯

　　孔聖人說：「仁政無法推行，就搭乘小船在海上漂流。能跟隨我的，大概就是子路了吧！」子路聽到這句話後很高興〔，想知道老師打算什麼時候出發〕。孔聖人就說：「子路啊！你膽子太大，只會給我惹麻煩〔，還好〕，找不到製作木筏的材料。」

字義

道不行：道，仁政的大道。不行，無法推行。

乘桴浮於海：搭乘小船漂流在海上。桴，竹子做的小船，大曰筏，小曰桴。浮，漂浮、漂流。

好勇過我：好，太；勇，有膽量。過，通「禍」，按「八曰誅，以馭其過」。——《周禮·天官·大宰》，即惹麻煩。禍我，只會給我惹麻煩。

無所取材：無所，沒有地方。取，得、拿；材，材料，指做桴的木材。

明德說

一、對於「無所取材」，有學者，如楊伯峻理解成子路是「沒有什麼可取的」，這樣的理解顯然是錯誤的。首先，孔聖人不可能這樣評價子路，這有失厚道。其次，子路當然是人才，其顯才的地方很多，例如子曰：「片言可以折獄者，其由也與？」子路無宿諾。能夠片言折獄、能夠無宿諾，豈是無能之人所能辦到？又季康子問：「仲由可使從政也與？」子曰：「由也果，於從政乎何有？」「由也，千乘之國，可使治其賦也。」何況，孔門十哲當中，子路與冉有同列政事科人才。因此無論從哪一方面來看，子路都不可能是無能之人。藉此文章，我想告慰子路先生，希望我還原了歷史的原貌。

二、孔聖人說「道不行，乘桴浮於海」，這是心裡話還是玩笑話？當然是玩笑話。要是真心話，那孔聖人還是聖人嗎？要是是真心話，孔聖人就不會周遊列國那麼長時間了。

三、「過我」，即「禍我」，也就是「會給我惹麻煩」，這是孔聖人的心裡話還是玩笑話？當然是玩笑話。這也是為什麼後面會接著「無所取材」，因為「無所取材」也是玩笑話。如果真的要「桴浮於海」，會找不到材料嗎？當然不可能。因此，推定孔聖人整句話都是玩笑話，除了子路「好勇」之外。

四、「從我者，其由與？」，皇本、高麗本，「由」下有「也」字，即「從我者，其由也與？」。

五、「由也，好勇過我」並非如楊伯峻所說是「仲由這個人太好勇敢了，好勇的精神大大超過了我」，也不是毛子水所說「仲由比我勇敢」，而是「仲由，你膽子太大了啊，只會給我惹麻煩」。

5.8. 孟武伯問:「子路仁乎?」子曰:「不知也。」又問。子曰:「由也,千乘之國,可使治其賦也,不知其仁也。」「求也何如?」子曰:「求也,千室之邑,百乘之家,可使為之宰也,不知其仁也。」「赤也何如?」子曰:「赤也,束帶立於朝,可使與賓客言也,不知其仁也。」

語譯

　　魯國大夫孟武伯問:「子路是個仁者嗎?」孔聖人回答:「不知道。」孟武伯接著又問了一個問題。孔聖人回答:「子路啊,千乘之國,可以讓他負責軍事,至於他是不是仁者就不知道了。」孟武伯接著問:「冉求這個人呢?」孔聖人回答:「冉求啊!可以讓他主管有著千個家族的封邑或是百輛兵車的封地,至於他是不是仁者就不知道了。」孟武伯接著問:「那公西華怎樣呢?」孔聖人回答:「公西華啊,可以讓他在朝為官,他必能整束衣冠,很恰如其份的接待賓客、跟賓客談話。至於他是不是仁者就不知道了。」

字義

　　孟武伯:魯國大夫,魯國孟孫氏第十代宗主,姬姓,名彘(音至),「武」是諡號,世稱仲孫彘,是孟懿子的兒子。孟懿子「世家」(繼承王位)之子,孟子五世祖。

　　子路仁乎:子路是個仁者嗎?仁,愛也,也就是能將心比心、沒有雙重道德標準的人。

　　千乘之國:乘是四匹馬的兵車,古代天子萬乘、諸侯千乘、大夫百乘,千乘之國是諸侯大國。國,諸侯統治的疆域。

　　千室之邑:室,家族。邑,古代諸侯分給大夫的封地。

　　百乘之家:家,古代大夫所統治的疆域,與「國」相對。

　　賦:軍備。

　　宰:主管、百官之長。

　　赤:即公西赤,姓公西,名赤,字子華,又稱公西華。

　　束帶立於朝:束帶,整束衣冠。立於朝,在朝為官。

可使與賓客言也：接待賓客以及和賓客談話，相當於現在的外交官。

5.9. 子謂子貢曰：「女與回也孰愈？」對曰：「賜也何敢望回？回也聞一以知十，賜也聞一以知二。」子曰：「弗如也；吾與女弗如也。」

語譯

　　孔聖人對子貢說：「你跟顏回哪一個更優秀呢？」子貢說：「我哪裡敢跟顏回相比較！顏回聽了一個道理就能懂得其他所有道理；我聽得一個道理，只能推出幾個道理。」孔聖人說：「比不上啊，我跟你都比不上顏回啊！」

字義

　　女與回也孰愈：女，音義同「汝」，你也；回，顏回也；孰，誰也；愈，勝也，贏過對方。

　　賜也何敢望回：賜，子貢也；何敢，哪裡敢，也就是不敢；望，同「方」，比較。

　　聞一以知十：十不是十件事，而是滿數、全部、沒有遺漏。

　　聞一以知二：二不是二件事，表明一些、不多。

明德說

　　一、孔聖人問子貢你與顏回哪一個更優秀呢？孔聖人為什麼要對子貢提這一個問題，難道是要子貢回答顏回更優秀嗎？不是的，事實上，是在提醒子貢，不能在知見上用功，而是必須像顏回一樣在心體上用功。可惜，子貢並沒有領會老師的用意，逼得老師也只好順著子貢的話說：「弗如也；吾與女弗如也」。

　　二、至於有人在研究，究竟孔聖人是否真的比不上顏回，這是一個不用討論的問題，沒有意義。就算得到了一個對的答案，與我們的修行又有何干係！

　　三、「聞一以知十」、「聞一以知二」，「十」與「二」不是楊伯峻所說「十件事」、「二件事」，十是全部，二是一些，因為二比一多，但不是一加一之和，但也不是三，因為三就是多了。

5.10. 宰予晝寢。子曰：「朽木不可雕也，糞土之牆不可杇也；於予與何誅？」子曰：「始吾於人也，聽其言而信其行；今吾於人也，聽其言而觀其行。於予與改是。」

語譯

　　宰予白天睡覺。孔聖人說：「腐爛的木頭無法用來雕刻；要棄除的、稀巴爛的牆就不具有粉刷的價值。對於宰予這樣的人，要責備他什麼嗎？」孔聖人說：「一開始的時候，我對人都是聽他說什麼，就相信他會做什麼。現在，我對人則是，聽他說什麼，還要仔細看他做什麼，這都是由於宰予這樣的人，我才改變成這樣的。」

字義

　　糞土之牆不可杇：糞，棄除也，也就是破壞很嚴重要丟掉的；土，吐也、瀉也、稀巴爛；不可，不值得。杇，讀音「屋」，同「圬」，泥瓦工人用來塗抹牆的抹子，作動詞時，指抹牆、粉刷。

　　吾於人也：我對人。於，對也。

　　於予與何誅：對於宰予這類人，我有什麼好責備的呢！於，對於；予，宰予也。與，類；何誅，有什麼好責備的呢。誅，責備。

　　觀其行：觀，仔細看、審查。

　　於予與改是：於，由、從也。與，類。改，改變。是，此，也就是現在這個樣子。

問答

　　問：孔子對宰予的看法。

　　答：(1) 宰予晝寢。子曰：「朽木不可雕也，糞土之牆，不可杇也。於予與何誅！」→整句話表示對宰予失望。連責備他都不想責備了。

　　(2) 宰我問：「三年之喪，期已久矣！君子三年不為禮，禮必壞；三年不為樂，樂必崩。舊穀既沒，新穀既生，鑽燧改火，期可已矣。」子曰：「食夫稻，衣夫錦，於女安乎？」曰：「安！」「女安，則為之！夫君子之居喪，食旨不

甘，聞樂不樂，居處不安，故不為也。今女安，則為之！」宰我出。子曰：「予之不仁也！子生三年，然後免於父母之懷。夫三年之喪，天下之通喪也，予也，有三年之愛於其父母乎？」→宰予不仁、不孝。

(3) 哀公問社於宰我。宰我對曰：「夏后氏以松，殷人以柏，周人以栗。曰：『使民戰栗。』」子聞之，曰：「成事不說，遂事不諫，既往不咎。」→不贊成宰予的做事方式，宰予的治理之道是讓人民害怕。

(4) 宰我問曰：「仁者，雖告之曰：『井有仁焉。』其從之也？」子曰：「何為其然也？君子可逝也，不可陷也。可欺也，不可罔也。」→宰予在考驗孔聖人的智慧，但被孔聖人打槍。

(5) 孔門十哲：言語科有宰我、子貢。

(6) 根據《史記・仲尼弟子列傳》記載，孔子到了晚年，心有愧疚地說：「吾以言取人，失之宰予。」

5.11. 子曰：「吾未見剛者。」或對曰：「申棖。」子曰：「棖也欲，焉得剛？」

語譯

孔聖人說：「我還沒有看過公正的人！」有人對此就說：「申棖是公正的人啊！」孔聖人接著說：「申棖有貪欲啊！一個有貪欲的人，怎麼可能公正呢！」

字義

申棖：姓申名棖，字周，孔子的學生。棖，讀音「成」，豎立在門兩旁的長木柱。

欲，貪欲也。──《說文》。

剛：公正。

明德說

一、吾未見剛者的剛，非楊伯峻所說「剛毅不屈」，也不是錢穆所說「剛斷」、「剛烈」，也不是鄭玄所說「剛，謂強，志不屈撓」，剛者正也。原因

是有貪欲的人是很有可能剛毅不屈的，因此，剛不可理解為剛毅不屈，而應理解為公正。

　　二、「欲」是指貪欲，也就是非分之想。不是自己該得的，卻想用不正當的方式得到，例如，偷竊、霸佔、誘拐、欺騙等，是孔聖人這裡所說的欲。

問答

　　問：子曰：「吾未見剛者」一句中說要成為崇高君子，不應有太多的欲望，而孔子的教學又崇尚「學而優則仕」，這兩者之間是否存在矛盾呢？

　　答：一點都不矛盾。孔聖人所說的慾望是貪欲，也就是不該有而想要有，這樣的慾望自然會禍害百姓，而孔聖人說「學而優則仕」，「仕」的目的是什麼？是造福百姓，只有公正才能造福百姓，要是寡廉鮮恥、圖謀私利，那有什麼資格為官呢？

5.12. 子貢曰：「我不欲人之加諸我也，吾亦欲無加諸人。」子曰：「賜也，非爾所及也。」

語譯

　　子貢說：「我不想別人把他不想要的東西強加到我身上，我也不想把自己不想要的東西強加給別人。」孔聖人說：「賜啊，你雖然這麼說，但你沒做到啊！」

字義

　　賜：即端木賜，也就是子貢。

　　加諸：加，強加；諸，之於的合音。之，代名詞，代指自己不想要的人、事、物。於，給也。

　　非爾所及也：爾，你；及，做得到。

明德說

　　一、這裡不要誤會孔聖人看不起子貢，而是在提醒子貢目前還沒做到，還

需再精進鍛鍊。

二、為什麼「加」應該解釋成強加，而不是解釋成「欺侮」、「陵」、「非義」或其他，原因在於「加」後面接著「諸」，而「諸」是「之於」的合音，也就是「之」是直接受詞（賓語），代表著不喜歡的東西。換言之，句子裡必須包含直接受詞（之）和間接受詞（我／人）。《康熙字典》把這裡的「加」解釋成欺凌是不對的。按《康熙字典》：「《論語》吾亦欲無加諸人。《注》陵也。」

5.13. 子貢曰：「夫子之文章，可得而聞也；夫子之言性與天道，不可得而聞也。」

語譯

子貢說：「可以聽到老師講禮樂法度。但是，沒聽到老師談論過本性跟天意。」

字義

文章：禮樂法度。按《詩・大雅・蕩序》：「厲王無道，天下蕩蕩，無綱紀文章。」

聞：聽見。

性，質也——《廣雅》，指事物的根本、特性。

天道，天理、天意——《書・湯誥》：「天道福善禍淫，降災於夏。」

明德說

一、孔聖人不「言性與天道」，這是孔聖人科學的地方，也是孔聖人偉大的地方（很多宗教家其實是大騙子，以上帝之名或自稱上帝或佛祖圖私利）。什麼是科學？科學就是屢試不爽，100%、沒有誤差且不受時間和地域的限制，而不是「美好」的意思，否則，就失去「科學」該概念的準確性和價值了。那麼，性是什麼？不好說，不能一概而論，一說就引起爭端；天道是什麼，不好說，也很難說，一說就引起爭端。孔聖人對於這些形而上的東西，不去談它，

避免紛爭，因為說不清或是說了你也不相信。孔聖人所說的，都是所有人都能理解，都是善良的、正面的、長遠的、智慧的，可行的，這是最重要的。因此，孟子稱孔聖人為聖之時者也。他的教法、學說，適用於任何人、任何時代、任何地方。

　　二、在這一點上，我個人非常贊同孔聖人的做法。我不贊成董仲舒、朱子等人談心性、天道、神、氣這些抽象、形而上的東西，他們不是不存在（我個人相信鬼神是存在的、心性也是有的），而是太容易流於爭論、空談，其弊遠大於利。

5.14. 子路有聞，未之能行，唯恐有聞。

語譯

　　子路聽到道理，還沒落實〔，這時候〕，就怕又聽到〔新的道理〕。

字義

　　子路有聞：有，讀音「友」，表示「所屬」。有聞，聽到的事情、消息，這裡指聽到的道理。

　　未之能行：即「未能行之」。行，實行；之，代名詞，指前面所聞。

　　唯恐有聞：唯恐，只怕、就怕。有，音義同「又」，再一次。

明德說

　　要知道子路這個人的個性，按《孟子·公孫丑上》所言：「子路，人告之以有過則喜。」表示子路是一個很聽得進去別人規勸的人。

5.15. 子貢問曰：「孔文子何以謂之『文』也？」子曰：「敏而好學，不恥下問，是以謂之『文』也。」

語譯

　　子貢問：「為什麼孔圉的諡號能夠是文呢？」孔聖人說：「因為他勤奮好

學,而且不把請教比他地位低下的人當作可恥的事情,因此而有文的諡號。」

字義

孔文子:即孔圉,圉讀音「羽」,又稱仲叔圉,春秋時期衛國大夫,衛靈公時名臣。卒後諡號「文」,後人尊稱孔文子。

敏:勤勉。

不恥下問:不以問下為恥。下問,即問下。下者,在地位、年齡、學歷等方面較低者。問,請教。

明德說

文是諡號,因此,我們先來了解何謂諡號以及「文」這個諡號有著什麼意義。諡者,行之跡也,朝廷依死者生前的事跡與功勞所給予的稱號。那麼,文這個諡號有何意義呢?根據《逸周書·諡法解》,文具有「經天緯地」或「道德博厚」或「勤學好問」的意義,這裡,孔文子的諡號當取其「勤學好問」之意。

5.16. 子謂子產有君子之道四焉:其行己也恭,其事上也敬,其養民也惠,其使民也義。

語譯

孔聖人評價子產,認為他具備了作為官員的四條道理:他為人謙遜有禮、對上級非常尊敬、對人民很好、徵用民力合於道義。

字義

子產:姓公孫名僑,鄭國大夫。子產是鄭穆公之孫,子國之子,所以姓公孫。晉語稱公孫成子,成是諡號。

有君子之道:有,具備;君子,為官之人。平民稱小人。道,道理。

行己也恭:行己,為人。恭,謙恭有禮。

5.17. 子曰：「晏平仲善與人交，久而敬之。」

語譯

孔聖人說：「晏嬰擅長跟別人交往。跟他交往越久，越尊敬他。」

字義

晏平仲（西元前?-500年）：晏嬰也，姬姓（一說子姓），晏氏，字仲，諡「平」，史稱「晏子」，為齊國宰相。

善與人交：善，擅長；交，交往。

明德說

怎麼知道晏平仲擅長與人交往呢？是從「久而敬之」看出來的。一般人都經不起交往，因為越交往越發現對方的缺點，例如：自私、食言、重色輕友、傲慢、自大、目中無人等等，以至於越是交往越是心寒，而晏子不是這樣，越是交往，越是尊重他。有一句話是「小人之交甜如蜜，君子之交淡如水」，而與晏子交卻是「久而敬之」，這更不容易了。

5.18. 子曰：「臧文仲居蔡，山節藻梲，何如其知也？」

語譯

孔聖人說：「魯國大夫臧文仲畜養大龜，而且，他的房子的斗栱上刻有山的圖形、梁上短柱畫有水藻花紋，他的智商(IQ)出了什麼問題了嗎？」

字義

臧文仲（西元前?-617年）：姬姓，臧氏，名辰，諡文，謂臧孫辰。臧哀伯次子，春秋時魯國大夫，世襲司寇，思想開明，輔政四十餘年，內政外交多有建樹。

居蔡：畜養大龜。居，猶畜，也就是畜養。按《論語集解義疏》：「蔡，大龜也。禮，唯諸侯以上得畜大龜……文仲是魯大夫而畜龜，是僭人君禮

也。」「大夫亦得卜用龜，龜小者也，不得畜蔡也。文仲畜之，是僭濫也。」

　　山節藻梲：古時天子的廟飾。山節，刻有山形的斗拱；藻梲，梁上畫有花紋的短柱；梲，讀音濁。

　　何如其知也：按現代的說法叫「他的腦子進水了嗎，怎麼會做這種傻事？」何如，即如何、怎麼辦、怎麼樣？其，他，也就是臧文仲；知，音義同「智」，智慧、聰明。

5.19. 子張問曰：「令尹子文三仕為令尹，無喜色；三已之，無慍色。舊令尹之政，必以告新令尹。何如？」子曰：「忠矣。」曰：「仁矣乎？」曰：「未知。焉得仁？」「崔子弒齊君，陳文子有馬十乘，棄而違之。至於他邦，則曰：『猶吾大夫崔子也。』違之。之一邦，則又曰：『猶吾大夫崔子也。』違之。何如？」子曰：「清矣。」曰：「仁矣乎？」曰：「未知。焉得仁？」

語譯

　　子張問孔聖人：「令尹子文三次做楚國的宰相，並沒有高興的臉色。被罷免了三次，但沒有生氣的臉色。自己從令尹的位子退下來的時候，一定做好交接，把該告訴新令尹的事情一件事情也不漏掉，像這樣的人，您有什麼評價？」孔聖人就說：「在他的位子上盡心盡力了，也就是忠了。」子張接著問：「有仁嗎？」孔聖人回答：「未達到智慧，怎麼能說有仁呢？」子張又問孔聖人：「齊國大夫崔杼殺了齊君，齊國另一大夫陳文子有馬車十輛，不要了，離開了齊國。到了某一個國家之後發現這個國家存在同齊國一樣的情形，就說：『這裡有跟齊國大夫崔子一樣的人。』於是就離開了這個國家，去了另一個國家。到了另一個國家之後又發現同樣的情形，於是又說：『這裡有著跟齊國大夫崔子一樣以下犯上的人。』於是，又離開了那裡。請問老師，您如何評價陳文子這個人呢？」孔聖人說：「這個人清清白白」。子張接著問：「陳文子能稱為仁者嗎？」孔聖人回答說：「沒達到智慧的境界，怎麼能說是仁者呢？」

字義

令尹子文：即鬭穀於菟，羋姓（羋讀音「米」），若敖氏，字子文，楚國第一位令尹鬭伯比之子。「於菟」讀音「烏塗」。春秋時楚人稱虎為「於菟」。按《左傳‧宣公四年》：「楚人謂乳穀，謂虎於菟」。令尹，官名，楚國最高行政長官，相當於宰相。

三已之：三次遭到罷免。已，退、去、棄也。

崔子弒齊君：崔子，齊國大夫崔杼（杼，讀音住）。按《左傳》襄公二十五年，齊莊公私通崔杼的妻子，崔杼懷恨在心，設計齊莊公到他家中，派伏兵將莊公殺死。弒，臣子殺害君主。

陳文子：即田文子，名須無，「文」是諡號，齊莊公時大夫，與晏嬰、崔杼等同時。

棄而違之：棄，放棄；違，離開。

之一邦：之，往、去也。

清：乾淨潔白。

知：音義同「智」，智慧。

明德說

仁難矣！仁的境界是非常難達到的。仁是一個比智慧更高的境界，換言之，仁的前提是智慧。有仁，一定有智慧。有智慧，則不一定有仁。那什麼是智慧？能做出正確事情的能力。比方說，我們交朋友，能夠選對朋友為朋友；我們找結婚對象，能夠找對對象、能夠相處愉快，而不是找潘金蓮、陳世美那一類的人；比方說，我們選擇職業、找公司，我們能選對職業、選對公司，而不是做了一輩子之後，才發現這個工作沒有意義，或者為組織賣命，卻被組織出賣。令尹子文具備忠的品質，但是，稱不上智慧，既然稱不上智慧，更稱不上仁了；同樣的，陳文子只是做人清白、不同流合污而已，還談不上智慧，更稱不上仁了。我認為智慧的高低有兩個評量標準：對內有關自己重大事項的決策的正確性多少；對外對人、事、物的善惡真假能做正確判斷的能力高低。

5.20. 季文子三思而後行。子聞之，曰：「再，斯可矣。」

語譯

季文子都是思考三次之後才行動。孔聖人聽到之後說：「〔三次不夠，〕再一次，就可以了。」

字義

季文子（西元前 651?-568 年）：即季孫行父，姬姓，季孫氏，名行父。春秋時期魯國的正卿，西元前 601-568 年執政。據《史記·魯世家》記載：季文子當政時，「家無衣帛之妾，廄無食粟之馬，府無金玉」。

再，斯可矣：再，又一次；斯可矣，才可以、就可以。斯，乃也，就也。

明德說

一、三不宜當多次或多數解，而應指實數，否則，「再」就沒有意義了。

二、「再」是在前文「三思而後行」的基礎上說的，因此，是四次。

三、一般把「再」理解為兩次，我個人認為，思考三次不夠，思考兩次更是不夠，只思考兩次顯得過於倉促魯莽。四次才好，至於超過四次，那就成了優柔寡斷。

四、朱熹《論語集注》引程頤的話說：「三則私意起而反惑矣，故夫子譏之。」因此把「再」理解為兩次就可以。楊伯峻的翻譯：「季文子每做一件事都要考慮多次，孔子聽到了，說：『考慮兩次也就行了。』」錢穆的看法也一樣，他說：「事有貴於剛決，多思轉多私，無足稱。」他們都認為不需要三思，三思則私，因此，考慮兩次就夠了。我認為，思幾次與私無關，並非思三次就私，思兩次就不私，沒有這種道理。

5.21. 子曰：「甯武子，邦有道，則知；邦無道，則愚。其知可及也，其愚不可及也。」

語譯

孔聖人說：「甯武子這個人呢，不簡單。碰到明君在位，充份表現出自己的聰明才智、造福百姓，可是，當碰上昏君、小人當道的時候，他就裝傻。他的

才智是我們學得來的，但是，他裝傻的功夫，我們就學不來了。」

字義

　　甯武子，姓甯名俞，衛國大夫，「武子」是其諡號。甯：作為姓氏時讀音「侫」。

　　邦有道：即明君在位。邦，國君也；有道指賢人在位，人民生活幸福。

　　邦無道，則愚：昏君暴君在位。無道指政治黑暗、小人當權、人民敢怒不敢言。愚，裝傻。

　　其知可及也，其愚不可及也：知，同「智」，才智。及，至、達到，這裡指做得到、學得來。愚，愚蠢，這裡指裝傻，不是真傻。

明德說

　　「邦無道」並非像錢穆所理解「國家危亂」，而是小人當道，人民沒有自由、幸福，這時候不必然危亂，就像實施恐怖統治的獨裁政權一樣，雖然整個社會井然有序，但是，人民貧窮、不敢吭聲。

5.22. 子在陳，曰：「歸與！歸與！吾黨之小子狂簡，斐然成章，不知所以裁之。」

語譯

　　孔聖人在陳國，他說：「回去吧！回去吧！我家鄉的這些學生們志向遠大，能力高強，但不知道如何修飾（，我該回去雕琢雕琢他們了）！」

字義

　　陳：即陳國，是帝舜後裔，建都宛丘（今河南淮陽一帶）。陳國共歷二十五世，延續五百六十多年，於西元前478年為楚國所滅。。

　　吾黨：我的家鄉。吾，我也；黨，古代地方戶籍編制單位。五百家為黨。

　　小子：學生。

　　狂簡：志向遠大。狂，進取；簡，大也。

斐然成章：指能力高強。斐然，文采貌（指在語言或文章方面）；斐，讀音「匪」。成：完成、成就；章，文章。

裁：剪裁。

5.23. 子曰：「伯夷、叔齊不念舊惡，怨是用希。」

語譯

孔聖人說：「伯夷、叔齊不會想著過去別人對他們的不好，因此，伯夷、叔齊對別人的怨恨就漸漸淡了。」

字義

伯夷、叔齊：伯夷、叔齊是殷朝遺民。因為周武王推翻了殷朝，因此，不肯吃周朝的糧食，只採山中的野菜充飢，最後餓死在首陽山，孟子稱讚他們是「聖之清者也」。

不念舊惡：不念，不會記著。念，惦記著；惡，讀音「餓」，表示不好的、壞的，也就是對我們不好、傷害過我們。

怨是用希：是用，因此。按《左傳・襄公八年》：「如匪行邁謀，是用不得於道。」又《詩・小雅》：「謀夫孔多，是用不集。」希，音義同「稀」，少也。

明德說

一、別人曾經傷害我們，我們不用一直記著，因為這樣對自己沒有好處。雖然不記恨，但是，不能因此就忘記對方是什麼樣的人，這是兩件事情。否則，自己就是笨蛋，將不斷的被愚弄。

二、「怨是用希」不是如楊伯峻所說「別人對他們的怨恨也就很少」，而是伯夷、叔齊對傷害過他們的人的怨恨也就越來越淡。

5.24. 子曰：「孰謂微生高直？或乞醯焉，乞諸其鄰而與之。」

語譯

孔聖人說:「誰說微生高老實了?某甲來跟微生高討著要醋,微生高就向鄰居討醋來給某甲。」

字義

孰謂微生高直:孰,誰也。謂,說也。微生高,姓微生,名高,春秋時魯國人。直,老實。

或乞醯焉:或,有人,這裡可譯為某甲;乞,向人討取。醯,讀音「西」,醋也。

明德說

微生高這麼做有「竊佔功勞」的嫌疑。誠實的做法是,直接說沒有醋,或者說,我給你的這個醋是我從鄰居那裡要來的,記得去感謝我的鄰居,這才是直。

5.25. 子曰:「巧言、令色、足恭,左丘明恥之,丘亦恥之。匿怨而友其人,左丘明恥之,丘亦恥之。」

語譯

孔聖人說:「話說得很巧妙、臉色裝得很和善、恭敬得過份,左丘明不恥這種行為,我孔丘也不恥這種行為;對一個人有怨恨,不但不表現出來,還故意對他表現得很友善,左丘明不恥這種行為,我孔丘也不恥這種行為。」

字義

巧言、令色、足恭:三句都是倒裝,還原之後分別是言巧、色令、恭足,意義分別是:話說得巧妙、臉色裝得很和善、謙恭得過了頭。其中,足,讀音「具」,過份。

左丘明:相傳為春秋時期魯國史學家,為《左傳》和《國語》的作者。左丘明知識淵博,品德高尚,被孔子視為標竿。

5.26. 顏淵、季路侍。子曰：「盍各言爾志？」子路曰：「願車、馬、衣、輕裘，與朋友共，敝之而無憾。」顏淵曰：「願無伐善，無施勞。」子路曰：「願聞子之志。」子曰：「老者安之，朋友信之，少者懷之。」

語譯

顏淵、子路陪在老師身邊。孔聖人就說：「為什麼不說說你們各自的志向呢？」子路說：「我願意將我的車子、馬匹、衣服、輕暖的皮衣與朋友共享，就算用壞了，也不會不高興。」顏淵說：「我希望自己能不誇耀自己的長處，能不讓人為難。」子路說：「很想聽聽老師的志向」。孔聖人說：「我希望老年人都能得到安養、朋友之間都能真誠相對、年紀小的都能得到關懷和照顧。」

字義

侍：在尊長旁邊陪著。
盍，讀音「何」，何不也。——《玉篇》
衣：上衣。
輕裘：輕暖的皮衣。
敝之而無憾：憾，不快、不高興。
伐善：伐，自誇；善，擅長、厲害的地方。
施勞：讓人為難。施，施加；勞，勞苦、勞累。
少者懷之：少，小也，年幼。懷，關懷。

明德說

一、「無施勞」並非如錢穆所說「對人有勞，己心不感有施予」，也不是如毛子水所說「能不把煩難的事推到別人身上」，也非如楊伯峻所說「不表白自己的功勞」，而是「不讓人為難」。

二、有人依據顏淵、季路、孔聖人的志向去比較他們的高低，這並不需要。因為每個人有他（她）的使命，完成自己的使命也就夠了，不需要比較。喜歡

比較的人都是喜歡惹事生非的人，這對自己不會有好處。

三、「老者安之」並非如楊伯峻所說「我的志向是老者使他安逸」，也非如毛子水所說「我要使年老的人覺得安穩」，也非如錢穆所說：「我願對老者，能使他安」，而是「我希望老年人都能得到安養」。

四、「朋友信之」並非如毛子水所說「使朋友對我信賴」，也非如楊伯峻所說「朋友使他信任我」，也非如錢穆所說「對朋友，能使他信」，而是「朋友之間都能真誠相待」。

五、「少者懷之」並非如毛子水所說「使年輕的人對我懷念」，也非如楊伯峻所說「年輕人使他懷念我」，也非如錢穆所說「對少年，能使他於我有懷念」，而是「年紀小的都能得到關懷和照顧」。

六、為什麼「老者安之，朋友信之，少者懷之」是孔聖人的志向呢？因為老人最需要的就是安養，小孩子最需要的就是能得到關懷和照顧，而朋友之間最重要的一件事就是以誠相待。如果一個國家裡面，老人都能得到安養，小孩都能有很好的關懷和教育，朋友之間也都能以誠相待，這不就是一個讓人嚮往的政治社會了嗎？這就是孔聖人的政治理想，也是聖人的志向。

七、子路曰：「願車、馬、衣、輕裘，與朋友共。」這句話中，「輕裘」是不是原文？毛子水說：「各本作『衣輕裘』；輕字誤衍。」楊伯峻說：「這句的『輕』字是後人加上去的，有很多證據可以證明唐以前的本子並沒有這一輕字。詳見劉寶楠《論語正義》。」錢穆說「此處誤多一輕字，當作車馬衣裘。」雖然這些大學問家都主張沒有「輕」字，但區區主張該有「輕」字，換言之，原來的本子沒錯。為什麼呢？原因是，同樣是「裘」，也就是皮衣，但皮衣有新有舊、有好有壞、有輕有重、有保暖有不保暖，有貴有便宜，這是為什麼原文必有「輕」字的原因，因此只有輕暖、貴重的皮衣被朋友穿壞掉了，才會讓人可惜、生氣，而子路不會生氣、惋惜。子路的志向說明，第一、子路想要有一番作為，如此，自然能有車、馬、衣、輕裘；第二、一旦富貴了，子路不會忘記朋友，而且願與他的朋友分享他的成功。

5.27. 子曰：「已矣乎！吾未見能見其過而內自訟者也。」

語譯

孔聖人說:「可惜啊!我沒有見過一個能看到自己過錯而發自內心自責的人!」

字義

已矣:罷了!算了!可惜啊!
訟:責備。

5.28. 子曰:「十室之邑,必有忠信如丘者焉,不如丘之好學也。」

語譯

孔聖人說:「由十個家族所聚集而成的城鎮,一定有像我孔丘一樣誠實守信的人,但沒有一個像我一樣一心要覺悟啊。」

字義

十室之邑:由十個家族所聚集起來的城鎮。室:家族。按「將軍既帝室之冑,信義著于四海。」——《三國志‧諸葛亮傳》。邑:泛指一般城鎮。大曰都,小曰邑。
忠信:忠,誠實;信,說話算話。
好學:一心向道。好,愛而不釋。學,讀如「叫」,覺悟也,相當於道家的得道、佛家的明心見性。

明德說

一、這裡我想解釋忠的意義。我認為,在孔聖人的時代,忠的意義和後來(即我們現在認知的)的忠是不同的。那麼,忠的原意為何呢?我們從字的結構得知,忠者心中也,凡是發自內心就是忠。因此,把忠說成忠君已經不是原意了。因為忠的前提是發自內心。我們假設一種情況,皇帝希望大臣幫他找一百個美女,這時候,是幫他找忠,還是不幫他找忠?又例如皇帝好大喜功,這時

候，臣子配合他是忠，還是不配合他是忠？按照孔聖人對忠的理解，發自內心才是忠、事之以禮才是忠；可是按照後來對忠的理解，服從才是忠、最好能揣摩皇帝的心思才是忠。顯然，後來的忠的意義已經變質了。

二、何謂好學？並非如楊伯峻等人所說「喜歡學問」，而是一心向道，是像顏淵那樣的人，一心在道德心性上修養。

三、何謂「十室之邑」？楊伯峻說是「十戶人家的地方」、錢穆說是「十家的小邑」、毛子水說是「一個很小的地方」。那麼，十室真的是十戶人家嗎？是「一個很小的地方」嗎？假設十室是十戶，那麼，古代一戶平均算六個人（一戶有超過六個人，也有少於六個人，都有），十戶就是六十個人。孔聖人這裡所說當非如此。先來看一個邑是多少人口？按《易·訟》的說法：「其邑人三百戶。」程頤對此的解釋：「三百，邑之至小者。」即最小的邑的人口有三百戶，換算過來，一個邑大約有一千八百人。因此，「十室之邑」不會是「十戶人家」或「很小的地方」，而是一個（小）城鎮。城鎮就是本章中「邑」的意思。因為一邑約有一千八百人，孔聖人說一邑有十室，換言之，一室約有一百八十個人。那麼，一室有幾戶人家呢？以一戶六口算的話，一室約有三十戶人家。這是為什麼我要把「室」解釋成「家族」的原因，因為一個家族約有三十戶人家，也就是約有一百八十人。

四、本章的「忠信」是指什麼？非如楊伯峻所說「又忠心又信實」，而是誠實守信。

第六：雍也篇

6.1. 子曰：「雍也可使南面。」

語譯

孔聖人說：「冉雍啊，他的能力足以當一國之君。」

字義

雍，冉雍，姓冉名雍，字仲弓。

南面：即面南、面向南。古代人君聽政之位居北，其面向南，故後指居人君之位。

明德說

為什麼孔聖人評價冉雍而不是冉有可以南面？因為冉雍以德行著稱，而冉有以「藝」著稱，因為德行才是為政的根本。其實，德行不只是為政的根本，也是所有成就的根本，舉凡經商、科研、為人、交友無不是以之為根本。要記得啊！想要成功的人們啊！

6.2. 仲弓問子桑伯子，子曰：「可也，簡。」仲弓曰：「居敬而行簡，以臨其民，不亦可乎？居簡而行簡，無乃大簡乎？」子曰：「雍之言然。」

語譯

冉雍請教孔聖人有關於子桑伯子這個人怎麼樣。孔聖人說：「不錯的。他的施政方式很簡潔。」冉雍接著說：「內心戒慎恐懼；政策簡單以治理人民，這樣，不是很好嗎？雖然政策簡要，但內心卻怠慢不敬，這不會太隨便嗎？」孔聖人說：「冉雍，你說得對。」

字義

子桑伯子：人名，生平事蹟不詳，不需考證、追究或爭議。

可也，簡：可，善、好；簡，簡省。

居敬而行簡：居，居心、內心，《孟子》：「居仁由義，大人之事備矣。」敬，戒慎恐懼；行簡，行政簡要。行，行政。

以臨其民：臨，統治、治理。民，人民、被統治者。

居簡：簡，怠慢不敬。

無乃大簡乎：無乃，表示委婉反問，不是、豈不是；大，同「太」，讀音「太」，過於。簡，隨便。

明德說

一、根據《定州漢墓竹簡》：子曰：「雍也可使南面。」與「仲弓問子桑伯子……雍之言然。」分為兩章，而非合為一章。

二、如何從政？按仲弓說的居敬行簡就可以了，也就是在公務上，非常恭敬，非常小心，把事情想得透徹、規劃很周密，這些都屬於「居敬」的部份；那麼，什麼是「行簡」？就是行政簡要，法律、政策、規定、辦法簡單明瞭。一開始，為政者必需規劃周詳但不能複雜，而是要簡單、易懂、易行，這樣，辦事效率就高。讓我們想像另外一種情形：居不敬而行繁，領導做事馬虎，只考慮自己方便，甚至能（或是故意）把簡單的事情搞得很複雜，這時候，人民一定怨聲載道。從這句話看孔聖人對仲弓的評價確實是有道理的，可使南面。

三、我根據「居」與「行」兩個尺度，把一個行政長官的作風由上至下分為四等：居敬行簡最高，居敬行繁其次、居簡行簡第三、居簡行繁最差。何謂「敬」？恭敬慎重，不敢怠慢、不敢欺壓人民、仁民愛物、做事仔細認真；何謂「繁」？繁重也，包括課稅繁重、手續繁瑣、法令滋彰。而獨裁國家必然是第四種，也就是居簡行繁，透過無數的審批、證明文件，來達到控制下屬和人民、維持邪惡政權的目的。

6.3. 哀公問：「弟子孰為好學？」孔子對曰：「有顏回者好學，不遷怒，不貳過。不幸短命死矣。今也則亡，未聞好學者也。」

語譯

魯哀公問孔聖人:「你的學生裡面,有誰是一心向道的?」孔聖人回答:「我有一位學生名叫顏回,他一心向道,而且已經做到不遷怒,不重覆犯錯,不幸短命死了。如今就再也沒有聽過有哪個學生一心向道了。」

字義

魯哀公(西元前521-468年):魯定公之子,魯國第二十六任君主,西元前494-468年在位。

好學:一心向道。好,愛而不釋。學,讀音「叫」,覺悟,明白,即「道」也。

遷怒:把怒氣發洩在不相干的人、事、物上。

未聞:不知道、沒聽說。

問答

問一:這裡「不遷怒,不貳過」跟「好學」有什麼關係?

答一:你之所以提出這個問題是你誤解了好學的意義。好學不只是喜歡讀書而已,更重要的是修養自己。顏淵重視德行修養,因此能不貳過、不遷怒。

問二:孔子說顏回能做到「不遷怒,不貳過」,我覺得還挺難的,總是會重覆犯一些錯誤,該怎麼克服自己的慣性思維?

答二:(1)尊德行就可以,但並非一朝一夕之功。(2)王聖人陽明說:「顏子不遷怒、不貳過,亦是有『未發之中』始能。」「未發之中」是如何?王聖人說:「戒慎不睹,恐懼不聞,養得此心純是天理便自然見。」

6.4. 子華使於齊,冉子為其母請粟。子曰:「與之釜。」請益。曰:「與之庾。」冉子與之粟五秉。子曰:「赤之適齊也,乘肥馬,衣輕裘。吾聞之也:君子周急不繼富。」

語譯

子華出使齊國。冉子請求把公西華的俸祿給他的母親。孔聖人說:「給她

一釜。」冉子說：「再給多一點。」孔聖人說：「給她一庾。」最後冉子給了公西華的母親五秉的小米。孔聖人知道這件事情之後就說：「公西赤到齊國，乘坐肥馬所拉的車，穿的是輕軟的皮衣。我聽過這樣的話，君子幫助危急的人，而不是讓富有的人更富有。」

字義

　　子華使于齊：子華，乃公西華，姓公西，名赤，字子華；使，出使。
　　冉子：此冉子當是冉求。
　　請粟：請求發給俸祿。請，求也；粟讀音「素」，俗稱小米，古稱「稷」；古代俸祿以穀類做計算。
　　請益：請求再多一些。益，增加。
　　釜、庾、秉：皆是古代計算容量的單位。至於具體是多少不重要，但可以確定的是，釜＜庾＜秉。「庾」讀音「羽」。
　　適齊：到齊國。適，往也。
　　周急不繼富：周，同「賙」，以財物濟助他人；急，不能等的、亟待解決的；繼，續也，謂又加上。周急，猶言雪中送炭；繼富，猶言錦上添花。

6.5. 原思為之宰，與之粟九百，辭。子曰：「毋！以與爾鄰里鄉黨乎！」

語譯

　　原思當孔家的總管，孔聖人要給他小米九百，原思拒絕。孔聖人就說：「不要拒絕，如果太多的話，就分送給你同鄉裡的窮人。」

字義

　　原思為之宰：原思，姓原，名憲，字子思，宋國人。為，做為；之，代指孔聖人；宰，家宰，即總管。
　　與之粟九百，辭：與，給也；之，指原思。粟，小米。九百：單位不詳。有說九百斗，有說九百斛。辭，辭謝，也就是拒絕。

毋：毋辭的省略，即不要拒絕。

以與爾鄰里鄉黨：以，用來；與，贈與；爾，你。鄰里鄉黨，泛指同一鄉的人。

明德說

本章與上一章是一個對比，上一章在講不用錦上添花，這一章在講，要能雪中送炭。

6.6. 子謂仲弓曰：「犁牛之子，騂且角，雖欲勿用，山川其舍諸？」

語譯

孔聖人評價仲弓說：「雖然是耕牛生的小牛，但毛色是紅的，而且牛角勻稱，就算君主不拿牠來祭天、祭宗廟，難道山神、河神會不用嗎？」

字義

子謂仲弓：謂，評價。仲弓，冉雍也。

犁牛：耕牛也。犁，耕也。

騂且角：騂，讀音「星」，紅色、赤色的牲口。周人尚紅；角，雙角完整端正均勻。騂且角表示合乎作為犧牛的條件。

山川其舍諸：山川：山神、河神。其，表示反詰，可譯為「難道」；舍，不用。諸，之乎的合音。其中，「之」指冉雍，「乎」可譯為「嗎」。

明德說

一、從這裡可以看到，只要有能力，不問出身高低都有從政的機會。換言之，封建制度在春秋末期已經慢慢崩解。

二、三祀：祭天地、祭宗廟、祭四方山川。

三、牛依用途分為犁牛、犧牛。犁牛是相對於犧牛而來。犁牛是雜色牛，比喻地位低下。犧牛是古代祭祀用的純色牛，代表尊貴。《禮記・曲禮下》：

「天子以犧牛，諸侯以肥牛。」其中「犧」是「色純」的意思。能做為犧牛是有條件的，那就是毛色要紅而且角要漂亮。仲弓的出身不是很好，因此孔聖人說他是「犁牛之子」。但這位犁牛之子卻具備犧牛的條件，就算不是拿來祭祀上天和宗廟的話，也會被拿來祭祀山川。這是孔聖人稱讚仲弓，一定有用得上他的地方。

　　四、有人說，只要是人才，就一定能出頭。換言之，要是沒出頭，那麼，可反證他不是人才。我認為這句話不全是。出不出頭，都是因緣果報啊！人才不一定能出頭，不是人才也能出頭，一個人在什麼位子都是有安排的！

6.7. 子曰：「回也，其心三月不違仁，其餘則日月至焉而已矣。」

語譯

　　孔聖人說：「顏回能夠長時間、持續地不離開仁，其他弟子則只能時短時長不離開仁罷了。」

字義

　　三月：能持續、能一直保持，不是三個月。三，不是一加二之和，而是多。
　　其餘則日月至焉而已矣：其餘，剩下的，這裡指除了顏回之外的其他弟子；日月，即時短時長。至，達到；焉，指示代名詞，之也，這裡指仁。而已，罷了。

明德說

　　「日月至焉」的「日月」如何解釋？並非錢穆所說「每日每月」。至於楊伯峻說「用『短時期』、『偶然』來譯『日月』」，這種理解不對。日月至焉的日月，不是講頻率，也不是單單只有短時期，而是講時間的或長或短，也就是有時候短，有時候長。

6.8. 季康子問：「仲由可使從政也與？」子曰：「由也果，於從政乎何有！」曰：「賜也，可使從政也與？」曰：「賜也達，於從

政乎何有？」曰：「求也，可使從政也與？」曰：「求也藝，於從政乎何有？」

語譯

季康子問：「可以讓子路做官嗎？」孔聖人回答：「子路果斷，這樣的人去當官會有什麼問題嗎？」季康子問：「可以讓子貢做官嗎？」孔聖人回答：「子貢通達，這樣的人去做官會有什麼問題嗎？」季康子接著問：「可以讓冉求做官嗎？」孔聖人回答：「冉求多才多藝，讓他做官會有什麼問題嗎？」

字義

季康子：又名季孫肥，名「肥」，「康」是謚號，執掌魯國的大權。那時魯國公室衰微，以季氏為首的三桓專權，其中季氏家族最有勢力。

由也果：由，仲由也，字子路，為人伉直勇猛，事親至孝，曾隨孔聖人周遊列國，深得孔聖人器重。果，果斷、堅決。

賜也達：賜，子貢也，善於雄辯，辦事通達，曾任魯國、衛國之相。此外，他還善於經商，孔聖人稱其為「瑚璉」。達，通達。

求也藝：求，冉求也，多才多藝，擅長理財，曾擔任季氏宰臣，幫助季氏進行田賦改革。藝，才能、技術。

6.9. 季氏使閔子騫為費宰。閔子騫曰：「善為我辭焉！如有復我者，則吾必在汶上矣。」

語譯

季桓子想請閔子騫來做費這個地方的長官。閔子騫對著來使說：「請您好好的、委婉的為我推辭。如果還要回來找我，那麼，我一定已經在汶水的上游了（意指：不在這裡，你們找不到我了）。」

字義

季氏：此季氏當是季桓子季孫斯（西元前?-492年）。

費宰：費，讀音「必」，魯僖公封給季氏的采邑。《左傳‧僖公元年‧傳》：「公賜季友汶陽之田及費。」；宰，長官。

　　善為我辭焉：善，親善、友好；辭，推辭、拒絕也。

　　復：回來、再一次。

　　汶上：汶，讀音「問」，水名，即山東的大汶河，古稱汶水，又稱汶河。上，河流的北面，字義同「陽」，山南水北為陽，即山的南面或水的北面。但上也可以做上游解釋。

6.10. 伯牛有疾，子問之，自牖執其手，曰：「亡之，命矣夫！斯人也而有斯疾也！斯人也而有斯疾也！」

語譯

　　冉伯牛生了重病，孔聖人去探望他。孔聖人隔著窗戶牽著他的手說：「沒有這種道理啊！這都是命啊！這麼好的人卻得了這種惡疾，這麼好的人竟然得了這種惡疾！」

字義

　　疾：惡疾，也就是重病。

　　子問之：孔聖人探望冉伯牛。子，孔聖人。問，探望、看望。之，代名詞，指冉伯牛。

　　牖，讀音「有」，窗戶。

　　亡之：沒有這種道理啊！亡，音義同「無」。

　　命：天命，意謂人力無法改變的事情。

問答

　　問：伯牛有疾一章，孔子說的話含義是什麼？

　　答：(1) 死生有命，包括會得什麼病，也都是有原因的，只是我們不知道箇中原因罷了！想要知道的話，可以好好研究《佛說三世因果經》。(2) 好人可能生活清苦，壞人可能活得很滋潤，這種情形不能單從今生解釋，要從前世今生來

世來看，因此，不要被今生看似的成敗給限制住，今生做好事，今生沒好報，來生必有好報；今生做壞事，今生沒惡報，來生必有惡報，無庸置疑，置疑也沒有用。

6.11. 子曰：「賢哉，回也！一簞食，一瓢飲，在陋巷，人不堪其憂，回也不改其樂。賢哉，回也！」

語譯

　　孔聖人說：「顏回真是不簡單啊！吃得很少、喝得很少，住在簡陋的地方，一般人受不了這樣的苦，而顏回一樣很快樂。顏回，真是不簡單啊！」

字義

　　賢哉，回也：是「回也賢哉」的倒裝。賢，勝過，這裡翻譯成不簡單。
　　一簞食：是倒裝句，按現代語法是食一簞。一，最小的正整數，常用以表示人或事、物的最少數量；簞，讀音丹，盛飯的圓形竹器。食，動詞，吃、吃飯。
　　一瓢飲：是倒裝句，按現代語法是飲一瓢。瓢，讀音「嫖」，用來舀取水酒等物的勺子，傳統多以葫蘆或木頭製成。飲，動詞，喝也。
　　在：居、處也。
　　人不堪其憂：人，別人；不堪，承受不了；憂，痛苦。

6.12. 冉求曰：「非不說子之道，力不足也。」子曰：「力不足者，中道而廢。今女畫。」

語譯

　　冉求說：「並不是不喜歡老師您所指的道路，而是腳力不夠啊！」孔聖人回答：「腳力不夠的人，中途才會停下來。你現在是畫地自限，連走都不走。」

字義

非不說子之道：說，音義同「悅」，喜歡；子，古代對人的尊稱，這裡翻譯成老師您；道，道路。

力：這裡指腳力。

中道而廢：中途才停下來。中道：中途。而，才。廢，停止。

今女畫：今，現在；女，音義同「汝」，你也；畫，分劃、界線。

問答

問：中道而廢是對的嗎？

答：要看情形。仁義，中道而廢是不行的；天命，中道而廢也是做不到的，而職業、婚戀、學業、賺大錢、做大官，這些是可以的。

6.13. 子謂子夏曰：「女為君子儒！無為小人儒！」

語譯

孔聖人對子夏說：「你要做一個心懷蒼生的讀書人，不要做一個只想著自己榮華富貴的讀書人。」

字義

女為君子儒：女，音義同「汝」，「你」的意思；君子，指心懷蒼生的人；儒，專指學習禮、樂、射、御、書、數六藝的人；小人，指只關心自己富貴的人。

問答

問：「儒」是什麼意思？「君子儒」和「小人儒」又有什麼區別？

答：(1)「女為君子儒，無為小人儒」這句話雖然是孔聖人對子夏說的，但也是對他的所有學生說的，甚至，也是對今天的我們說的。孔聖人對子夏說：「你要做一個像君子那樣的儒者，不要做一個像小人那樣的儒者」。這裡的儒就是讀聖賢書的人而已。那麼，君子與小人的分別在那裡？仁與不仁，翻成白

話就是心懷蒼生或自己。依此，小人就是只關心自己富貴的人，君子就是只關心蒼生疾苦的人，例如：范仲淹就是典型的君子儒，他說：「先天下之憂而憂，後天下之樂而樂。」(2) 唯有君子，才能知命，對種種無理的遭遇，君子儒都欣然接受。

6.14. 子游為武城宰。子曰：「女得人焉爾乎？」曰：「有澹台滅明者，行不由徑，非公事，未嘗至於偃之室也。」

語譯

　　子游做為武城的長官。孔聖人說：「你在這裡有獲得人才嗎？」子游說：「有一個名叫澹台滅明的人，不走小路，如果不是為了公事，就不會到我的房間來。」

字義

　　子游（前506-443年）：姓言，名偃，字子游，亦稱言游，又稱叔氏，春秋末吳國人，是孔子七十二弟子中唯一的南方人，在孔門十哲中以文學著稱。而所謂的文學即經典文獻之學，經典文獻乃《詩》、《書》、《禮》、《易》、《樂》、《春秋》六經。

　　女得人焉爾乎：此句為倒裝，還原後為「女焉爾得人乎」。女，音義同「汝」，你也；得，獲得；人，人才。焉，在也；爾，此也。乎，疑問詞。

　　澹臺滅明（前512-?年，根據《孔子家語》為前502年出生）：複姓澹臺，名滅明，字子羽，其貌不揚。根據《史記‧仲尼弟子列傳》記載，孔子到了晚年，心有愧疚地說：「吾以言取人，失之宰予；以貌取人，失之子羽。」

　　行不由徑：行，走路；由，從、自也；徑，小路。

6.15. 子曰：「孟之反不伐，奔而殿，將入門，策其馬，曰：『非敢後也，馬不進也。』」

語譯

孔聖人說:「孟之反不誇耀自己的功勞。整個部隊在吃了敗仗而奔逃過程中,他負責殿後。就在要進入城門的時候,鞭打著他的馬說:『我不是有勇氣殿後,而是馬不奮力跑啊!』」

字義

孟之反不伐:孟之反,孟之側也,姓姬,氏孟,別名孟之反。伐,自誇。
奔而殿:奔,逃走;而,反而;殿,殿後。
門:城門、魯國國門。
策:名詞是馬鞭,動詞是鞭打。
敢:勇敢。
不進:不努力;進,積極、奮進。

明德說

一、孟之反有沒有說謊?孟之反當然說謊。孟之反的殿後,是因為他的馬跑不快嗎?不是。那為什麼他要說謊?不伐,把功勞給別人。

二、善良的人不只不說自己的好,還拒絕別人說他好;邪惡的人做盡了壞事,還給自己造神,透過各種新聞媒體,讓別人以為他真是神。

6.16. 子曰:「不有祝鮀之佞,而有宋朝之美,難乎免於今之世矣!」

語譯

孔聖人說:「在今天這個世界上,要嘛有祝鮀那樣能言善道,要嘛有宋公子朝那樣的俊美,沒有以上兩者之一,卻想要展現自己的才華,那是很困難的吧?!」

字義

祝鮀之佞:祝鮀,鮀,讀音陀,衛國大夫。祝,祭祀時主持祭禮的人。佞:

口才很好。

而：連接詞，作用在互為補充，即要不是什麼，就是什麼，兩者必居其一，至少也是要有其中一項，能夠得兼更好。

宋朝：宋朝是宋國公子中一位名叫「朝」的人的簡稱，他是一個美男子。據說，宋朝和衛襄公正夫人宣姜和衛靈公夫人南子都有一腿。

難乎免於今之世矣：免，釋放，這裡指「釋放自己的能力」。世，時代。乎，疑問語氣，可譯為「吧」。

明德說

一、從今天的語法來看，整句話是一個大倒裝。還原之後是：「於今之世，不有祝鮀之佞，而有宋朝之美，免，難矣乎！」

二、本章有兩個地方很容易誤解。第一個地方就是「而」，第二個地方就是「免」。如果這兩個地方能正確理解，整句話就沒有問題了。

三、孔聖人所說的情形，我看在古今中外通用，像作者這種長相，又沒有口才，以至於今還是只能縮衣節食、無車無房而樂在其中。

四、有人說，孔聖人講這句話是在「反諷衛靈公只重視外表及口才，卻不知重用賢才」。不是的，孔聖人講的是一個普遍現象，而不是只限於當時的衛靈公。

五、毛子水的翻譯：「沒有祝鮀的口才和宋朝那樣的美；這種人在現在這個世界上，恐怕難以免於患難！」楊伯峻的翻譯：「假使沒有祝鮀的口才，而僅有宋朝的美麗，在今天的社會裡怕不易避免禍患了。」錢穆的翻譯：「一個人，若沒有像祝鮀般的能說，反有了像宋朝般的美色，定難免害於如今之世了。」

6.17. 子曰：「誰能出不由戶？何莫由斯道也？」

語譯

孔聖人說：「有誰能外出不走大門的呢？為什麼不走所有人都看得到的正門大道呢？」

字義

　　戶：房子的大門。

　　何莫由斯道也：何莫，何不。莫，不；斯，此。

明德說

　　每一個人都應該走正道，卻有人偏偏走旁門歪道，盡做些見不得人的事，他們必將自取滅亡還洋洋得意，我有什麼辦法呢？

6.18. 子曰：「質勝文則野，文勝質則史。文質彬彬，然後君子。」

語譯

　　孔聖人說：「依著本性，不加修飾，就會顯得粗鄙無禮；忽略本性，過於修飾，又會顯得不真實。文質兼備，才是君子。」

字義

　　質勝文則野：質勝文，毫不修飾。質，天生的本性或本質，即不加修飾；文，修飾、雕琢。野，粗鄙無禮。

　　文勝質則史：過於修飾就變得虛偽。史，浮誇、虛飾。

　　彬彬：光彩照人。

6.19. 子曰：「人之生也直，罔之生也幸而免。」

語譯

　　孔聖人說：「人的一生啊，要正直。至於有人以欺騙、陷害別人為生，雖然也可以成功，但終究還是要失敗。」

字義

　　人之生也直：生，生命；直，正直。

　　罔之生也幸而免：罔，陷害、欺騙。幸，意外的成功、快樂；而，轉折語

氣，表示與原來的結果不一樣；免，有省略成份，不省略的話是「免去幸」也，即失敗也。免，去也、脫也。

明德說

一、人的一生要正直！要是不正直，那就是罔之生。什麼叫「罔之生」？欺騙的人生。

二、楊伯峻的翻譯：「人的生存由於正直，不正直的人也可以生存，那是他僥倖地免於禍害。」毛子水的翻譯；「一個人的生存，全靠正直。如果沒有正直而生存，這可以說是僥倖的。」錢穆的翻譯：「人生由有直道，不直的人也得生存，那是他的幸免。」

6.20. 子曰：「知之者不如好之者，好之者不如樂之者。」

語譯

孔聖人說：「對一件事，只停留於知道層面的人，比不上愛好的人；愛好的人比不上樂在其中的人。」

字義

知之者不如好之者：知，認識、知道的事物，可以脫口而出。好，喜愛。

樂：歡喜、愉悅，這裡是指心靈的快樂，當然不是肉體的快樂，因為肉體的快樂持續不了多久。

明德說

一、好之者與樂之者有什麼差別呢？兩者的差別可以德國社會學家韋伯(Max Weber)的說法來理解：好之者是因為工具理性而好，而樂之者是因為價值理性而樂。所謂工具理性又稱目的理性，強調達成特定目的的手段、方法的選擇。所謂價值理性，相信價值的絕對性，而非工具性。價值理性是無條件、無前提的。

二、例如，教書這個行業，知道怎麼教書的人不少，但是，喜歡教書的人

就不多了，同樣喜歡教書，但能樂在其中，而不是為了名聲、升官、發財、掌聲而教書的，那簡直是鳳毛麟角了。

三、「樂之者」之所以樂，是因為他在做他認為應該做的事情，因此，即使在別人看來是痛苦，在他看來也是「樂」。這意謂著，樂是不在乎物質享受的、是無關別人的看法和社會評價的，某種意義上來看，即使身體上痛苦，心靈上也是快樂。這裡舉兩個例子，一個是顏淵，一個是武訓。顏淵「一簞食，一瓢飲，在陋巷」的生活就是「樂之者」的寫照。在別人看來，顏淵在過苦日子，而顏淵本人呢，一點不覺得，還覺得樂呢！第二個例子是武訓 (1838-1896)。武訓這個人，我們很陌生，但是，我稱他為聖人。武訓，山東省堂邑縣（今冠縣柳林鎮）武莊人。他為了什麼而乞討，不是因為沒飯吃，而是為了籌集資金來蓋學校、請老師，讓當時的窮孩子可以免費讀書。他從二十一歲開始行乞，終其一生，都在行乞，前後共三十八年。他用乞討所得，蓋了三所免費的學校，幫助了很多窮苦的孩子讀書認字。

6.21. 子曰：「中人以上，可語上也；中人以下，不可語上也。」

語譯

孔聖人說：「對中等以及上等人可以跟他講高深的道理，對中等以下的人則不適合跟他講高深的道理。」

字義

中人以上：中人，中等人；以上，之上也，也就是包含中等人和上等人。

不可語上也：不適合談論高深的道理。可，適合。語，談論；上，高深的道理、學問。

問答

問：「中人以上、中人以下、上也」應是孔子對「人」處於不同階段的劃分。那這種劃分是依據什麼而來？「仁心」亦或是「道德」？又為何「中人以下不可語上也？」我想每個人的經歷並不一樣，上人有上人之慧，下人有下人

之智,為何不可合而論?

答:(1) 其實這只是因材施教的重要和必要。語(即與人說話)的依據主要是**慧根和志向**,也就是能不能聽得懂(慧根)以及喜不喜歡(聽不聽得進去,即志向也)。有慧根的人,可以談高深的道理;至於沒那麼聰明的人,就只能講簡單的、日常的、摸得到、很具體的道理。另一個是志向:燕雀安知鴻鵠之志。如果說話對象不適合,就會發生對牛彈琴的悲劇。然而,說話不只要看對方的慧根和志向,還要看宗教信仰,因為不同的宗教信仰,即使彼此智商都很高、志向也都遠大,但他們之間也無法談道,因為彼此的道完全是不同的。這裡的宗教信仰,可以納入志向處理,因為,宗教信仰就是道、就是志向、就是第一義。(2) 為什麼「中人以下不可語上」?王聖人陽明的回答如下:「不是聖人終不與語,聖人的心憂不得人人都做聖人;只是人的資質不同,施教不可躐等,中人以下的人,便與他說性、說命,他也不省得,也須謾謾琢磨他起來。」

明德說

一、毛子水說:「現在傳世的《論語》版本,在上句『人』字下都有『以上』二字。這兩個字,當不是原始經文所有的。不知在什麼時代,有個不通文理的人加上這兩字以和下句『中人以下』相對稱。」由於毛老師的質疑,於是我就查閱了《論語‧定州漢墓竹簡》,得到的原文如下:「中人以上,可語上也;中人以下,不可語上也。」因此,經過查證,原文確實有「以上」兩字。

二、由於今本多了個「以」字,而多出來的這個「以」字對原文的理解容易造成誤解(這裡的誤解在於,「不可以」有禁止的意思,而「不可」則是不適合,「禁止」與「不適合」意義不同),因此,本書採用《論語‧定州漢墓竹簡》的文本。

6.22. 樊遲問知。子曰:「務民、之義、敬鬼神而遠之,可謂知矣。」問仁。曰:「仁者先難而後獲,可謂仁矣。」

語譯

樊遲問如何從政才能叫做有智慧。孔聖人說：「一心想著人民、做應該做的事情、尊敬鬼神，但是不迷信。這樣，才可以說是有智慧的從政者。」樊遲又問怎樣才是仁政的表現？孔聖人說：「一個有愛心的官員，一定先想辦法解決人民的苦難，並且不在乎一己的名利，這樣，就可以說是有仁心的從政者了。」

字義

務民：致力於人民的幸福；務：致力；民，人也，這裡指人民。務民就是一心想著人民，而非自己。

之義：做對的事，而不是想做的事；之：做動詞用，去、向；義者宜也，正確也、應該也。

遠：不接近。

先難而後獲：先，在前面，也就是優先該做的事情；難，做動詞用，去聲，卻除兇惡也，按《周禮・春官・占夢》「遂令始難歐疫」。後，放在後面。放在心上的是去除加在人民身上的兇惡，如天災、人禍、壞的制度、邪惡的思想、法律等。獲，收穫，也就是一己的名利官位。

明德說

一、務民、之義和敬鬼神而遠之是三件事，而非「務民之義」和「敬鬼神而遠之」兩件事。

二、樊遲之所以這樣問，因為他那時候必然已經有官職在身，這可以從孔聖人的回答推論出來。孔聖人說務民、先難都是針對為政者說的。

三、為什麼「難」要理解為「卻除兇惡」，而非艱難、困難呢？原因是樊遲問的是仁，仁者首先要解決的不是困難的事情，而是加之於人民身上的災難，例如：暴政、巨災、重稅等等。

四、為什麼要與鬼神保持距離？一來鬼神不可知；二來，更重要的是，一旦依賴鬼神，個人的理性就被取代了，既然求神問卜就能決定吉凶禍福，那麼，我們何必理性思索？換言之，要有智慧，不是依靠神靈，而是依靠人類自己的

理性，這才是真正的智慧。從這一點來說，中國人的理性思維起源很早，最晚在孔聖人的時代，理性已經很發揚了。

那麼，什麼叫仁呢？孔聖人說：「先難而後獲。」一個仁者，當國家碰到困難、別人有難，他會挺身而出，比別人都先；碰到有收穫的情況，他反而把功勞推給別人，自己站在後面，就像孟之反。

五、毛子水的翻譯：「樊遲問，怎樣才叫『知』？孔子說：『專心做好對人民教養上所應做的事情；對於鬼神，照例尊敬，而不要信賴。這樣，便可以叫做知了。』樊遲問，怎樣才叫『仁』？孔子說：『一個人於艱難的事情，則搶先去做；於獲功享樂的事情，則退在人後：這樣，便可以叫做仁了。』」楊伯峻的翻譯：「樊遲問怎麼樣才算聰明。孔子道：『把心力專一地放在使人民走向義上，嚴肅地對待鬼神，但並不打算接近他，可以說是聰明了。』又問怎麼樣才叫做有仁德。孔子道：『仁德的人付出一定的力量，然後收穫果實，可以說是仁德了。』」錢穆的翻譯：「樊遲問如何是知。先生說：『只管人事所宜，對鬼神則敬而遠之，可算是知了。』又問如何是仁。先生說：『難事做在人前，獲報退居人後，可算是仁了。』」

6.23. 子曰：「知者樂水，仁者樂山。知者動，仁者靜。知者樂，仁者壽。」

語譯

孔聖人說：「有智慧的人喜歡水，心中有愛的人喜歡山。有智慧的人喜歡變化；心中有愛的人喜歡寧靜。有智慧的人日子過得安逸，心中有愛的人活得長。」

字義

知者樂水：知，音義同「智」；樂，喜愛。
動：變化、變動。
靜：安靜。
知者樂：樂，安逸。

明德說

有人稱本章的「正義：此互文見義也，即：仁智者樂山水，仁智者動靜相融，仁智者樂而壽。仁者＝智者，行事合宜為智。有仁心方能行事合宜。」這種「正義」，小弟不敢苟同。原因是孔聖人已經在很多地方說到，「未智，焉得仁」，智者只是不惑，還稱不上仁者。換言之，把智者等於仁者，那是錯了。

6.24. 子曰：「齊一變，至於魯；魯一變，至於道。」

語譯

孔聖人說：「齊國要變革，讓齊國從田氏掌權回到原來的姜氏掌權。而魯國的政治也要改一改，重新回到君君臣臣的正道。」

字義

變：變革。
道：君臣之道。

明德說

一、本章非常隱諱，就十二個字，若對歷史不了解，就不能理解本章孔聖人的春秋筆法。

二、孔聖人說這句話的此時，齊國國政已經淪為外姓田氏手中，而魯國政權已經不由國君掌握了，而是落入大夫手中，他們都是臣不臣。

三、齊國政治：西元前 532 年，齊惠公後代的欒氏、高氏被鮑氏、田氏聯合所滅，欒施和高彊奔魯，齊國公族勢力大不如前。西元前 489 年，田乞（陳乞）發動宮廷政變，立齊悼公，開外姓田氏專齊政的先河。因而有後來的田氏代齊。換言之，我們所稱的齊國，其實是由前後兩個政權所構成，前期是姜齊，也就是姜太公（姓呂，字子牙，西元前 1046 年建齊國）至齊康公（西元前 384 年）而已。後期稱為田齊，從田齊太公至齊平王，也就是從西元前 386 年起至西元前 221 年為秦所滅的這段時間。

四、魯國政治：春秋中期之後，魯國政權轉入大夫手中。魯莊公的三個弟

弟季友、叔牙及慶父，他們的子孫長期掌握魯國實權，魯國從此「政在大夫」。

　　五、毛子水的翻譯：「齊國的政治改變一下，就可以趕上魯國的政治；魯國的政治改變一下，就可以達到太平的境界。」楊伯峻的翻譯：「齊國一有改革，便達到魯國的樣子；魯國一有改革，便進而合於大道了。」錢穆的翻譯：「齊國一變可以同於魯，魯國一變便可同於道了。」

6.25. 子曰：「觚不觚，觚哉？觚哉？」

語譯

　　孔聖人說：「觚都不成觚了。觚呢？觚呢？」

字義

　　觚，讀音「估」，一種酒器，有二升的容量。
　　哉，表示疑問語氣，相當於「呢」。

明德說

　　一、觚為三代酒器，周朝之後就沒有了，觚可盛二升酒（古代的升比今日小），可盛三升酒的酒器叫觶（讀音至），盛四升的叫觥（讀音工），盛五升的叫角（讀音爵），最多為五升。

　　二、觚代表一種規矩、一種禮，不觚就是不成規矩、失禮了。孔聖人感嘆當時君主不道。

6.26. 宰我問曰：「仁者，雖告之曰：『井有仁焉。』其從之也？」子曰：「何為其然也？君子可逝也，不可陷也；可欺也，不可罔也。」

語譯

　　宰我問孔聖人，「假設有人對一位有仁心的人說：『有人掉到井裡了。』這位仁者要跟著下去嗎？孔聖人就說：「為什麼要跟著下去呢？君子可以到現

場看一看，但不能掉下去。別人可以欺騙君子，但君子不會掉入陷阱。」

字義

雖告之曰：雖，表示假設推想。按《論語・學而》：「雖曰未學，吾必謂之學矣。」

井有仁焉：「仁」，通「人」，這裡指有一個人。

其從之也：從，跟從。也，音義同「耶」，表疑問語氣。相當於「呢」、「嗎」。

何為其然也：為什麼要這樣子做呢？然，如此。

可逝也，不可陷也：可，能也。逝，往、過去；陷，沒入、沈入。

可欺也，不可罔也：欺，欺騙也。罔，音義同「網」，用網捕捉，引申為迷惑、蒙蔽，即掉入陷阱。

明德說

一、本章強調「未知，焉得仁」。一位仁者必然是有智慧的，他一定能分辨真假，否則就不是仁者，而是傻瓜。連智慧（「知」、「智」相通，辨別真假的能力）都沒有，怎能稱得上「仁」呢？

二、孔聖人在本章沒有求仁得仁的意思。仁者不可罔也。到底仁者是不是任何情況之下都要犧牲自己？孔聖人回答說，不是的，要看情況，要能分辨是不是陷阱。

三、楊伯峻的翻譯如下：宰我問道：「有仁德的人，就是告訴他：『井裡掉下一位仁人啦。』他是不是會跟著下去呢？」孔子道：「為什麼你要這麼做呢？君子可以叫他遠遠走開不再回來，卻不可以陷害他；可以欺騙他，卻不可以愚弄他。」毛子水的翻譯如下：宰我問道：「一個好仁的人，萬一有人告訴他『井裡有仁』，他會不會下井求仁？」孔子說：「怎麼會這樣呢！人家可以用合理的事情欺騙他，卻不能用毫沒有理由的事情惑亂他。」

問答

問：我一直在想，當仁義遇上高風險的時候，該怎麼選擇，比如路上遇到

個摔倒的老人，敢不敢扶這個問題，從儒家學說來看，這要怎麼選？

答：你的這個問題，宰我已經問過了，而孔聖人也回答過了。首先，孔聖人說了：「可欺也，不可罔也。」也就是要確定那件事情是否為真（因為對方可能利用你的善良、你的弱點），以及為什麼會發生那件事情，要從原因著眼。其次，要確定做的那件事情是否正義。如果是不正義的事情，例如助紂為虐、幫人運送毒品、作偽證、協助造假……這些壞事是不能幫的。其三、要確定自己是否有能力幫上忙，否則，不只幫不了別人的忙，連自己也賠上命，孔聖人不贊成這種做法；其四、如果你決定要幫忙，那就不要去計較後果。萬一被騙了，那也是你該得的，因為那是你自己的決定。每一個人都必須為自己的決定負責。

6.27. 子曰：「君子博學於文，約之以禮，亦可以弗畔矣夫！」

語譯

孔聖人說，「一個君子要通曉詩書禮樂易春秋六經，再加上守禮，這樣子，就不會偏離正道了。」

字義

博學於文：博，《玉篇》：通也。文，詩書禮樂易春秋六經是也。馬融注：「文者，古之遺文。」邢昺疏：「注言古之遺文者，則詩書禮樂易春秋六經是也。」戴望說「文」指「六藝之文」，是對的。

約之以禮：即「以禮約之」，即用禮來約束自己，猶言守禮。

弗畔：不偏離。弗者否也，畔者偏離。

明德說

一、此章與《論語》第12.15.章重覆。

二、弗畔就是不偏離，不偏離什麼？孔聖人沒有具體明說不偏離什麼。在此，我們可以為他舉例：不偏離正道、不偏離常軌、不偏離自己想要的東西，這樣子，就可以一輩子平平安安，進一步可以心想事成、實現理想。

三、學禮則通人情世故。

四、「博學於文」並非如楊伯峻所說「廣泛地學習文獻」，也非如錢穆所說「在一切的人文上博學」，也不是如毛子水所說「能從書本上廣求知識」，而是能通曉詩書禮樂易春秋六經。「博」不做「廣博、廣泛」解，而做「通曉」解。

五、讀書的重點首先在讀好的、正確的書，這是孔聖人不得已刪述六經的原因。接下來就是要讀通。這是為什麼我把「文」理解為詩書禮樂易春秋六經，把「博」理解為「通」的原因。

六、由於人的生命實在太有限，因此，如果把非常有限的時間花在「廣泛地」、「一切的人文上」的知識，那一定是沒有效率的，更不用說把書讀通。因此，「博」不會是「廣泛」的意思。

6.28. 子見南子，子路不說。夫子矢之曰：「予所否者，天厭之！天厭之！」

語譯

孔聖人見了衛靈公夫人南子，子路對此很不高興。孔聖人對子路說，「你不同意我做的這件事，老天爺也不高興，老天爺也不高興。」

字義

南子：原是宋國公主，後嫁給衛靈公。據說，南子生性淫亂，與宋國公子朝私通。衛靈公的太子蒯聵知道南子私通之事後，想要殺她，結果東窗事發，蒯聵逃亡。

不說：不高興。說，音義同「悅」。

夫子矢之曰：夫子，孔聖人。矢：陳述。按「皋陶矢厥謨」。——《書·大禹謨》。之，指子路。

予所否者：你們不同意我做的這件事。所，表示被動。否，不同意。

天厭之：（我也知道）老天爺討厭這件事啊！厭，憎惡。之，代名詞，指子見南子這件事。

明德說

　　一、孔聖人去見南子，只是禮之所需，因為南子召見孔聖人多次，而孔聖人也拒絕多次，孔聖人認為，不能再拒絕了，於禮不合。《史記》記載了這段故事：（南子）使人謂孔子曰：「四方之君子不辱欲與寡君為兄弟者，必見寡小君。寡小君願見。」孔子辭謝，不得已而見之。夫人在絺帷中。孔子入門，北面稽首。夫人自帷中再拜，環佩玉聲璆然。孔子曰：「吾鄉為弗見，見之禮答焉。」總之，子見南子這件事，老天爺反對、孔聖人的學生反對，孔聖人自己也知道不應該，只有些時候，對方的盛情難卻，還是去一下吧！

　　二、「夫子矢之曰」的「矢」不需要做「發誓」解，做「陳述」解即可。

　　三、楊伯峻的翻譯如下：「孔子去和南子相見，子路不高興。孔子發誓道：『我假若不對的話，天厭棄我羅！天厭棄我羅！』」錢穆的翻譯：「孔子去見南子，子路為此不悅。先生指着天發誓說：『我所行，若有不合禮不由道的，天會厭棄我，天會厭棄我。』」

問答

　　問：子見南子，子路不說。夫子矢之曰：「予所否者，天厭之！天厭之！」男女之道，授受不親，此乃孟子之「禮」。我很好奇，為何孔子會因別人之不悅而作「天厭之」而非「人厭之」之言？是否，在他心中，男女之道的禮，即為「天道」？

　　答：(1) 這裡的主題與跟男女授受不親無關，而且，孔聖人與南子也沒有肌膚之親。為什麼子路不高興，因為孔聖人見的人有問題：南子名聲不好，不只淫蕩、而且亂政。(2) 天在人之上，因此，是天厭之，而非人厭之。

6.29. 子曰：「中庸之為德也，其至矣乎！民鮮久矣。」

語譯

　　孔聖人說：「大中至正作為一種德行，是最高的了！很少有人能做到。」

字義

　　中庸：恰到好處。中，不偏不倚，即恰到好處；庸，常也，道也。因此，中庸就是中之道。

　　其至矣乎：其，發語詞，無義，按《史記‧卷八‧高祖本紀》：「朕自沛公以誅暴逆，遂有天下，其以沛為朕湯沐邑。」至，極致、最高。

　　民鮮久矣。民，人，指所有人，不是單指人民。鮮，讀音顯，少也。久，滯留、留、支撐，引申為置身其中，也就是做到。

明德說

　　一、很多人誤解了「中庸」一詞的意思，包括有些字典。中庸不是「待人接物採取折中調和」，這是誤解。中庸是大中至正、恰到好處。殺人是不對的，但該殺的壞人殺就是對的，就是中庸，就像孔聖人殺少正卯。

　　二、中庸即是恰到好處，但是，如何才能恰到好處？從大中至正而來，其他沒有辦法。

　　三、楊伯峻的翻譯：「中庸這種道德，該是最高的了，大家已經是長久地缺乏它了。」錢穆的翻譯：「中庸之德，可算是至極的了！但一般民眾，少有此德也久了。」

　　四、原文可簡化為「中庸之為至德也，民鮮久矣。」

6.30. 子貢曰：「如有博施於民而能濟眾，何如？可謂仁乎？」子曰：「何事於仁！必也聖乎？堯舜其猶病諸！夫仁者，己欲立而立人，己欲達而達人。能近取譬，可謂仁之方也已。」

語譯

　　子貢說：「假設有人能廣施德惠，救助眾人，這樣的人，可以稱呼是仁者嗎？」孔聖人說：「哪裡只是仁者而已，一定是聖人了。堯舜在這件事情上面還沒做到完美呢！一個仁者，自己想要生存，希望別人也能夠生存；自己想要發達，希望別人也能發達。能夠以自己為例，想到自己有什麼需要，別人同樣有那樣的需要，並加以玉成，這可以說是行仁的方法了。」

字義

博施於民而能濟眾：博，廣也。施，恩惠、德澤；濟，救助；眾，多。

何事於仁：倒裝句，按現代句法是「事何於仁」，即哪裡只是仁者而已。事，指前面所指的那件事，也就是博施於民而能濟眾的那件事。何，哪裡。於，到、至。

堯舜其猶病諸：猶，尚且；病，缺點、瑕疵，指沒有完全做到、沒有做到完美。諸，之於的合音，也就是在這件事上面。

立：本義是人站在地上，這裡是存在、生存。

達：發達、顯貴。

能近取譬：能夠拿自己做比方，也就是能將心比心、設身處地。近，指時間、地點、血統、關係等方面距離不遠的。最近的，就是自己了。從自己向外擴散，到父母、子女、親友，不斷的向外。譬，比方。

明德說

聖，聖人也，此聖人不必然是有位者，重在有德者。對於錢穆老師的看法，我不敢苟同，他說：「此處聖字作有德有位言。仁者無位，不能博施濟眾。有位無德，亦不能博施濟眾。」而事實上，有德者就能博施濟眾。孔聖人是有德者，難道他沒有博施濟眾嗎？多少人受到他的教誨，難道這不是恩惠嗎？古今中外，多少人受到孔聖人、聖人老子、釋迦牟尼佛的教化，難道，還不算是博施濟眾嗎？他們都無位。

第七：述而篇

7.1. 子曰：「述而不作，信而好古，竊比於我老彭。」

語譯

孔聖人說：「我著述而不譭謗人，敬仰而且喜好聖人之道，私底下，把自己類比為一位名叫老彭的人。」

字義

述而不作：述，《廣韻》著述也。作，音義同「詛」，怨謗也。按「侯作侯祝」——《詩經》，又「下作之地，上作之天」——《管子‧輕重己》。俞樾云：「兩作字讀為詛，古字通用。」

信而好古：信，崇奉、敬仰；古，指堯、舜、禹、湯、文、武等聖人之道。

竊比於我老彭：竊，私底下；比，類也，方也。按《禮‧學記》：「比物丑類。」疏：「謂以同類之事相比方，則學乃易成。」我，表示己方或表示親切；老彭，人名，未知其詳。

明德說

一、我看到的很多書，都把孔聖人這裡說的「述」理解為傳述或是述說或是遵循，把「作」理解為創作，這都是不對的。

二、孔聖人沒有創作嗎？當然有。證據至少有四，其一，就是《論語》這裡說的，述而不作，這裡的述就是著述，著述當然是創作，難不成是抄來的？其二，《論語》7.28. 提到，子曰：「蓋有不知而作之者，我無是也。」從這句話可以再次證明，孔聖人是有著作的。其三，不管是孟子也好、司馬遷也好，也都說孔聖人寫了《春秋》這本書。孟子說：「孔子成《春秋》而亂臣賊子懼。」司馬遷在《報任安書》裡面也說：「仲尼厄而作《春秋》。」其四，根據該書記載的起迄年代。《春秋》一書所載年代為西元前722年到前481年，而孔聖人命終於西元前479年，可見，在時間上是完全配合的。而《春秋》所記載的

這段期間就稱為春秋時期。

　　三、為什麼述而不作的「作」與「詛」同？也就是為什麼要理解為「詛」，而不能理解為「創作」呢？原因是孔子著述春秋，必定有臧否人事的部份，這時候，他能做到不毀謗別人，是好就說好，是壞就說壞，沒有惡意中傷、沒有怪罪任何一個人，因此孔子說自己「不作」，不詛也。

　　四、毛子水的翻譯：「循述古人的遺法而不自己創作；信服古人，並且喜愛古人：在這些事情上，我敢私自比於我的老彭。」楊伯峻的翻譯：「闡述而不創作，以相信的態度喜愛古代文化，我私自和我那老彭相比。」錢穆的翻譯：「只傳述舊章，不創始制作，對於古人，信而好之，把我私比老彭吧！」。

7.2. 子曰：「默而識之，學而不厭，誨人不倦，何有於我哉？」

語譯

　　孔聖人說：「從別人那裡所得到的知識都暗中記下來，一直學習，永遠也不會滿足，教育別人也不會厭倦，這些事情對於我來說有什麼困難的呢？」

字義

　　默而識之：暗中記住。默，暗中；識，讀音「至」，記住的意思；在孔聖人的時代還沒有紙，因此，老師教的知識只能暗暗的記在腦海裡，而無法記在紙本上。

　　厭：音義同「饜」，滿足。

　　誨：教導、勸導；

　　何有於我哉：為「於我有何難哉」的倒裝和省略。何有，哪裡有，意謂沒有，是反問語氣。

明德說

　　一、默而識之的「默」，並非如朱子《集注》所說「不言」，而是暗中。
　　二、學而不厭的「厭」並非如楊伯峻所說是「厭棄」，而是「滿足」。
　　三、「何有於我哉」，並非如毛子水所說是「這些事情我雖能做到，但都

是不足稱道的」，也不是楊伯峻所說的「這些事情我做到了哪些呢」，而是「這些事情對於我而言，有何困難？（意指沒有困難）」。

7.3. 子曰：「德之不修，學之不講，聞義不能徙，不善不能改，是吾憂也。」

語譯

　　孔聖人說：「不修養品德、不傳授學問、聽到該做的事情卻不去做，自己有不好的地方卻不能改，這些是我煩惱的事情。」

字義

　　德之不修：即「不修德」，即不修養自己的品德。
　　學之不講：即「不講學」。講，闡明義理。
　　聞義不能徙：義，宜也，也就是該做的事情。徙，遷、趨向，引申為實踐。
　　憂：放心不下。

7.4. 子之燕居，申申如也，夭夭如也。

語譯

　　孔聖人閒居在家的時候，怡然自得、很有精神。

字義

　　燕居：閒居。
　　申申：怡然自得、伸展開來。
　　夭夭：絢麗茂盛的樣子，引申為很有精神。

明德說

　　今本寫「夭夭如也」，而定州簡本寫「沃沃如也」。不管是夭夭如也或是沃沃如也，都是光盛、豐美的意思。

7.5. 子曰：「甚矣，吾衰也！久矣，吾不復夢見周公！」

語譯

孔聖人說：「我非常的衰老了！我很久沒有再夢見周公了！」

字義

甚：非常、過份。
復：再，表示曾經夢過周公。

明德說

「甚矣，吾衰也！久矣，吾不復夢見周公！」整句話是倒裝句，按現在的句法是：吾甚衰也！吾久不復夢見周公矣。

7.6. 子曰：「志於道，據於德，依於仁，游於藝。」

語譯

孔聖人說：「以真理為志向、堅守品德、以仁為依歸、徜徉於禮、樂、射、御、書、數六藝之中。」

字義

志於道：志，心之所向；道，真理、道義。
據於德：據，固執堅守；德，德行。
游於藝：游，徜徉，但也可以同「遊」，遨遊；藝，才能，指禮、樂、射、御、書、數。

7.7. 子曰：「自行束脩以上，吾未嘗無誨焉。」

語譯

孔聖人說：「只要自己備好至少十條的肉乾前來，我從來不會不教誨他

的。」

字義

　　自行：自，自己。行，從事，這裡指備好。

　　束脩：十條肉乾。古人以肉脯十條紮成一束，作為拜見老師最起碼的禮物。束，動詞是捆縛、捆紮，名詞是聚集成一束的東西。脩，讀音「休」，乾肉條。《周禮‧天官‧膳夫》：「凡肉脩之頒賜，皆掌之。」

　　以上：表示位置、次序或數目等在某一點之上，猶言至少。

明德說

　　關於束脩的誤解：(1) 束修並非指年紀，因為要是指年紀，那麼，十五歲，就學習而言，就已經是年紀太大了，一般開始學習的年齡都是在六至七歲之間，而十五歲都已經可以結婚了，怎麼這麼晚才來孔聖人那邊學習呢！(2) 束修並非束帶修飾。(3) 束脩不是見面禮，而是學費，指的是給老師的最低學費，至少十條肉乾就可以了。我們要去向一個老師學習，不是只問幾個問題，而是學習個三年五年，應該具備什麼條件才是公道的？難道不繳學費合理嗎？這當然不合理。那麼，學費多少呢？孔聖人說，一束肉乾就可以，這樣不是既合理又便宜嗎？這不只是一個規矩，也是禮的組成。此外，就脩這個字的結構而言，本來就有肉的意涵，因此，有人把束脩解釋成束帶修飾，這一定是錯誤的解釋。

問答

　　問一：「自行束脩以上，吾未嘗無誨矣。」是否設置了一個入門的門檻，那些無法拿出束脩的人無法同他學習，豈不是條件貧苦的人無法獲得學習的機會。

　　答一：對於這個問題可以從幾個角度來理解：(1) 為什麼孔聖人應該收學費？如果不收學費，那就沒有人願意出來當老師了。沒有人願意出來當老師，學生有地方學習嗎？換言之，這是智慧的做法，是鼓勵善良。相反的，如果不收學費，美其名為高尚，事實上，反而害了善良，導致於沒有人願意做應得的事情。請看《呂氏春秋‧察微》子貢讓金和子路受牛的故事：「魯國之法，魯人有贖

臣妾於諸侯者，皆取金於府。子貢贖人於諸侯，來而讓，不取其金。孔子聞之，曰：『賜失之矣！夫聖人之舉事也，可以移風易俗，而教導可以施於百姓，非獨適身之行也。今魯國富者寡而貧者眾，贖人，受金則為不廉，則何以相贖乎？自今以後，魯人不復贖人於諸侯。』子路拯溺者，其人拜之以牛，子路受之。孔子曰：『魯人必拯溺者矣。』孔子見之以細，觀化遠也。」從中可以得到這樣一個結論，那就是：「子路受而勸德，子貢讓而止善。」。

◎這就是我反對婦女三從四德的原因，守寡也是，前提都必需是自願的，不能帶有任何道德綁架。自己能做得到，不能要求別人也做得到，務必將心比心，因為道德是自己的事情，不能拿道德去要求別人。自己沒有這個權利。何謂善？三從四德不是善，讓每一個人都得到幸福才是善。

(2) 這個問題要從合理性和公平性來理解，否則，就會顧此失彼，永無寧日。問題是束脩這一個標準是高還是低？如果是高（例如美國常春藤盟校的高學費），那就只有富人才有機會跟他學，這當然不符合孔聖人的教法；換言之，束脩這一個要求並不高，一般人都可以負擔得起的。至於願意給更多學費，也就是束脩以上，那當然也是可以的。如果沒有一個標準，那就不公平了。假設真的窮到一毛錢也沒有，那他應該先去工作幾天或幾個月，有了工資（記得，束脩不就一束肉乾，會很過份嗎？）不就能跟他學了嗎？

問二：「自行束脩以上」和孔子提出的「有教無類」的思想是否有衝突？

答二：不會，任何人只要準備好束脩，不管來學的人是什麼身份、地位，孔聖人都願意教育他，這就是有教無類。無類是指沒有分類，也就是一視同仁，不會只教有身份地位的，而不教低社會地位的或只教有錢人，不教窮人或只教聰明人，不教反應慢的人。

7.8. 子曰：「不憤不啟，不悱不發。舉一隅不以三隅反，則不復也。」

語譯

孔聖人說：「要是學生本身沒有困惑，我就不開導他。要是學生本身沒有到想說卻說不出來的地步，我就不啟發他。學生要是不能舉一反三，我就不會

再教他。」

字義
不憤不啟：憤，心中悟不開、想了解卻有困難；啟，開導。
不悱不發：悱，讀音「匪」，口想說但說不出來、說不清楚。發，啟發。
隅，讀音「於」，指事物的一端或一面或一邊或一角。

明德說
孔聖人採取因材施教而且是啟發式的教育，甚至要當他的學生已經思考很久了，才啟發他。換言之，學生必須本身想學，而是必需相當認真，他才肯教。為什麼孔聖人會說「舉一隅不以三隅反，則不復也」？原因是當學生無法舉一反三，那就代表學生不是真懂，這時候，如果老師一再地重覆，而學生不願意付出、不思考，那會是好的教育方式嗎？

7.9. 子食於有喪者之側，未嘗飽也。

語譯
孔聖人在喪家旁邊用餐的時候，不曾吃飽過。

字義
側：旁邊
有喪者：喪家，指家裡有親人過世。

7.10. 子於是日哭，則不歌。

語譯
孔聖人要是在這一天哭過了，他就不再唱歌。

字義

　　是日:這一天。是,指示形容詞,這。

7.11. 子謂顏淵曰:「用之則行,舍之則藏,惟我與爾有是夫。」子路曰:「子行三軍,則誰與?」子曰:「暴虎馮河,死而不悔者,吾不與也。必也臨事而懼,好謀而成者也。」

語譯

　　孔聖人對顏淵說:「受到重用,就能把事情辦成功,不被重用,就隱藏鋒芒,只有我和你才能做到」。子路說:「要是您將領三軍,您會讓誰跟隨呢?」孔聖人說:「有勇無謀、魯莽冒險,至死都不悔改的人,我是不會讓他跟從的。能跟從我的,一定是碰到事情會害怕、善於謀劃並且能貫徹謀畫的人。」

字義

　　用之則行:用,重用。行,成功。
　　舍之則藏:舍,棄置不用。藏,隱藏、埋藏。
　　爾:你。
　　子行三軍,則誰與:子,老師您;行,讀音「航」,領。三軍,軍隊。與,從,跟從。按《國語・齊語》:「桓公知天下諸侯多與己也,故又大施忠焉。」
　　暴虎馮河:暴,讀音「報」,徒手;馮,音義同「憑」,徒步渡河。因此,暴虎馮河就是空手與虎搏鬥,不靠舟船渡河。比喻人有勇而無謀。
　　死而不悔:即使到死也不悔改。
　　好謀而成:好謀,擅長謀劃。而,並且。成,完成,指執行謀畫。

明德說

　　一、從這裡「子路曰:『子行三軍,則誰與?』」我們可以推論,「子以四教:文、行、忠、信」中的「行」,就是軍事。因為,要是孔聖人沒教軍事,子路就不會提這種問題。

二、用之則行的「行」並非毛子水所說「做事」，也非楊伯峻所說「幹起來」，而是「成功」。

三、「子行三軍，則誰與？」在這句話中，有兩個地方要注意，第一個是「子行三軍」的「行」，是指將領，第二個是「則誰與」的「與」，並非如楊伯峻所說「共事」，也非毛子水所說「和」，也非錢穆所說「同事」，而是「跟從」。

四、「好謀而成」的「成」並非如毛子水所說「可成功」，也非如錢穆所說「始作決定」，而是「執行（謀畫）」。為什麼我不把「成」解釋為「成功」？原因是沒有人能保證他的謀畫一定成功，但是，最少要貫徹那一個謀畫。至於成不成功，在所不論了。成功了，證明原先的謀畫是正確的，要是不成功，可以在下一次的謀畫中改善。

問答

問：「捨生取義」與「用行舍藏」是否矛盾？
答：沒有矛盾。有時候要行，有時候要藏，有時候要從容赴義。

7.12. 子曰：「富而可求也，雖執鞭之士，吾亦為之。如不可求，從吾所好。」

語譯

孔聖人說：「依正道要是能得到富貴，那麼，即使是讓我做手拿鞭子的差事，我也願意做。假設以正道追求不到，那麼，我寧願跟隨我內心的正道而不要富貴。」

字義

富而可求也：富，不只是指財富，而是富貴的省稱。而，如果。求，設法得到，這裡指經由正當方式得到。

執鞭之士：拿著鞭子的人，意指從事低下工作的人。《周禮》中有「條狼氏」的小官，拿著鞭子走在路上趕人，為大官開道；此外，還有「司市」中

「胥」的小官，也是拿著鞭子守在市場門口，警告交易中人不可有欺詐行為。

從吾所好：好，喜好，孔聖人的喜好就是正道。所謂的正道，就是不偷拐搶騙，光明正大，不做見不得人的事情。

7.13. 子之所慎：齊，戰，疾。

語譯

孔聖人對三件事情特別慎重：齋戒、戰爭、病痛。

字義

齊，音義同「齋」，指祭祀前沐浴、素食、清心寡欲、潔淨身心以示虔誠。

明德說

為什麼齋必須慎？為了能起到祭祀的目的。為什麼要齋？是為了要祭祀，祭祀的對象都是鬼神，與鬼神交流一定要慎重，表現為整潔身心，否則，心不誠則不靈，那又何必齋呢？

7.14. 子在齊聞《韶》，三月不知肉味，曰：「不圖為樂之至於斯也。」

語譯

孔聖人在齊國聽到《韶》樂之後，竟然有好長一段時間都不覺得肉有什麼好吃的，孔聖人說：「沒想到欣賞《韶》樂能有這樣的效果！」

字義

韶：是舜王的音樂，敘述舜王教化的大德。

三月：好長一段時間。這裡的三月並非就是整整三個月。

不圖為樂之至於斯也：圖，想到、料到，多用於否定。為樂，欣賞《韶》樂。為，欣賞；樂，《韶》樂。至，達到。斯，此也，也就是三月不知肉味。

7.15. 冉有曰:「夫子為衛君乎?」子貢曰:「諾;吾將問之。」入,曰:「伯夷、叔齊何人也?」曰:「古之賢人也。」曰:「怨乎?」曰:「求仁而得仁,又何怨?」出,曰:「夫子不為也。」

語譯

冉有說:「老師打算輔助衛國國君嗎?」子貢說:「那好,我來問一問老師。」子貢進入老師的房間,就說:「伯夷、叔齊是怎樣的人呢?」孔聖人回答:「古代的賢人啊!」子貢接著說:「他們抱恨嗎?」孔聖人回答:「想要仁,也得到仁了,有什麼好抱恨的呢!」子貢離開老師的房間之後對冉有說:「老師不會輔助衛國國君的。」

字義

夫子為衛君乎:夫子,老師,這裡指孔聖人。為,幫助、輔助。衛君:衛國國君,此時為衛出公。

諾:應聲,回應的聲音。在今天,相當於「嗯」、「好」。

怨:抱恨。

伯夷、叔齊:據《史記・伯夷列傳》記載:「伯夷、叔齊,孤竹君之二子也。父欲立叔齊,及父卒,叔齊讓伯夷。伯夷曰:『父命也。』遂逃去。叔齊亦不肯立而逃之。國人立其中子。於是伯夷、叔齊聞西伯昌善養老,盍往歸焉。及至,西伯卒,武王載木主,號為文王,東伐紂。伯夷、叔齊叩馬而諫曰:『父死不葬,爰及干戈,可謂孝乎?以臣弒君,可謂仁乎?』左右欲兵之。太公曰:『此義人也。』扶而去之。武王已平殷亂,天下宗周,而伯夷、叔齊恥之,義不食周粟,隱於首陽山,采薇而食之。及餓且死,作歌。其辭曰:『登彼西山兮,采其薇矣。以暴易暴兮,不知其非矣。神農、虞、夏忽焉沒兮,我安適歸矣?于嗟徂兮,命之衰矣!』遂餓死於首陽山。」

明德說

為什麼孔聖人不願意輔助衛君?因為當時的衛君衛出公姬輒拒絕逃亡在外

的父親姬蒯聵回國即位，是屬於子不子的那一型，而孔聖人輔佐人君，首先必須是名正言順。因此，孔聖人不會為了當官就去輔佐一位不孝之君。這也是為什麼孔聖人盛讚伯夷叔齊的原因：仁比什麼都重要，不是有官做、有錢賺就什麼勾當都可以做。

7.16. 子曰：「飯疏食飲水，曲肱而枕之，樂亦在其中矣。不義而富且貴，於我如浮雲。」

語譯

　　孔聖人說：「吃粗糙的飯食，只喝水，彎著胳膊當枕頭，這樣過生活也很快樂。對於我而言，經由不正當手段得到的富貴，就像飄在空中的雲一樣，跟我不會有任何關係的。」

字義

　　飯疏食飲水：飯，做動詞用，吃也。疏食，粗糙的飯食。
　　曲肱而枕之：彎著胳膊當枕頭。肱，讀音工，胳膊。枕，做動詞用，讀音「鎮」，用枕頭或其他東西墊著頭顱。
　　不義：不正當。
　　浮雲：浮，飄在空中的。

7.17. 子曰：「加我數年，五、十以學《易》，可以無大過矣。」

語譯

　　孔聖人說：「如果老天爺再多給我幾年的壽命，比方說，五年或十年，讓我來傳授《周易》，那麼，這個天下就不會出現重大的逾越本份的事情了。」

字義

　　加：增加。
　　學：教也。——《廣雅》。

大過：重大過錯。過，越也，也就是逾越本份，而重大的逾越本份就是君不君，臣不臣，父不父，子不子。

明德說

一、五十必須斷句，也就是五、十。

二、大過指的是「君不君、臣不臣、父不父、子不子」這等重大錯誤。大過，是發生在各諸侯國境內的大過，非指個人的大過，原因是孔聖人一生並沒犯下大過。

三、這裡的學，並非學習，而是教授、傳授知識，這裡的知識專指《易經》而言。

四、從本章得知，孔聖人說這句話的時候，應該在他七十二歲之後，離孔聖人去世的那一天已經沒多久了。

五、根據《史記・孔子世家》，孔子晚而喜《易》，「讀《易》，韋編三絕」。

六、毛子水的翻譯：「讓我多活幾年（或五或十）以從事學問，那我就不會有什麼大過失了。」楊伯峻的翻譯：「讓我多活幾年，到五十歲的時候去學習《易經》，便可以沒有大過錯了。」錢穆的翻譯：「再假我幾年，讓我學到五十歲，庶可不致有大過失了。」

7.18. 子所雅言，《詩》、《書》、執禮，皆雅言也。

語譯

孔聖人說官方語言的場合：誦讀《詩經》、《尚書》以及行贊禮的時候，說的都是官方語言。

字義

子所雅言：子，孔聖人；雅言，正音、周朝的官方語言，是相對於方言而來。雅，正也，合乎規範；言，語言。

執禮：掌贊禮之事。贊禮者，舉行典禮時，司儀高唱禮儀的秩序，使人照

著行禮。

7.19. 葉公問孔子於子路，子路不對。子曰：「女奚不曰：『其為人也，發憤忘食，樂以忘憂，不知老之將至云爾。』」

語譯

葉公問子路，究竟孔子是怎樣的一個人？子路沒有回答。孔聖人就跟子路說：「你怎麼不這樣回答：『孔子是這樣一個人啊！問題解不開就會忘了吃飯。快樂起來就會忘了憂愁，連快老了都不知道。』」

字義

葉公：沈諸梁是也，羋（讀音米）姓，沈尹氏，名諸梁，字子高。曾為楚令尹兼司馬。大夫沈尹戍之子，封地在葉邑。

不對：沒有回答。對，回答地位高的人所提的問題或接續他們的說話。

女奚不曰：女，音義同「汝」。奚，何、為什麼。曰，說也。

發憤忘食：發憤，發洩心中的鬱悶。按《楚辭‧九章‧惜誦》：「惜誦以致愍兮，發憤以抒情。」憤，鬱悶、煩悶。忘食，忘記吃飯。

云爾：語末助詞，表如此而已。

明德說

一、楊伯峻、毛子水等人把「發憤」理解為用功，我保留。發憤是發洩心中的鬱悶。孔聖人有什麼煩悶，以至於他要發洩心中鬱悶？因為他對於某個問題解不開、對某個道理想不透，所以煩悶，為了解開問題，他就會一直想，以至於忘了吃飯。因此，忘食的原因不能說就是用功，而是要解開謎團。

二、《史記‧太史公自序》：「《詩》三百篇，大抵賢聖發憤之所為作也。此人皆意有所鬱結，不得通其道也，故述往事，思來者。」

三、有人說，發憤亦同「發奮」，這種說法不對。原因是「憤」與「奮」的意思不同。奮，振作、鼓起勁來、奮力。

7.20. 子曰：「我非生而知之者，好古，敏以求之者也。」

語譯

孔聖人說：「我並非生下來就什麼道理都知道的人，只不過是一個喜愛古代典章文獻、勤勉努力以探求道理的人。」

字義

好古：好，讀音「浩」，喜愛；古，古代的典章文獻。
敏以求之：敏，勤勉努力。求，追求、探索、推求。之，指道理。

7.21. 子不語怪，力，亂，神。

語譯

孔聖人不談論怪異、暴力、陰謀詭計、神秘（與鬼神有關）的那些事。

字義

怪，怪異。力，暴力。亂，擾亂、搗亂，也就是陰謀詭計。神，神秘。

明德說

一、從本章可以明顯看到，孔聖人維持其一貫的態度，其一，敬鬼神而遠之，因此不談論鬼神，但也不談論神秘不可知的事情。其次，不討論怪異，也就是此前所說「攻乎異端，斯害也已」的「異端」。因為談論那些事情，對自己沒有好處，只有壞處。此外，孔聖人主張以德服人，因此，孔聖人當然不談論暴力。

二、錢穆的翻譯：「先生平常不講的有四事。一怪異，二強力，三悖亂，四神道。」楊伯峻的翻譯：「孔子不談論怪異、勇力、叛亂和鬼神。」

7.22. 子曰：「三人行，必有我師焉。擇其善者而從之，其不善者而改之。」

語譯

孔聖人說:「一群人的言行舉止當中,一定有我可以師法的地方。分辨其中好的言行而跟著做,分辨其中不好的言行,〔如果自己也有的話,〕那就要改正過來。」

字義

三人行:三人,多人、一群人。三,表示多數或多次。行,讀音「形」,足以表示品質的言行舉止。

師:效法、學習。

擇其善者:擇,分辨。按《呂氏春秋·仲春紀·情欲》:「耳不樂聲,目不樂色,口不甘味,與死無擇。」善,好的言行舉止。善,善良、好的、對的。者,人或事或物的代稱。

其不善者而改之:此句省略動詞「擇」,應為「擇其不善者而改之」。之,指自己有的那些不好的言行。

明德說

一、「三人行」的「三人」不是毛子水、錢穆說的「三個人」,而是一群人、多人、幾個人。

二、「三人行」的「行」不是毛子水、錢穆、楊伯峻說的「走路」、「同行」,而是「言行舉止」。

三、擇其善者而從之的「擇」不是楊伯峻所說的「選取」,而是分辨。

四、我們學習的,嚴格說來,不是具體的某一個人,而是某一個人身上的某些品質,例如勇敢、堅毅,而這個品質不一定只有好人身上才有,壞人身上也可能有。

7.23. 子曰:「天生德於予,桓魋其如予何?」

語譯

孔聖人說:「上天保佑著我,桓魋他能拿我怎麼樣?」

字義

　　德：福也，也就是保佑。

　　桓魋：又稱向魋，春秋時期宋國人，官任宋國司馬，掌宋國兵權，魋，讀音「頹」。按《史記》：「孔子過宋，與弟子習禮大樹下，桓魋伐其樹，孔子去。弟子曰：『可以速矣。』」於是才有了孔聖人的這句話。

　　桓魋其如予何：桓魋他能拿我怎麼樣。如何，奈何。

明德說

　　楊伯峻的翻譯：「天在我身上生了這樣的品德，那桓魋將把我怎樣？」錢穆的翻譯：「天生下此德在我，桓魋能把我怎樣呀！」

7.24. 子曰：「二三子以我為隱乎？吾無隱乎爾。吾無行而不與二三子者，是丘也。」

語譯

　　孔聖人說：「你們以為我對你們有什麼隱藏嗎？沒有。我的言行沒有不讓你們知道的，這就是我孔丘。」

字義

　　二三子以我為隱乎：二三子，諸位、你們。隱，隱藏。

　　吾無行而不與二三子者：行，言行；與，參與，猶言「知道」。

7.25. 子以四教：文，行，忠，信。

語譯

　　孔聖人教學生四件事：六經、軍事、誠實、守信。

字義

　　教：傳授。

文：詩、書、禮、樂、易、春秋，即六經也。

行：讀音「航」，列也，也就是行伍、行列，也就是軍事。行，軍隊編制，二十五人為一行。按：「左右陳行，戒我師旅。」——《詩·大雅·常武》。「淩余陣兮躐余行。」——《楚辭·九歌·國殤》。

忠，誠實。

信，信用。

明德說

一、我們對孔聖人的誤解恐怕就在於我們不知道孔聖人其實也是一位軍事家。那麼，有沒有事實根據呢？根據《左傳·定公十二年（西元前498年）》記載：「仲由為季氏宰。將墮三都，於是叔孫氏墮郈，季氏將墮費，公山不狃、叔孫輒，帥費人以襲魯，公與三子入于季氏之宮，登武子之臺，費人攻之弗克，入及公側，仲尼命申句須、樂頎，下伐之，費人北，國人追之，敗諸姑蔑，二子奔齊，遂墮費。」這一段話在說，孔聖人擔任魯國大司寇期間，指揮平定了公山弗擾以及叔孫輒的叛變。此外，根據《史記·孔子世家》記載：「冉有為季氏將師，與齊戰於郎，克之。季康子曰：『子之於軍旅，性之乎？學之乎？』冉有曰：『學之於孔子。』」可見孔聖人文武雙全，上課時也教軍事。至於孔聖人自己說「軍旅之事，未之學也」，那只是托詞，不是孔聖人不懂軍事，而是不適合與衛靈公談軍事。因為孔聖人說過：「不可與言而與之言，失言。」再者，孔聖人說過：「我戰則克，祭則受福，蓋得其道矣。」（《禮記·禮器》）既然孔聖人敢說這種話，就一定所言不虛。此外，孔聖人還說：「以不教民戰，是謂棄之。」「善人教民七年，亦可以即戎矣。」「足食，足兵，民信之矣。」因此，孔子四教當中，包含軍事課程是沒有問題的。此外，最慢在春秋時期就有「國之大事，在祀與戎」（見《左傳·成公十三年》）的說法，祀即祭祀，戎即戰爭，也就是軍事，換言之，祭祀和戰爭已經是那個時代最重要、甚至是再平常不過的事情了，也是當時天子、諸侯、卿大夫必修的課程，而孔聖人所教授的六藝：禮、樂、射、御、書、數必然與「祀」與「戎」密切相關，否則，誰還來學孔聖人的那些東西。如果本身教授射、御等軍事課程的孔聖人都還不精通軍事，那誰還來學？

二、朱子等人都把「行」理解為「德行」，是錯的。如朱熹：「行，去聲。程子曰：『教人以學文脩行而存忠信也。』」毛子水的翻譯：「孔子以這四件事教學生：古代傳下來的典籍、德行、忠誠、信實。」楊伯峻的翻譯：「孔子用四種內容教育學生：歷代文獻、社會生活的實踐、對待別人的忠心，與人交際的信實。」錢穆的翻譯：「先生以四項教人。一是典籍遺文，二是道德行事，三和四是我心之忠與信。」

7.26. 子曰：「聖人，吾不得而見之矣；得見君子者，斯可矣。」子曰：「善人，吾不得而見之矣；得見有恆者，斯可矣。亡而為有，虛而為盈，約而為泰，難乎有恆矣。」

語譯

孔聖人說：「我看不到聖人，能夠看到君子就夠了。」孔聖人說：「我看不到善人，要是能看到有恆心的人就夠了。沒有卻表現為有，空虛卻表現為充實，沒有多少東西卻假裝成有很多東西，這樣的人，很難會是有恆心的人。」

字義

善人：心地仁愛、品質淳厚之人。

恆：持久不變的意志。

亡而為有：亡，音義同「無」。至於「無」什麼，可以是知識、錢、地位、愛心、勇敢……都可以，總之，就是虛偽、不是事實。下文的「虛」、「約」可類比。亡而為有、虛而為盈、約而為泰的「為」，同「偽」，虛偽、假裝。

約而為泰：約，少也；而，卻；泰，過份、甚、侈。

明德說

「約而為泰」並非楊伯峻所說「本來窮困，卻要豪華」，而是「沒有多少東西卻假裝成有很多東西」，例如沒多少錢卻裝作很有錢、沒什麼氣質卻假裝成很有氣質、沒什麼學問卻裝作很有學問等等。

7.27. 子釣而不綱，弋不射宿。

語譯

孔聖人只用魚竿釣魚，不用漁網捕魚；只射飛鳥，不射休息中的鳥。

字義

釣而不綱：釣，用餌引誘魚類或其他水生動物上鉤；綱，提網的總繩，這裡指用漁網捕魚。

弋不射宿：弋，讀音「易」，射也，用帶有繩子的箭射獵；宿，讀音素，止也。

7.28. 子曰：「蓋有不知而作之者，我無是也。多聞，擇其善者而從之，多見而識之，知之次也。」

語譯

孔聖人說：「實在是有不明就裡就寫書的人，我沒有這種情形。我寫書的情形是這樣：聽了各種不同的說法，從其中選擇一種比較可靠的說法，看了很多材料，並對它們做出辨別，因此，能知道這些事情的來龍去脈。」

字義

蓋有不知而作之者：蓋，實在是。按《史記・卷四七・孔子世家》：「孔子母死，乃殯五父之衢，蓋其慎也。」不知，不明就裡。而，卻。作，創作、寫作。之，代名詞，指著作。

從：依從、依據，作為依據。

識：能辨別。

知之次也：知道這些事情的來龍去脈。知，知道；之，代名詞，指前面所說的那些事情；次，順序也，並非有些注家所說的「次一等」。

明德說

一、整句話的重點在於對「知」的認識和解釋。孔聖人說:「別人不知道就著述了,而我沒有這種情形。」這句話意謂著,他在寫《春秋》這本書的時候,對於那些歷史事件都是「知道」的,都是有根據的,只有這樣,他才能說自己:「我無不知而作。」那麼,他是怎麼知道的呢?他說,他的做法依序是:(1)「多聞,擇其善者而從之(多聽,從各種說法當中選擇一個比較可靠的說法)」以及(2)「多見而識之(多看,這裡的『見』,應該包含實地調研考察,也就是孔聖人會前往歷史事件發生的地方進行考察,並問當地證人,而且能做出辨別,哪些是假的,哪些是真的)」。(3) 知之次也。這四個字是個總結,也就是說,經由上述多聞、多見之後,就能夠知道這些事件的「次序」,其實就是知道整個事件的來龍去脈,因此,能「知而作之」,非他所批評的「不知而作」。因此,把「知之次也」解釋成「學而知之」(有人把這「知之次也」四個字理解成「學而知之」,其理由是孔聖人說過,生而知之、學而知之、困而知之)或「智之次也(把「知」解釋成「智」,智慧當中差一等的)」都是不對的。

二、毛子水的翻譯:「世上似有一些人,自己並沒有什麼知識,卻裝作有知識的;我沒有這個毛病。一個人能夠多聞、多見而牢記在心裡,亦就極近於『知』了!」楊伯峻的翻譯:「大概有一種自己不懂卻憑空造作的人,我沒有這種毛病。多多的聽,選擇其中好的加以接受;多多地看,全記在心理。這樣的知,是僅次於『生而知之』的。」錢穆的翻譯:「先生說:大概有並不知而妄自造作的吧!我則沒有這等事。能多聽聞,選擇其善的依從它,能多見識,把來記在心,這是次一級的知了。」

三、毛子水說:「『擇其善者而從之』七個字,乃是上文『三人行』章的文句而錯入這章裡的……這章必須刪去這七個字,全章的文理才會完全通順。」毛子水的這種說法不對。「擇其善者而從之」七個字完全沒有必要刪除,而且我查閱了《定州漢墓竹簡》也有這句話,只不過不是七個字,而是「擇其善而從之」六個字。

四、「蓋有不知而作之者」的「蓋」字並非如毛子水所說是「似」,也非如錢穆、楊伯峻所說是「大概」,而是「實在是」。

7.29. 互鄉難與言，童子見，門人惑。子曰：「與其進也，不與其退也，唯何甚？人絜己以進，與其絜也，不保其往也。」

語譯

　　互這個地方的人很難溝通。孔聖人接待了互這個地方來的一位未滿二十的年輕人。他的弟子為此感到不解。孔聖人解釋說：「我們應該拉人一把，而不是推人下水。〔如果不接見人家，〕這會不會太過份了呢？這個人很恭敬地前來請教我，我當然要肯定他能修身養性，哪裡還要去考慮他過去的事情呢！」

字義

　　互鄉：互這個地方的人。鄉，地方。
　　難與言：很難溝通。難，困難；與，同也、和也；言，說話，這裡指溝通。
童子見：見童子的倒裝，即接見童子。童子，未成年人，也就是二十歲以下的人。古代男子以二十為成年。鄭玄注：「童子，未冠之稱。」古禮男子年二十而加冠，故未滿二十歲為「未冠」。
　　門人惑：門人，孔聖人的弟子。惑，感到不解、困惑。
　　與其進也，不與其退也：拉人一把，不推人下水。與其進也的「與」，讀音羽，幫助、肯定。不與其退的「與」，使也。
　　唯何甚：有必要那麼過份嗎？唯，發語詞；甚，過份。
　　人絜己以進：這位童子很恭敬地登門拜訪。人，別人，這裡指來訪的童子。絜己：約束自己，這裡指對孔聖人很恭敬。進，登也，指登門拜訪。絜，讀音協，約束、修養。束縛謂之絜。——《通俗文》；絜，束也。——《廣雅》。絜，可與「潔」通用。
　　不保其往：不去在乎他的過去。保，承擔、負責，猶言在乎；往，過去。

明德說

　　一、為什麼人很難溝通？因為人的習性、利益、觀念、信仰等等經常衝突，因此很難溝通，尤其涉及第一義的時候，更難溝通。可溝通的，是涉及非根本性的內容。

二、本章「人絜己以進，與其絜也」乃根據《定州漢墓竹簡》而來。絜，皇本作「潔」，阮本、唐石經作「絜」。《說文》無「潔」字。

三、「人絜己以進」，非如楊伯峻所說「別人把自己弄得乾乾淨淨而來」，而是「這位童子很恭敬地登門來拜訪我。」

7.30. 子曰：「仁遠乎哉？我欲仁，斯仁至矣。」

語譯

孔聖人說：「仁會很遠嗎？我想要仁，那麼，仁就到了。」

字義

斯：連接詞，則。

明德說

我們以為，仁是遙不可及的，其實不是。仁很容易，觸手可及，只是我們要不要做而已。何謂仁？在我看來，仁就是愛而已，愛己、愛人、愛生（愛惜所有生命）、愛物（物盡其用、愛惜所有東西）、愛時（愛惜時間），是我所謂五愛，是所謂萬物一體。把食物吃完就是仁；不傷害動物、不踐踏草皮就是仁；不說謊，這也是仁；扶老攜幼也是仁；盡責守分也是仁。由此可見，仁很容易啊，是我們要不要做而已。當然，仁的圓滿不容易，但是，一點一滴都是仁，在愛的那一當下，在視人如己的那一當下、在視物如己的那一當下，在犧牲自己、成全別人的那一當下，就是仁，這也是為什麼孔聖人說：「仁遠乎哉？我欲仁，斯仁至矣。」

7.31. 陳司敗問昭公知禮乎，孔子曰：「知禮。」孔子退，揖巫馬期而進之，曰：「吾聞君子不黨，君子亦黨乎？君取於吳為同姓，謂之吳孟子。君而知禮，孰不知禮？」巫馬期以告。子曰：「丘也幸，苟有過，人必知之。」

語譯

　　陳國最高司法官問孔聖人說：「貴國國君知禮嗎？」孔聖人回答：「知禮。」孔聖人離開之後，這位陳國最高司法官讓孔聖人的弟子巫馬期進來，並對他說：「我聽說君子是沒有偏私的，難道孔聖人也跟一般人一樣會偏私嗎？魯昭公所娶的吳國女子一樣姓姬，却叫她吳孟子。這樣的國君要是知禮，還有誰不知禮？」巫馬期就把陳國最高司法官的一番話告訴孔聖人。孔聖人聽完之後說：「我真幸運，如果我犯了什麼過錯，人們一定知道。」

字義

　　陳司敗：陳國最高司法官。陳，陳國。司敗，即司寇，古代的最高司法官。

　　昭公：即魯昭公（前560-510年），姬姓，名裯，魯國第二十四位國君，西元前542-510年在位。西元前517年，魯國因鬥雞事件而爆發內亂，導致魯昭公出逃，死於外。

　　孔子退：孔聖人離開。退，離開。這裡指離開陳司敗的辦公室。

　　揖巫馬期而進之：揖，讓，可理解成邀請。巫馬期，即巫馬施（前521-?年），姓巫馬，名施，字子期，孔聖人弟子，以勤奮著稱，曾為魯國單父宰。進，進入。之，代名詞，指陳司敗的辦公室。

　　君子亦黨乎：難道孔聖人也偏私嗎？君子，這裡指孔聖人。黨，偏私、偏袒。

　　君取於吳為同姓：君，魯昭公；取，同「娶」；魯國國君與吳國國君都姓姬，古時同姓不婚。同姓，姓氏一樣，也就是都姓姬。

　　吳孟子：吳國國君的女兒、魯昭公的夫人。春秋時期，國君夫人的稱號一般是用她出生的國名加上她的姓。按當時習慣，這位夫人應該稱吳姬，但由於魯國國君也姓姬，為了能娶她又不違背周禮，故魯昭公叫她為吳孟子，而不稱吳姬。

7.32. 子與人歌而善，必使反之，而後和之。

語譯

孔聖人跟別人一起唱歌，如果對方唱得很好聽，就一定請對方再唱一次，然後自己跟著唱。

字義

子與人歌而善：而，如果。善，美好。
反：通「返」，回過頭來，也就是再一次。
和：讀音「賀」，跟著唱。

7.33. 子曰：「文，莫吾猶人也。躬行君子，則吾未之有得。」

語譯

孔聖人說：「在學問方面，我大概可以跟得上別人。按照君子的標準去實踐，我卻還沒能達到。」

字義

文：學問、知識。
莫：表示揣測，或許、大約。如莫不成、莫非。
躬行：身體力行。
則：卻也。

明德說

本章的問題在於斷句，因為有不同的版本，有的是「文，莫吾猶人也」，也有「文莫，吾猶人也」。我認為，要解決這個斷句問題，應該要看後半段，也就是「躬行君子，則吾未之有得！」我認為，前後兩句具有對比的作用，而「則」有轉折的味道，因此，「文」對「君子」，而「莫吾猶人」對「吾未之有得」。那麼，什麼叫「莫吾猶人」？我認為是「或許我跟別人是一樣的（或許我可以跟得上別人）」。

7.34. 子曰:「若聖與仁,則吾豈敢?抑為之不厭,誨人不倦,則可謂云爾已矣。」公西華曰:「正唯弟子不能學也。」

語譯

　　孔聖人說:「至於有人說我聖明和仁慈,我哪裡有這麼厲害!我也只不過是做到一心向道、勸導別人不會感到疲累而已。」公西華說:「這正是我學不來的啊!」

字義

　　若:至於,表示提到另一件事。
　　豈敢:怎敢、不敢,表示謙虛。
　　抑為之不厭:抑,但是、不過。厭,音義同「饜」,滿足也。為,學也,覺悟也。
　　誨:讀音「惠」,教導、勸導。
　　正唯弟子不能學也:正,恰好、正好。不能學,學不來。

7.35. 子疾,子路請禱。子曰:「有諸?」子路對曰:「有之。誄曰:『禱爾於上下神祇。』」子曰:「丘之禱久矣。」

語譯

　　孔聖人生了重病,子路就懇求天地神祇讓老師的病趕快好起來。孔聖人聽說有這件事之後就問子路:「你祈禱了嗎?」子路就回答:「有啊!《周禮》不是寫著,想要平安有福氣,就可以跟天神地神祈禱。」孔聖人就說:「照你這麼說,那我祈禱很久了。」

字義

　　疾:大病、重病。
　　請禱:懇求上天賜福。請,懇求;禱,向神靈祈求保佑。
　　有諸:有這一回事嗎?諸,之乎二字的合音,「之」是代名詞,「乎」是

疑問詞。

誄：禱述功德以求福。

禱爾於上下神祇：我向天神、地神禱告。爾，語助詞。祇，讀音「棋」，地神。

明德說

一、本章句首「子疾病」還是「子疾」？今本是「子疾病」，但考諸鄭本以及《定州漢墓竹簡》為「子疾」，由於「子疾」的意思已經完整，沒有必要「子疾病」，因此，本書採用「子疾」。

二、「請禱」不是如毛子水所說「問孔子是不是可以祈禱求福」，而是「懇求天地神祇讓孔聖人的病趕快好起來」。「請」是懇求，不是請問。

三、《周禮・春官・宗伯》大祝：掌六祝之辭，以事鬼神示，祈福祥，求永貞。

四、有人說，「誄」應作「讄」，其理由是「誄」用於死者，「讄」用於生者，而當時孔聖人還活著，當然用「讄」。然而，「誄」既可用於活人，也可以用於死者。只要向天地神祇祈福，就可以用「誄」，不限於用於亡者。據《周禮・春官・大祝》，大祝之職乃「作六辭以通上下、親疏、遠近，一曰辭，二曰命，三曰誥，四曰會，五曰禱，六曰誄」。這地方，「誄」顯然用於活人。因此，「誄」用在這裡並沒有錯，且，《定州漢墓竹簡》也作「誄」。

問答

問一：「子曰：丘之禱久矣！」這和孔子的「敬鬼神而遠之」矛盾嗎？

答一：孔聖人雖然這裡說「丘之禱久矣」，事實上，孔聖人沒有祈禱，因此，沒有矛盾。

問二：「子曰：丘之禱久矣！」這裡，孔子在祈禱什麼？

答二：孔子並沒有祈禱，你誤會了孔聖人這裡的話的意思。這裡有幾個問題要處理。(1)「有諸」是哪種語氣呢？是單純的詢問還是有責怪的味道在其中呢？我認為是責怪。(2)孔聖人是讚許子路祈禱還是反對子路祈禱？我認為是反對。(3)孔聖人有沒有祈禱？我認為沒有。祈禱的目的是什麼？是要求福、去病。

問題是求福的方式不只祈禱一種，還有很多種。哪一種最有效呢？祈禱有用嗎？孔聖人不這樣認為。他說：「獲罪於天，無所禱也。」如果是做了什麼壞事，祈禱也是沒有用的。那麼，怎麼樣可以得福呢？安於仁就能得福，祈禱無法得福，如果祈禱可以得福，每一個人都去祈禱就好了，什麼事情都不必做了。(4)「丘之禱久矣！」孔聖人這句話是直話還是反話？他是以什麼語氣說的？同樣一句話，不同的語氣，說者所要表達的意義是不一樣的，聽者也不一定就能聽出來，就像孔聖人這句話。句子的語氣主要可分為陳述、疑問、祈使、感嘆、指責、輕視等幾類。此外，句子的語氣還可以因說話者的態度（比如確定還是猜測），說話的語速（急促還是舒緩），說話者跟聽話者之間的關係（友好還是不友好）等多方面的差異而有所不同。我舉一個例子：一個學生沒經過我允許就自作主張做了一件讓我不高興的事情，我就問他，你做了這件事嗎？他就說，有啊！這時，我說：「你真行啊！」我問你們，這句話我是在誇獎他還是在指責他？「丘之禱久矣」真正的意思是：要是祈禱就能得福，那我祈禱就好了，我也不用教書、大費周章周遊列國、推廣仁義了。事實上，他反對祈禱。「丘之禱久矣」是反話。

7.36. 子曰：「奢則不孫，儉則固。與其不孫也，寧固。」

語譯

孔聖人說：「放縱就會不謙恭，執著於自我約束就無法變通。如果兩者只能選擇一個，那麼，寧願選擇自我約束也不選擇放縱。」

字義

奢則不孫：奢，張也。——《說文》。則，就。不遜，不謙恭。孫，古同「遜」。順也、謙恭也。

儉則固：儉，自我約束。固，固執、執一不通。

明德說

一、「奢」與「儉」顯然是相反詞。一個是過多，一個是過少。但「奢」

不是楊伯峻所說的「奢侈豪華」，而是放縱，「奢」固然可能是奢侈豪華，但也可能是囂張跋扈、傲慢無禮、任性妄為、毫不在乎。同樣的，「儉」不是楊伯峻所說「省儉樸素」，而是「約束自我」，「儉」固然可能是省儉樸素，但也可能指涉約束自己的脾氣、慾望。

二、楊伯峻的翻譯：「奢侈豪華就顯得驕傲，省儉樸素就顯得寒傖。與其驕傲，寧可寒傖。」毛子水的翻譯：「一個人太奢侈就缺少謙遜；太省儉就顯得固陋。與其缺少謙遜，寧可顯得固陋。」錢穆的翻譯：「奢了便不遜讓，儉了便固陋，但與其不遜讓，還是寧固陋。」

三、儉則固的「固」並非如楊伯峻、毛子水、錢穆、《漢典》等所說的固陋，而是執一不通。

7.37. 子曰：「君子坦蕩蕩，小人長戚戚。」

語譯

孔聖人說：「君子直率、心胸寬大；小人不停的在搞小團體。」

字義

坦蕩：坦，直率、沒有隱諱。蕩，廣闊。

長戚：長，久也、一直、不停的。戚，親近、親密，這裡指經常聚在一起，組織小團體，排擠忠良。

明德說

一、把戚戚理解為憂愁、煩惱，是對小人這一群體的不了解，當然也是錯誤的理解。有所謂「君子之交淡如水，小人之交甜如密」，正形容了小人為了私利、為了排擠正人君子而必須建立起來的「親密」關係。小人除了一直搞小團體之外，還有另一個特性，那就是「坦蕩蕩」的相反，也就是虛偽、心胸狹窄、睚眥必報。

二、楊伯峻的翻譯：「君子心地平坦寬廣，小人卻經常侷促憂愁。」毛子水的翻譯：「君子心裡坦然平易；小人心裡老是憂愁。」

三、根據《定州漢墓竹簡》，本章文字為：「君子坦蕩，小人長戚。」

問答

問：孔子口中的「君子」是一種怎樣的形象呢？

答：孔聖人已經在《論語》一書中對君子有諸多描述，例如：君子坦蕩。坦蕩便是君子的其中一個品質。但不是光這一個品質就能稱為君子。

7.38. 子溫而厲，威而不猛，恭而安。

語譯

孔聖人溫和且會鼓勵別人。讓人敬畏但不嚴厲。謙遜有禮且內心平靜安詳。

字義

溫而厲：溫，溫和。厲，音義同「勵」，鼓舞人心。
威而不猛：威，表現出來使人敬畏的氣魄。猛，嚴厲、可怕。
恭而安：恭，謙遜有禮。安，安定。

明德說

一般都把這裡的「厲」解釋成「嚴肅、嚴格」，如《國語辭典》，這不對。毛子水的翻譯：「老師待人溫和而處事嚴正；威儀莊莊而性情平易；外貌敬肅而心境舒泰。」楊伯峻的翻譯：「孔子溫和而嚴厲，有威儀而不兇猛，莊嚴而安詳。」

第八：泰伯篇

8.1. 子曰：「泰伯其可謂至德也已矣。三以天下讓，民無得而稱焉。」

語譯

孔子說：「泰伯對人民的的恩德太大了。多次拒絕周部族首領的寶座。人民找不到恰當的說法來稱讚他了。」

字義

泰伯其可謂至德也已矣：泰伯，即吳太伯，又稱泰伯，姬姓，父親為周部族首領古公亶父。亶，讀音「膽」。至德，德之至也。至，大也、深也。德，恩也。

三以天下讓：三，多也，不必然是一加二之和。天下，政權也，首領的位置也。

民無得而稱焉：無得，找不到。稱，稱讚。焉，代名詞，指泰伯。

明德說

一、為什麼孔聖人會說：「泰伯其可謂至德也已矣」？這是有故事的。周部族的首領古公亶父有三個兒子：長子泰伯、次子仲雍、三子季歷。季歷的兒子姬昌自幼聰明過人，古公亶父很喜歡姬昌，說了一句話「我後世當有興者，其在昌乎」，便有把首領的寶座傳給季歷，然後再傳給姬昌的想法。於禮，古公亶父應該傳位給嫡長子泰伯，但泰伯知道父親的想法，於是主動離家，次子仲雍知道老爸的意思，也很孝順的走了，於是，首領繼承就如了亶父的心意，因而避免了繼承的紛爭。這便是泰伯的偉大之處：多次辭讓首領，避免骨肉相殘，盡孝於父親，盡忠於周部族，才有後來的周朝八百年。

二、天下的意思很多，例如：天地間、中國、世界，也包括政權等等。在本章中，天下就是政權，具體就是周這個部族的首領寶座，那時候的周還只是一

個部落,臣屬於商。另外,顧炎武所說:「天下興亡,匹夫有責」中的「天下」,既不是世界,也不是國家,也不是政權,而是民族。

8.2. 子曰:「恭而無禮則勞;慎而無禮則葸;勇而無禮則亂;直而無禮則絞。君子篤於親,則民興於仁。故舊不遺,則民不偷。」

語譯

孔聖人說:「雖然做事認真、嚴肅,但要是不知道該怎麼做,那就會白費功夫。雖然謹慎,但要是不知道該怎麼做,那就會畏縮不前(,一旦畏縮不前,那就會錯失良機)。雖然勇敢,但要是不知道該怎麼做,那就會闖禍。雖然正直,但要是不知道該怎麼做,那就會遭到排擠。統治者能孝順父母親,那麼,人民就會有愛心。統治者不遺棄老朋友、老部下,那麼,人民就不會不厚道。」

字義

恭而無禮則勞:恭,恭敬、嚴肅、莊重。無禮,不知道該怎麼做。禮,良好的規範。勞,辛勞、白費功夫。

慎而無禮則葸:葸,讀音「洗」,畏懼不前。

直而無禮則絞:絞,擠壓、扭緊,猶言遭到排擠。

君子篤於親:君子,統治者、統領一方的人。篤,厚也、重視。親,父母。

故舊不遺:遺,遺棄、拋棄。

則民不偷:偷,苟薄、不厚道。

明德說

一、「恭而無禮則勞」的「勞」並非如楊伯峻所說「勞倦」。也非如錢穆所說「勞擾不安」,而是徒勞、白費功夫。

二、無禮解釋成「不知禮」、「不合禮」,雖然不能說錯,但不夠貼切,理解成「不知道該怎麼做」會更好。禮者,理也,該也。

三、楊伯峻的翻譯:「注重容貌態度的端莊,卻不知禮,就未免勞倦;只知謹慎,卻不知禮,就流於畏葸儒弱;專憑敢作敢為的膽量,卻不知禮,就會盲

動闖禍；心直口快，卻不知禮，就會尖刻刺人。在上位的人能用深厚感情對待親族，那老百姓就會走向仁德；在上位的人不遺棄他的老同事、老朋友，那老百姓就不致對人冷淡無情。」錢穆的翻譯：「恭而沒有禮，便會勞擾不安。慎而沒有禮，便會畏怯多懼。勇而沒有禮，便會犯上作亂。直而沒有禮，便會急切刺人。在上位的若能厚其親屬，民眾便會興起於仁了。在上位的若能不遺棄與他有故舊之人，民眾便會不偷薄了。」

問答

問：「慎而無禮則葸？」能否舉出實際的例子？

答：葸者畏懼、退縮，該做而沒做。禮是人的行為規範，簡單的說，就是該做什麼。一個謹慎的人，要是不知道該做什麼，就很容易陷入退縮的境地，因為他考慮過多了。而禮的設計本身就是一種合理性，換句話說，是已經計算過的，是適用於各種情況中的各種人。例如：在外交場合，如果不知道禮，就會因為謹慎而退縮。又例如上課的時候，有問題發問，是禮。如果過於謹慎，就會害怕說錯話而不提問，這就不是禮了。又例如孔聖人「入太廟，每事問」，是禮，如果不好意思或基於謹慎的理由而不問，那就會錯失學習的良機。換言之，所謂的禮是該進則進、該退則退，不光是謹慎。謹慎沒有不好，但必需結合該做不該做。謹慎是好，但不能錯失良機。

8.3. 曾子有疾，召門弟子曰：「啟予足！啟予手！《詩》云：『戰戰兢兢，如臨深淵，如履薄冰。』而今而後，吾知免夫！小子！」

語譯

曾子得了重病，把自己的學生叫來，說：「你們啊，察看我的腳，察看我的手。《詩經》說：『一輩子恐懼、謹慎，就好像挨著深潭，腳踩在薄冰上。』從今天的情況來看，我知道我的責任已了了。」

字義

召：呼喚、用言語叫人來。

啟：察看。

戰戰兢兢：恐懼、謹慎。

如臨深淵：臨，靠近、依傍。淵，深潭。

而今而後：從今天的情況來看，有總結的意思。而，語助詞。

吾知免夫：我知道我的責任已了。免，免除，免除責任，也就是盡到了責任、責任已了、沒有責任了。夫，文言助詞，用於句尾，這裡表示喜悅。曾子這裡「吾知免夫」，猶如王陽明死前微笑的說：「此心光明，亦復何言！」

小子：老師對學生的稱呼，在本章中翻譯成「你們啊」，翻譯時，按今天的語言習慣挪到「啟予足！啟予手！」之前，即「小子，啟予足！啟予手！」

明德說

一、「而今而後，吾知免夫」並非如毛子水所說「現在，我想，我的身體總可以免於毀傷了吧」；也非如楊伯峻所說「從今以後，我才曉得自己是可以免於禍害刑戮的了」；也非如錢穆所說「自今而後，我知道能免於刑戮」，而是「從今天來看（至今為止），我知道我的責任已了」。

二、錢穆說：「《論語》言『殺身成仁』，孟子言『舍生取義』，曾子臨終則曰『吾知免夫』，雖義各有當，而曾子此章，似乎氣象未宏」，錢穆之所以得出「曾子此章，似乎氣象未宏」的評論，實導因於錢穆誤解了「吾知免夫」這句話的意思。

三、「而今而後」用於一件事情的總結，或一個人臨終前對自己一生評價的總結。例如文天祥的《衣帶贊》：「孔曰成仁，孟云取義，惟其義盡，所以仁至。讀聖賢書，所學何事？而今而後，庶幾無愧！」

四、曾子講「吾知免夫」這句話的時候，應該是鬆了一口氣。為什麼？因為曾子一輩子戰戰兢兢，這不累嗎！抵達終點的那一時刻，他能不高興嗎？就像武訓一輩子行乞，含笑而終，功德圓滿。

問答

問：本章想要表達什麼意思？

答：本章主要在表達曾子的一生沒有瑕疵，就像他手、腳一樣，毫髮無傷。因為曾子每日三省，他都沒有愧對。他沒有愧對交付任務給他的人（為人謀）、沒有愧對朋友（與朋友交）、沒有愧對學生（傳）。

8.4. 曾子有疾，孟敬子問之。曾子言曰：「鳥之將死，其鳴也哀；人之將死，其言也善。君子所貴乎道者三：動容貌，斯遠暴慢矣；正顏色，斯近信矣；出辭氣，斯遠鄙倍矣。籩豆之事，則有司存。」

語譯

曾子得了重病。孟敬子過來探望。曾子對孟敬子說：「一隻鳥在死之前，鳴叫聲是悲傷的。一個人在死之前，說的話是善意的。〔現在我要給您個建議，〕領導者要在三個地方下功夫：第一，領導者要注重自己行為舉止的發動，那麼，您就不會急躁、傲慢了。第二，領導者的臉色要合適，那麼，人民就容易信任你。第三、領導者要重視自己說話時的內容與語氣，這樣，人民就不會輕視、背叛您。至於祭祀的事情，就交給有關部門來處理就可以〔，您就不要多管了〕。」

字義

孟敬子問之：孟敬子，姬姓，魯國孟孫氏第十一代宗主，名捷，世稱仲孫捷，諡號敬，是孟武伯的兒子。問，探望、看望。之，代名詞，指曾子。

君子所貴乎道者三：君子，統治者、領導人；貴，重視；道，道理。

動容貌：指行為舉止的發動。動，發動；容貌，行為舉止。容，儀表；貌，外觀。

斯遠暴慢矣：就能遠離急躁、傲慢。斯，就，連接詞；暴，急躁。慢，傲慢。

正顏色：臉色要合適，該哭則哭、該笑則笑、該怒則怒、該戚則戚。正，

合適；顏，面容。色，顯現於臉上的神情。

斯近信矣：近，接近，可以翻譯為「容易」。信，相信。

出辭氣：注意說話時的內容和語氣。出：顯露；辭氣，說話的內容和語氣。辭，敘述、說明的語言、文字。氣，語氣、口氣。

斯遠鄙倍矣：就能遠離鄙視和背叛。鄙，輕蔑；倍，音義通「背」，指背離、違反。

籩豆：古代祭祀燕享時，用來盛棗栗之類的竹器和盛肉醬之類的高腳木器。籩，古代祭祀或宴會上用來盛果實、肉乾等的竹編器具。豆，古代盛食品的器皿。器淺似盤，圈足，多數有蓋。盛行於商周，後亦作為禮器。

有司存：存有司的倒裝。有司，主管其事的官員。存，寄放，猶言交給。

明德說

一、這一章是曾子對孟敬子的直言，也就是直接指出孟敬子的缺點，這也是為什麼曾子一開頭就說：「人之將死，其言也善」。這一句話意謂著，接下來曾子所說的話都是孟敬子不想聽的。換言之，在曾子眼中，孟敬子有以下四個缺點：一、個性急躁傲慢；二、給別人的臉色不對；三、說話的內容和語氣不對；四、沒有充份授權，連籩豆之事也要干涉。

二、「動容貌……正顏色……出辭氣……」三句話都省略了「貴」字。不省略的話，應該是：「貴動容貌；貴正顏色；貴出辭氣」。

三、錢穆的翻譯：「曾子得了重病，孟敬子來問病。曾子道：『鳥將死，鳴聲悲。人將死，說話也多善言。君子所貴於道的有三事：能常注意動容貌，便可遠離暴慢。能常注意正顏色，便可日近於誠信。能常注意吐言出聲清整爽朗，便可遠離鄙倍了。至於那些籩豆之類的事，都有專責管理的人在那裡呀！』」楊伯峻的翻譯：「曾參病了，孟敬子探望他。曾子說：『鳥要死了，鳴聲是悲哀的；人要死了，說出的話是善意的。在上位的人待人接物有三方面應該注重：嚴肅自己的容貌，就可以避免別人的粗暴和懈怠；端正自己的臉色，就容易使人相信；說話的時候，多考慮言辭和聲調，就可以避免鄙陋粗野和錯誤。至於禮儀的細節，自有主管人員。』」

8.5. 曾子曰：「以能問於不能，以多問於寡，有若無，實若虛，犯而不校，昔者吾友，嘗從事於斯矣。」

語譯

　　曾子說：「本身能力強卻向能力較差的人請教，自己知識較淵博卻向少知識的人請教。很有德性看起來卻像一般人一樣，內心很強大卻好像很懦弱。別人冒犯他，他卻不計較。以前，我的朋友就是這麼做的。」

字義

　　以能問於不能：能，有能力，可以指地位高、能力強。問，請教。
　　多：指學問、知識多，也可以指學歷高。
　　犯而不校：犯，冒犯；校，計較、報。
　　實若虛：實，充實、充滿。虛，虛弱。
　　嘗從事於斯矣：嘗，曾經。

明德說

　　不要看輕低下的人、要懂得向低下的人學習。「不能」與「寡者」在一些方面強過「能」與「多者」，因此，要向他們學習。

問答

　　問：既然那些人不如自己，為什麼還要去問他們，而不去問比自己更加優秀的人？
　　答：能力強的人，任何事情都做得了嗎？不可能。一個小學畢業的人，他什麼知識都沒有嗎？不會，這就是「能」必需、應該問於「不能」的原因。能力再強的人，也有做不到的事情，而這一部份必需藉助於其他方面能力弱，但這一部份卻能力強的人來補足。原因是你不知道的，剛好是他知道的、你弱的地方，剛好是他強的地方。因此，這裡的「能」與「多」是一個相對的概念。舉個例子，長官的管理能力通常比替他開車的司機強，可是，如果長官碰到開車技術、或修車或買車的問題，他會問誰？當然要問他的司機，難道問他的上級

有用嗎？這就是以能問於不能。

8.6. 曾子曰：「可以托六尺之孤，可以寄百里之命，臨大節而不可奪也，君子人與？君子人也。」

語譯

　　曾子說：「可以把幼主託付給他、可以把國家的命運託付給他，面臨生死存亡的關鍵而不改變他的節操，這樣的人是君子嗎？是君子。」

字義

　　可以托六尺之孤：托，託付。古人以七尺為成年，六尺指未成年。孤，幼年死去父親或父母雙亡。
　　可以寄百里之命：寄，寄託、付託。百里，大國也。命，命運。
　　大節：生死存亡的關鍵。大，重大、關鍵。節，氣節、節操、關鍵。

明德說

　　不知道為什麼，我讀到這句話的時候，眼淚就流下來。曾子的這句話讓我想到文天祥的《絕命詞》，想起方孝儒、想起文革期間的張志新，他（她）們是真正臨大節而不可奪者，是士，是君子，縱使千刀萬剮也不改其志。

8.7. 曾子曰：「士，不可以不弘毅，任重而道遠。仁以為己任，不亦重乎，死而後已，不亦遠乎。」

語譯

　　曾子說：「一個讀書人不可以不志向遠大、意志堅決。因為，責任重大而且路途遙遠。把仁當作自己的責任，難道還不重嗎？一直到死才停下來，難道還不遠嗎？」

字義
　　士：讀書人，這裡指讀儒家經典的知識分子。
　　弘毅：志向遠大、意志堅決。弘，含容之大也。毅，堅決。
　　死而後已：已，停止、結束、罷了。

明德說
　　每次讀到曾子的這段話，我都想要流淚，有一種鼻酸、一種停頓。我就想到諸葛亮所做到的「鞠躬盡瘁，死而後已」，想到武訓一輩子為別人而行乞，一直到死的那一天。

問答
　　問：儒家的「仁以為己任」似乎和西方經濟學的「理性人」有點衝突，一方以天下為己任，一方覺得我們的自利心讓這個社會變得更好，那我們該怎麼做呢？
　　答：西方經濟學的理性人假說是有問題的。理性人假說又稱「經濟人」、「理性—經濟人」、「實利人」或「唯利人」假說。此假說認為，人的一切行為都是為了最大限度地滿足自己的利益。如果每一個人都自利，這個社會會更好嗎？不會，只會更差。西方國家之所以強大，不是因為他們的自利心（自利心每一個人都有，無關國家、人種、政治體制），而是他們有一個好的制度，也就是民主制度，是民主制度保障了人民的自由，因為有自由，人的能力才能發揮，然後才有個人的富有、國家的富強。換言之，是自由的土壤創造了財富，而非自利心讓一個社會變得更好。一個自私自利的社會只會讓社會變得更糟。至於「仁以為己任」只是個人的志向，不管在什麼樣的政治環境之下，是堯舜時代，固然要仁以為己任，即使在秦始皇的時代，一樣要仁以為己任，甚至在魔鬼統治的時代，一樣要仁以為己任。單單純純的，不管他人的，就是仁以為己任。

8.8. 子曰：「興於《詩》。立於禮。成於樂。」

語譯

興盛道德之道,就在於讀《詩經》;立足社會之道,就在於守禮;調和身心之道,就在於欣賞中正平和的音樂。

字義

興於《詩》:興,興盛、奮發。於,在。《詩》,《詩經》。
立:立足。
成:平也、調和也。

問答

問一:子曰「興于詩,立于禮,成于樂」,這三小句前面的主語是什麼?
答:主語是人,是所有人。
問二:子曰「興于詩,立于禮,成於樂」。可否請老師具體講解一下此句話的內涵。
答二:子曰:「禮也者,理也;樂也者,節也。君子無禮不動,無節不作。不能詩,於禮繆;不能樂,於禮素(素:單薄、空空的);薄於德,於禮虛。」這句話是講孔聖人對於人格養成的教育方式。為什麼人格養成首先要從讀《詩經》開始?為了要培養一個人善良樸實的氣質。而《詩經》,孔聖人說:「一言以蔽之,曰:『思無邪』。」因此,學詩最重要的是讓人不虛偽。一個人一旦虛偽,接下來就是傷害別人、利用別人,那一切都完了,「仁」的基礎就不存在了。

此外,孔聖人說:「不學詩,無以言。」不學《詩經》,就會語言無味,原因是《詩經》的含金量很高,裡面隨便引用一句都能啟發人;再者,子曰:「《詩》可以興,可以觀,可以群,可以怨;邇之事父,遠之事君;多識於鳥獸草木之名。」所以說,我們生活中每一個人都應該有一部《詩經》或類似《詩經》這樣作用的一本書,供我們隨時閱讀、欣賞、學習、檢索。

有關立於禮。子曰:「不學禮,無以立!」這裡的禮,講的當然不是送禮物,不送禮物就無法立足,不送禮物就無法把事情辦好,而是做人應有的規範,也就是我說的禮的體系。當我們把禮的體系做得越好,就越能在我們這個社會

上立足,不只能在我們的社會上立足,連到國外都受歡迎。

　　我把孔聖人的禮視為一個體系,這個體系由四個部份組成。其一就是第一義,也就是最重要的部份,那就是以仁為核心的道德追求、價值準則,包括真、信、剛、毅、美、善等等。第一義是決定儒家與其他學說或宗教的本質不同的地方。仁是儒家的第一義,也是最終目標,一個儒家的信徒,分分秒秒、時時刻刻就在追求仁、實現仁,就如孔聖人說的「君子無終食之間違仁,造次必於是,顛沛必於是」。是不是追求仁、實現仁就不能享有富貴?不是的。「素富貴行乎富貴,素貧賤行乎貧賤」,儒家從沒反對過富貴。其二,政治體制,也就是統治的正當性根據、統治權力取得的方式。政治體制影響一個國家的興衰成敗,人民的幸福,其重要性僅次於儒家的第一義。好的體制,連壞人也只能做好事;壞的體制,連好人也只能做壞事。那麼,什麼是好的體制?具有正當性的制度是也,也就是彼此同意的制度。專制獨裁顯然得不到人民同意。民主制度才是彼此同意的制度。一旦政治體制確立,政府的組織結構和運作方式也將隨之確立。這意謂著,不同的政治體制就有不同的組織結構和權力運作方式,而人民也將得到不同的對待。其三、法律,在今天來講,就是法治,所有的法律都必須經過具有正當性的立法機關的通過(沒有正當性的立法機溝所制定的法律不叫法律,而是人民的枷鎖),所有人都必須遵守法律、所有人都在法律之下。其四,禮儀。任何一個場合都有禮儀,一個人的穿著、行為舉止、人與人之間的交往、上下的應對、祭天地鬼神……這些事情全部都有道理的,必須把這些道理開發出來、提煉出來,讓所有人都可以遵循,讓所有人都能以最有效率、最適當的方式,從中受益。為什麼禮包含這四個部份,原因是這四個組成都是我們應該遵守,也是我們該學習和明白的,都是最有利於國家發展、家族興旺和個人幸福的。至於,這四個部份的具體內容和要求如何,則隨時代演進。但,其中唯一不能變、必須牢牢遵守的,就是儒家的第一義。至於政治體制、法律、儀式這些都可以隨時代而變化,也應該隨時代而變化。茲把孔聖人的禮的體系圖示如下:

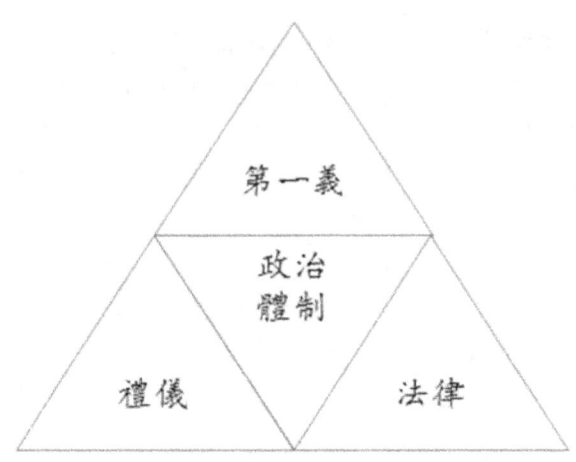

　　那什麼是「成於樂」呢？成，是調和，調和身心是也。樂是什麼？樂是規律而和諧動人的聲音，對人心情的影響非常大。其中，悲傷的音樂會讓人難過，容易沈迷的音樂讓人失去分寸，高亢的音樂雖然振奮人心，但容易讓人躁動。這些音樂都不宜長期薰陶，否則，就會變成那一類的人。孔聖人認為，音樂是教化人心最快速有效的方法。樂可以陶冶人的性情，抒發人的情感，具有成就德行的作用。但不是所有的音樂都能具有上述作用。像孔聖人就說「鄭聲淫」、「惡鄭聲之亂雅樂也」，據說鄭聲的曲調華麗，節拍變化多，聽了會讓人興奮，亂了情緒。因此，孔聖人反對鄭聲。此外，孔聖人說「樂者，天地之和也」。好的樂，平和中正，如韶樂，能和諧天地萬物。而樂也能夠化民，正如孔聖人所說：「禮樂不興，則刑罰不中，刑罰不中，則民無所錯手足。」實在是中和之聲，能使我們身心平和，進而人際和諧，而有移風易俗之效。

　　禮樂都有成就人心德行的作用。但是，禮主要是規範人的外部行為。為培養人的意志，光是禮是不夠的，因為日常道德的實踐中經常會出現與現實慾望衝突的情形，這時候，就需要用樂來調和身心。

8.9. 子曰：「民可使由之，不可使知之。」

語譯

孔聖人說:「統治者可以使用民力(如:繳稅、勞役、更戍、打仗等等),但是不要讓他們有貪慾。」

字義

民可使由之:可以讓人民發揮他們的作用。可,表被動的助動詞,按「可使報秦者」。——《史記・廉頗藺相如列傳》。使,讓。由,用也,使人或物發揮他(它)的功能。

不可使知之:不可,不能。知,欲也,貪欲也,做動詞,有貪欲。

明德說

一、「民可使由之,不可使知之」傳統上把「知」解釋成「知道」、「明白」,把「由」解釋成「遵循」;把「之」解釋成「統治者的意志和要求」。於是,這句話便成了:可以讓人民遵循統治者的意志和要求,但不可以讓人民知道統治者為什麼要這麼做。按照這樣解釋,孔聖人的治理之道變成了愚民政策,這樣的解釋當然是錯的。因為孔聖人向來主張仁政以及有教無類,因此,不可能主張愚民政策。

那麼,「由」作何解釋?我認為,「由」應該解釋成「用」,這種解釋是有根據的。《詩・小雅・小弁》:「君子無易由言。」箋:「由,用也。」於是,這句話的關鍵便在於「知」怎麼解釋?我認為,「知」應該解釋成「欲」,即貪欲。因此,這句話便是:可以使用人民去做事,例如納稅、服勞役或打仗,但不能去刺激人民的物欲。這樣的解釋才符合孔聖人的「仁政」思想。我把「知」解釋成「欲」也是有根據的:《禮・樂記》:「好惡無節於內,知誘於外」。知,按《廣韻》,欲也。

刺激人的慾望會什麼後果?那就會使人唯利是圖,人人變得爭名奪利,導致良心泯滅,這樣的結果當然不利於人民的幸福平安。那麼,哪一種政府會去刺激人的欲望呢?無非是短視的政客以及邪惡的統治者。短視之徒為了立刻看到成果,就會採取「重賞之下必有勇夫」的策略,以重賞作為誘餌去驅動人的「前進」,結果,必然是揠苗助長;另一種是邪惡的統治者,他不斷的刺激人

民的慾望，故意使人民利令智昏，人民就好控制。簡單的講，刺激人民的慾望就是邪惡統治者設下的一個陷阱，為了控制下屬和人民。因此，孔聖人說「不可使知之」，千真萬確啊！可是一般人都掉入了魔鬼的陷阱，以至於設計出一大堆的激勵，結果貧富差距越拉越大，人心變得更壞，平民百姓淪為刀俎，而始作俑者，也難逃報應。

二、治理之道之於使人純樸少欲（當然，統治者本身要做好榜樣），為此，各種政策不可以反而去刺激人民的慾望，使人民滋生貪欲。孔聖人這一章的說法與聖人老子「聖人之治虛其心」、「少私寡欲」、「不見可欲，使民心不亂」的說法一致。

三、毛子水的翻譯：「我們能夠使人民照著我們的方法去做，卻很難使他們懂得所以這麼做的道理。」楊伯峻的翻譯：「老百姓，可以使他們照著我們的道路走去，不可以使他們知道那是為什麼。」錢穆的翻譯：「在上者指導民眾，有時只可使民眾由我所指導而行，不可使民眾盡知我所指導之用意所在。」

8.10. 子曰：「好勇疾貧，亂也。人而不仁，疾之已甚，亂也。」

語譯

孔聖人說：「什麼都敢做，而且急著擺脫貧窮，這種人就會作亂。沒有愛心，而且妒忌心很強，這種人也會作亂。」

字義

好勇：什麼都敢做。好，熱衷。勇，敢。
疾貧：急著擺脫貧窮。疾，痛恨，猶言必欲除之而後快。
疾之已甚：妒忌心很強。疾，妒忌。之，別人。已甚：過份。

明德說

毛子水的翻譯：「一個人依恃勇力而不能安於貧窮：是容易作亂的。對於一個沒有道德的人，我們如果太過份的厭惡他，亦會招致禍亂。」楊伯峻的翻譯：「以勇敢自喜卻厭惡貧窮，是一種禍害。對於不仁的人，痛恨太甚，也是

一種禍害。」

8.11. 子曰：「如有周公之才之美，使驕且吝，其餘不足觀也已。」

語譯

孔聖人說：「縱然有人能擁有像周公那樣的才華，如果他既驕傲又吝嗇，那麼，就算他才華再高也沒有用。」

字義

如有周公之才之美：如，縱使；才之美：非常有才華，不是一般的才華。
使驕且吝：使，假使。驕，驕傲。吝，小氣。
其餘：剩下的，指驕且吝之外剩下的，也就是才之美。
不足觀：不用看了。不足，不必也。觀，看也。

明德說

孔聖人特別指出有特高才華的人的兩個大忌：驕傲和吝嗇。偏偏項羽就有這兩個大問題，以至於未能成就帝業。

8.12. 子曰：「三年學，不至於穀，不易得也。」

語譯

孔聖人說，「〔到我這裡〕學了三年，還能沒想到要做官的，這種人很少見。」

字義

不至於穀：沒想到要做官。穀，俸祿，也就是當官。
不易得：猶言很少見。

明德說

　　一般人學了些東西，就希望拿去實踐，在孔聖人那裡學了三年，一定也學了很多東西，因此，想去當官，這些都是可以理解的。因此，學了三年的人，還願意留下來繼續向孔聖人學習的，不多了。這應該是聖人的感嘆吧！從這裡，漆雕開就屬於那少數幾個「三年學，不至於穀」中的一員吧！難怪，子使漆雕開仕。對曰：「吾斯之未能信。」子說！

8.13. 子曰：「篤信、好學，守死善道。危邦不入，亂邦不居，天下有道則見，無道則隱。邦有道，貧且賤焉，恥也，邦無道，富且貴焉，恥也。」

語譯

　　孔聖人說：「堅守真誠、一心向道、到死都要守住善良。危險的國家不要進入；動盪的國家不要居住。統治者有道德就出來做官，統治者暴虐就不做官。當統治者以仁義治天下，這時候，要是有人還貧窮、被別人看不起，那這樣的人就要覺得羞愧。要是統治者邪惡暴虐，這時候，要是有人竟然還能當大官、發大財，那這些人一定是做了可恥見不得人的事情。」

字義

　　篤信：堅守真誠。篤，專一。信，誠也。——《說文》

　　好學：一心覺悟。好，熱中、一心一意。學，《玉篇‧子部》：「學，覺也。」此時讀「叫」。

　　守死善道：到死都要守住善良，即到死都要做有利於人的事情。善，良也、對人有利也。道，做法、行為。

　　亂邦不居：亂，動盪。

　　天下有道則見：天下，指政權或統治者。道，正義、道德。有道，指統治者有道德；見，音義同「現」，指出來做官。

　　無道則隱：無道，指統治者殘暴、邪惡。隱，不做官。

明德說

一、我說，天下有道則見，無道則隱。邦有道，貧且賤焉，可惡也。邦無道，富且貴焉，可惡也。

二、這裡的「隱」與「見」相反義，是不出來做官的意思，不一定要隱居。三百六十行，除了不做官之外，其他如經商、工藝、務農、教書等等都可以做啊，何必要隱居！

問答

問：為什麼「邦有道，貧且賤」，要「恥也」呢？

答：因為一定是自己不努力，是自己的問題，而非環境的問題。這裡我想講：「天下有道則見，無道則隱」，也就是說，當國家領導人像堯舜那樣有道德，一個（篤信、好學、守死善道的）君子就應該出來為官、為人民做事，因此，富貴是應得的，若在有道國君領導之下，自己還不能得到富貴，那應該感到羞恥，表示自己不認真；相反的，要是國家領導人像夏桀、商紂，甚至比桀紂還邪惡，那麼，君子就不應該出來做官，如果出來做官而得富貴，那麼，他應該感到羞恥，原因是他一定是助魔為虐了，否則不可能得到富貴。

8.14. 子曰：「不在其位，不謀其政。」

語譯

孔聖人說：「不在這個職位上，就不要想去干涉，甚至圖謀別人的權力。」

字義

謀：圖謀、想要、擁有、干涉的意思。

政：政權、權柄。

明德說

一、「不謀其政」並非如楊伯峻所說「便不考慮它的政務」，也非如毛子水所說「就不議謀那個職位所管的事」，也非如錢穆所說「即不謀此職位上的

事」，而是不干涉、不圖謀權柄。

　　二、哪些是「不在其位而謀其政」的例子呢？有乾隆太上皇干政、宦官干政、外戚干政、呂后專政、慈禧太后垂簾聽政、李斯、霍光、王莽、張居正、和珅等權臣、這些數不盡的例子。那麼，「不在其位而謀其政」會有什麼後果呢？那是不言自明的，基本上都沒有好下場。乾隆太上皇和慈禧太后對於清朝的滅亡可是有功的；東漢、唐朝、明朝的滅亡也都與宦官的干政脫不了關係。

　　三、由此可見，孔聖人對於政治這種東西是多麼的明白啊！這句話對於任何一個組織又是多麼的重要啊！這也是為什麼孔聖人那麼在意「名」，他說「名不正則言不順，言不順則事不成」，說得真好！

問答

　　問：孔子向魯哀公建議討伐陳恆，是不是違反了自己說的「不在其位、不謀其政」呢？

　　答：(1) 不是。孔聖人只是建議，而非圖謀或干涉，這種建議是我們作為國家成員應該做的事情、是本份，並不圖謀那個位子。(2) 這句話不是說給百姓聽的，也不是說給知識份子聽的，否則，孔聖人自己到處推行仁政，豈不自打嘴巴？(2) 那麼，這句話是說給誰聽的呢？說給政治人物聽的。這句話是告訴所有政治人物，認清自己的本份，盡好自己的責任，不要該做的事沒做，盡做些不該做的事，圖謀別人的位置或其他一切所有。

8.15. 子曰：「師摯之始，《關雎》之亂，洋洋乎盈耳哉。」

語譯

　　孔聖人說：「從師摯起唱，到以《關雎》作為結尾，整個過程非常豐富多彩，真是音樂的盛宴、聽覺的享受。」

字義

　　師摯之始：師摯，指魯國掌管音樂的太師，這個師是太師，他的名字叫摯。始，開始。

關雎之亂：關雎，《詩經・周南篇》第一首。亂，古代樂曲的最後一章。

洋洋乎盈耳哉：洋，廣大、眾多、豐盛。盈耳，充滿耳內，意謂聽得很舒服。

8.16. 子曰：「狂而不直，侗而不願，悾悾而不信，吾不知之矣。」

語譯

孔聖人說：「有這樣的人：狂妄還不正直、無知還不思考，沒有才能還不守信用，對於這樣的人，那我就沒辦法了！」

字義

狂而不直：狂，狂妄。而，還、竟然。直：正直。

侗而不願：侗，讀音「同」，無知。願，思也。《爾雅・釋詁》思也。

悾悾而不信：悾：同「空」，讀音「空」，平聲、第一聲，空虛，意指沒有實力、沒有才能。信：守信。

吾不知之矣：那我就沒辦法了、那我就無能為力了。

明德說

一、按定州漢墓竹簡《論語》，本章的文字是：〔子曰〕：「狂而不直，侗而不願，〔空空〕而不信，吾弗智〔之矣〕。」本書據定州版本把流行本的「侗而不愿」改為「侗而不願」。

二、「吾不知之矣」有省略成份，並非如錢穆所說「我真不曉得他了」，也非如楊伯峻所說「這種人我是不知道其所以然的」，而是「對於這些人，那我就沒辦法了！」如果沒有省略，則「吾不知之矣」應該是「吾不知何以教之矣！」或「吾不知何以救之矣！」之類的。

三、「侗而不願」並非如毛子水所說「僮蒙而不能恭順」，也非如楊伯峻所說「幼稚而不老實」，也非如錢穆所說「顓頇而不忠厚」，而是「無知還不思考」。

四、「悾悾而不信」並非如毛子水所說「外貌誠懇而言行不可信」，而是

「沒有才能還不守信用」。

8.17. 子曰：「學如不及，猶恐失之。」

語譯

　　孔聖人說：「學習就好像會趕不上火車班次一樣的緊張、慎重、必須提前準備，也好像害怕失去珍貴的東西一樣的珍惜。」

字義

　　不及：趕不上。
　　猶恐失之：猶，好像；恐，恐懼；失，失去。

明德說

　　一、本章旨在強調學習的重要，因為，機不可失，時不再來。學習的機會，一旦失去，就很難彌補。因此，要珍惜任何學習的機會。這裡學習的機會主要有兩個面向要去注意，一個是老師的選擇，一個是年齡。如果碰到好的老師而不珍惜，那就可惜了；此外，打鐵要趁早，等到年紀大了，再想學習，那麼，學習效果就會大打折扣，甚至學不了了，因為體力不如前、思想也定型了。

　　二、楊伯峻的翻譯：「做學問好像〔追逐什麼似的，〕生怕趕不上；〔趕上了，〕還生怕丟掉了。」毛子水的翻譯：「孜孜求學，好像來不及的樣子，還怕有所遺失。」錢穆的翻譯：「求學如像來不及般，還是怕失去了。」

8.18. 子曰：「巍巍乎，舜禹之有天下也而不與焉！」

語譯

　　孔聖人說：「崇高偉大的舜、禹，他們是君王，卻不干預人民的生活！」

字義

　　巍：讀音「維」，高大也。

有天下：擁有天下，即君王也。有，擁有。

而不與焉：而，轉折語氣，卻也。與，讀音「預」，干預也、主宰也。

明德說

一、為政的最高理想在於讓人民感覺到「帝力於我何有哉」，而非到處都是監視器、都是特工、臥底，把所有的小事都無限上綱為「想奪我政權」，這終不利於統治者自己，最後不是落得斷頭臺，就是萬世的臭名，我只能說這些獨裁者愚不可及。

二、「與」就是干預、主宰，義同老子「無為而治」的「為」。「與」並非如楊伯峻、毛子水所說的「參與」，也不是如朱熹所說的「相關」。朱熹：「不與，猶言不相關。」

8.19. 子曰：「大哉堯之為君也！巍巍乎！唯天為大，唯堯則之。蕩蕩乎，民無能名焉。巍巍乎，其有成功也，煥乎，其有文章！」

語譯

孔聖人說：「堯作為一個君主，真是偉大啊！天是那麼的偉大，堯效法天。堯的偉大啊，是人民無法描述的，堯所成就的功業就像山那麼崇高，他所建立的禮樂法度光芒四射。」

字義

堯之為君也：堯，作為一個君主。

巍巍乎：巍，高大。乎，表示肯定語氣。

唯天為大，唯堯則之：唯，置於句首，無實義，不用翻譯。則，效法。之，代名詞，指天。

蕩蕩乎，民無能名焉：蕩，廣大。名，稱說、描述。

煥乎，其有文章：煥，光芒四射。其，他，指堯。有，建立。文章，禮樂法度。

明德說

一、「大哉堯之為君也」，倒裝句也，還原回現代語法：「堯之為君也，大哉！」；「巍巍乎，其有成功也」也是倒裝，按現代的語法是「其有成功也，巍巍乎」；同樣的，「煥乎，其有文章」也是倒裝，按現代的句法：「其有文章，煥乎！」

二、本章旨在則天，效法天，效法天的不干預人民、無私、不仁。

三、「唯天為大，唯堯則之」並非如錢穆所說「只有天能那麼高大，只有堯可與天相似，同一準則了」，也並非如楊伯峻所說「只有天最高最大，只有堯能夠學習天」。「唯天為大，唯堯則之」的兩個「唯」都只是發語詞，不是「只有」。而「唯堯則之」的「則」也不是「相似」或「準則」，而是效法。

8.20. 舜有臣五人，而天下治。武王曰：「予有亂臣十人。」孔子曰：「才難，不其然乎，唐虞之際，於斯為盛，有婦人焉，九人而已。三分天下有其二，以服事殷，周之德，其可謂至德也已矣。」

語譯

舜下面有五名大臣，就把天下治理好。周武王說：「我有治理能臣十人。」孔聖人說：「人才難得，不是這樣子嗎？從堯舜的時代開始，到了周武王，這時人才特別興盛，其中一名是女性，男性九人罷了。周文王在位的時候，就已據有三分之二的天下，但仍臣服於商紂王。周文王對人民的恩惠，可以說是達到了恩惠的最高點了啊！」

字義

亂臣：治理能臣。亂，治也；按《爾雅‧釋詁》亂，治也。《說文》治之也。《玉篇》理也。《書‧皋陶謨》亂而敬。

唐虞之際：唐虞，傳說中的時代，即唐堯和虞舜。際，達到。因此，唐虞之際也就是從唐虞開始。

其然：如此。

周之德:「周」,指周文王,並非周朝。德,恩德、恩惠。
服事:臣服聽命。

明德說

一、本章同樣是不能明說的隱誨語。蓋周文王的至德不是表現在「三分天下有其二,以服事殷」,而是表現在「拯救生民於水火」。

二、有人把本章拆成兩章,不對,原因是根據《定州漢墓竹簡》,只有一章,沒有兩章。

問答

問一:我對最後一句話比較有疑惑,孔子認為周文王得了三分之二的天下,仍然侍奉周朝,覺得他很有德。由於周文王還是西伯侯時實力不斷增強,所以被紂王關押入獄,當他出獄後就決心要滅商,後遇到姜子牙,開始商討滅商的策略,當他得到三分之二天下的時候,這個時候仍然侍奉周朝,應該不算是真心的吧?那麼孔子為什麼還因此認為周文王德呢。

答一:周文王的德體現在:(1) 三分天下有其二還能「守禮」,要是別人,早就篡權了;(2) 避免戰火,因為一旦雙方打起來,天下蒼生必然遭殃,這是仁德的體現。(3) 根據《史記・殷本紀》,「帝紂資辯捷疾,聞見甚敏;材力過人,手格猛獸;知足以拒諫,言足以飾非,矜人臣以能,高天下以聲,以為皆出己之下」,但「好酒淫樂,嬖於婦人」。政治上,紂王耗費鉅資建鹿台、矩橋,造酒池肉林,使國庫空虛,並寵愛妲己、飛廉(又名蜚廉)、惡來等一幫佞臣,更殺死伯父比干,囚禁伯父箕子,造成諸侯、臣屬紛紛叛離。在這種情況之下,如果還不籌畫滅商,拯救人民,那就不是德了,反而就是助紂為虐。

問二:不太明白孔子在這裡到底想說什麼,只是在讚美周朝嗎?

答二:不是在讚美周朝,而是在讚美周文王。讚美周文王能夠拯救生民於水火,這就是至德,是每一個人都該學習的。

問三:「有婦人焉,九人而已」裡面是體現了孔子時代對於性別的狹隘認識嗎,之後的儒者揪住這點做了文章讓婦女地位經歷了很長時間的不平等?

答三:孔聖人在這裡只是在陳述一個事實,而非價值判斷。事實是周武王

有十個治理能臣,在這當中,婦人佔一個,其他九人是男人,而沒有對男人或女人誰比較重要或誰的地位比較高做出價值判斷。因此,單從這句話就得出孔聖人有「女性的地位比較低」這樣的判斷是錯誤的。在我看來,孔聖人在這裡反而是在肯定女性的治理能力。如果孔聖人真的是在貶低女性,那麼,他完全可以不提到其中有一名女性,選擇視而不見。

8.21. 子曰:「禹,吾無間然矣!菲飲食而致孝乎鬼、神;惡衣服而致美乎黻、冕;卑宮、室而盡力乎溝洫。禹,吾無間然矣!」

語譯

　　孔聖人說:「對於大禹王,我沒什麼好批評他的。他的飲食都是非常簡單粗劣,但是對於祭祀天地、鬼神、祖先卻是非常虔誠;不重視穿著,但對禮服和禮帽卻非常講究;他住的地方很隨便、對自己的家庭也沒能好好照顧,但是盡全力在農田水力,禹這樣的好國君,我對他沒有任何的批評。」

字義

　　間:非難、誹謗、非議。
　　菲:簡單粗劣。
　　致孝乎鬼神:孝,盡心奉養。鬼神,天地神靈和祖先。
　　惡:讀音「物」,做動詞用,忽視、不重視。
　　黻冕:黻,讀音「福」,古代繡有花紋的禮服。冕,大夫以上冠也。——《說文》
　　卑宮室:不重視住的地方以及家庭。卑,輕視、低下。宮,人們居住的地方。古代對房屋、居室的通稱(秦、漢以後才特指帝王之宮)。室,家。
　　溝洫:農田水力。洫,田間的水道。

第九：子罕篇

9.1. 子罕言利，與命與仁。

語譯

孔聖人很少談論功名利祿，但是追隨天命與仁愛。

字義

罕：很少。

言利：言，議論、談論；利，以利代指名利富貴。

與命：與，從也，跟隨、跟從；命，指派，這裡指天命，也就是天的指派。

明德說

一、第一個「與」是動詞，跟從意，也就是不違背天命與仁愛、完全實踐天命與仁愛；第二個「與」是連接詞，表和、同、跟。

二、孔聖人跟學生很少說到怎麼升官發財，都是和學生討論天命與仁義道德，這是當今很多從事教育的人該做而沒做的。現在有一些老師的行為就是畜生，竟然還有威脅、性侵犯、性騷擾女學生的，至於學術不端、使役、壓榨學生那也是不少啊！然而，這些問題的產生原因都與個人無關，而是整個體制的產物。

三、「子罕言利，與命與仁」並非如毛子水所說「孔子很少講到的：利，和命，和仁」，也非如楊伯峻所說「孔子很少談到功利、命運和仁德」，而是「孔聖人很少談論功名利祿，但是追隨天命與仁愛」。

9.2. 達巷黨人曰，「大哉孔子，博學而無所成名。」子聞之，謂門弟子曰，「吾何執？執御乎，執射乎？吾執御矣。」

語譯

達巷黨這個地方的人說:「孔聖人,偉大啊!樣樣精通,但沒有在某一方面特別出名。」孔聖人聽到之後就對自己的學生說:「那我要在哪一方面取得名聲呢?是在駕駛車馬還是射箭呢?我駕駛車馬好了!」

字義

黨:古代地方戶籍編制單位,五百家為黨。西周的地方行政組織將王國的土地以郊門為界,分為兩大區域。郊內為鄉,郊外為遂。郊內五家為比,五比為閭,四閭為族,五族為黨,五黨為州,五州為鄉。郊外五家為鄰,五鄰為里,四里為酇,五酇為鄙,五鄙為縣,五縣為遂。

博學而無所成名:博學,樣樣精通。學,覺也,覺悟也,表示精通。而,却;無所,沒有;名,名聲。

何執:何,什麼;執,取得。

御:駕駛車馬。

射:放箭。

明德說

一、孔聖人樣樣精通,自然不是某一方面的專家,而是各個方面的專家,包括軍事。而他所謂執御也只是玩笑之詞,讀者不要當真,還以為他真的要執御、想要在駕駛車馬方面出名。

二、本章在說孔聖人在「道」與「藝」樣樣精通,正顯示其「天縱之將聖」。

三、達巷黨人所指是誰?有人具體說出是某一個人,這種做法不可取,原因是原文沒有的內容,注家不應擅自添加或是臆測。

四、「博學而無所成名」並非如楊伯峻所說「學問廣博,可惜沒有足以樹立名聲的專長」,而是「樣樣精通,但沒有在某一方面特別出名」。其中,「學」並非指學問,而是精通、覺悟、通曉。因此,博學是樣樣精通。在這個世界上,能樣樣精通的人,可能五百年才出現一個。而孔聖人就是樣樣精通,因此,才被讚譽為「大哉孔子」。

9.3. 子曰：「麻冕，禮也。今也純，儉，吾從眾。拜下，禮也。今拜乎上，泰也，雖違眾，吾從下。」

語譯

　　孔聖人說：「根據周禮，禮帽要以麻為原料，今天，大家都用絲來製作禮帽，因為用絲為原料比較節儉，所以，我跟大家一樣也戴絲製的禮帽。根據周禮，上朝時，在門外就要拜，而今，大家都看到國君才拜，自然是比較舒適了。然而，我還是根據周禮，在門外就行拜禮，雖然這麼做與大家的做法不一樣。」

字義

　　冕：古代天子、諸侯、卿、大夫所戴，用帶子繫於下巴的禮帽。冕，大夫以上冠也。——《說文》

　　純，絲也。——《說文》

　　拜下：還沒看到國君在門外就先拜，入內見了國君再拜一次，彰顯恭敬。拜，古代表示敬意的一種禮節。兩手合於胸前，頭低到手，惟拱手彎腰而已。

　　今拜乎上，泰也：拜乎上，在朝廷上看到國君才拜，顯然不若拜下之恭敬也。泰，安樂、舒適。

　　違眾：與眾不同。違，背也、反也，這裡指不同、不一致、不和諧。

明德說

　　本章在說明禮要與時俱進，但禮不能過份簡略。其中，恭敬心最重要。

9.4. 子絕四，毋意，毋必，毋固，毋我。

語譯

　　孔聖人從不做以下四件事：憑空猜測、固執、故步自封、偏袒一方。

字義

　　絕：斷、杜絕。

毋意：不主觀臆測，也就是做什麼事情都要有證據，要客觀。毋，不要；意，音義通「臆」，指缺乏客觀依據的猜測。
　　必：固執。
　　毋固：即心胸開放，不故步自封。固，四塞，指封閉。
　　我：形容词，向一方傾斜的。偏袒的。

明德說

　　一、「無我」怎麼解釋？毛子水說「沒有自私自利」、楊伯峻說「不唯我獨是」、錢穆說「無自我心」，我認為，這裡的「我」並非第一人稱，而是形容詞，也就是偏袒，無我就是不偏袒一方，也就是要公正客觀。我不認為孔聖人要求人們100%無私，他要求我們要將心比心，要己欲立而立人，己欲達而達人，換言之，要想到別人，而「想到別人」不是無我，而是「互利互惠」，真的互利互惠，不是像有些人（民族）專門說謊，把自己說得很偉大、說自己都是在幫助人、又捐了多少錢、都是在讓利，而其實是在利用別人、是大騙子。

　　二、「毋意，毋必，毋固，毋我」，毛子水的翻譯：「他沒有任意測度的毛病；他沒有任何期必於人的毛病；他沒有固執成見的毛病；他沒有自私自利的毛病。」楊伯峻的翻譯：「不懸空揣測，不絕對肯定，不拘泥固執，不唯我獨是。」錢穆的翻譯：「一無億測心，二無期必心，三無固執心，四無自我心。」朱熹的《四書集注》說：「意，私意也。必，期必也。固，執滯也。我，私己也。」

9.5. 子畏於匡，曰：「文王既沒，文不在茲乎？天之將喪斯文也，後死者不得與於斯文也，天之未喪斯文也，匡人其如予何？」

語譯

　　孔聖人在匡這個地方受到威脅，他說：「自從周文王死了之後，文化禮樂不都由我繼承了嗎？如果上天打算毀滅周文王所流傳下來的文化，那麼，我就不會有機會認識到周文王的典章制度。如果上天沒有要毀滅文王之道，那麼，匡人能把我怎麼樣呢？」

字義

畏:音義同「威」,即威脅、恐嚇。這裡指匡地的人威脅孔聖人,使孔聖人處於險惡之境。按《古文尚書》,威畏同。又:威,畏也。——東漢・許慎《說文》,又威與畏通。如:《莊子・漁父篇》未嘗見夫子遇人如此其威也。《注》威畏義同。由上可證:威等於畏,畏等於威。

沒:讀音末,死了之意。

文不在茲乎:文,文化,在這裡特指文王之道,包括周文王所制定的、所流傳下來的典章、制度、禮樂等的治理之道。在,處於、居於。茲,此也,指孔聖人。

天之將喪斯文也:天,上天;之,如果,按《書經・盤庚上》:「邦之臧,惟汝眾,邦之不臧,惟予一人有佚罰」。將,打算。喪,毀滅,使喪失。斯,此也,即文王。文,典章制度,廣義來講就是文化。

後死者不得與於斯文也:後死者,這裡是指孔聖人。與,讀音欲,參與,這裡可解釋成認識、享有、獲得、學得。

匡人:居住在匡地的人。匡:地名,究竟在哪裡,無須追問,因為即使得到正確答案也沒有意義,因為無關宏旨。

明德說

一、本章呼應了本篇第一章的「子與命」,孔聖人相信天命。如果不相信天命,這裡就不會再次把「天」抬出來。

二、子畏於匡的「畏」當不是如楊伯峻、錢穆所說「拘禁」義,當是「威脅」義。因為從《孔子家語》中,看不出孔子在匡地曾被拘禁,而是被圍困。按《孔子家語》〈困誓五〉孔子之宋,匡人簡子以甲士圍之。子路怒,奮戟將與戰。孔子止之,曰:「惡有脩仁義而不免俗者乎?夫《詩》、《書》之不講,禮樂之不習,是丘之過也;若以述先王好古法而為咎者,則非丘之罪也。命夫!歌!予和汝。」子路彈琴而歌,孔子和之,曲三終,匡人解甲而罷。

9.6. 大宰問於子貢曰:「夫子聖者耶?何其多能也?」子貢曰:「固!天縱之將聖,有多能也。」子聞之曰:「大宰知我乎?吾

少也賤，故多能鄙事。君子多乎哉？不多也！」

語譯

太宰問子貢說：「您的老師是聖人嗎？為什麼他有那麼多才能呢？」子貢說：「本來就是啊！上天把他從天上下放到人間做大聖人，〔因此，〕擁有很多才能啊！」孔聖人聽到太宰的話，就說：「太宰知道我嗎？我小的時候地位低下，因此，會很多小事、雜事。在位者一定比較有能力嗎？不必然啊！」

字義

大宰：官名，即太宰、冢宰。西周置，位次三公，為六卿之首。《尚書》稱：「冢宰掌邦治，統百官，均四海。」周王年幼時，冢宰代天子理政，所謂「百官總己以聽於冢宰」。這裡的太宰，當不是周王身邊的太宰，而是魯君的太宰。本章中的大宰是誰，沒說。因此，不需要追問、不需要猜測，因為沒有意義。

夫子聖者耶：您的老師是聖人嗎？耶，用在句末，表示疑問的語氣，相當於「嗎」。

何其多能也：為什麼他什麼都會？何，為什麼。其，他也，指孔聖人。多，數量上比別人多，是一個與「少」、「寡」相對的詞。

固！天縱之將聖：固，確實、本來。縱，放也、施放。將，大也。

有多能：擁有各項才能。有，同「又」，擁有。

大宰知我乎：太宰知道我嗎？乎是疑問語氣，相當於「嗎」，並非肯定詞。

吾少也賤，故多能鄙事：少，年紀小。賤，地位低下。鄙，粗俗、低賤，這裡可以翻譯為小或不重要。

君子多乎哉，不多也：君子，在位者、上級，相對於小人。這裡的小人是指下級或平民。多，這裡的多是動詞，不當形容詞用，是指勝於人。乎哉，語氣助詞，表疑問。哉，語氣詞。表示疑問或反問，可譯成嗎、呢。不多：不勝。不，未也。

明德說

一、本章最大的誤解恐怕在於把「君子」解釋成道德意義上的君子以及把最後面的兩個「多」字解釋成數量上的多,這都是值得商榷的。因為原文是「君子多乎哉」並非「君子多能哉?」這裡的君子並非道德意義上的君子,而是在位者,否則,無疑是孔聖人說自己是君子。而我們知道,孔聖人沒說過自己是君子。這是有根據的,孔聖人說:「文,莫吾猶人也。躬行君子,則吾未之有得。」

二、雖然太宰和子貢都說孔聖人多能。然而,孔聖人沒有承認自己多能,他只承認自己多能鄙事,多能與多能鄙事顯然不同,雖然這是他的自謙。多能是能當一個國家的宰相,多能鄙事只能當一個小地方的總務主任。

三、今本「夫子聖者與」,《定州漢墓竹簡》寫「夫子聖者耶」,雖然兩種寫法的意義沒有不同,但本書從《定州漢墓竹簡》,原因是「耶」的意思比較清楚。

四、一般把「固天縱之將聖」連讀,我這裡把它們分開:「固!天縱之將聖。」「固」是回答太宰的第一個問題「夫子聖者耶」;「天縱之將聖」是回答太宰的第二個問題「何其多能也?」

五、有些人,如楊伯峻、毛子水、錢穆把「又多能也」的「又」理解成幾種情況同時存在,視「聖」與「多能」為兩回事,這不對。

六、今本寫「又多能也」,《定州漢墓竹簡》寫「有多能也」,因此推定,又=有。在卜辭中,「又」主要有兩種含義,一表示左右的「右」,二表示有無的「有」。可見,今本中的「又」的意思就是有沒有的「有」。雖然「又」、「有」兩種寫法義同,但本書從《定州漢墓竹簡》,原因是「有」的寫法比較不會引起誤解。

七、本章在說下級的治理能力未必比上級差;一個不當官的治理能力也未必比當官的差。一個人位居什麼位置與治理能力不必然有關,還與機會、意願、制度、文化有關。例如歷來只有男性能當皇帝(武則天是例外),但這並不代表女性沒有當皇帝的能力。因此,說統治者一定比平民的能力強,那是過度簡化了,也是對事實的錯誤認識。

八、「君子多乎哉?不多也!」是「君子必多於小人乎哉?不必多也」的

省略。其中，不必，未必、沒有一定。

九、孔聖人所說的「君子多乎哉？不多也！」是一句隱誨語，因為這句話不能說得太直白，而且還刻意挑選了「多」字一詞多義來隱誨。因為說得太白等於否定了上位者的正當性。一般認為，既然是在位者，不管是君王、上級、官員，一定比臣民、下級、平民還來得有治理能力，可是，孔聖人在周遊列國、親身經歷之後發現並不是這樣，因為一些君主要嘛是昏君，要嘛是暴君，他們的治理能力不必然比下屬或一般老百姓來得強啊。

十、該句「大宰知我乎？吾少也賤，故多能鄙事。君子多乎哉？不多也」，楊伯峻的翻譯：「太宰知道我呀！我小時候窮苦，所以學會了不少鄙賤的技藝。真正的君子會有這麼多的技巧嗎？是不會的。」毛子水的翻譯：「大宰真是了解我的人！我因為年輕時貧窮，所以會做許多粗事。一個君子人會需要多能粗事嗎？不會的。」錢穆的翻譯：「太宰真知道我嗎？我只因年輕時貧賤，故多能些鄙事。君子要多能嗎？不多的呀！」

9.7. 牢曰：「子云：『吾不試，故藝。』」

語譯

孔聖人的學生琴牢說：「老師說：『我崇尚嘗試，因此能有一些技能。』」

字義

牢：根據《孔子家語‧弟子解》，琴牢，衛人也，字子開，一字張，又稱琴張。據孟子說：「如琴張、曾皙、牧皮者，孔子之所謂狂矣。」

不試：崇尚嘗試。不，音義同「丕」，奉也、遵奉、秉持。按《說文解字》：丕與不音同。古多用不為丕。如不顯即丕顯之類。試，嘗試。

藝：才能、技能。

明德說

一、吾不試的「不」，並非否定詞，而是崇奉；吾不試的「試」，並非「用」，而是「嘗試」。

二、是否見用與才能之間並沒有任何因果關係，因此，「吾不試，故藝」並非如楊伯峻所說「我不曾被國家所用，所以學得一些技藝」，也非如錢穆所說「因我沒有被大用，所以學得許多藝」，也非如毛子水所說「我因為沒有見用於世，所以會通達許多事務」。

三、孔聖人告訴我們，想要擁有才能，一定要勇於嘗試，這是必要的。

9.8. 子曰：「吾有知乎哉？無知也。有鄙夫問於我，空空如也；我叩其兩端而竭焉。」

語譯

孔聖人說：「我有知識嗎？我沒有知識啊！有個文化水平不高的人來問我的意見，我就好像什麼都不懂。我只是問他，這件事情的利弊各在哪裡？再問還有其他的利嗎？還有其他的弊嗎？一直追問到底。」（沒有直接告訴他答案，而是讓他自己回答）

字義

吾有知乎哉：知，知識、學問。

鄙夫：文化水平不高的人。鄙，文化水平不高。夫，古代稱成年男子為「夫」，後泛稱男子。

空空如也：好像什麼都不知道。空，沒有。如，好像。

我叩其兩端而竭焉：叩，詢問；兩端，兩頭，指利弊兩端；竭，用盡。

明德說

我叩其兩端而竭焉的「兩端」所指為何？楊伯峻解釋成「首尾兩端」，毛子水理解為「意同頭尾」，而王聖人陽明則說是「他自知的是非兩端」，他又說「良知只是箇是非之心；是非只是箇好惡。只好惡就盡了是非，只是非就盡了萬事萬變」、「是非兩個字是箇大規矩，巧處則存乎其人」。在王聖人來看，所有的問題都可以歸結為是非問題。

9.9. 子曰：「鳳鳥不至，河不出圖，吾已矣夫！」

語譯

孔聖人說：「鳳鳥沒有出現，黃河中也看不到龍馬背負河圖，看來，我的政治理想是沒有機會實現了。」

字義

鳳鳥：傳說中的神鳥。

河不出圖：河，黃河；圖，八卦圖。按《尚書》：「伏羲王天下，龍馬出河，遂則其文以畫八卦，謂之河圖」。

已：完了，沒有機會了，指政治理想無法實現。

明德說

遠古時代伏羲氏看見河中的神獸龍馬背負著圖出黃河，並據此圖畫出了八卦。河圖和鳳鳥的出現都是象徵聖王在世的祥瑞之兆。因此，鳳鳥不至，河不出圖，就代表聖王不會出現。聖王不出現的話，孔聖人的政治理想也就跟著無法實現，因為千里馬還需要伯樂。

9.10. 子見齊衰者、冕衣裳者與瞽者，見之，雖少必作；過之，必趨。

語譯

孔聖人接待穿喪服的人、大夫以上的官員以及盲人時的情景是這樣的：只要看到他們，即使他們比自己年輕，也要趕緊站起來，當他們經過庭院，孔聖人就會快步向前迎接，以示敬意。

字義

子見齊衰者：子，孔聖人；見，會晤、會見，指的是在家裡會見賓客；齊衰，讀音如「茲催」，齊衰指喪服，「五服」中列位二等，次於斬衰。其服以

粗疏的麻布製成，衣裳分制，緣邊部份縫緝整齊，故名。有別于斬衰的毛邊。具體服制及穿著時間視與死者關係親疏而定。

冕衣裳者：官位至大夫以上的人；冕：禮帽，古代官位在大夫以上的人所戴的帽；衣，禮服的上衣；裳，古代下身穿的衣服，即裙子。

瞽，讀音「古」，指盲人。

見之：見，看到；之，前面所指的三類人。

雖少必作：少，讀音「紹」，指年紀輕，這裡指比自己年紀小；作，起、站起來。

過之必趨：過，經過；之，代詞，這裡指庭院；趨，快步往前走。

明德說

一、本章的重點在於對第一個「見」字、第二個「之」字以及「少」字的理解，我認為，第一個「見」字不是看見，而是會晤、接待；第二個「之」字是代詞，代指庭院。此外，「少」也不單指年輕人，而是指比自己年紀小的人。

二、本章在說明孔聖人對這等人的禮是如何的表現。蓋對每一類人的禮的表現是不同的。

三、本章也體現了年齡不是行禮的前提要件，年齡只是行禮的參考因素。

四、本章也體現了孔聖人的仁愛之心，尤其是對於弱者、遭遇不幸者的憐憫心。

五、毛子水的翻譯：「孔子對於有喪服的人，在高位的人和眼睛瞎的人：見到他們時，即使他們年紀很輕，孔子也一定站起來；如果經過他們的前面，一定快步示敬。」楊伯峻的翻譯：「孔子看見穿喪服的人、穿戴著禮帽禮服的人以及瞎了眼睛的人，相見的時候，他們雖然年輕，孔子一定站起來；走過的時候，一定快走幾步。」

9.11. 顏淵喟然歎曰：「仰之彌高，鑽之彌堅，瞻之在前，忽焉在後！夫子循循然善誘人：博我以文，約我以禮。欲罷不能，既竭吾才，如有所立卓爾；雖欲從之，末由也已！」

語譯

　　顏淵歎息的說:「越是抬頭,越看不到頂;越想穿過去,發覺越是堅硬而穿不過去;剛剛看到他還在前面,怎麼突然的就已經在後面。老師依循著次序,善於引導別人。他用詩、書、禮、樂、易、春秋六經來豐富我的生命,用良好的規範來約束我,我想要停下腳步都做不到,我已經耗盡了我的才智,即使如此,仍然像是有什麼東西高高的豎立在前面一樣,雖然我想跟隨,卻找不到路。」

字義

　　喟,讀音愧,嘆息。
　　仰之彌高:仰,抬頭。彌,益也。
　　鑽之彌堅:鑽,用尖的物體在另一物體上連續轉動或穿過,並非鑽研之意。堅,堅硬。
　　瞻:讀沾,視也、向前看。
　　夫子循循然善誘人:夫子,老師,指孔聖人。循循,次序、有順序的樣子;誘,引也,引導。
　　博我以文:即「以文博我」的倒裝。文,詩書禮樂易春秋六經。博,豐富。
　　約我以禮:即「以禮約我」的倒裝。約,約束。禮,好的規範。
　　既竭吾才:既,盡、完、已經。竭,用盡。
　　如有所立卓爾:如,好像。有,存在;所,代詞,指某個東西。立,直身站著。卓,高也、高超獨特。爾,語尾助詞,無義。
　　末由也已:末,同「莫」,無法、沒有;由,途徑、路。

9.12. 子疾病,子路使門人為臣,病間,曰:「久矣哉,由之行詐也!無臣而為有臣,吾誰欺?欺天乎?且予與其死於臣之手也,無寧死於二三子之手乎!且予縱不得大葬,予死於道路乎?」

語譯

　　孔聖人生了大病,這時候,子路就指派孔子的學生充當家臣。後來,孔聖

人的病好了，就說：「子路造假很久了吧！我沒有家臣卻假裝有家臣，我要欺騙誰啊？難道我要欺騙上天嗎？而且，與其讓我死在假的家臣的手中，不如由你們這些學生來操辦我的後事！而且，就算我得不到隆重的葬禮，難道我會死在馬路上嗎？」

字義

　　疾病：重病。疾，惡也、猛烈也。
　　子路使門人為臣：門人，這裡指孔聖人的學生。為，充當。臣，家臣。
　　病間：病好了。間，讀音見，除去。
　　由：仲由（西元前542-480年），姓仲，名由，字子路，一字季路，孔子弟子，魯國人，性好勇、事親孝。仕衛，死於孔悝之難。富政治長才，在孔門四科中，列於政事科。
　　吾誰欺：即吾欺誰之倒裝。我要欺騙誰呢？
　　二三子：諸位、你們，這裡指孔聖人的門生。
　　大葬：隆重的葬禮。

9.13. 子貢曰：「有美玉於斯，韞匵而藏諸？求善賈而沽諸？」子曰：「沽之哉！沽之哉！我待賈者也！」

語譯

　　子貢說：「這裡有一塊美玉，是要把它收藏在匣子裡，還是找一個識貨的商人，把美玉賣給他呢？」孔聖人說：「賣了吧！賣了吧！我等待著買家來買呢！」

字義

　　韞匵而藏諸：韞，讀音「運」，裹也、收藏也；匵，讀音「讀」，「櫝」的異體字，意指木製的盒子、匣子也。
　　求善賈而沽諸：求，尋求。善賈，有慧眼的商人；賈，讀音股，做買賣。沽，賣。

賈者：買家。

9.14. 子欲居九夷。或曰：「陋，如之何？」子曰：「君子居之，何陋之有！」

語譯

孔聖人打算住到很落後的地方去。有人就對他說：「那裡很簡陋，怎麼辦呢？」孔聖人說：「君子住的地方，簡陋有什麼關係呢！」

字義

九夷：非常落後的地方。九，指極數，也就是非常非常。夷，外邦人，指落後地方。

君子居之：居，住也；之，代名詞，指九夷。

何陋之有：何，哪裡。陋，簡陋。

明德說

一、「何陋之有」為「陋，有何問題」的倒裝和省略，即「簡陋，有什麼關係」或「簡陋，有何不可」。

二、毛子水把「君子居之，何陋之有！」解為「得有君子住在那裡，便不會陋了」，這樣的理解不準確。一個簡陋的地方不會因為君子去了，那裡就變得不簡陋起來，而是，君子不會受到外在環境的影響，否則，就不叫君子了。同樣的，楊伯峻、錢穆的理解也都有問題。錢穆的譯文：「先生想居住到九夷去。有人說：『九夷閉塞，怎住下呀？』先生說：『有外面君子去住，那還稱什麼閉塞呢？』」楊伯峻的譯文：孔子想搬到九夷去住。有人說，那地方非常簡陋，怎麼好住？孔子道：「有君子去住，就不簡陋了。」

三、何謂九夷？錢穆解為「東方之夷群」、楊伯峻解為「九夷就是淮夷」；毛子水解為「當是夷人所住的地方」，我認為，他們的理解都有誤。九夷的重點不在是否是夷人所居，而是指那個地方非常落後，什麼都沒有、什麼都不方便。要醫生沒有醫生，要木工沒有木工。

9.15. 子曰：「吾自衛反魯，然後樂正，《雅》、《頌》各得其所。」

語譯

孔聖人說：「我從衛國返回魯國之後，進行了樂曲的校正工作，使雅樂、頌樂都回到它們應有的面貌。」

字義

反，同返，返回。西元前484年（魯哀公十一年）冬，六十九歲的孔聖人從衛國回到魯國，結束了在外十四年的遊歷。

雅：正也。雅樂，即典雅純正的音樂，是一種古代的傳統宮廷音樂，指帝王朝賀、祭祀天地等大典所用的音樂。

頌：是配合舞蹈，讚美祖先、神靈、君主的樂歌，可分為《周頌》、《魯頌》、《商頌》三類。

9.16. 子曰：「出則事公卿，入則事父兄，喪事不敢不勉，不為酒困，何有於我哉！」

語譯

孔聖人說：「在外面侍奉國君、上大夫，在家裡服侍父母兄長，辦理喪事盡心盡力，雖然喝酒但不會壞事，這些事情，對我有什麼困難呢？」

字義

事公卿：事，服侍。公，國君，如魯哀公，雖曰公，但其實是魯君。卿，諸侯之上大夫也。

不為酒困：不會因為喝酒而誤事。為，讀音「維」，被；困，阻礙。按「困于石，據於蒺藜。」——《易·困》

何有於我哉：為「於我有何難哉」的倒裝和省略，意謂沒有困難，很容易。

9.17. 子在川上曰：「逝者如斯夫！不舍晝夜。」

語譯

孔聖人在河岸上說：「流逝的就像眼前的水一樣，不分晝夜，一刻不停。」

字義

川：河流。

逝者如斯夫：逝者，消逝的東西，比如感情、時間、記憶、生命、快樂、悲傷等等。逝，過去、消逝。斯，這，代指水，即孔聖人眼前的流水。

不舍晝夜：即晝夜不舍的倒裝。舍，停止。

9.18. 子曰：「吾未見好德如好色者也。」

語譯

孔聖人說：「我沒有見過像好色那樣好德的人。」

字義

好德：崇尚道德。好，動詞，喜好、崇尚、重視。

如：像。

色：外在，不只是容貌而已，還包括名利、學歷、才能、知識、社會地位、權力等等所有外顯的東西。這裡的「色」同「賢賢易色」的色。

明德說

一、一般都把好色的「色」理解為美色，不對。例如楊伯峻：「我沒看見過這樣的人，喜愛道德賽過喜愛美貌。」或錢穆：「我沒有見過好德能像好色般的人呀。」

二、這句話不是只針對男性而發，也包括女性，是所有人。

三、孔聖人所感嘆的這種現象，古今沒有變過，因為這就是人性，但是，也正因為如此，才能彰顯那些不一樣的人，如張志新、武訓。

四、孔聖人這句話跟「知德者鮮矣」是一樣的意思。

9.19. 子曰：「譬如為山，未成一簣；止，吾止也！譬如平地，雖覆一簣；進，吾往也！」

語譯

孔聖人說：「就好像要把土堆成一座山，就差一筐土就成功了，如果這時候停止了，那我就前功盡棄了。又好像我要把大野澤填成陸地，縱然只是倒了一簣土，但只要我繼續倒土，我終究能把大野澤給填平。」

字義

譬如為山：譬，譬如、好像、舉例。為山，造山、堆土成山。

未成一簣：即一簣未成，指因一簣之差而沒有成功；簣，讀音「愧」，盛土的筐子；未，沒有。成，成功。

平地：把大野澤填成陸地。平，大野澤的另一稱呼。地，陸地。

雖覆一簣：雖，縱然；覆，傾倒。

止，吾止也：第一個止，停止、不再前進。第二個止，已也，棄也，表示前功盡棄。

進，吾往也：進，倒（滿）。往，從這個地方走向目的地。

明德說

一、何謂「譬如平地」？錢穆解釋成「譬如在平地」；毛子水說：「『譬如平地』四字，在這章裡一點意義也沒有，當是後人所妄加的。」楊伯峻解釋成「又好比在平地上堆土成山」，他們的解釋不對。「平地」這裡的意思是，「把大野澤這個水域用土填平」。我把「平」解釋成「大野澤」的根據是，《爾雅・釋地》：「大野曰平。」《疏》大野之澤。一名平。魯有大野是也，澤東西長約百里，南北寬約三十里，故址在今山東省巨野縣北。《山海經・北山經》中記載炎帝女兒精衛銜石填海的故事，這裡的海指的就是東海，也就是大野澤。《山海經・北山經》：「發鳩之山，其上多柘木。有鳥焉，其狀如烏，

文首、白喙、赤足,名曰精衛,其鳴自詨。是炎帝之少女名曰女娃,女娃游於東海,溺而不返,故為精衛。常銜西山之木石,以堙於東海。漳水出焉,東流注於河。」

二、毛子水說「經文『往』字當是『進』字的形誤」,這樣的理解也是錯的。原因是往的意思就是「走向目的地」,這樣的意思才對,『進』反而不對了。因此,經文沒有形誤。

三、成敗由己不由他。譬如為山、譬如平地,指的都是一個遠大的理想,而不是一般的挑戰。既然目標定了,就只有像過河卒子一樣,只能往前,不能停留,更不能後退,成敗的責任必需由自己承擔,怨天尤人是沒有任何好處的。這當中最可惜的是就差一簣土,山就成了,卻在這時候放棄了,當然,這裡的一簣土只是比喻,這一簣土其實是自己看不到的。之所以發生功虧一簣有主客觀原因,主觀原因又包括自己不知道就只差一簣(誰知道呢?要是知道,那麼,任何人都會堅持下去的),但也有可能是自己筋疲力竭、彈盡援絕,例如:顏淵的早死、諸葛亮的鞠躬盡瘁,這些都不是堅持就能成就的,天命已盡,不應有恨;客觀原因則是時勢不允許,這裡的時勢當然是當事人所處的時代和格局,以及「既生瑜何生亮」。其實以上各種情況,都是可能碰上的,因此,人生應該學得豁達一點:必須有目標和理想,只有向前,但是,不要在乎成敗!

9.20. 子曰:「語之而不惰者,其回也與?」

語譯

孔聖人說:「談論一件事情,能夠沒有錯誤的言論,這個人大概就是顏回了吧!」

字義

語之而不惰者:語,論、說話、談論、議論。之,指談論的某一件事情。而,可以、能夠。惰,錯誤的言論。按《禮・曲禮》言不惰。《註》惰,訛,不正之言。

其回也與:其,表示揣測,可譯為「大概」、「或許」;與,音義同

「歟」，表疑問語氣。

明德說

一、「語之而不惰者，其回也與？」並非如楊伯峻所說：「聽我說話始終不懈怠的，大概只有顏回一個人吧！」也非如錢穆所說：「和他講說了不怠懈的，只是顏回了吧！」也非如毛子水所說：「不使講的人會覺到疲倦的聽者，只有顏回吧！」而是「「談論一件事情，能夠沒有錯誤的，這個人大概就是顏回了吧！」

二、如何證明顏淵談論事情總是正確的呢？《史記・孔子世家》中有一段話，記載著孔聖人問他的三個弟子子路、子貢和顏淵是如何的看待他們淪落到在陳絕糧這樣的地步的？孔聖人的問題是：「吾道非邪？吾何為於此？」其中，子路和子貢的回答都讓老師很不高興，而顏淵是這麼回答的：「夫子之道至大，故天下莫能容。雖然，夫子推而行之，不容何病，不容然後見君子！夫道之不修也，是吾醜也。夫道既已大修而不用，是有國者之醜也。不容何病，不容然後見君子！」孔子欣然而笑曰：「有是哉，顏氏之子！使爾多財，吾為爾宰。」

9.21. 子謂顏淵曰：「惜乎！吾見其進也，未見其止也！」

語譯

孔聖人說到顏淵這個人：「我看到顏淵不斷的前進，沒看過他停下腳步！哀痛啊！（他這麼早就死了！）」

字義

惜乎：惜，哀痛、哀傷。
吾見其進也：其，他，這裡是指顏淵。進，進步、前進。
止：停止、停下。

9.22. 子曰：「苗而不秀者，有矣夫！秀而不實者，有矣夫！」

語譯

　　孔聖人說:「稻子發了苗卻不開花,這是有的;會開花但不結果實,這也是有的!」

字義

　　苗而不秀者:苗,初生未開花的穀類植株。秀,吐穗開花。
　　實:果實,此即稻穀。

明德說

　　每個人心中都有一個終點,然而能夠到達終點的其實是少之又少。這當中既有堅持的成份,也有幸運的成份在其中!

9.23. 子曰:「後生可畏,焉知來者之不如今也?四十、五十而無聞焉,斯亦不足畏也已!」

語譯

　　孔聖人說:「比我們年輕的的那些人,值得我們害怕。我們哪裡能知道年紀輕的就一定比不上年紀大的?但是,一個人要是到了四十歲、五十歲還沒有名聲,那麼,他大概就只是個平庸之才了。」

字義

　　後生可畏:後生,晚輩。可畏,值得害怕。可,值得;畏,害怕。
　　焉知來者之不如今也:焉知,哪裡知道。來者,後來的人,猶言晚輩。今,現在的人,猶言前輩。
　　聞:出名、名聲。
　　斯亦不足畏:大概他就只是個平庸之才。不足畏,不用害怕,因為很難發達,猶言平庸之才。不足,不必、不值得。

明德說

　　一、年輕人們，不要浪費光陰，因為過了五十歲，基本上就沒有機會了。

　　二、長輩不能輕忽晚輩，因為，晚輩完全可以在很短的時間內超越前輩，這是經常有的啊！

　　三、嚴格說來，後生可畏的意思不只是不能小看晚輩而已，而是確確實實是要害怕晚輩的啊。

問答

　　問：為什麼說四十五十就不足畏呢？

　　答：(1) 沒錯，這是事實，或許不是百分之百，但一般而言是沒問題的。因為一個人到了四、五十歲早就定型了，過了四、五十歲還沒名聲的，以後要有名聲就很難了。畢竟，六十歲以後還能有名聲的，那還沒聽過。至於姜太公、晉文公、百里奚、美國總統川普這類人，他們早在年輕的時候就很有名聲了，不是晚了才有名聲。(2) 這裡要說明一下，大器晚成這種說法是不對的，它既不是一個普遍現象，也不是老子《道德經》中的原文。根據帛書甲本，原文是「大器免成」，而非「大器晚成」，因此，老子這裡所談的大器無關時間早晚。(3) 如果純就時間來論，大器晚成的很少，絕大部份是早成，例如十八歲就是戰神的霍去病、李世民二十八歲就當皇帝、朱元璋四十歲就打下天下，這就符合孔聖人這裡說的「四十、五十而無聞焉，斯亦不足畏也已」。

9.24. 子曰：「法語之言，能無從乎？改之為貴！巽與之言，能無說乎？繹之為貴！說而不繹，從而不改，吾末如之何也已矣！」

語譯

　　孔聖人說：「當有人客觀公正的質問你，你能不聽從嗎？最重要的是改啊！當別人對你說出卑順、讚美的話，你能不高興嗎？但是，最重要的是，要清楚為什麼別人這麼說啊！只高興卻不去探究原因，只在口頭上聽從卻沒有實際的改變，這樣的話，我孔丘也沒有辦法啊！」

字義

　　法語之言：法者公正也；語者質問也。
　　巽與之言：巽，讀音訓，卑順也。與，讀音宇，贊成、親近也。
　　繹，讀音易，指推究事理。
　　末如之何：莫可奈何。末，無也。

明德說

　　毛子水的翻譯：「嚴正的對一個人說話，他能不聽麼！最要緊的是，他能用這種話改正他的行為。委婉的對一個人說話，他能不喜歡麼！最要緊的是，他能尋繹這種話真正的意思。如果對說得委婉的話只是喜歡而不去了解；如果對說得嚴正的話只是外表聽從而不用來改正自己：對這種人，我實在沒有辦法。」錢穆的翻譯：「別人用規則正言來告誡我，能不服從嗎？但能真實改過纔好呀！別人用恭順婉辭來贊許我，能不喜悅嗎？但能尋繹他言外微意纔好呀！只知喜悅，不加尋繹，只表服從，不肯自改，那我就無奈他何了！」

9.25. 子曰：「主忠信。毋友不如己者。過，則勿憚改。」

明德說

　　此章與第1.8.章重覆了。

9.26. 子曰：「三軍可奪帥也，匹夫不可奪志也。」

語譯

　　孔聖人說：「一個大部隊可以失去統帥，但一個人不能失去志向。」

字義

　　三軍：周制，諸侯大國三軍。中軍最尊，上軍次之，下軍又次之。按《周禮・夏官・司馬》：「凡制軍，萬有二千五百人為軍。王六軍，大國三軍，次國二軍，小國一軍。」不過，這裡的三軍是指人數很多的部隊，蓋「三」在古

代為虛數，泛指多。

匹夫不可奪志也：匹夫，一个人。奪，喪失。志，心之所之也。

明德說

一、本章的「奪」並非是「被奪走」或是「改變」，而是「喪失」之意。

二、本章在闡明：即使統帥死了也不可怕，可怕的是一個人沒有志向。一個人要是沒有志向，就算他擁有富貴，也只是擁有富貴的行屍走肉而已！

三、毛子水的翻譯：「三軍的力量雖大，但敵人可以奪去他們的主帥；匹夫如果有堅定的意志，是不會被任何強力所改變的。」楊伯峻的翻譯：「一國軍隊，可以使它喪失主帥；一個男子漢，卻不能強迫他放棄主張。」

四、匹夫不可奪志的例子很多，例如文革時期的張志新，雖受盡折磨，至死也不改其志；方孝儒雖被誅十族也不改其志。因此，我們都應該培養自己成為一個不可奪志的人。

9.27. 子曰：「衣敝縕袍，與衣狐貉者立，而不恥者，其由也與！『不忮不求，何用不臧？』」子路終身誦之。子曰：「是道也，何足以臧！」

語譯

孔聖人說：「有個人穿著破舊、新舊棉絮相雜的袍子，跟穿著狐狸或貉的毛皮所製成的皮衣的人站在一起，卻不因此感到沒面子，那人就是子路了啊。」並引用了《詩經·衛風·雄雉》上的話：『不嫉妒、不貪求，有什麼不好嗎？』」子路得到老師的肯定之後，從早到晚一直念著《詩經》上的這句話。孔聖人就對他說：「你做的這件事（也就是「衣敝縕袍，與衣狐貉者立而不恥」）是你本來就該做的，有什麼好自滿的呢？」

字義

衣敝縕袍：衣，做動詞，穿也；敝，破舊；縕，讀音「運」，指新舊相混的棉絮；袍，直腰身、過膝、有夾層、中著棉絮的中式長外衣。

貉：讀音「河」，貉似狸，銳頭、尖鼻斑色，毛深厚溫滑，輕暖而耐久，能禦寒，可為裘。

不忮不求：忮，讀音「至」，嫉妒也；求，貪求。

何用不臧：有什麼不好嗎？臧，讀音「髒」，指善、好；何用，為何，反問語氣，即「有什麼」。

終身誦之：終身，是誇張用語，當然不是一輩子，而是從早到晚。誦，誦讀。之，指「不忮不求，何用不臧？」這句話。

道：道理，即應該做的，本來就是。

何足以臧：有什麼好自滿的呢？何足，哪裡值得，反問語氣，表示不足、不值得。以，用也。臧，滿意，此指自滿。

明德說

這句「『不忮不求，何用不臧？』子路終身誦之。子曰：『是道也，何足以臧！』」楊伯峻的翻譯如下：「《詩經》上說：『不嫉妒、不貪求，為什麼不會好？』」子路聽了，便老唸著這兩句詩。孔子又道：「僅僅這個樣子，怎麼能夠好得起來？」毛子水的翻譯如下：「『不忮不求，何用不臧？』子路常常念這兩句詩。孔子說：『這是道理呀，怎麼可以「藏」呢？』」毛老師說「這一段當自為一章」，但是我認為這種說法不對，原因是《定州漢墓竹簡》和《今本》都合為一章，且從其內容來看，也不應該分為兩章。此外，毛老師把「臧」理解為「藏」恐怕也是不對的。

9.28. 子曰：「歲寒，然後知松柏之後凋也。」

語譯

孔聖人說：「天氣嚴寒，才知道松樹和柏樹是不會凋零的。」

註釋

歲寒：天氣寒冷。寒：凍也。涼是冷之始，寒是冷之極。

然後知松柏之後凋也：後，摒除、排除。因此，後凋即不會凋零。

明德說

一、松柏之後凋，是因為歲寒之故。但是，很多成功的人其實沒有經過歲寒，或者說，很多成功的人所碰到的歲寒其實都不夠寒冷。什麼情況之下才能叫寒冷？方孝儒面臨的情況才能稱之為寒冷；張志新面臨的情況，才能稱之為寒冷。

二、「後凋」的「後」沒有時間意涵，也就是與時間的先後無關，而是排除的意思。因此，後凋非如楊伯峻所說「最後落葉」，也非如錢穆所說「松柏亦非不凋，但其凋在後」，也非如毛子水所說「不容易凋落」，而是「不會凋落」。

9.29. 子曰：「知者不惑；仁者不憂；勇者不懼。」

語譯

孔聖人說：「有智慧的人不會被欺騙；愛人如己的人不會擔憂；勇敢的人什麼都不怕。」

字義

知者不惑：知，音義同「智」。惑，欺騙。
憂：擔心。
懼：害怕。

明德說

一、我們為什麼會被欺騙？因為我們有很多弱點，如無知、懦弱、貪婪，因此，很容易被迷惑。而有智慧的人，能看清楚那些聰明絕頂的壞人的心思，能夠識破他們的謊言，因此，不會掉入魔鬼的陷阱。

二、在我看來，仁者不只不憂，也不惑，不只不惑，也不懼。

問答

問：「知者不惑，仁者不憂，勇者不懼」，為什麼仁者是不憂，他不憂的

內容是什麼？

答：(1) 仁者知道天命，因此，無憂。(2) 仁者不憂我們大部份人所憂的，我們擔憂找不到好工作、找不到好對象、考不上好學校、無法升官發財，這些他都不擔憂。他擔憂的是「德之不修，學之不講，聞義不能徙，不善不能改」。

9.30. 子曰：「可與共學，未可與適道；可與適道，未可與立；可與立，未可與權。」

語譯

孔聖人說：「有些人可以跟他一起學習，但不可和他往同樣的目標去；有些人可以跟他往同樣的目標去，但不可和他一起成就事業；有些人可和他一起成就事業，但不可和他共享權力。」

字義

可與共學：與，連接詞，和、同、跟。
適道：往同樣的目標去。適，往。道，方向、道路，這裡指志業。
立：成就、建樹。
未可與權：未可，不可以。權，權力。

明德說

一、這一章在講知人之明。有些人可共患難，有些人則不可；有些人可共富貴，有些人則不可。有些人一點就明白，有些人則執迷不悟。因為不同的人，所以必然有不同的對待方式，所以佛法說，法無定式，就是因應不同的人、不同的情況。

二、對於本章，毛子水說：「這章的意思，不十分清楚；『立』和『權』兩字，意義尤難明白，譯文實不應有！」楊伯峻的翻譯：「可以同他一道學習的人，未必可以同他一道取得某種成就；可以同他一道取得某種成就的人，未必可以同他一道事事依禮而行；可以同他一道事事依禮而行的人，未必可以同他一道通權達變。」錢穆的翻譯：「有人可和他共同向學，但未必可和他共同向

道。有人可和他共同向道,但未必可和他共同強立不變。有人可和他共同強立不變,但未必可和他共同權衡輕重。」

問答

　　問一:這裡是與誰?
　　答一:這需要你自己的判斷。
　　問二:這句中,「可」與「未可」有何標準?
　　答二:不可以給誰權力?小人。誰未可與立?三心二意者。誰未可與適道?信仰、目標不同的人。

9.31.「唐棣之華,偏其反而;豈不爾思?室是遠而。」子曰:「未之思也,夫何遠之有?」

語譯

　　《詩經》上說:「唐棣的花絢爛繁盛啊!搖曳生姿啊(讓人非常想要擁有)!我哪裡是不想她,真的是我家離她家太遠了」。孔聖人對這種說法很不以為然,就說了:「你想都不想,還說什麼離她家很遠?」

字義

　　唐棣之華:棣,讀音「地」,常綠落葉灌木。高四、五尺,葉針形互生,有鋸齒。花五瓣色白,果實如櫻桃,故稱為「山櫻桃」。也稱為「常棣」、「唐棣」。《唐棣疏》唐棣,奧李也。一名雀梅,亦曰車下李。所在山中皆有,其花或白或赤,六月中熟,大如李子,可食。華,繁盛。

　　偏其反而:偏,音義同「翩」,輕舞、飄揚、搖曳生姿;反,音義同「返」,指往返、來來回回;而,語氣助詞,相當於「啊」或「吧」。

　　豈不爾思:豈,難道;爾,此、那,意指唐棣;思,想念。

　　室是遠而:室,家。是,真也;遠:遙遠;而,表示感嘆,相當於「兮」、「啊」。

明德說

一、要了解「唐棣之華」，一定要知道這句話的出處，這句話出自於《詩經》中的《國風・召南》，它的原文是：「何彼襛矣，唐棣之華？曷不肅雍？王姬之車。何彼襛矣，華如桃李？平王之孫，齊侯之子。其釣維何？維絲伊緡。齊侯之子，平王之孫。」襛，音義同穠，指花木繁盛、華麗、肥美；雍，和睦、和諧；緡，讀音民，繩子的一種，用於將物品串連起來。其釣維何？維絲伊緡。他是怎麼把她釣起來的啊？就是用絲線把她釣起來的啊！意謂兩者的結合是門當戶對。

二、這裡，「唐棣之華」代指王姬，也就是周天子的女兒，此時出嫁的她不只正青春，而且漂亮，不只漂亮，而且風情萬種。唐棣之華就孔聖人而言，指的是高遠、看似遙不可及的目標、理想、對象，實際上，孔聖人指的就是仁（或說君子）。孔聖人想到一般人都知道「仁」很好，但是，連想都不去想，只會藉口說，不是我不想，而是仁太遠了！為此，孔聖人鼓勵我們：「仁遠乎哉？我欲仁，斯仁至矣！」

第十：鄉黨篇

10.1. 孔子於鄉黨，恂恂如也，似不能言者。其在宗廟朝廷，便便言；唯謹爾。

語譯

　　孔聖人在鄉里，嚴謹，好像不會說話。可是，他在宗廟朝廷，卻是口才犀利，但很謹慎。

字義

　　恂恂：嚴謹。恂讀音「循」。
　　不能言：不會說話。
　　便便：口才犀利。便，讀音「骈」。

10.2. 朝與下大夫言，侃侃如也；與上大夫言，誾誾如也。君在，踧踖如也，與與如也。

語譯

　　孔聖人在朝廷與下大夫說話的時候，理直氣壯，跟上大夫說話則是理直氣和。要是國君在場，則態度恭敬，所說的話讓國君感到和順。

字義

　　朝，讀音「潮」，指在朝廷上、上朝的時候。
　　大夫：古代官名。周王室及各諸侯國在卿以下有大夫。大夫分上、中、下三等。大夫世襲，且有封地。
　　侃，讀音「砍」，剛直也，用於說話，則指理直氣壯。
　　誾，讀音「銀」，《說文》和悅而諍也。《玉篇》和敬貌，翻成白話文就是理直氣和，而非理直氣壯。

踧踖：踧讀促；踖讀及，踧踖指恭敬。

與與如也：與，音義同「豫」，意為和順。按《易·豫卦疏》謂之豫者，取逸豫之義，以和順而動，動不違眾，眾皆悅豫也。

10.3. 君召使擯，色勃如也。足躩如也，揖所與立，左右手，衣前後，襜如也。趨進，翼如也。賓退，必覆命，曰：「賓不顧矣。」

語譯

魯國國君邀請孔聖人負責接待賓客。孔聖人在接待賓客的時候，臉色非常有精神，腳步快速移動，向所有站著的人或左邊、或右邊打躬作揖，衣服的下緣也因此前後擺動起來。雖然快步前進，但卻是小心翼翼。賓客離開之後，一定向國君回覆說：「客人已經沒有回頭看了！」

字義

君召使擯：君，國君。召，讀音「照」，請、邀請。使，令、役也；擯，音義同「儐」，接待賓客的人；古時賓主相見各有隨從，稱「副」，而賓之「副」曰「介」，主之「副」曰「擯」。

色勃如也：色，臉色、表情；勃，旺盛、抬起，指很有精神。

躩：讀音「決」，腳步迅速。

揖所與立：即「與所立揖」，即與所有站著的人打躬作揖。揖，讀音「依」，拱手做禮；所，一切、所有；立，站立。

襜：讀音「摻」（ㄔㄢ，chān），衣動貌。由於兩手拱揖左右移動，衣之下緣也飄動起來。

趨：快步走。

翼：恭謹。

覆命：執行命令之後回報執行狀況。

顧：回頭看。

10.4. 入公門，鞠躬如也，如不容。立不中門，行不履閾。過位，色勃如也，足躩如也，其言似不足者。攝齊升堂，鞠躬如也，屏氣似不息者。出，降一等，逞顏色，怡怡如也；沒階趨進，翼如也；復其位，踧踖如也。

語譯

　　孔聖人一進入朝廷大門，就非常恭敬，像無處容身一樣惶恐。站立的位置，不會正對著門；行走的時候，不會踩在門檻上。從君王的座位前經過，臉色顯得很有精神、腳步很快；輕聲說話，好像氣力不足。孔聖人提起衣服的下擺，登上廳堂，非常恭敬，摒住氣息好像沒有呼吸一樣。走出廳堂，下了一個臺階之後，臉色整個舒展開來，變得愉悅快樂。下完臺階，就快速前進，但仍然小心翼翼。回到他自己的位置之後，便又表現出恭敬的樣子。

字義

　　入公門，鞠躬如也，如不容：入，進入；公門，朝廷大門；鞠躬，恭敬；容，容納。

　　立不中門，行不履閾：立，站立；中，讀音「眾」，做動詞用，表示「正對上」；行，行走；履，踐踏、踩踏也；閾，讀音「欲」，門檻也。

　　過位：經過君王的座位。過，從這裡到那裡；位，所在的地方。

　　攝齊升堂：攝齊，提起衣服的下擺，以免絆倒。攝，讀音「社」，牽提也；齊，讀音「茲」，衣服的下襬；升堂，登上廳堂。

　　屏氣：摒住氣息。屏，讀音「丙」。

　　出，降一等：出，出了門，也就是出了朝廷之門；降，下；一等，一階也。

　　逞顏色：倒裝句，即顏色逞，也就是整個神情都放鬆開來。逞，通達、快意；顏色，臉色、神情。

　　沒階：下完台階，進入平地；沒，讀音「末」，沒了；階：台階。

10.5. 執圭，鞠躬如也，如不勝。上如揖，下如授，勃如戰色，足蹜蹜如有循。享禮，有容色；私覿，愉愉如也。

語譯

　　手上拿著圭的時候，就像彎腰行禮那樣恭敬謹慎，也好像拿不住一樣。把圭上舉，就好像作揖，把圭放下，就像在交接，這時臉色變得很緊張；小步快走，而且，走得直直的。進獻禮物時，神色從容；在私下會面的場合，神情愉悅。

字義

　　圭：又作珪，瑞玉，長條型，上圓（或箭頭型）下方，一種禮器，用於古代的祭祀、宴饗、喪葬以及征伐等活動，其使用的規格有嚴格的等級限制，用以表明使用者的地位、身份、權力。

　　鞠躬：彎腰行禮。

　　上如揖，下如授：往上拿的時候，就好像在作揖，往下放的時候，就好像要把東西拿給別人一樣；授，給予。

　　勃如戰色：勃，變色；戰，懼也。

　　足蹜蹜如有循：蹜，讀音「素」，蹜蹜：小步快走；如有循，好像有條路可循著走，也就是走得直直的，不會大搖大擺或東倒西歪；循，順著、沿著。

　　享禮：進獻禮物；享，進獻。

　　有容色：臉色從容。容，從容。

　　私覿：私底下見面。覿，讀音「迪」，相見。

10.6. 君子不以紺、緅飾，紅、紫不以為褻服；當暑，袗絺綌，必表而出之。緇衣羔裘，素衣麑裘，黃衣狐裘。褻裘長，短右袂。必有寢衣，長一身有半。狐貉之厚以居。去喪，無所不佩。非帷裳，必殺之。羔裘玄冠，不以弔。吉月，必朝服而朝。

語譯

　　孔聖人不用深藍色或黑中帶紅的顏色來做袖緣；內衣、內褲不用紅色，也不用紫色；天氣炎熱，在家裡就穿一件細葛衣或粗葛衣，要是要出門的話，則一定外加一件衣服穿著。天冷的時候，裡面要是穿黑色衣服，外面就加上一件

用黑羊羔皮所做成的皮衣；裡面要是穿白色衣服，外面就加上一件用小鹿皮做成的皮衣；裡面要是穿黃色衣服，外面就加上一件用狐皮做成的皮衣。在家穿的皮衣較長，右手邊的袖子較短。睡覺時一定穿上睡衣，睡衣的長度有身長的一點五倍。住的地方非常重視保暖。服喪期滿之後，想戴什麼佩件就戴什麼佩件。除了朝祭的衣服之外，都要經過剪裁。弔喪的時候，不穿朝服以及不戴黑色禮帽。農曆每月初一，一定穿著朝服覲見國君。

字義

君子不以紺緅飾：君子，指孔聖人。以，用。紺，讀音「幹」，是藍色系中的一種顏色，帶有紫色的深藍色，是藍色系中最深的顏色；緅，讀音「鄒」，黑中帶紅的顏色；飾，袖緣。按《詩·鄭風》羔裘豹飾。《注》飾，緣袖也。

褻服：褻，音謝，貼身的衣服，即內衣、內褲。

當暑，袗絺綌：暑，炎熱。袗，讀「診」，單；絺，讀「吃」，細葛，一種細布；綌，讀「細」，粗葛布。《傳》葛所以為絺綌。

緇衣羔裘：內穿黑色衣服，外面就穿用黑羊羔皮製成的皮衣。緇，黑色；羔，新生的羊子；裘，皮衣。劉寶楠正義：「鄭注云：『緇衣羔裘，諸侯視朝之服，亦卿、大夫、士祭於君之服。』……經傳凡言羔裘，皆謂黑裘，若今稱紫羔矣。」紫羔者，羊的一種，毛色淡黑，毛根紫，故名。所製皮裘稱佳品。

素衣麑裘：內穿白色衣服，外面就穿用小鹿皮製成的皮衣；素，白色；麑，讀泥，小鹿。

黃衣狐裘：內穿黃色衣服，外面就穿用狐狸皮製成的皮衣。

褻裘：在家穿的皮衣。褻，在家穿的便服。褻，私服也。——《說文》

短右袂：即右袂短。袂，讀音「妹」，衣袖。

寢衣：睡衣。

狐貉之厚以居：住的地方非常重視保暖。狐貉之厚意指很暖和。居，住也。貉，讀音合，狸也。

去喪：服喪期滿。

無所不佩：佩，繫在衣帶上的裝飾品。

帷裳：古代朝祭的衣服。用整片布製成，沒有裁剪車縫。

殺，裁也，剪裁。

羔裘玄冠：羔裘，古時為諸侯、卿、大夫的朝服。玄冠，黑色禮帽。

吉月：朔日、農曆每月初一。

朝服：臣子上朝覲見君主時所穿的禮服；朝，臣見君。

10.7. 齊，必有明衣，布。齊必變食，居必遷坐。

語譯

凡有齋戒，沐浴之後一定穿上潔淨的麻布衣；食物也一定改變成清淡、量少；睡覺一定更換地點（單獨睡，不近女色）。

字義

齊，必有明衣，布：齊，音義同齋，祭祀或舉行典禮前沐浴素食，潔淨身心以示虔誠。明衣，潔淨的衣服。明，潔淨。布，麻布。

變食：改變食物內容，必需清淡、量少，不能像平常那樣豐盛。

居必遷坐：睡覺的時候一定換地點，也就是單獨睡。這麼做的目的是要戒女色，藉此表示虔誠恭敬。居，停留，實指睡覺的地方，原因是一天之內有三分之一的時間停留在那裡。遷，換地點。坐，堅守，引申為常駐、不動，即平常睡覺的地方，也就是和妻子一起睡的地方。古人齋戒必居外寢，外寢稱正寢，是齋戒以及生病時所睡覺的地方。居與坐不同。居是睡覺的地方，而坐是平常睡覺的地方。換言之，睡覺的地方不只一個，而平常睡覺的地方只有一個。

10.8. 食不厭精，膾不厭細。食饐而餲、魚餒而肉敗，不食。色惡不食，臭惡不食。失飪不食，不時不食。割不正不食，不得其醬不食。肉雖多，不使勝食氣；唯酒無量，不及亂。沽酒，市脯，不食。不撤薑食，不多食。祭於公，不宿肉。祭肉，不出三日；出三日，不食之矣。食不語，寢不言。雖疏食菜羹瓜祭，必齊如也。

語譯

　　飲食講究精緻；魚、肉喜歡切細來吃；食物要是腐敗、發臭、放得太久，就不吃；食物的顏色不對不吃；食物的氣味不對不吃；食物沒有煮熟不吃、時間不對也不吃；宰殺的方式不對，不吃；菜餚沒有相對應的調味品，不吃；菜桌上的肉雖然很多，但吃肉的量不能超過米飯或麵條這些主食的量；只有飲酒是不用限制的，但前提是不超過自己的酒量；不喝市場上賣的酒、不吃市場上賣的肉乾；每餐都要有薑，但也不多吃；參加公祭所分得的肉，當天就吃完，不留著過夜；至於家裡祭祀的肉或別人家送來的祭肉，也要在三天之內吃完，超過三天就不吃；吃飯的時候不說話、進入臥室就不說話；即使是用簡單的米飯（主食）、蔬菜、濃湯、水果來祭祀，也一定非常恭敬，就像齋戒一樣。

字義

　　膾，讀音「快」，指細切的肉或魚。

　　食饐而餲：食，食物。饐，讀音「易」，指食物腐敗發臭；餲，讀音「艾」，指食物經久而變味。

　　餒，腐也、腐爛變質。

　　臭惡不食：臭，同「嗅」，讀音「秀」，氣味；惡，不好、不對。

　　飪：煮熟。

　　割不正：割，宰殺也；正，方式正確。

　　醬：用發酵後的豆、麥等做成的一種調味品。

　　肉雖多，不使勝食氣：勝，超過。食，吃。氣，同「餼」，讀音「細」，指主食，或米飯或麵條。

　　唯酒無量，不及亂：唯，只有。無量，沒有限制。不及亂，不會醉就可以。

　　沽酒、市脯：買來的酒和肉乾。沽，買也；市，買也。脯，讀音「府」，指乾肉。

　　不撤薑食，不多食：每餐都要有薑，但也不多吃；撤者免除。說明：這是一句話，不是兩句話。根據《定州漢墓竹簡》，不多食前面是逗號，而非句號。因此，判定是一句話。

　　祭於公，不宿肉：祭於公，即公祭，也就是由政府所舉辦的祭典。宿，讀

音「素」，過夜。

食不語，寢不言：吃東西的時候不說話，到了睡覺時間，上床之後就不說話。食，吃東西。語，說話。寢，睡覺的地方。

雖疏食菜羹瓜祭，必齊如也：疏，稀少、粗糙；食，指米飯之類的主食。羹，濃湯。瓜，草木蔓生植物名，種類很多，果實也稱瓜，可以代指各種水果。

問答

問一：想聽一下老師對孔子所說的飲食之禮的看法，會不會過於繁瑣？與生活質樸簡單的追求是否矛盾？

答一：你所說的簡單，不一定就是簡單，很可能是隨便。孔聖人的生活看似複雜，其實就這幾條。而且是養生的，是對的飲食方式，這是孔聖人能高壽的原因之一。在他那個年代，人生七十古來稀，他算是高壽了。

問二：想聽一下老師對當代的「禮」的應用和變遷的看法。

答二：禮，我的另一種解釋就是戒律，一種正確的約束、一種正確的習慣。在很多人的心裡，沒有任何戒律，什麼事情都可以做。禮是非常重要，我們都無知於約束的作用，它是一種指引。有指引的人，更容易專心，更容易有大成就。秩序不是禮的終極目標，幸福才是，而秩序只是幸福的其中一種體現而已。

何謂禮？禮者理也、正確的規範也，也就是什麼時間、什麼場合、根據什麼對象而該做什麼事情。禮，不等於禮節，禮節只是禮的一小部份。

10.9. 席不正，不坐。

語譯

座位不對就不坐上去。

字義

席不正：席，座位；正，正確。

10.10. 鄉人飲酒，杖者出，斯出矣。鄉人儺，朝服而立於阼階。

語譯

　　同鄉的人一起喝酒。我會等到老人離開之後，我才離開。同鄉的人舉行驅鬼儀式的時候，我會穿著朝服，並且站在屋子大堂前東面的台階上觀看。

字義

　　鄉人：同鄉的人。
　　杖者出：杖者，老人；出，離開。
　　斯出矣：才離開。斯，才。
　　儺，讀音「挪」，驅逐疫鬼的儀式。
　　阼，讀音「做」，指大堂前東面的台階，是古時候主人迎賓客的地方。

明德說

　　「斯出矣」這句話是有意義的。於禮，孔聖人不能比杖者早走，但，杖者離開之後，自己也該走了，不走，在場的那些年輕人就會不盡興。

10.11. 問人於他邦，再拜而送之。

語譯

　　有人特地從別的國家千里迢迢跑來魯國看望孔聖人，此人臨走前，孔聖人對他行再拜禮並且陪他走一段路才依依不捨打住。

字義

　　問人於他邦：問，看望；人，自己，此指孔聖人自己。於：從、自。他邦，別的國家，這裡意指路途特別遙遠。
　　再拜而送之：再拜，古代一種隆重的禮節，拜兩次，表達極為恭敬之意。而，而且。送，陪伴人到某一地點。之，代名詞，指從他國遠道而來的人。

明德說

　　一、毛子水的翻譯：「使人到別國去問候（或餽贈）朋友時，送使人時行

再拜禮。」楊伯峻的翻譯：「託人給在外國的朋友問好送禮，便向受託者拜兩次送行。」錢穆的翻譯：「孔子使使者向他邦友人問好，必再拜而送之。」

二、毛子水老師與錢穆老師都把本章與下一章合為一章，不對。兩者文義沒有任何連貫的地方。

10.12. 康子饋藥，拜而受之，曰：「丘未達，不敢嘗。」

語譯

季康子送藥給孔聖人，孔聖人行拜禮，而且也接受了，但是說了一句話：「我對藥性不懂，因此，不敢嘗試。」

字義

饋，讀音「愧」，贈送。

拜而受之：拜，表示敬意的一種禮節。拜的含義非常複雜，古代就有九種拜法。按《周禮·春官·大祝》：「辨九拜：一曰稽首，二曰頓首，三曰空首，四曰振動，五曰吉拜，六曰凶拜，七曰奇拜，八曰褒拜，九曰肅拜。」

達：明白。

嘗，試也。──《小爾雅》

明德說

本章是講禮節，別人對我們的關心以及適當的慰問品都應該接受而不拒絕，至於怎麼處理，又是另一回事。

10.13. 廄焚，子退朝，曰：「傷人乎？」不問馬。

語譯

馬廄著火了。孔聖人退朝回到家之後就問：「有人受傷嗎？」卻不去問馬有沒有怎樣。

字義

廄：讀音救，馬棚。

退朝：離開朝廷。退，退下、離開也；朝，臣子覲見君主的地方。

明德說

孔聖人處處示現道理之先後厚薄。馬與人，哪一個比較重要？當然是人。所以，孔聖人先問人有沒有受傷。同樣的，至親與路人同受難，要救誰？當然是至親，原因是至親有恩於我，但救完至親之後就要救路人。至於佛家所說的怨親平等是指怨與親都要救他們，但是有先後。平等指的是都不放棄他們，而非同時，因為同時是不可能的。

10.14. 君賜食，必正席，先嘗之。君賜腥，必熟而薦之。君賜生，必畜之。侍食於君，君祭，先飯。疾，君視之，東首，加朝服、拖紳。

語譯

國君賞賜的食物，一定恭恭敬敬的擺上供桌，請祖先享用。國君賞賜生肉，一定煮熟之後呈給祖先享用。君主賞賜活的牲畜，一定先養起來；陪伴國君吃飯，在君主用酒肉祭祀祖先和神靈的同時，先嚐嚐食物有沒有問題。孔聖人生病在家，國君過來探病，孔聖人雖臥病在床，但頭向東邊，把朝服蓋在身上、在朝服上搭上大帶子，就好像上朝穿戴整齊一樣。

字義

正席：虔誠的陳列。正，純正不染，指虔誠；席，陳也。按《禮・儒行》儒有席上之珍以待聘。

先嘗之：先，祖先。按《尚書・盤庚中》：「予念我先神后之勞爾先。」嘗，伸平舌頭接納食物。之，指國君賞賜的食物。

君賜腥，必熟而薦之：腥，生肉也；薦，呈獻也；之，指祖先。

生：活也，此指活的牲畜。

侍食於君：陪伴君主吃飯。侍，讀音事，指在尊長旁邊陪著，還有服務他人的意思，引申為服侍、侍奉。

君祭，先飯：祭，用酒肉供奉神靈或祖先。先飯，先為君嘗食，以防毒物。飯，食也。

東首：即首東，頭面向東邊。

朝服：君臣在議政時所穿的服裝。

拖紳：在朝服上搭上束在腰間的大帶子。拖，搭著；紳，束在腰間的大帶子。

明德說

一、「君賜食，必正席，先嘗之」，並非如楊伯峻所說「國君賜以熟食，孔子一定擺正座位先嘗一嘗」；也非如毛子水所說「君上賜熟食，必正席坐下先嘗，再以分賜」；也非錢穆所說「君賜食物，必正了席位先嘗它」，而是「國君賞賜的食物，一定恭恭敬敬的擺上供桌，請祖先享用」。

二、就句讀而言，應該是「君賜食，必正席，先嘗之」，而非「君賜食，必正席先嘗之」。

10.15. 君命召，不俟駕行矣。

語譯

國君要是召見，一定立刻出門，讓車馬隨後趕上。

明德說

根據《定州漢墓竹簡》，本章為獨立一章。

10.16. 入大廟，每事問。

語譯

孔聖人進入周天子祭祀祖先用的廟宇，只要有不懂的就問。

明德說

一、本章與第 3.15. 章有重覆。

二、大廟，太廟也，也作「祖廟」，是天子為祭祀其祖先而興建的廟宇。太廟在夏朝時稱為「世室」，殷商時稱為「重屋」，周朝時稱為「明堂」，秦漢時起稱為「太廟」。根據《孔子家語・觀周第十一》可知，這裡的太廟是周天子的太廟，因為孔聖人適周以「觀先王之遺制，考禮樂之所極……問禮於老聃，訪樂於萇弘，歷郊社之所，考明堂之則，察廟朝之度。……孔子觀周，遂入太祖后稷之廟，廟堂右階之前，有金人焉，三緘其口，而銘其背曰：『古之慎言人也，戒之哉。無多言，多言多敗。無多事，多事多患。』」

10.17. 朋友死，無所歸，曰：「於我殯。」朋友之饋，雖車馬，非祭肉，不拜。

語譯

朋友死了，無法安葬。孔聖人就說：「由我來治喪埋葬」。朋友的餽贈，即使是送車送馬給我，除非是祭肉，否則，我也是不行拜禮的。

字義

歸：入也，此指入土為安，即安葬也。
於我殯：於，由也。殯，喪葬事務。
祭肉：祭祀上天的祭品。
拜：一種禮節，或對人低頭拱手行禮，或兩手扶地跪下磕頭。

明德說

孔聖人很有意思。有朋友死了，沒人治喪，他挺身而出，夠義氣。朋友送他車馬這類貴重的物品，他坦然接受，不覺得有什麼不妥。蓋別人的好意或謝意，只要沒有對價關係，都可以接受。

10.18. 寢不屍，居不容。見齊衰者，雖狎必變。見冕者與瞽者，雖

褻必以貌。凶服者式之；式負版者；有盛饌，必變色而作。迅雷、風烈必變。

語譯

孔聖人睡覺時的姿勢不仰臥；在家裡不做任何打扮。看到穿齊衰孝服的人，即使對方人格卑鄙，也一定要對他表現出憂色，並予以慰問。見到高官和瞎子，即使彼此都很熟悉，但該有的禮節不因而隨便。看到穿喪服的人，一定低頭向他致意。對背著木簡的人也一定對他低頭表示敬意。被人招待豐盛的飲食，一定表現出非常高興的臉色，並對主人作揖表示感謝；一旦天象出現疾雷、猛風，那就預示著人事的變化即將到來，必須做好準備。

字義

寢不屍，居不容：屍，屍體，指屍體的擺放姿勢、全身平放、仰臥。因此，不屍應該是側臥，而且是右側臥，原因是左側臥會壓迫心臟，對身體不好，聖人自然不為。容，裝飾、化妝、打扮。

齊衰：亦作「齊縗」，讀音「姿崔」，喪服中的一種，「五服」中列位二等，次於斬衰。

狎：易也、輕視，這裡意指人格卑劣，故為君子所鄙視，這就是狎在本章的意義。

見冕者與瞽者，雖褻必以貌：冕，古代帝王及地位在大夫以上的官員們所戴的禮帽，這里泛指大官。瞽，讀音「股」，瞎眼。褻，親近的、熟識的；貌，禮貌、禮節。

凶服者式之：凶服，指的是喪服，又稱孝服，是在喪禮上穿戴的孝服。根據與死者關係的遠近分為五等：斬衰、齊衰、大功、小功、緦麻，是為五服。式，敬也，俛首致恭曰式，也就是低頭致意。

負版者：負，背也；版，牘也，古代書寫用的木簡，也就是今天的書籍。按《管子·宙合》：「故退身不舍端，修業不息版，以待清明。」

有盛饌，必變色而作：有，獲得；盛饌，豐盛的飲食；變色，改變臉色，這裡的臉色顯然是喜色；作，作揖、作禮也，在此不能訓為「起」。

迅雷、風烈必變：迅，疾也；烈，猛也；必變，必然有變化發生；變，變化。按《禮記‧玉藻第十三》：君子之居恒當戶，寢恒東首。若有疾風迅雷甚雨，則必變，雖夜必興，衣服冠而坐。

明德說

一、「寢不屍，居不容」這句話很簡單，但偏偏有人誤解，把「居不容」說成「居不客」。這句話有兩個字要解釋，屍者屍體也，容者妝飾也，義與「女為悅己者容」同，因此，這句話就是，睡覺的時候不是像死人一樣的姿勢，在家裡的時候，不需要化妝，不需要穿得很整齊，可以輕鬆一點。

二、何謂負版者？有兩種類型：讀書人以及背木簡的人，他們都是傳播文化的人，都是值得尊敬的人，因此，孔聖人對他們低頭表示敬意。在古代，尤其在孔聖人那個年代，沒有今天輕薄的紙質書本，更沒有電子書，而是木簡，那是很重的，必須用背的，所以才稱為負版。

三、「見齊衰者，雖狎必變」，並非如楊伯峻所說是「孔子看見穿齊衰孝服的人，就是極親密的，也一定改變態度，〔表示同情〕」，也非如錢穆所說「見有穿喪服的，雖是平素親狎之人，也必變容色誌哀悼」，而是「看到穿齊衰孝服的人，即使對方人格卑鄙，也一定要對他表現出憂色，並予以慰問」。

四、2020 年三月十八日，北京西郊頤和園昆明湖掀起巨浪，波濤洶湧，類似這種不正常的現象就是屬於本章所說「迅雷、風烈必變」，要出大事了。

10.19. 升車，必正立，執綏。車中不內顧，不疾言，不親指。

語譯

上車時，一定站穩，然後拉著繩索上車。在車子行進的過程中，不東張西望、說話不急速、不指示車伕該怎麼走。

字義

升，上也、登也。

綏：設在車上的繩子，用以拉引。

車中：車子行進的過程中。
內顧：回頭看。內，猶後也。顧，看。
親指：指示。親，躬也，猶自也。指，指示。

明德說

在孔聖人的時期，人們站著乘車，是所謂「立乘」，而非像今天坐著乘車。例外的是婦人。按《禮記・曲禮上》記載：「婦人不立乘。」

10.20. 色斯舉矣，翔而後集。曰：「山梁雌雉，時哉時哉！」子路共之，三嗅而作。

語譯

當山間的環境一有了變動（此變動即是孔聖人和子路進入了雌雉的視線，這就是「舉」），雌雉立刻飛離了地面而飛上一棵樹上棲息。〔見此，〕孔聖人就說：「山間橋上的雌雉對於時機的掌握真是恰到好處！恰到好處啊！」〔接著，〕子路拿出食物灑在地上要餵它們，〔雌雉看到地上的食物之後，就從樹上飛下來，〕聞了幾次，〔確定食物沒問題之後，〕就吃起來了。

字義

色斯舉矣：色者景象也；斯者才也、剛也；舉者興起、發動也。
翔而後集：翔，鳥兒展翅順風滑行；集，群鳥棲止於樹上。
山梁雌雉：梁，橋也。雌雉：雌，母的。雉，一種鳥，雄的羽毛很美，尾長；雌的淡黃褐色，尾較短。善走，不能久飛。通稱「野雞」。
時：時機也。
子路共之：共，古同「供」，供給也，在這裡就是餵食。之，雌雉。
三嗅而作：三，多次也。嗅者聞也。作者進行某事，這裡的某事當為啄食，也就是開始吃起子路給它們的食物。

明德說

一、本章並沒有朱熹所說的「此必有闕文」，只是文字異常精簡，需要讀者一點想像力。

二、據說，本章在整部《論語》裡面最費解，千古以來，各說各話。李澤厚老師說：「這章素來難解或無解。」朱熹說：「此必有闕文，不可強為之說。姑記所聞，以俟知者。」錢穆說：「此章異解極多，姑參眾說，解之如此，讀者如有疑，可自尋眾說。」毛子水對本章沒有翻譯，寫著「譯文從闕」。楊伯峻說：「這段文字很費解，自古以來就沒有滿意的解釋，很多人疑它有脫誤，我只能取前人的解釋較為平易者翻譯出來。」古棣：「色斯舉矣，至今未得正確解釋。」李零：「最後這章，莫名其妙。」

三、這一章的主旨在講時機的理解與把握。不同的情況，完全有不同的做法。我們任何的舉動，首先都是從確認環境開始。也就是不要被身邊的小事給迷惑了，而是要放大到盡可能大的世界。如此，才能正確看待自己身邊這些看似小事情的因果關係。

四、在我看來，本章其實是一部短片，這部短片由六幅畫所構成。第一幅畫是原本非常寧靜的一片山林，只有雌雉，而雌雉正在橋上悠閒地找蟲吃或散著步或在玩耍。第二幅畫是，這時候，孔聖人和子路出現了，這叫「色斯舉矣」。第三幅畫是「翔而後集」。因為突然出現了陌生的東西（即孔聖人和子路出現於林中），雌雉立刻做出反應，展翅飛離地面，飛到一棵高高的樹上棲息。第四幅畫是「曰：『山梁雌雉，時哉時哉！』」，即以孔聖人為主的畫面。孔聖人看到雌雉的反應之後，說了一句話：「山中橋上的雌雉，它們很懂時機，它們很懂時機啊！」第五幅畫是「子路共之」，主角是子路，子路從口袋（或背袋）裡拿出食物，灑在地上餵它們吃。第六幅畫是「三嗅而作」，主角是雌雉。雌雉看到地上的食物，就從樹上飛下來，聞了聞食物，確認食物沒問題之後就吃起來。

五、本章放在鄉黨篇的最後是有用意的。那麼，它的用意是什麼？就是對整篇內容的總括，一句話：時哉時哉，孔聖人不管在任何時候，對任何人，都表現得恰到好處，例如他在鄉黨表現得恂恂如也，而在宗廟朝廷卻是便便言、與下大夫言，侃侃如也、與上大夫言誾誾如也；君在，踧踖如也……總之，就是

在他生活、做人、走路、甚至飲食的每一方面都做到恰到好處,就像山梁雌雉一樣,時哉時哉。

第十一：先進篇

11.1. 子曰：「先進於禮樂，野人也；後進於禮樂，君子也。如用之，則吾從先進。」

語譯

孔聖人說：「以前的時代，禮樂就像鄉下人一樣簡單、質樸；可是，越到後來，禮樂就像一位統治者所必須接受、學習的禮樂一樣，變得繁複而隆重。因此，如果兩者要選擇其一，我會選擇簡單質樸的禮和樂。」

字義

先進：先前，即先孔聖人所處的時代。進，前也，按《廣韻》前也。
於：在，指在禮樂這件事情上面。
野人：鄉野之人。一位鄉野之人，所必需學習、遵守的禮樂，相對於君子而言，是簡單、質樸的多了。
後進：後來，是相對於先進而言，也就是孔聖人當時所處的時代。
君子：統治者。統治者所必須學習、承受的禮樂，是多麼的麻煩、繁複。
從：採取、遵從。

明德說

一、本章旨在孔聖人主張禮樂應該簡單、質樸，而不是複雜、繁瑣。

二、在本章中，君子與野人是一個相對的概念。此君子並非道德意義上的君子，而是統治者。相反的，野人就是被統治者，而是還是鄉下人。

三、以下注家的解釋恐多所謬矣。

首先對「先進」和「後進」的解釋：(1) 孔安國當成「當官的先後輩」；(2) 皇侃認為是泛指「先後輩之人」，但不特指「當官的」，而是「先輩謂五帝以上也，後輩謂三王以還也」；(3) 劉寶楠說「先進、後進，即指弟子」。

其次對「野人」和「君子」的解釋：(1) 孔安國說：「禮樂因世損益，後進

與禮樂俱得時之中，斯君子矣：先進有古風，斯野人也。」皇侃認為：「野人、質樸之稱也；君子、會時之目也。孔子言以今人文觀古，古質而今文，文則能隨時之中，此故為當世之君子也。質則樸素而為俗，是故為當世之野人也。」(2) 朱子認為，「野人、謂郊外之民；君子，謂賢士大夫。」(3) 劉寶楠認為，「野人者，凡民未有爵祿之稱也……君子者，卿大夫之稱也」

其三、至於「如用之，則吾從先進」大致有以下解法：(1) 孔安國沒有單單解釋「用之」，而是整句解釋為「〔孔子〕將移風易俗，歸之純樸，先進猶近古風，故從之。」(2) 朱子的解釋：「用之，用禮樂。孔子既述時人之言，又自言其如此，蓋欲損過以就中也。」(3) 劉寶楠認為「用之，謂用其人也」，又說「後進於禮樂，雖亦賢者，然朝廷用人，當依正制，且慮有不肖濫入仕途也」。

四、不只禮要易，而且，樂也要易。廣為傳唱，由黃霑作詞作曲的《滄海一聲笑》就是演繹樂也應該簡潔的最好證明。據說，香港導演徐克拍攝電影《笑傲江湖》時，需要一首主題曲，為此找上黃霑。黃霑填詞多次被退回，終於悟到《樂志》「大樂必易」的道理，最易者莫過於中國古音「宮商角徵羽」五聲音階，靈光乍現的他，改成「羽、徵、角、商、宮」五音簡單排列，曲子一氣呵成，奏樂也只選擇笛子、三弦、古琴三種，遂成氣勢磅礡的《滄海一聲笑》。

五、毛子水的翻譯：「那些先到了開化的程度的，是野人；那些後到了開化的程度的，是君子。如果問我何所從，則我是站在先到了開化程度的人那一邊的。」可能是我理解力有問題，對於毛老師的翻譯，我真的是不知所云。楊伯峻的翻譯：「先學習禮樂而後做官的是未曾有過爵祿的一般人，先有了官位而後學習禮樂的是卿大夫的子弟。如果要我選用人才，我主張選用先學習禮樂的人。」錢穆的翻譯：「先進一輩，從禮樂方面講，像是樸野人。後進一輩，從禮樂方面講，真像君子了。但若用到禮樂的話，吾還是願從先進的一輩。」

11.2. 子曰：「從我於陳蔡者，皆不及門也。」

語譯

孔聖人說：「當年跟我一起在陳國、蔡國遭受圍困挨餓的那些學生，現在

都已經不在我的身邊了。」

字義

從：跟從。

不及門：不在門下。門，門下，指在孔聖人身邊。

明德說

一、本章是有故事的。據《孔子年譜》記載，魯哀公三年（西元前492年），時年六十的孔聖人與眾弟子周遊列國到了陳國，在陳國停留三年。魯哀公六年（西元前489年），吳伐陳，楚來救，陳國大亂。孔聖人離陳過蔡要前往楚國，然而卻在陳蔡間被圍困，絕糧七日，弟子饑餒皆病。據《史記·孔子世家》記載，同時被困在陳、蔡的弟子有顏淵、子貢、子路。而《史記·孔子弟子列傳》的記載又加上子張。《呂氏春秋》裡又多了一位宰予。

二、究竟子張當時是否也是孔聖人這裡說的「從我於陳蔡者」之一，我個人持否定看法。原因是子張出生於西元前504年（此記載當屬實，因為根據《史記·孔子弟子列傳》，子張小孔聖人四十八歲），而孔聖人受困於陳蔡的時間是西元前489年，換言之，此時的子張才十五歲，孔聖人怎麼可能讓十五歲的小孩子跟在身邊周遊列國（孔聖人時年五十五歲始遊列國，而此時，子張也才只是一個七歲的小孩），這種可能性是很小的。因此，我認為，孔聖人受困時，子張不在其中。所以，《史記·孔子弟子列傳》的記載是錯誤的，而《史記·孔子世家》的記載才是準確的。而如果子張真的在現場，那就還有一種可能，那就是子張不是出生於西元前504年，而是要早得更多。

三、本章有點感傷。孔聖人講這句話的確切時間應該是回到魯國之後（西元前484年），過世之前（西元前479年）的在這段期間。顏淵死於西元前481年，子貢此時要嘛在魯國做官，要嘛在外經商，子路此時可能在衛國做官或者已經死了（子路死於西元前480年），宰我的去向則難以查證。

四、孔聖人在六十八歲（西元前484年）回到魯國，結束長達十四年在外顛沛流離的生活。西元前483年，孔聖人之子伯魚卒。西元前481年，顏淵過世。西元前480年，衛國有政變，蒯聵逐其子出公而自立，是為衛莊公。子路

此時為衛大夫孔悝（悝讀音虧）的邑宰，死於難。西元前479年，周曆四月十一日（即夏曆二月十一日），孔聖人過世，享年七十三。

　　五、有一個問題是，宰我離開孔聖人之後究竟去了哪裡，是否真的去了齊國？若按照《史記》記載：「宰我為臨菑大夫，與田常作亂，以夷其族，孔子恥之。」但若按《史記索隱》作者司馬貞的說法：「《左氏傳》無宰我與田常作亂之文，然有闞止字子我，而因爭寵，遂為陳恆所殺。恐字與宰予相涉，因誤云然。」我個人傾向司馬貞的看法。不過，不管宰我是否去了齊國，可以確定的是，孔聖人說這句話的時候，宰我也已不在孔聖人身邊。

11.3. 德行：顏淵、閔子騫、冉伯牛、仲弓；言語：宰我、子貢；政事：冉有、季路；文學：子游、子夏。

語譯

　　孔聖人門下分為四科，分別是德行、言語、政事、經學（六經）。其中德行一科最為優秀者：顏淵、閔子騫、冉伯牛、冉仲弓；其中言語一科最為優秀者：宰我、子貢；其中政事一科最為優秀者為：冉有、子路；在六經方面最為傑出者：子游、子夏。（以上是所謂四科十哲。）

字義

　　德行：道德品行。
　　言語：指口才、應對進退。
　　政事：為官、處理政務。
　　文學：指詩書禮樂、典章制度，並非我們現在所說的文學。馬融注：「文者，古之遺文。」邢昺疏：「注言古之遺文者，則詩書禮樂易春秋六經是也。」

明德說

　　政事科的內容應該包括軍事，理由是冉有和子路同時擅長軍事。根據《孔子年譜》，西元前484年春，齊師伐魯，冉求為季氏將左師，與齊軍戰于魯郊，

克之。在子路方面，孔聖人稱讚子路：「由也，千乘之國，可使治其賦也。」古者徵兵員及修武備皆稱賦，治賦即治軍。要是孔聖人沒有教他們軍事，他本身也不懂軍事，那冉有又從哪裡學到軍事知識，孔聖人又如何有資格評價子路能治軍？

11.4. 子曰：「回也，非助我者也！於吾言，無所不說。」

語譯

孔聖人說：「顏回不是幫助我的人啊！他對於我所說的話，從來沒有不滿意的。」

字義

言：話，此指孔聖人說的話，也就是對學生的教誨。
無所不說：沒有不高興的。無所，沒有。說，音義同「悅」，喜悅。

問答

問：在這裡孔子到底是在讚揚顏回還是在批評他？
答：(1) 孔聖人當然不是在批評顏回，而是覺得如果顏回能對孔聖人提出一些更尖銳、更深刻的問題，來讓孔聖人思考或回答，這樣，對孔聖人會是一種幫助，而顏回沒有這樣做。(2) 有些時候，學生問老師問題，不一定是因為自己不懂，而是為了同學裡面還不懂的人而問。

11.5. 子曰：「孝哉閔子騫！人不閒於其父母昆弟之言。」

語譯

孔聖人說：「閔子騫真是孝順啊！人們不會說他的父母兄弟的閒言閒語！」

字義

閒言：說閒話。閒話不一定就是惡意或毀謗或離間的話。因此，閒言不能

說成是「間言」。閒,空也,空穴來風、沒有根據的。

　　昆弟:昆,哥哥。

明德說

　　一、「人不閒於其父母昆弟之言」為「人不言閒於其父母昆弟」的倒裝。其中,之為助詞,無義。因此,不需要出現在還原之後的句子中。就像「何陋之有」還原之後變成「陋,何有」,「之」就不需要出現了。

　　二、為什麼人於其父母昆弟不閒言?原因是閔子騫的孝悌,讓他的後母感動而成為慈母,一家和樂,且都是善人,自然就沒有關於其父母兄弟的閒言閒語,這都是閔子騫的功勞啊!根據《韓詩外傳》記載:「子騫早喪母,父娶後妻,生二子,疾惡子騫,以蘆花衣之,父察之,欲逐後母。子騫曰:『母在一子寒,母去三子單。』父善之而止,母悔改之,遂成慈母。」

　　三、楊伯峻的翻譯:「閔子騫真是孝順啊!別人對於他爹娘兄弟稱讚他的言語並無異議。」毛子水的翻譯:「閔子騫真孝啊!使人沒有非閒他父母兄弟的話。」錢穆的翻譯:「閔子騫真孝呀!他的父母兄弟都說他孝,別人聽了,也從沒有什麼非議。」

　　四、閔子騫的孝順表現在什麼地方?不是表現在他盡心盡力地奉養父母,而是表現在別人對他一家人都沒有閒言閒語-- 這是非常困難的啊!

11.6. 南容三復白圭,孔子以其兄之子妻之。

語譯

　　南容一再背誦《詩經》裡面的一首詩:「白圭上有污點還可以磨去,說話要是說錯了,就無法挽回。」孔聖人把他哥哥的女兒嫁給南容。

字義

　　南容,即南宮括,孔聖人的學生。

　　三復:一再反覆,指一遍又一遍;三,多也,非就是三次。復,反復,也做反覆。

兄之子妻之：子，女兒也。妻，嫁。

明德說

一、「白圭」一詞出自《詩經・大雅・抑》，原詩：「白圭之玷，尚可磨也。斯言之玷，不可為也。」其中，玷，讀音電，瑕疵、過失。為，做也，這裡指做改變、做彌補。

二、千萬不要誤解，以為孔聖人只是因為南容一再背誦《詩經》裡面的那一首詩，就把他哥哥的女兒嫁給他，不是的。是因為南容能實踐裡面的話，也就是說話很慎重，才把他哥哥的女兒嫁給他的。

三、當一個人心裡面一直嚮往著某種典型，無形中，他就會慢慢變成那一類人，南容就是屬於這種情形。

11.7. 季康子問：「弟子孰為好學？」孔聖人對曰：「有顏回者好學，不幸短命死矣！今也則亡。」

語譯

季康子問孔聖人：「您的學生裡面，有誰是一心向道的呢？」孔聖人回答說：「我有一個學生一心向道，他叫顏淵，不過，他已經短命死了！現在已經沒有了！」

字義

季康子（西元前?-468年）：當時魯國的權臣。

顏回（西元前521-481年）：尊稱顏子，字子淵，魯國人，得年四十，是孔聖人最得意的門生，有復聖之稱。

孰為好學：孰，誰也。為，是也。好學，一心向道。

亡，音義同「無」。

11.8. 顏淵死，顏路請子之車以為之槨。子曰：「才不才，亦各言其子也。鯉也死，有棺而無槨；吾不徒行以為之槨，以吾從大夫

之後，不可徒行也。」

語譯

　　顏淵死了，這時候，顏淵的父親顏路請孔聖人把他的車子賣掉，以所得款項來買外棺給顏淵用。這時候，孔聖人就說：「不管是有才還是無才，都是自己的孩子。我的孩子孔鯉死了，也只有內棺而無外棺。我不會把我的車子賣了，然後去買外棺給顏淵用。因為我曾經擔任過大夫，是不可以徒步走路的。」

字義

　　顏路請子之車以為之椁：顏路，顏回的父親；第二個「之」，代名詞，這裡指顏淵。椁，讀音「果」，外棺也，即棺材外面的套棺。古代大官的棺木至少有兩層，內層稱棺，外層稱椁，因此有內棺外椁之說。按《西京雜記》卷六：「魏襄王冢，皆以文石為椁，高八尺許，廣狹容四十人。」
　　棺：裝斂屍體的器具。
　　以吾從大夫之後：以，因為；吾，我也；從大夫之後猶言過去曾擔任過大夫的官職。大夫，職官名，多係中央要職和顧問。
　　徒行：步行也。

問答

　　問：「以吾從大夫之後，不可徒行也。」孔子現在已經不是大夫了，為什麼還不可徒行？
　　答：當時孔聖人雖然已經沒有在朝為官，但仍是政府顧問，經常要被徵詢，因此需要車子。怎麼看出魯國政府對他的重視呢？孔聖人去世後第二年，即西元前478年，魯哀公在曲阜闕里孔聖人舊宅立廟，即今天的曲阜孔廟。孔聖人生前所住的三間房屋改成壽堂，陳列孔聖人生前的生活用品，並按歲時祭祀，祭孔由此開始。皇帝祭孔則由漢高祖開始，據《史記‧孔子世家》記載：「高皇帝過魯，以太牢祠焉。」

11.9. 顏淵死，子曰：「噫！天喪予！天喪予！」

語譯

顏淵死了,孔聖人說:「噫!這是老天要我死啊!這是老天要我死啊!」

字義

噫:讀音「伊」,悲痛、嘆息。
天喪予:喪,亡也。予,我也,此指孔聖人自己。

11.10. 顏淵死,子哭之慟。從者曰:「子慟矣!」曰:「有慟乎?非夫人之為慟而誰為!」

語譯

顏淵死了,孔聖人哭得太悲傷了。這時候,跟隨在他身邊的人就說:「您悲傷過度了!」孔聖人就說:「我真的悲傷過度嗎?我不為顏淵傷痛,要為誰傷痛呢?」

字義

慟,讀音「痛」,過度悲傷也。
從:隨、跟隨。
夫人:這個人、那個人,這裡指顏淵。夫,讀音「服」,人稱代名詞。相當於「此」、「彼」。

11.11. 顏淵死,門人欲厚葬之。子曰:「不可。」門人厚葬之。子曰:「回也視予猶父也,予不得視猶子也。非我也,夫二三子也。」

語譯

顏淵死了。孔聖人的學生們想要厚葬顏淵。孔聖人說:「這是不可以的。」但是孔聖人的門生還是把顏淵給厚葬了。孔聖人對著那群學生說:「顏淵把我看作他的父親,我卻不能把他當作自己的孩子來決定他的喪禮。厚葬顏淵不是

我的決定,是你們的決定。」

字義

門人:弟子,此即孔聖人的學生們。
厚葬:隆重、盛大的葬禮。
二三子:諸位、你們,即孔聖人的學生,即顏回的師兄師弟們。

問答

問一:先進第七、八、九、十,這幾條描寫了顏淵死後,一方面可見孔子之悲慟,但另一方面他又嚴格恪守禮制,不同意門人要求厚葬的請求。在孔子身上,理性與個體情深相互交雜,如何處理權衡禮制與人情兩者之間的關係?

答一:禮,規範也。並非所有的禮都是好的,但是,好的禮已經把人情考慮在裡面了。

問二:顏淵死,門人欲厚葬之,子曰:「不可。」為什麼孔子不同意?

答二:這裡主要涉及禮制,而非冷漠,想幫忙也幫不了。中國古代喪禮的基本特徵,包括:重孝道、明宗法、顯等級。一、重孝道。「孝,禮之始也。」(《左傳・文公三年》)上至天子,下至庶民,莫不如此。官員喪父母,須辭官服喪三年,後人會在先人的牌位或墓碑上冠以「某孝子(女)」、「某孝孫(孫女)」等等都在彰顯孝道;二、明宗法:使人明白自己所屬的宗法關係(宗法:古時分別嫡庶的制度,以別親疏,以示系統,以明親親合族之義),以及個人在其中應有的權利和應盡的義務。三、顯等級:即顯示死者在社會中的地位。喪禮中盡顯等級,例同樣是死,但說法不同,《禮記・曲禮》「天子死曰崩,諸侯曰薨,大夫曰卒,士曰不祿,庶人曰死」;又用什麼禮儀出殯、墓制規格、墳高、墓區的大小等都因等級而有不同。

11.12. 季路問事鬼神。子曰:「未能事人,焉能事鬼?」「敢問死?」曰:「未知生,焉知死?」

語譯

　　子路問孔聖人，如何與鬼神相處。孔聖人說：「連人都無法相處，如何能談到與鬼神相處的問題？」子路接著又問孔聖人：「人死之後的情形是怎樣子的？」孔聖人說：「連怎麼活都不明白了，還想明白死以後的事情？」

字義

　　季路：子路也。
　　事：服侍、相處、面對、應對進退。
　　敢，表示冒昧。

問答

　　問：「未能事人，焉能事鬼」的含義。
　　答：我們經常想一些沒有意義的問題，就像子路這裡所提的問題。例如，怎麼活都不知道了，就算讓你知道死以後的事情，有意義嗎？沒有意義。君子思不出其位，眼前的事情都做不好，還說那些無法驗證的事情。孔聖人的回答體現了孔聖人的理性精神，不講神話，不講假話，也不講沒意義的話。

11.13. 閔子侍側，誾誾如也；子路，行行如也；冉有、子貢，侃侃如也。子樂。曰：「若由也，不得其死然。」

語譯

　　孔聖人的一群學生圍在老師的身邊。其中閔子騫很溫和、很恭敬。而子路呢，卻是一派剛強的樣子；至於冉有、子貢則是滔滔不絕地說話。孔聖人很高興、很喜悅。孔聖人說：「另外，子路，無法善終啊！」

字義

　　閔子侍側：閔子，閔子騫也。侍，讀音「是」，在一旁陪著。
　　誾，讀音「銀」，和敬貌。
　　行行，音沆，剛強也。

侃侃：侃侃：滔滔不絕地說話。

子樂：子，孔聖人。樂，讀音「勒」，愉悅。

若由也：若，至於，表示另提一件事。由，子路也。

不得其死然：不得其死，不得善終；然，用於句末，表斷定、肯定的語氣。

明德說

根據皇疏本，「若由也，不得其死然」一句，「若」上有「曰」字。今依皇本。雖然根據《定州漢墓竹簡》以及流通版，「若」上都沒有「曰」字。

11.14. 魯人為長府。閔子騫曰：「仍舊貫，如之何？何必改作！」子曰：「夫人不言，言必有中。」

語譯

魯國國君要興建一座可以長久使用的官署。這時候，閔子騫就說：「原來的建築物繼續使用就可以，不用改建，這意見如何啊？」孔聖人聽到閔子騫的話就說：「閔子騫平時不說話，要是說話，一定有道理。」

字義

魯人：這裡實指魯國國君。

長府：長者久遠也；府者官署、官員辦公之處也，這裡指魯君的辦公地點，按今天的話來講，叫總統府。

貫者，通「慣」，習慣、熟悉，這裡指的是不要變動，保持跟原來一樣。

夫人不言：夫，讀音「福」，文言指示代名詞，相當於「這」或「那」。因此，「夫人」即這個人，也就是指閔子騫。不言，並不是一句話都不說，而是不輕易開口。

言必有中：說話一定有道理。中，讀音「眾」，合、對。有中，有道理。

明德說

一、這章講的是政府財政該如何使用的問題。孔聖人的看法是要節約開支，

不要浪費公帑。因為公帑一分一毫都是來自民脂民膏。如果政府沒有把錢花在刀口上,那麼,國家財政就會出現赤字,為了填補赤字,一定要舉債,而債務一定是由人民來還,不會是官員,這樣子,人民的生活就不幸福了。你們可能不知道財務健全對一個人、一個家庭、一個國家是多麼的重要!如果財務不健全,輕則失去自由之身,重則家破人亡。那麼,一個國家的財務健全怎麼來?實在是一點一滴節儉而來。因此,當魯國國君想要把還可以用的官府拆掉,新蓋一棟建築物時,孔聖人就反對,因此讚賞閔子騫的觀點,而且稱讚閔子騫說到要害了。為什麼是說到要害呢?因為新蓋一棟給國君辦公的建築物,必然耗資龐大,長期且大量徵用民工,必然加重人民的負擔。

二、為什麼這個「魯人」是魯國國君呢?因為只有魯國國君才會有興建長府的想法。為什麼不直接寫魯國國君呢?因為孔聖人不贊成魯國國君這麼做。在這種情形下,直接說魯君,就等於直接反對魯君,就不合於禮了。

三、毛子水的翻譯:「魯人修治長府。閔子騫說:『最好仍舊不動!那還能怎麼樣?何必要修治呢?』孔子說:『這個人不輕易說話;一說話定會說對!』」楊伯峻的翻譯:「魯國翻修叫長府的金庫。閔子騫道:『照著老樣子下去怎麼樣?為什麼一定要翻造呢?』孔子道:『這個人平日不大開口,一開口一定中肯。』」

問答

問:「仍舊貫」是不是有守舊的嫌疑?

答:這裡的旨趣無關守舊或創新,而是節約人力、物力、時間,不要浪費民脂民膏。

11.15. 子曰:「由之瑟,奚為於丘之門?」門人不敬子路。子曰:「由也升堂矣!未入於室也!」

語譯

孔聖人說,「子路這麼彈瑟,怎麼會是出自我的教誨呢?」孔聖人的弟子聽了這話後,就不再敬重子路了。孔聖人看到這種情形之後說:「子路不只是

跨進了我的門，還已經進了廳堂，只不過，還沒進到房間就是了。」

字義

瑟，讀音「色」，一種撥弦樂器，形狀似琴，長八尺一吋，廣一尺八吋，相傳為伏犧所作。古有五十弦，後改為二十五弦，弦各有柱，可上下移動，以定聲音清濁高低。

奚為於丘之門：奚，怎麼。為，是。於，自。丘，孔聖人之名。門，門下，意指教誨。

堂：大廳。

室：室為古代供人寢臥的房間。位於堂之後，有門與堂相通。由於室在堂後，要入室必須先登堂。

明德說

由本章可見，孔聖人確實是十項全能，對於樂，那可是專家中的專家啊！

11.16. 子貢問：「師與商也孰賢？」子曰：「師也過，商也不及。」曰：「然則師愈與？」子曰：「過猶不及。」

語譯

子貢問孔聖人：「子張跟子夏，哪一個更優秀？」孔聖人說：「子張太過了，而子夏則顯得不足。」子貢接著問：「這樣的話，子張較優秀囉？」孔聖人回答：「過跟不及沒什麼不同！」

字義

師與商也孰賢：師，指的是顓孫師，即子張；商，指的是卜商，即子夏。孰，誰也。賢，勝也。

然則師愈與：然則，承接連詞。表示互相因襲的關係。如口語中的「那麼」、「既然如此」。師，子張也。愈，勝過。與，音義同「歟」。

過猶不及：猶，如同、一樣。不及，不足、不滿、不夠。

問答

問：過猶不及，到底如何把握合適的度？

答：這沒有速成的辦法，只能靠自己修煉，也就是拒絕誘惑。修煉的方式，我主張按照孔聖人的教法，你們可以學南容，三復「論語」，久了，一定有成就。

明德說

過與不及的評斷標準就在於是否恰到好處。例如尾生之信就是過，而一般人經常不守信就是不及。

11.17. 季氏富於周公，而求也為之聚斂而附益之。子曰：「非吾徒也！小子鳴鼓而攻之可也！」

語譯

魯國權臣季康子已經比魯國國君魯哀公還富有了，在這種情況之下，冉求還為季康子搜刮人民的財貨而讓季康子變得更富有。孔聖人說：「冉求已經不是我的學生了，你們可以大肆的攻擊他、批評他。」

字義

周公：周天子之臣，食采邑於周，受封公爵，即當時的魯國國君魯哀公。

季氏：魯國國君之臣，即季康子。

聚斂而附益之：聚斂，搜刮財貨。附益，增加。

小子：老師對學生的稱呼。

說明

一、楊伯峻說：「周公有兩說：（甲）周公旦；（乙）泛指在周天子左右作卿士的人，如周公黑肩、周公閱之類。」錢穆說：「此乃周公旦次子世襲為周公而留於周之王朝者。」他們的說法都不對。本章的周公是指當時的魯國國君魯哀公。

二、為什麼這裡的周公是魯哀公，季氏是季康子？原因是季康子在魯哀公三年（西元前 492 年）襲承父爵，一直到他死，也就是魯哀公二十七年（西元前 468 年）都是魯國的實際掌權人。而孔聖人在西元前 484 年回到魯國，於西元前 479 年過世，因此，兩人約有五年的時間是重疊的，都在魯國，有經常的互動，包括孔聖人的一些弟子也都在季康子下面做官，例如冉有。

　　三、為什麼本章不直接點名季康子和魯哀公？因為這不是好事情，是為了避諱，因為名義上，季康子和魯哀公都是孔聖人的上級。

問答

　　問：為什麼孔子對於不同道的人是採取「攻擊」呢？

　　答：你覺得該不該呢？人要不要有是非觀念？從這裡又可以看到，孔聖人的主張是民本，而不是政權儒家的君本位。因此，他氣憤自己的學生竟然把老師教的都忘記了，背離了仁義，怎麼可以為了自己的官位而犧牲人民的幸福。孔聖人的做法正說明他歷來的主張，以民為本。他對冉有的行為深惡痛決，甚至表明冉有不再是他的學生了，以後各走各的路。孔聖人果然是聖人！聖人的意思不是他做了多少偉大的事情，而是他聖明、明明白白、是非分得很清楚、永遠想著別人。要是只想著自己好處、要是不敢得罪人、八面玲瓏，這種人反而是壞人。

11.18. 柴也愚，參也魯，師也辟，由也喭。

語譯

　　柴啊，悟性不夠！參啊，說話不流利；師啊，不夠公正；由啊！過了點！

字義

　　柴也愚：柴，姓高，名柴，字子羔。齊國人，孔聖人弟子。小孔聖人三十歲，生於西元前 521 年，卒年不詳。愚，悟性不夠。

　　參也魯：參，曾參。魯者鈍詞也。

　　師也辟：顓孫師，名師，字子張。辟者音義通「僻」，不正、偏頗也。

由也巚：由，仲由，即子路。巚，進也，超過。

明德說

一、按照《定州漢墓竹簡》，是「由也巚」而非「由也喭」。今從《定州漢墓竹簡》。

二、柴、參、師、由分別是高柴、曾參、顓孫師、仲由的名。在古代，長輩、師長稱自己的晚輩、學生以名，而不是字。字由晚輩稱。

11.19. 子曰：「回也其庶乎！屢空。賜不受命，而貨殖焉，億則屢中。」

語譯

孔聖人說：「顏回真不簡單，經常餓肚子，還能一心向道。子貢不聽我的話，反而去做生意，而且臆測經常很準確（指商場上的買賣、供需的預測）。」

字義

回也其庶乎！屢空：庶，舊指賢人，賢者勝過、超過、不簡單、了不起，賢也指：有德行、有才能的人；空者，匱乏也，貧窮也。

賜不受命：子貢不聽話。賜，子貢也。受命，承教。按漢・劉向《說苑・卷十・敬慎》：「敬受命，願聞餘教。」受，接受。命者，上級對下級的指示。

貨殖：經商。

億則屢中：億者，通臆，指臆測、推測；屢者，每也，經常；中者合、正對上也。

明德說

一、若按照《定州漢墓竹簡》，本章與上一章合為一章。

二、「回也其庶乎」的「庶」並非如《康熙字典》以及楊伯峻、錢穆所說是「近」，而是賢能。按《康熙字典》：「《論語》回也其庶乎。《集注》庶，近也。」楊伯峻：「庶，庶幾、差不多」；錢穆：「庶，庶幾義。言其近道。」

問答

問：顏回學問道德接近于完善卻在生活上常常貧困，同時子貢不聽命運的安排去經商反而致富。生活中這種事例也數見不鮮，請問老師如何看待這種現象？

答：只要不做壞事、不欺騙人，什麼事情都可以做。事實上，儒家主張致富，但取之有道。孔聖人不也說了嗎，「庶之」、「富之」、「教之」。

11.20. 子張問善人之道。子曰：「不踐跡，亦不入於室。」

語譯

子張問孔聖人，怎樣做一個善人？孔聖人回答說：「（當我們做了一件好事，）不要留下痕跡，也不要（把我們所做的這件好事）帶入家裡（，跟家裡的人說）。」

字義

善人之道：善，好、良；道，方法、做法。

不踐跡：不留下痕跡，也就是不讓被幫助的人知道是誰幫助了他。踐，踩也、踏也；跡，痕跡。

亦不入於室：亦，也也、也者同樣也。入，進入。室，家裡、房間也，指家人。

明德說

一、毛子水的翻譯：「子張問做善人的成就。孔子說：『善人能不循惡俗，但亦不能到至德。』」楊伯峻的翻譯：「子張問怎樣才是善人。孔子道：『善人不踩著別人的腳印走，學問道德也難以到家。』」錢穆的翻譯：「子張問善人的行為。先生說：『善人能不踏著前人腳印走，但亦進不到室內去。』」

二、真正的善人之道是默默行善，而自己也沒跟第二個人提起，最後是連自己也忘記了有這回事。當一個人做好事還大肆宣揚，那就不只不是善人，而是居心叵測了。

三、「不踐跡，亦不入於室。」可簡化為默默行善四個字。跟這句話同樣意思的是朱柏廬《朱子家訓》中的一句話：「善欲人見，不是真善，惡恐人知，便是大惡。」真正的善事，是沒有人知道的，也是沒有人表揚的。能理解嗎？

問答

問：怎樣讓自己的善良長出牙齒，有棱角，有鋒芒？

答：首先，要確定自己是不是想要善良；其次，善良不需要有棱角、也不需要有鋒芒，善良就是有能力幫助別人，而且也確實幫助到了值得幫助的人，具備這樣能力的人，當然能自保、別人傷害不了你。那麼，如何才能有善良？這是很困難的，一般人做不到。怎麼做？一般人無法分辨真假、無法分辨善惡，一個想要善良的人首先是能夠分辨真假善惡，否則，就是幫助了不該幫助的人（即自己被利用了）。那麼，如何能分辨真假？那是要付出代價的，不是說說就能得到。其次，你能堅守正道嗎？如果不能堅守正道，遇到威脅、利誘就妥協、讓步，這樣，如何能善良？其三，事實上是其二的延伸，那就是你能不能經受打擊、能否不屈不撓？一般人也是做不到的。如果以上三點都做到了，牙齒自然就長出來了。所以，要有牙齒，就要有善良，沒有善良，就長不出牙齒。所以，我們要培養的是善良，而不是去培養牙齒。就像很多人以為有了名利就能得到幸福一樣，不是的，我們要的是幸福，而非名利。因為名利不一定能帶來幸福，而幸福也不需要以名利做為前提，有了幸福也不是就一定沒有名利。

11.21. 子曰：「論篤是與，君子者乎？色莊者乎？」

語譯

孔聖人說：「我們要去判斷一個人是真的忠厚誠實嗎？他是真君子？還是裝扮出來的君子？」

字義

論篤是與：論，評定、推斷也；篤，忠厚誠實也；是，真也、實也；與，音義同「歟」，表示疑問語氣。

色莊者乎：色，外表。莊者，通妝，如《漢書·司馬相如傳》中有：「靚莊刻飾」，於此，莊為妝之假借字。因此，莊就是假裝、裝扮。

明德說

一、「論篤」並非「言論篤實」或「言論篤實的人」，例如程子：「論篤者，言之篤厚也。」何晏《論語集解》說：「論篤者，謂口無擇言。」皇侃說：「篤，厚也。言善人有所論說，必出篤厚謹敬之辭也。」邢昺：「篤，厚也。謂口無擇言，所論說皆厚重，是善人與？」戴望解釋「篤，信也。論篤，言足信者。」總之，他們都把論篤解釋成「言論篤實」，這種理解不對。論，並非言論，而是評斷。而「與」也非如錢穆所說「許與義」；「莊」也非錢穆所說「莊嚴」或楊伯峻所說「莊重」。

二、楊伯峻的翻譯：「總是推許言論篤實的人，這種篤實的人是真正的君子呢？還是神情上偽裝莊重的人呢？」毛子水對本章的說法如下：「因為這章的文理難懂，我們實不能說這章亦是講『善人之道』的，並且也不能略做解釋和翻譯。（元陳天祥四書辨疑：『此與上章「不踐跡」，文皆未詳；不敢妄說。』）」錢穆的翻譯：「先生說：『但聽他議論篤實，便贊許他，那知他真是一君子呢？還是僅在容貌上那麼地莊嚴呢？』」

三、本章是孔聖人提醒我們，這個世界上有很多的偽君子、假偉人、假學說、邪教，因此，我們必須對人做一個正確的判斷，而判斷的依據其實也很簡單，言行是否一致。至於對假貨的判斷也很簡單，那就是：(1) 是否是烏托邦，如果是烏托邦，那一定是邪說、魔教；(2) 是否主張平等，凡是主張不平等的學說、宗教，也都是有問題的；(3) 是否在誘惑你、是否宣稱速成、是否以犧牲別人為代價，是否需要利用別人、欺騙別人、使用暴力，如果宣稱速成，以犧牲別人為代價、必須使用欺騙和暴力的手段、用一蹴可幾的好處利誘你的，那也必定是惡教邪說，而這些惡教邪說其實就在我們身邊。(4) 是否宣稱自己是上帝（之子）、是真主、是佛。如果是，那一定是邪教。

四、孔聖人對人性非常了解、透徹，他知道很多魔鬼都假扮成聖人、神、佛，不如此，怎麼讓別人掉入陷阱，不如此，怎能獲得別人的信任？因為他假扮成聖人、神、佛，所以，很多人都被矇騙了。

五、這裡我提出「壞人七想」理論，用以解釋和預測壞人的心理和會採取的行為。所有的壞人，他們想的、做的都是一樣的，那就是想辦法利用別人、想辦法騙別人、想辦法控制別人、想辦法分化離間別人、想辦法滿足自己的淫欲逞淫威、想辦法裝神弄鬼、想辦法裝模作樣。

問答

問一：在與人交往中，我們該秉持怎樣的態度和原則？

答一：真誠、隨緣（不強求）。

問二：除了語言之外，我們還可以通過什麼來評判一個人？

答二：(1) 看他做事情是否公正客觀。(2) 光看語言不看其他，就很能了解一個人。怎麼做？記錄他的語言內容，分析他為什麼這麼說？是說真話，還是說假話？說真話，基本上判定是好人，說謊話，基本上判定是壞人。(3) 世界上有一類最笨的人，這類最笨的人不是智商低，相反的，智商很高，這類人也很容易被騙，他們為什麼被騙？因為騙子充份利用了他們的弱點，因此，根本沒有察覺，事實上，自己已經被騙了。想想看，自己是不是懦弱、貪婪、只想有現成的答案，不喜歡自己找答案，如果是的話，那就很容易掉入別人的陷阱。

11.22. 子路問：「聞斯行諸？」子曰：「有父兄在，如之何其聞斯行之！」冉有問：「聞斯行諸？」子曰：「聞斯行之！」公西華曰：「由也問聞斯行諸，子曰，『有父兄在』；求也問聞斯行諸，子曰，『聞斯行之』。赤也惑，敢問。」子曰：「求也退，故進之；由也兼人，故退之。」

語譯

子路問孔聖人：「決定了就立刻行動嗎？」孔聖人說：「家裡還有長輩在，怎麼可以決定了就立刻去做？要先問一問家裡長輩的意見。」冉有問孔聖人：「決定了什麼就趕快去做嗎？」孔聖人回答說：「是的！」這時，公西華就問了孔聖人：「子路問您決定了什麼就要趕快去做嗎，你回答：『還要問一問家中長輩的意見。』冉求問您同一個問題，你卻回答冉求：『是的，趕快去做。』

為此，我就疑惑了，想請教老師您箇中的道理。」孔聖人就回答：「冉求的個性是考慮過多，因此，我鼓勵他大膽一點，而子路的個性比較急躁，因此，我讓他稍微緩一緩。」

字義

聞斯行諸：聞，知道，猶言決定。斯，則也、就也。行，行動。

有父兄在：父兄，父親和哥哥，但這只是以部份代全體，事實上，是指家中長輩，除了父親、哥哥之外，事實上還包括媽媽、爺爺、奶奶、姐姐等等。

求也退，故進之：退，畏縮不前，與「進」相對。進，積極、努力。指冉求做事情總是想太多，以至於容易錯過最佳時機，因此，孔聖人要冉求知道了就去做。

兼人：超過別人，指個性容易衝動。兼，超過。

退之：讓他煞一煞車。退，減退、下降、剎車。

明德說

一、這裡又是一個過與不及的例子。有的人個性衝動，有的人個性又想太多，都不合乎中庸之道，都不會得到最佳結果，要嘛壞了好事，要嘛錯失良機。

二、「求也退，故進之；由也兼人，故退之。」對於這句話，楊伯峻的譯文是：「冉求平日做事退縮，所以我給他壯膽；仲由的膽量卻有兩個人的大，勇於作為，所以我要壓壓他。」錢穆的譯文是：「冉求，他老是退縮，所以我要拉他向前；仲由，他一人要兼兩人事，勇於作為，所以我要抑他退後。」

11.23. 子畏於匡，顏淵後。子曰：「吾以女為死矣！」曰：「子在，回何敢死！」

語譯

孔聖人被匡這個地方的人給威脅了。顏淵後來也跟老師會合了。孔聖人看到顏淵就說：「我以為你死了呢！」顏淵就回答：「老師您還活著，弟子我怎敢就死了呢！」

字義

畏：音義同「威」，即威脅、脅迫、欺凌。

女：音義同「汝」，即你也。

明德說

雖然這句話很白話，但很讓人傷感，其實也道出了一個可能：白髮人送黑髮人。雖然顏淵這時候說：「老師您還活著，弟子我怎敢就死了呢？」然而，顏淵卻是先死了。經常而言，年紀大的會先死，可是，不必然，有的好人年紀輕輕就死了，有的壞人卻能活個一百歲。其實，生死不用計較！活著一天就把那一天活出善良就足夠了！

11.24. 季子然問：「仲由、冉求，可謂大臣與？」子曰：「吾以子為異之問，曾由與求之問。所謂大臣者，以道事君，不可則止；今由與求也，可謂具臣矣。」曰：「然則從之者與？」子曰：「弒父與君，亦不從也。」

語譯

季子然問孔聖人：「子路、冉求可以說是人格崇高、以民為念的臣子嗎？」孔聖人說：「我以為您問別的事，沒想到是問子路與冉求的事。所謂的大臣，他們用正道服侍君主，君主願意遵循正道，那就輔佐，君主不能遵循正道，那就離開。如果您問的是他們兩個人，他們可以說是能臣。」季子然接著問：「那麼，他們會服從上級的命令嗎？」孔聖人說：「是的。不過，要是讓他們殺父與殺君，他們是不會聽從。」

字義

季子然：姬姓，魯國三桓之一季氏的族人。這時，子路、冉求都在季家做官。

大臣：人格崇高、以民為念的臣子。這裡的大是指人格崇高、以民為念，是與「小」相對的概念，小則是人格卑劣、滿腦子全是傷天害理、坑害別人的

念頭。

曾由與求之問：曾，讀音「增」，做副詞，竟然、沒想到。

以道事君，不可則止：道，正道，也就是以民為念、心繫眾生。止，離開。

今由與求也，可謂具臣矣：今，假使、如果，按「今括一旦為將。」——漢・劉向《列女傳》。具臣，能臣、能幹之臣，能完成上級任務者。具，才能、才幹。

亦不從也：亦，不過、只是。按《戰國策・齊策四》：「王亦不好士也，何患無士？」

明德說

朱熹《集注》說「具臣，謂備臣數而已」、錢穆也把具臣理解為「猶云備位充數之臣」，他們的理解都是錯誤的，具臣是才具之臣。

11.25. 子路使子羔為費宰。子曰：「賊夫人之子！」子路曰：「有民人焉，有社稷焉，何必讀書，然後為學？」子曰：「是故惡夫佞者。」

語譯

子路讓子羔做費這個地方的長官。孔聖人說：「你這麼做是在傷害別人家的孩子啊！」子路回答：「有現成的人民、有現成的政府機關，現在就可以當官，何必要先讀書？〔可以先做官〕，然後再讀書嘛！」孔聖人說：「因此我厭惡伶牙俐齒的人！」

字義

子路使子羔為費宰：子羔，姓高名柴，子羔為字；費，費邑，季氏的封地。宰，主管、主持。

賊夫人之子：賊，傷害；夫，假借為「彼」。他，她，它，他們——第三人稱代詞。

社稷：原指土地神和穀稼神，這裡指政府機關。社，土地神；稷，五穀之

神。

佞：口才好，這裡指伶牙利嘴，有貶義。

問答

問：「賊夫人之子」，網上有兩種翻譯，一種是說害了子羔，一種是說害了當地百姓，哪一種更合理呢？最後一句和前邊有什麼關係？

答：(1) 是害了子羔。原因是下文寫的：「何必讀書，然後為學」，這句話所指顯然是指子羔。(2) 孔聖人承認子路是有歪理的，也就是承認子路的說法很有說服力，因此，他才會說他討厭伶牙俐齒的人。然而，實際上是子路的考慮不夠深入。(3) 孔聖人之所以指責子路這種做法是在傷害子羔，原因是孔聖人認為，從政既然是一門專業，應該先接受專業訓練，這樣，才能在實際場合做出最好的判斷。而孔聖人認為子羔在政事方面的知識和能力還不夠，應該還要多學習，才可以任命他作為地方長官。否則，專業知識不夠，邊做邊學可能會害人害己，畢竟，政治是眾人之事，影響一個地方的風氣和幸福，怎能不具有專業素養就上任呢？

明德說

一、本章主要講為政也是專業，必需有專業的學習，這一點跟德國社會學家韋伯 (Max Weber) 的看法是一樣的，韋伯認為，官員必需有專業素養，這樣，才是最有效率的；一支沒有專業素養的公務員隊伍，就像烏合之眾，既不會有效率，對人民也不會有好處。

二、「何必讀書，然後為學」，這句話有成份省略。如不省略應該是「何必先讀書？可先為官，然後為學」。

三、這句話「有民人焉，有社稷焉，何必讀書，然後為學」，楊伯峻的翻譯：「那地方有老百姓，有土地和五穀，為什麼定要讀書才叫做學問麼？」錢穆的翻譯：「那裡有人民，有社稷，治民事神皆可學，何必讀書纔是學呀？」

11.26. 子路、曾晳、冉有、公西華侍坐。子曰：「以吾一日長乎爾，毋吾以也。居則曰：『不吾知也！』如或知爾，則何以哉？」

子路率爾而對曰：「千乘之國，攝乎大國之間，加之以師旅，因之以饑饉，由也為之，比及三年，可使有勇，且知方也。」夫子哂之。

「求，爾何如？」對曰：「方六七十，如五六十，求也為之，比及三年，可使足民。如其禮樂，以俟君子。」

「赤，爾何如？」對曰：「非曰能之，願學焉。宗廟之事，如會同，端章甫，願為小相焉。」

「點，爾何如？」鼓瑟希，鏗爾，舍瑟而作。對曰：「異乎三子者之撰。」子曰：「何傷乎？亦各言其志也。」曰：「莫春者，春服既成；冠者五六人，童子六七人，浴乎沂，風乎舞雩，詠而歸。」夫子喟然嘆曰：「吾與點也！」

三子者出，曾皙後。曾皙曰：「夫三子者之言何如？」子曰：「亦各言其志也已矣！」曰：「夫子何哂由也？」曰：「為國以禮，其言不讓，是故哂之。」「唯求則非邦也與？」「安見方六七十，如五六十，而非邦也者？」「唯赤則非邦也與？」「宗廟會同，非諸侯而何？赤也為之小，孰能為之大！」

語譯

　　子路、曾點、冉有、公西華陪坐在孔聖人身邊。孔聖人就說：「不要因為我年紀比你們大就不跟我說。平時就聽你們抱怨說：『那些人都不知道有我這號人物！』假如有一天，他們都知道有你這號人物了，那麼，你會做什麼呢？」子路不加考慮就回答老師：「一個有千輛馬車的國家，身處大國之間，受到外國部隊的侵犯、人民受著飢餓，這時候，如果由我來管理，給我三年時間，我可以讓軍隊變得勇猛，而且知道打仗的方法。」孔聖人聽完之後微微一笑。然後就問冉求：「要是你，你會怎麼做呢？」冉求就說：「一個地方或是六、七十里或是五、六十里，要是由我來治理，那麼，給我三年時間，我可以使這個地方的人民富足，至於禮樂教化，就要另請高明。」孔聖人接著說：「公西華，要是你，你會怎麼做？」公西華就說：「並不是說我就能夠怎麼樣，但是，我願意學習。學習宗廟祭祀之事、國家之間如何會盟、禮服禮帽之事，

做一個輔助國君的小幫手。」孔聖人接著問：「曾點，要是你，你會做什麼？」這時候，曾點正彈著瑟，聽到老師一問，彈瑟就做了個收尾，然後把瑟放在一邊，站起身來跟老師稟告：「我的志向跟前面三位所陳述的不同。」孔聖人就說：「沒關係的！你就說吧！也只不過是各自說說自己的志向罷了！」曾點就說：「在陰曆三月的時候，我穿著春裝，和五、六個成年人、六、七個未成年，在沂水裡面玩玩水，然後在舞雩台上吹吹風，然後唱著歌回家。」孔聖人聽完之後歎了一口氣說：「我想和點一起去啊！」後來，子路、冉求、公西華離開了，曾點還沒走，就問老師說：「老師您如何評價子路、冉求、公西華的話呢？」孔聖人回答說：「不過就是各自說說自己的志向罷了！」曾點就問：「那麼，子路說完話之後，您為什麼要微笑呢？」孔聖人就回答：「治國要用禮，而他說話不謙退，這不合禮，因此，我才微笑。」曾點接著問：「那麼，冉求治理的地方就不是一個國家了吧？」孔聖人回答：「何以見得一個面積六、七十里或五、六十里大小的地方就不是國家呢？」曾點接著問：「那公西華呢？他的志向就無關治國了吧？」孔聖人回答：「宗廟祭祀、會見諸侯，這不是國家大事又是什麼呢？如果公西華說自己只是國君的小幫手，那有誰能說自己是國君的大幫手呢？」

字義

　　曾皙：又稱曾點，字子皙，曾參之父，孔聖人早期弟子。皙，讀音「西」，同「晰」。

　　冉有：冉求（前522-?年）也，字子有，通稱「冉有」，尊稱「冉子」。

　　公西華：姓公西，名赤，字子華。

　　侍：陪。

　　以吾一日長乎爾，毋吾以也：整句話是「毋以吾一日長乎爾而以吾也」的省略加倒裝。不要因為我比你們年長就不跟我說。第一個「以」是「因為」；第二「以」，同「已」，表示停止、罷了。一日，全部的時間，這裡指年紀；一，全、滿、整；日，光陰；長，年紀大、輩份高；乎，文言介詞，相當於「於」。爾，你們。

　　居則曰：「不吾知也！」：居，平時。「不吾知」為「不知吾」的倒裝，

也就是不了解有我這號人物。知，了解、深入認識。

如或知爾：假設有人知道你們。如，假設。或，有人。爾，你們。

子路率爾而對：率，讀音「帥」，意指不加思考。對，下對上的回答。

千乘之國，攝乎大國之間，加之以師旅，因之以饑饉：千乘之國，有千輛馬車的諸侯國。攝，讀音「社」，夾處、箝；加，欺凌。師旅，即軍隊，古時以兩千五百人為一師，五百人為一旅。因，受。

比及：直到。

且知方也：而且知道怎麼打仗。方，方法，這裡是指打仗的方法。

夫子哂之：夫子，老師也，指孔聖人。哂，讀音「審」，微笑。

方六七十，如五六十：方，地方。如，或者。

宗廟之事，如會同，端章甫，願為小相焉：宗廟，古代帝王、諸侯祭祀祖宗的廟宇。如，或者。會同，會合。端，周朝禮服；章甫，禮冠，以黑布製成。為，做。相，輔佐、助手。

鼓瑟希，鏗爾，舍瑟而作：希，音義同「稀」，止、漸歇。鏗爾，把瑟放下時發出的聲音。鏗，讀音「坑」，琴瑟聲；作，起，站起來。

異乎三子者之撰：異，不同。三子，子路、冉求、公西華三個人。撰，陳述。

何傷：無妨，猶言「有什麼關係嗎？沒關係的啦！」

莫春：即暮春，晚春，相當於陰曆三月。莫，音義同「暮」，將盡、晚。

春服既成：春服，春天穿的衣服，按今天的話就是春裝。既，已經。

冠者五六人，童子六七人：成年人五、六個，未成年人六、七個。冠者，古時男子二十歲行「冠禮」，這裡指成年人。童子，未成年人。

浴乎沂：浴，《說文》灑身也。把水灑在身上，也就是玩水。沂，讀音「宜」，水名，源於山東南部，流經江蘇北部入海。

風乎舞雩：風，讀音「奉」，作動詞，吹風。舞雩，臺名，是祭天求雨的地方。雩，讀音「魚」，是古代一種求雨的祭典。按《續漢書志・第五・禮儀志中》：「其旱也，公卿官長以次行雩禮求雨。」

喟然：嘆氣。表示等了很久，終於等到一個自己想要的答案，因此而嘆。喟，讀音「潰」。

吾與點也：「與」，讀音「欲」，參與、偕同，這裡指參與曾點的活動：浴乎沂，風乎舞雩，詠而歸。

　　唯求則非邦也與：那麼，冉求卻不是要治國了吧？唯，同「惟」，表示順承關係（順承「方六七十，如五六十，求也為之」），相當於「則」，可以翻成「那麼」。求，冉求。則，表示轉折關係，可以翻成「卻」。邦，國家。與，音義同「歟」，置於句末，表疑問。

　　其言不讓：讓，謙退。

　　安見：何以見得。

明德說

　　一、康熙字典說：「與，許也。《論語》吾與點也。」對此，我有所保留。我認為，這地方的「與」，準確來說並非讚許的意思，而是參與。因此，「吾與點也！」翻成台灣人的用語便是：「（到時候，）我也來參一腳！」

　　二、公西華說：「宗廟之事，如會同，端章甫，願為小相焉。」這裡的「相」，我以為，並非如楊伯峻所說是「贊禮之人」，也不是錢穆所說「相禮者」，也不是毛子水說的「儐相」，而是「助手」、「輔助」，是宗廟、會同、端章甫等這些重大事情的助手，換言之，公西華所指涉的事情比起楊伯峻、錢穆、毛子水等人所理解的大多了。

　　三、「毋吾以也」中的「以」，鄭本作「已」，《說文》：「已，以也」，古通用。因此，這裡的「以」的意思是停止、罷了。

　　四、王聖人陽明對本章的點評：「以此章觀之，聖人何等寬宏包含氣象。且為師者問志於群弟子，三子皆整頓以對，至於曾點，飄飄然不看那三子在眼，自去鼓起瑟來，何等狂態；及至言志，又不對師之問目，都是狂言。設在伊川，或斥罵起來了。聖人乃復稱許他，何等氣象。聖人教人，不是箇束縛他通做一般，只如狂者便從狂處成就他，狷者便從狷處成就他，人之才氣如何同得。」王聖人說得是，人的才氣不同，如何要求同一個樣，同一個規矩！

問答

　　問：不懂為什麼孔子會同意曾點的觀點。

答：你不覺得曾點所描述的那樣的生活很愜意嗎？曾點想要的生活，既是孔聖人想要的生活，也是我所想要的。

第十二：顏淵篇

12.1. 顏淵問仁。子曰：「克己復禮為仁，一日克己復禮，天下歸仁焉。為仁由己，而由人乎哉？」顏淵曰：「請問其目。」曰：「非禮勿視，非禮勿聽，非禮勿言，非禮勿動。」顏淵曰：「回雖不敏，請事斯語矣。」

語譯

顏淵問孔聖人：「什麼是仁？」孔聖人回答：「根據禮來約束自己，那就是仁。一旦以禮來約束自己，天底下的所有人就會來依附這位仁者。行仁是由自己決定的，難道還是由別人決定的嗎？〔當然不是！〕」顏淵說：「請問老師，具體而言，仁怎麼做？」孔聖人說：「不是禮就不要看、不是禮就不要聽、不是禮就不要說、不是禮就不要動」。顏淵說：「我雖然不聰慧，但我願意實踐老師這句話！」

字義

克己復禮：為「復禮克己」的倒裝。克者約束也；復者返也、還也、回到。復禮，猶言以禮為依據。

一日：極短的時間，猶言時時刻刻。

天下歸仁焉：天下，所有人。歸者依附、歸附、趨向、投靠也。仁，同「人」，指克己復禮的那個人。

為仁由己，而由人乎哉：為者行也、做也；由，取決。而，難道。

請問其目：目者條款、細則也，猶言具體怎麼操作。

敏者聰慧、才能也。

請事斯語矣：請者願意也；事者從事、做也；斯者此也。

明德說

一、克己的「克」應該解釋成「約束」，而非「能夠」。

二、「歸仁」非如毛子水所說「稱他為仁人」，非如楊伯峻所說「稱許你是仁人」，也非如錢穆所說「盡歸入我心之仁了」，也非如傅佩榮所說的「肯定你是走在人生正途上」，而是「歸附這個人」。

三、「克己復禮」的「復」非如錢穆所說「踐行」，而是「依據」。

四、「克己復禮」是一件事情，而非兩件事情。也就是我們的言行舉止都要以禮為依據。而非如毛子水所說「控制自己、循禮而行」，就變成兩件事了，原因是控制自己不一定合於禮，因為禮是該收則收，該放則放，不是一味的收。

五、朱子說：「歸，猶與也。又言一日克己復禮，則天下之人皆與其仁，極言其效之甚速而至大也。」對此，首先，「歸」不是「與」，而是歸附；其次，「一日」不是一天，也非一旦，不是「一旦克己復禮」或「一天克己復禮」，就能「天下歸仁」，就能「其效之甚速而至大也」，而是「時時刻刻克己復禮」，才能「天下歸仁」。

六、克己並非茫茫蕩蕩、沒有頭腦的克，而是有個依據的，這個依據就是禮。換言之，非禮的克己無法達到仁。現代的有些人的克己，例如為了保好身材而約束自己吃得很少；為了考試而長期睡眠不足或長時間坐在書桌之前；又為了不「干擾」別人而不斷地壓抑自己、自己有困難而不求助，這些克己的做法都不合禮，都未得其正。

問答

問一：「非禮勿動」動的意思？

答一：何謂禮？規範也。動指的是四肢、身體的動。例如：不可打人、不可性騷擾、不可亂丟垃圾、不可隨地吐痰、不可偷竊，太多了。這裡的偷竊是各種類型的，不只是有形的錢財、物品，還包括無形的東西，例如別人的研究成果、知識產權、技術、方法、想法等所有不是自己的東西，都是非禮，都是偷。

問二：就現在而言，禮只是一種行事的規範，讓人知道應該做什麼，而不是為了統治，就這一點，孔子是存在歷史局限性的。

答二：禮確實不是為了統治，禮是為了人民的幸福、是為了自己的幸福，是為了管理者本身的幸福。孔聖人及其主張不存在歷史侷限性。

12.2. 仲弓問仁。子曰：「出門如見大賓；使民如承大祭。己所不欲，勿施於人。在邦無怨，在家無怨。」仲弓曰：「雍雖不敏，請事斯語矣！」

語譯

　　仲弓問老師，什麼是仁？孔聖人說：「出門在外，就好像看到國君一樣恭謹；使用民力就好像操辦重大祭典一樣的謹慎。自己不想要的，就不要加在別人身上；在政府部門做事不要抱怨別人、在家中也不要抱怨家人。」仲弓說：「雖然我不聰明，但是，我會努力去做。」

字義

　　仲弓：冉雍也，姓冉，名雍，字仲弓。

　　大賓：諸侯，即國君。按《周禮・秋官・大行人》：「大行人，掌大賓之禮，及大客之儀，以親諸侯。」

　　使民如承大祭：承，承受，猶言操辦。大祭，皇帝死後七七日所舉行的哀悼及祭拜儀式。《六部成語註解・禮部》：「大祭：皇帝薨後七七日謂之終七，應行大祭之禮。」

　　在邦無怨，在家無怨：邦，指在政府做事；家，指在家裡；怨，抱怨、不滿。

明德說

　　「在邦無怨，在家無怨」非如劉寶楠所說「在邦謂仕於諸侯之邦，在家謂仕於卿大夫之家也」，也非如毛子水所說「無論在什麼地方，都不要使人怨恨」。這句話的重點不在於要讓別人不要怨恨我，而是我自己不要怨恨別人，不要責怪家裡人，也不要責怪同事或上司。要怪就只能怪自己，這一點非常非常重要，對自己非常非常有幫助。

12.3. 司馬牛問仁。子曰：「仁者其言也訒。」曰：「其言也訒，斯謂之仁已乎？」子曰：「為之難，言之得無訒乎？」

語譯

　　司馬牛問孔聖人，什麼是「仁」？孔聖人說：「一個仁者說話很謹慎。」司馬牛說，「一個人說話非常謹慎，這就能說是仁了嗎？」孔聖人說：「說話非常謹慎是很不容易的。說話能不非常謹慎嗎？」

字義

　　司馬牛，即司馬耕，司馬耕是宋國公族，享有封邑，是孔子門下少數具有貴族身分的學生。據《史記‧仲尼弟子列傳》記載：「司馬耕，字子牛，牛多言而躁。」

　　言之得無訒乎：說話能不謹慎嗎？得無，能不，是一種推測的語氣詞。訒，讀音「認」，意指說話非常謹慎。訒，難也。——《廣雅》。

明德說

　　一、這裡有必要特別闡揚倉頡的偉大，就以「訒」字來說，從訒字就可以看到這個字本身是什麼意思，以及一個人該怎麼對待說話。訒字分解開來就是言與刃，這意謂著說話就像刀刃一樣鋒利，如果不謹慎，就會傷害到人，甚至因之而死，不有說「一言可以興邦」、「一言可以喪邦」，因此，我們說話要非常謹慎，這就是「訒」這個字的意思。

　　二、正體字是合理的，優美的，本身就有哲學、有意義、有歷史使命的，而今天的簡體字簡得太過份了，實有必要回歸。最簡單的例子，愛這個字，沒有心怎麼可能愛，而簡體字竟然把心給去掉了。再說「親」這個字，離久情疏這是大家都知道的，沒有「見」，如何能親，而簡體字把「見」給去掉了，完全失去了文字的邏輯和想像力。

　　三、毛子水、楊伯峻、錢穆等人都把「訒」解釋成「遲鈍」是不對的。

　　四、為什麼一個仁者說話必然很很謹慎？因為怕不小心就傷害了別人。而仁者最重要的特徵就是愛人，既然愛人，就不可能會傷害別人。

12.4. 司馬牛問君子。子曰：「君子不憂不懼。」曰：「不憂不懼，斯謂之君子已乎？」子曰：「內省不疚，夫何憂何懼？」

語譯

　　司馬牛問孔聖人，什麼是君子？孔聖人說：「一個君子不憂慮，也不害怕」。司馬牛接著問：「一個人不憂慮也不害怕，這樣就能說是一個君子了嗎？」孔聖人說：「自我反省而能夠沒有愧疚，如此，還需要擔憂什麼害怕什麼嗎？」

字義

　　疚：愧疚，即做出對不起別人的事情而感到愧疚。

明德說

　　「疚」，其實是一個很主觀的東西，每個人認知不同、感受不同。有的人以利用、玩弄、傷害、控制別人為樂，他不疚。他反而藉此證明自己很行，這種人不在少數，這是我們這個世界紛爭不息的根本原因。

問答

　　問：真能做到問心無愧嗎？
　　答：能。去惡行善。

12.5. 司馬牛憂曰：「人皆有兄弟，我獨亡！」子夏曰：「商聞之矣：『死生有命，富貴在天。』君子敬而無失，與人恭而有禮；四海之內，皆兄弟也。君子何患乎無兄弟也？」

語譯

　　司馬牛憂慮的說：「別人都有好的兄弟，只有我沒有」。子夏就對他說：「我聽過這麼一句話：『一個人能活多久是早就註定的，一個人能否富貴乃是取決於天意。』一個君子做什麼事情都認真嚴肅而且沒有什麼過失，跟別人相處謙恭有禮，這樣，全天下的人就都是你的兄弟了。一個君子怎麼需要憂慮沒有好兄弟呢？」

字義

我獨亡：獨我亡的倒裝。獨，單單，唯獨。亡，音義同「無」，沒有。
敬：恭也。肅也。慎也。
四海：世界各地。

明德說

事實上，子牛是有兄弟的：長兄向巢，任宋國左師，二哥向魋，又稱桓魋，任宋國司馬，還有弟弟子頎、子車。由於其兄弟不能好好侍奉國君，憂其為亂而死，故說無兄弟。因此，這裡的兄弟當指好兄弟，能心意相通、走正道的兄弟。

問答

問：「死生有命，富貴在天。」老師的理解。因為覺得這應該不是一種消極的說法，但應該怎麼正確認識這句話？
答：有非常積極的作用，那就是可以安人心、不急躁、不做惡、不憂不懼。問題是，我們絕大部份的人都不知命、當然也不知天，這才是要命的。不知命，不敬天，心就安不了，就會像無頭蒼蠅一樣團團轉。因此，一個人首先要知命敬天。

12.6. 子張問明。子曰：「浸潤之譖，膚受之愬，不行焉，可謂明也已矣。浸潤之譖，膚受之愬，不行焉，可謂遠也已矣。」

語譯

子張問：怎樣才能說是明白呢？孔聖人說：「有親信一天到晚在你身邊說某人的壞話；有枕邊人對某個人進行誣陷，這兩件事情要是都能不受影響，那麼，就可以說是一個明白人。有親信一天到晚在你身邊說某人的壞話；有枕邊人對某個人進行誣陷，這兩件事情要是都能不受影響，那麼，就可以說是一個能洞察人性的人。」

字義

明:清楚、明白。

浸潤之譖:一天到晚在身邊說個不停的讒言,指的是親信。浸,漸漸、逐漸;潤,修飾、使有光彩;譖,讀音ㄗㄣˋ,zèn,讒言也,也就是毀謗他人的言語。

膚受之愬:來自於有肌膚之親的人對某個人的誣陷,指的是枕邊人;愬,讀音「素」,指誣陷。

不行:行不通、不為所動。

遠:透徹、洞察。

明德說

一、什麼叫明白?能夠看穿別人的心思,能夠清楚事情的真相。

二、就管理而言,為什麼我們的決策經常是錯誤的?孔聖人提出一種觀點,那就是因為我們有偏私,不夠客觀,簡單的說,這麼做就會造成不明白。什麼叫偏私?就是偏袒自己人而自己不覺得,或是儘管他做錯了,我們也不願意承認。正是因為偏私造成我們決策的錯誤而害了自己。那什麼是自己人?從最近的自己本身(即獨佔、貪婪)、到配偶、枕邊人、父母、子女、朋友、親戚、親信、秘書、自己的組織、自己的國家、自己的宗教,這些都是自己人,這些都會造成我們在判斷事物真假時的偏差。

三、在各種類型的自己人當中,孔聖人舉了兩個典型的例子,也就是管理者經常會被自己的親信、枕邊人所誤而不明白。為什麼自己的親信和枕邊人可能會誤導管理者呢?因為他們也是人,他們也有自己的利益,而管理者通常忽略了這一點或是因愛而盲目。歷史上有無數的例子告訴我們:忠良之士或是太子經常會被皇帝的寵臣或是愛妃給離間,逼得他們被殺或是出逃。例如晉獻公因為聽信寵妃驪姬的讒言而打算把王位傳給驪姬之子奚齊,而不傳給原太子申生,這導致申生自殺,晉獻公的另外兩個兒子夷吾和重耳出逃。重耳即後來的春秋第二霸晉文公。又例如漢武帝因聽信奸臣江充讒言,逼得太子劉據自殺。

四、孔聖人之所以會這麼說,應該是他看到當時各諸侯國的宮廷內鬥而引發的無限感慨吧!就一般人而言,因為偏私而造成錯誤行為的例子非常多,也

不限於親信和枕邊人，例如我們常常因為愛國反而害了國家、因為愛自己的孩子反而害了自己的孩子。愛一個人、愛自己的國家，不是光有一顆傻傻的心就能如願的，否則，只能適得其反。然而，這世界上，大概沒有人會自認為沒有智慧，因此，我們作為旁觀者就可以經常看到那些不理性的行為，而當事者在事後悔不當初的那一幕情景。

我們一定要記得，明白有多麼的不容易！甚至可以說，這個世界上就沒有幾個是明白人！

五、毛子水的翻譯：「漸漸而入的讒言、利害切身的謗語、對你都不生作用，那你就可算得明了！實在，漸漸而入的讒言、利害切身的謗語、對你都不生作用，那你非特可稱為『明』，亦可以稱為『明得遠』了。」楊伯峻的翻譯：「點滴而來、日積月累的讒言和肌膚所受、急迫切身的誣告都在你這裡行不通，那你可以說是看得明白了。點滴而來、日積月累的讒言和肌膚所受、急迫切身的誣告也都在你這裡行不通，那你可以說是看得遠了。」錢穆的翻譯：「像浸潤般的譖言，像切膚般的控訴，在他前面行不通，可算明了。像浸潤般的譖言，像切膚般的控訴，在他前面行不通，可算遠了。」

12.7. 子貢問政。子曰：「足食，足兵，民信之矣。」子貢曰：「必不得已而去，於斯三者何先？」曰：「去兵。」子貢曰：「必不得已而去，於斯二者何先？」曰：「去食。自古皆有死，民無信不立。」

語譯

子貢問孔聖人治理之道。孔聖人說：「食物要充足、軍備要充份、人民相信統治者。」子貢說：「如果這三樣東西迫不得已一定要減少一個，哪一個可以先減少？」孔聖人說：「減少軍備。」子貢接著問：「如果還要再減少一個，哪個可以先減少？」孔聖人回答：「減少食物。從古到今沒有一個政權是不會死的。要是人民不相信統治者，政權就會垮掉。」

字義

政:治理之道。

足食,足兵,民信之矣:足,充足;食,食物。兵,軍備。信,相信。之,代名詞,指政府、政權、統治者。

必不得已而去:必,如果、假設。去,減掉。

民無信不立:統治者無法獲得人民的信任,政權就要垮掉。民,人民。信,相信。立,生存、存在。

明德說

一、本章的「去」是指減少,而非如楊伯峻所說的「去掉」。

二、「自古皆有死」並非楊伯峻、錢穆、毛子水等人所說「從古以來,人生都有一死」,而是「從古以來沒有一個政權是不會死的」,該句的主語並非「人」,而是政權。

三、「民無信不立」並非鄭康成說:「言人所特急者,食也。自古皆有死,必不得已,食又可去也。民無信不立,言民所最急者,信也。」也非朱熹《集注》說:「民無食必死,然死者人之所必不免。無信則雖生而無以自立,不若死之為安。故寧死而不失信於民,使民亦寧死不失信於我也。」他們都把「民無信不立」的主語當成「民」,這是錯的。「民無信不立」的主語是政權。為什麼「自古皆有死,民無信不立」的主語都是統治者呢?原因是「子貢問政」,問的是「政」。因此,主語是政,而非民。那麼,「民無信不立」就是「要是人民不相信統治者,政權就要垮掉」,而非鄭康成、朱熹說的人民寧可餓死也不可以無信。

四、楊伯峻和毛子水把「民無信不立」的主語理解為國家,這是不對的。原因是政權不等於國家。務必要能區別政權與國家的不同,政權指的是控制政府的那個人或執政黨,而國家則是一個地理概念。政權只是代表國家,而非等於國家。一個政權的倒台或更迭,不等於國家就滅亡了,這是再明白不過的事情。

五、「民無信不立」是倒裝加省略,省略了「君」字。因此,這句話還原後:「君無民信,不立。」

六、人民相信政府的前提是政府自身做到誠信。沒有誠信，人民就不會相信政府。即使因為欺騙而得到人民的信任，終究會被拆穿。

七、在讀書會中王同學對本章提出了感想，與大家分享：「這一段主要是子貢問怎樣治理國家，而孔聖人的回答是軍備、糧食和信任三者之間，信任最重要，糧食其次，而軍備最次之。這樣的回答其實不足為奇，因為貫穿在孔聖人思想的一直是仁愛和儒道，他堅信，信是一個國家存在下去的根本，沒有信譽，即使有糧食，有軍備，與他國打仗即使暫時贏了，治理的過程中也會因為各種信譽問題而運行不下去。人無信，無以立，而國家是由這麼多人組成，相互交織成複雜的社會關係，都沒有信用的話，自然國家就會名存實亡，走向覆滅。我想到之前看到了一篇文章，大致意思是溫州人其實是很講信譽的，但是只是對同村的人，誠信到什麼地步，哪怕是借幾塊錢，都一定會還你，借幾萬不打借條都會還你，比如溫州、泉州、潮汕地區都很講誠信。但是信用的範圍太小了，出了那個村子，溫州人就開始在全中國搞假冒偽劣，大規模的假冒偽劣。你說溫州人是講信用還是不講信用呢？為什麼會這樣呢，因為同村的人是要一起生活的，而且溫州人的宗族群體意識比較濃厚，宗族社會色彩非常強烈，如果不誠信怎麼在那個圈子混下去，但是在全國其他地方就不同，把假東西賣給別人，誰會找上門來呢，不會打算再跟你見面的。欺騙同村的人成本是很高的，而欺騙一個素不相識的人成本是非常低的，精明的溫州人就是深諳此道，肆無忌憚的玩弄信用這東西，所以玩成了現在全國一個臭名昭著的群體。在大街上我們經常聽到那種廣播，說溫州皮革老闆負債跑路等等之類的，溫州商人成了眾矢之的，溫州假貨人人喊打，溫州給浙江抹黑了，到了這樣的地步，一說到溫州，就是假貨的代名詞。雖然有一些污衊和誇大的成份在裡面，但告訴我們的道理卻是實實在在的，誠信本為生存的根本。不管是一個人，還是一個群體，還是一個國家，要想世世代代發展下去，都要守住這個標杆，不管是對朋友還是陌生人，都要堅守誠信。」

12.8. 棘子成曰：「君子質而已矣，何以文為？」子貢曰：「惜乎，夫子之說君子也！駟不及舌。文猶質也，質猶文也。虎豹之鞟猶犬羊之鞟也？」

語譯

　　衛國大夫棘子成說：「君子只要保有天生的樸實就夠了，何必還要有後天的教育和學習呢？」子貢就說：「可惜啊！您竟然是這樣的理解君子！話一旦說出來，就再也無法收回。文就像質一樣重要，質也像文一樣重要，難道虎豹的皮革和狗羊的皮革會是一樣的價值嗎？」

字義

　　棘子成：衛國大夫。

　　君子質而已矣，何以文為：質，天生的樣子，沒有經過雕琢；文，教育和學習。

　　夫子之說君子也：夫子，即棘子成。說，理解。

　　駟不及舌：話一旦說出口，四匹馬拉的車子也追不回來。比喻話說出來，再也無法收回，意喻說話應慎重，否則難以收回。駟，由四匹馬拉的車；舌，講出來的話。

　　虎豹之鞹猶犬羊之鞹也：猶者如同也；鞹，同「鞟」，讀音「擴」，指去毛的皮革。也，音義同「耶」，用在句末，表示疑問，相當於「呢」、「嗎」。

明德說

　　一、章末「也」字依皇侃《論語義疏》日本正平版《論語》刊行會印行的正平本補上。此外，標點符號也一併改上，「也」之後不是句號而是問號。

　　二、本章強調文和質一樣重要，不能偏廢其中之一。虎豹之鞹指的是文質同時具備的人，而犬羊之鞹指的是只有文或只有質的人。

　　三、「虎豹之鞹猶犬羊之鞹」並非如毛子水所說：「虎豹的革，看起來不是和犬羊的革一樣麼！」也不是如楊伯峻所說：「假若把虎豹和犬羊兩類獸皮拔去有文彩的毛，那這兩類皮革就很少區別了。」也不是如錢穆所書：「虎豹之皮，若去了它的花紋便猶如犬羊之皮了。」而是「難道虎豹的皮革和狗羊的皮革會是一樣的價值嗎？」

12.9. 哀公問於有若曰：「年饑，用不足，如之何？」有若對曰：

「盍徹乎！」曰：「二，吾猶不足；如之何其徹也？」對曰：「百姓足，君孰與不足？百姓不足，君孰與足？」

語譯

魯哀公就問有若說：「收成不好，入不敷出，怎麼辦？」有若就回答說：「為什麼不用十取一的稅呢？」魯哀公說：「十取二，我都嫌不夠了，十取一怎麼會夠用呢？」有若就說：「〔你少抽一點稅，人民就富足，〕人民富足，國君哪裡會不富足？而如果人民不富足，國君又怎麼會富足？」

字義

哀公：即魯哀公（前521-468年），姬姓，名將，魯國第二十六任君主，在位二十六年。

有若：即有子。有若跟言偃、卜商、曾參、顓孫師等弟子都是在孔聖人晚年入門的學生。

年饑：年，收成。饑，莊稼收成不好或沒有收成。

用：資財。

盍徹乎：盍，讀音「何」，何不。徹，按周法，什一而稅，謂之徹。乎，文言助詞，表示疑問。

君孰與不足：君，統治者；孰與，何如，也就是「怎麼會」。

明德說

江同學對本章的理解，他說：「魯哀公向有若問饑荒年怎麼辦，有若覺得應該減少百姓賦稅，認為如果百姓富足，那麼國家就不會不富有。這其實是一種典型的『富民』思想，讓人民富有，繳納賦稅就多，國家財政就不會入不敷出了。」對此，我很贊成。

12.10. 子張問崇德辨惑。子曰：「主忠信，徙義，崇德也。愛之欲其生，惡之欲其死，既欲其生，又欲其死，是惑也。『誠不以富，亦祇以異。』」

語譯

子張問孔聖人,怎麼樣才能說是重視道德?什麼樣的情形下可認定為糊塗?孔聖人就說:「當一個人持守真誠和信用、做仁義的事情,就可以說他是重視道德;愛一個人時候,希望他(她)長生不死,當愛人棄他(她)而去的時候,又希望他(她)趕快去死,便可以說是糊塗。《詩經・我行其野》那首詩裡面的男子喜新厭舊,就是糊塗、就是惑的例子啊。」

字義

崇德:崇者尚也,重視也。

辨惑:辨者分別、判別、認定;惑者疑惑,不清楚、不明白,引申為愚癡、迷糊。

主忠信:主者持守也。忠,真誠,《玉篇》解釋為:「直也。」信,信用。

徙義:向義的方向移動,也就是向義、做仁義的事情;徙者移也。義者,仁道、公理、真理,本義是神靈佑助的仁道、公理之戰。

惡者憎恨、厭惡。

明德說

一、很多學者判「誠不以富,亦祇以異」這句話為錯簡,如錢穆老師說:「《詩・小雅》〈我行其野〉之辭。當是錯簡。」楊伯峻老師說:「引在這裡,很難解釋,程頤說是『錯簡』(別章的文句,因為書頁次序錯了,誤在此處),但無證據。」李澤厚說「『錯簡』說有道理。」毛子水說:「這兩句詩在『是惑也』下,可以說是毫沒有意義的。」但,我認為沒有錯簡。

二、「誠不以富,亦祇以異」出自《詩經・我行其野》,但原文是「成不以富,亦祇以異」。

三、「誠不以富,亦祇以異」這句話中的「祇」,讀音「指」,表「僅僅是」、「唯一」或「只是」,不寫成「祇」,也不寫成「衹」,此三字有別。

四、《詩經・我行其野》原文如下:「我行其野、蔽芾其樗。昏姻之故、言就爾居。爾不我畜、復我邦家。我行其野、言采其蓫。昏姻之故、言就爾宿。爾不我畜、言歸思復。我行其野、言采其葍。不思舊姻、求爾新特。成不以富、

亦祇以異。」我把它翻譯成白話文如下：「我走在郊外，臭椿樹的枝葉茂盛。因為結婚，我住到你家。你不愛我，所以我回我娘家。我走在郊外，採摘著羊蹄菜。因為結婚，我住到你家。你不愛我，讓我想回娘家。我走在郊外，採摘葍菜。你不想要我這個原配，而去追求新歡。你確實不是因為對方的財富，只是因為你喜歡她的味道。」

五、本章，楊伯峻的翻譯：「子張問如何去提高品德，辨別迷惑。孔子道：『以忠誠信實為主，為義是從，這就可提高品德。愛一個人，希望他長壽；厭惡起來，恨不得他馬上死去。既要他長壽，又要他短命，這便是迷惑。這樣，的確對自己毫無好處，只是使人奇怪罷了。』」錢穆的翻譯：「子張問道：『如何可算得崇德辨惑呀！』先生說：『存心主於忠信，又能聞到義的即遷而從之，這可算是崇德了。喜愛一人，便想要他生，厭惡了他，又想要他死。既要他生，又要他死，這可算是惑了。』」

問答

問：「誠不以富，亦祇以異」是《詩經‧小雅‧我行其野》篇的最後兩句。此詩表現了一個被遺棄的女子對其丈夫喜新厭舊的憤怒情緒。孔子在這裡引此句，令人費解。

答：孔聖人在這裡引出這一句是在呼應上文所說的「惑」。上文說：「愛之欲其生，惡之欲其死，既欲其生，又欲其死，是惑也。」惡者僧恨、討厭。為什麼僧恨討厭？因為他離你而去，因為被遺棄。讓一個人由聰明變成愚笨的，就是對愛人的佔有欲。因為想佔有而不可得，於是，就想要他死。因為想要他死，而造成兩個人，甚至是三個人，甚至是三個家庭的悲劇，這不是很糊塗嗎？

12.11. 齊景公問政於孔子。孔子對曰：「君君，臣臣，父父，子子。」公曰：「善哉！信如君不君，臣不臣，父不父，子不子，雖有粟，吾得而食諸？」

語譯

齊景公問孔聖人如何治理國家？孔聖人回答：「國君要有國君的樣子，臣

子要有臣子的樣子，父親要有父親的樣子，子女要有子女的樣子。」齊景公聽完之後就說：「對呀！就是這樣。果真國君沒有國君的樣子，臣子沒有臣子的樣子，父親沒有父親的樣子，子女沒有子女的樣子，就算有糧食，我能吃得到嗎？」

字義

齊景公（西元前?-490年）：姜姓，呂氏，名杵臼，春秋時期齊國君主。
善：表示應諾、對、完好、沒錯。
信如：果真。
雖有粟，吾得而食諸：粟，讀音「素」，小米也，也稱作粱、狗尾草、黃粟、粟米，這裡是糧食的統稱。諸，「之乎」的合音。

明德說

君君是指君主要盡到君主的本份，例如：愛民如子、勤政清廉。臣臣是指臣子要做到臣子的本份，例如盡忠職守、服從長上。

12.12. 子曰：「片言可以折獄者，其由也與！」子路無宿諾。

語譯

孔聖人說：「光憑幾句話就能解決紛爭的人，那個人就是子路了吧！」子路言而有信，答應別人的事沒有不做到的。

字義

片言：幾句話。片者微少的；言，一句話。
折獄：折者斷也；獄者，訟也，爭辯是非也；
宿諾：宿，讀音「訴」。宿者住也，住者不動也，答應別人事情，可是卻不行動，因此，宿諾即為失信，無宿諾即不失信。

明德說

一、對於本章,楊伯峻老師說:「『子路無宿諾』這句話與上下文有什麼邏輯關係,從來沒有人說得明白。」之所以會有這種情形,是因為楊老師等人對「片言可以折獄者」的理解有誤,自然就無法理解上下文的因果邏輯關係。上下文的邏輯關係在哪裡呢?在於信用的威力。因為子路言而有信,因此得到別人的信任。這種信任關係對於調停紛爭是很有幫助的。

二、本章有兩個地方要弄清楚,自然就理解本章的意思。其一,片言,並非片面之言,而是幾句話。其二,折獄,並非判決案件(訟案),而是決斷是非、解決紛爭。另外,宿諾是指失信。無宿諾並非一定要立刻去做,而是在時間內完成。

三、楊伯峻的翻譯:「孔子說:『根據一方面的語言就可以判決案件的,大概只有仲由吧!』子路從不拖延諾言。」毛子水的翻譯:「孔子說:『根據一面的話以判斷訟案,似只有仲由的話才可以!』子路答應別人的事,一定馬上替人做到。」錢穆的翻譯:「先生說:『憑着片面之辭而便可斷獄的,怕只有子路的話吧!』子路答應了人,沒有久留着不踐諾的。」

問答

問:怎樣理解「片言可以折獄者,其由也與?」子路無宿諾。這裡孔子是在誇獎子路嗎?

答:是的。你之所以會提這個問題,原因在於你所看到的別人的註解有問題。

12.13. 子曰:「聽訟,吾猶人也,必也,使無訟乎。」

語譯

孔聖人說:「審理訴訟案件,我跟其他人是一樣的,都是非常審慎的,且都是想辦法做到讓雙方都不再爭執。」

字義

聽訟：審理訴訟案件。聽，處理、裁決；訟，打官司。
必：審也。按《後漢・劉陶傳》所與交友，必也同志。
無訟：沒有爭執。訟，爭執。

明德說

一、本章的關鍵有兩個，一是「必」，二是「無訟」。一般把「必」理解成「必定」，把「無訟」理解成「沒有訴訟案件」，都是錯誤的。無訟並非沒有訴訟案件，而是沒有爭議。如何才能做到沒有爭議？那就是法官要能公正而且明白洞澈，能斷是非曲直，讓受害人得到安慰，加害人也得到應得的懲罰，加害者以及被害者對法官的判決都心服口服，因此，兩方都不會再起爭執，這才是孔聖人在本章的意思，也才是司法的意義所在。

二、司法的本義，維護正義而已，並無其他。然而有些法官誤解了司法的本義，當然也誤解了孔聖人的意思，他們想辦法不要讓人民打官司，這是和稀泥、也是鄉愿的做法，當然是不對的，也不是原告所希望的。

三、2019年二月十四日，安徽阜陽市民政局對於前來辦理離婚手續的夫妻說：「情人節只辦結婚，不辦離婚。」給出的理由是：「情人節是個喜慶的日子。」硬是把來離婚的好幾對都「勸和」了。類似的這種善意都是自以為是，都沒有法治的意識。

四、有些註家把「必也，使無訟乎」斷句為「必也使無訟乎」，這樣的斷句不對，並因此理解成「根絕訴訟」、「一定盡力使訴訟案件不發生」或是解釋成「使打官司的兩方不輸不贏」，都是不對的。

五、孔聖人處理訴訟案件跟其他法官都是一樣的，第一、非常審慎；第二、讓打官司的雙方都能心服口服。

六、楊伯峻的翻譯：「審理訴訟，我同別人差不多。一定要使訴訟的事件完全消滅才好。」毛子水的翻譯：「審判訟案，我也和別人一樣。我以為最好是，我們能夠使人世間永遠沒有訟事！」錢穆的翻譯：「若論聽訟，我也和人差不多呀！必然要能使人不興訟纔好吧！」

12.14. 子張問政。子曰：「居之無倦，行之以忠。」

語譯

　　子張問如何從政？孔聖人說：「只要身為公務員，就沒有疲倦喊累的時候；辦公的時候，只想到公共利益，而且竭盡心力。」

字義

　　居之無倦：居者，處、位於也，這裡指身為政府官員，上至總統，下至一個地方政府的科員，凡是自己的薪資來自於民脂民膏者；倦者厭煩、疲倦。
　　行之以忠：行者從事也。忠者，忠誠無私、盡心竭力。

問答

　　問：如何才能「居之無倦，行之以忠」？
　　答：本身關心別人、關心國家利益，而不是對名利、權力有興趣，自然能「居之無倦，行之以忠」。前提本身要有善良的信仰，相信正義必將戰勝邪惡。何謂善良的信仰？主張人人平等，就是善良的信仰。

12.15. 子曰：「博學於文，約之以禮，亦可以弗畔矣夫！」

明德說

　　本章與本書第6.27.章重覆。請見本書第六篇第27章說明。

12.16. 子曰：「君子成人之美，不成人之惡，小人反是。」

語譯

　　孔聖人說：「君子成就別人的幸福，不傷害別人。而小人剛好相反。」

字義

　　成人之美：成，做好、做完。美，幸福。

惡：不幸。

明德說
　　孔聖人這句話是多麼的發人深省，可是我們對這句話又是多麼的不以為意。君子是「寧天下人負我，我不負一人」，小人是「寧我負天下人，毋人負我」。小人成天挑撥離間，說人長短，偏偏大家都信小人，不相信君子。這不是很荒謬嗎？這不是很悲哀嗎？不讓別人去自相殘殺，小人的陰謀詭計怎麼會得逞！

12.17. 季康子問政於孔子。孔子對曰：「政者正也。子帥以正，孰敢不正？」

語譯
　　季康子問孔聖人如何治理人民？孔聖人就回答說：「治理人民就是端正自己而已。如果您自己品行端正，以身作則，那麼，您下面的臣子以及人民，哪裡敢不端正？」

字義
　　季康子：魯國正卿，魯國的權臣。
　　政：治理、統治、管理、行政。
　　子帥以正：即「子以正帥民」的倒裝和省略。子，古代對人的尊稱，相當於今天我們所說的「您」。帥，帶領，這裡指以身作則。正，端正。

問答
　　問：君主使用權術與孔子說的「政者，正也」的觀念是否衝突？
　　答：為什麼要使用權術呢？一個君主、一個國家最重要的是建立起一套正義的法律和制度，不需要去講權術，會害了自己。一切依照制度來、法律來。

12.18. 季康子患盜，問於孔子。孔子對曰：「苟子之不欲，雖賞之不竊。」

語譯

　　季康子掌權之下的魯國，盜竊案件非常多，這讓季康子很苦惱。這時候就來問孔聖人，如何能減少盜賊？孔聖人就說：「如果您本身不想要非分之財，那麼，就算你獎賞他們偷竊，他們也不會偷竊的。」

字義

　　患盜：苦於竊盜太多。患，苦於。患，苦也。——《廣雅》。盜者竊也、偷也。

　　苟子之不欲：苟，如果。子，古代對人的尊稱，這裡指季康子。

　　賞：獎勵、獎賞。

明德說

　　一、這裡的患盜不是季康子家裡遭到偷竊，而是魯國出現了很多盜竊案件，而這又是他的責任，因為他是實際掌握魯國權柄的人。

　　二、孔聖人這句話有兩個意思，其一：為政者本身所起的榜樣作用，為政者貪心，人民就貪心、為政者偷盜（季康子已經偷了魯國國君的權柄和財富了）、人民就偷盜；其二、暗指季康子本身欲望很大，才會招來盜賊。如果季康子自己不貪心、少欲，那麼，盜賊就不會多。

12.19. 季康子問政於孔子曰：「如殺無道以就有道，何如？」孔子對曰：「子為政，焉用殺？子欲善而民善矣。君子之德風，小人之德草，草上之風必偃。」

語譯

　　季康子請教孔聖人治理之道。季康子問：「如果殺掉不守規矩的人，而且，親近持守正道的人，您說如何呢？」孔聖人回答說：「您治理一個地方，何必殺人？您自己有心從善，人民也會跟著從善。上位者的品德就像風，人民的品德就像草，風拂過草，草一定順風倒下。」

字義

以就有道：以，而也、而且、以及。就，靠近、趨向、親近。

焉用殺：焉，何必、哪裡需要。

君子之德風：君子，管理者、統治者、上位者。德，品德。

小人：被管理者、人民。

偃：讀音「演」，倒下。

明德說

一、本章的文字相當簡單，但是，有一個地方很容易犯錯，那就是把「以就有道」的「以」解釋成「來」、「為了」、「目的在於」，這是不對的。例如毛子水「如果誅殺壞人以成就好人」，或如楊伯峻「假若殺掉壞人來親近好人」，或錢穆「如能殺無道的來成全有道的」。事實上，季康子所說的是平行的兩件事情：殺無道以及就有道，而非一件事情的因果關係。此外，「就有道」的「就」並非「成就」、「成全」，而是「親近」、「接近」。

二、「草上之風必偃」，楊伯峻的翻譯：「風向哪邊吹，草向哪邊倒。」很傳神，孔聖人就是這個意思。

三、注意，君子之德的「德」是品德，這個品德是中性詞。君子可能有好品德，也可能有壞品德。君子有好品德，小人就跟著有好品德；君子是個壞蛋，小人也就跟著是壞蛋。

12.20. 子張問：「士何如斯可謂之達矣？」子曰：「何哉，爾所謂達者？」子張對曰：「在邦必聞，在家必聞。」子曰：「是聞也，非達也。夫達也者，質直而好義，察顏而觀色，慮以下人，在邦必達，在家必達。夫聞也者，色取仁而行違，居之不疑，在邦必聞，在家必聞。」

語譯

子張問孔聖人：「一個讀孔聖人書的人怎麼樣才可以說是『達』呢？」孔聖人說：「你所說的『達』是什麼意思呢？」子張回答老師說：「『達』就是

一個人有全國知名度、地方上也很有名。」孔聖人回答：「你說的情況不是『達』，而是『名聲』。所謂的『達』是樸實正直而且一心向義、能夠正確的理解對方的語言以及臉色所代表的意義，再加上，把自己當下級來考慮事情，如此就能在全國行得通、地方上也行得通。至於你說的『名聲』，是拿仁義當幌子，而實際上做的都是違背仁義的事情，久了之後，竟然也以為自己是仁者而不懷疑了，這樣的人，在國內一定能騙取名聲、在地方上一定能騙取名聲。」

字義

士何如斯可謂之達矣：士，讀書人，嚴格說來是特指讀孔聖人的書、願意接受孔聖人教誨的人；何如，即如何的倒裝，怎麼樣。斯，才。謂，稱也。達，通也。——《廣雅》。

何哉：什麼意思呢。

在邦必聞：家，家鄉。聞，有名聲。

質直而好義：質，樸實；直，正直。而，而且。好義，一心向義。

察顏而觀色：正確的理解對方的語言以及臉色所代表的意義。

慮以下人：「以下人慮」的倒裝，即把自己當作下級來考慮事情；慮，考慮。

色取仁而行違：色取仁，以仁義之名，拿仁義當幌子。色，樣子、外表。行，行為，指實際上的用心。違，違背、背離。

居之不疑：擁有仁的名聲而自己都不懷疑了，意指自己都把自己洗腦了，還真把自己當成紅太陽了。之，仁的好名聲。居，佔有。

明德說

「慮以下人」並非「甘心處於人下」、「處處居於人下，毫無怨言」，也不是如楊伯峻所說「從思想上願意對別人退讓」，也非如毛子水所「總想事事讓人」，也不是錢穆所說「總好把自己處在人下面」，而是「把自己當下級來考慮事情」，也就是我說的「弱者思考」，而非「強者思考」。「強者思考」是別人都要配合他，他不用去考慮別人，而弱者思考是從弱者的角度考慮問題、弱者會碰到哪些困難，如何為他們解決。

12.21. 樊遲從遊於舞雩之下，曰：「敢問崇德、脩慝、辨惑。」子曰：「善哉問！先事後得，非崇德與？攻其惡，無攻人之惡，非脩慝與？一朝之忿，忘其身以及其親，非惑與？」

語譯

　　樊遲跟著孔聖人在舞雩台下悠閒的走著，就問孔聖人：「冒昧的請問老師，如何崇尚道德？如何洗滌自己的惡念？怎麼認定是糊塗呢？」孔聖人說：「你問得太好了！先付出再談收穫，難道不是崇尚道德的表現嗎？批評自己的缺點，不批評別人的缺點，這難道不是洗滌自己的惡念嗎？因一時的憤怒而招來不幸，沒有意識到自己以及親人所可能面臨的後果，這難道不是糊塗嗎？」

字義

　　樊遲從遊於舞雩之下：從，跟隨。遊，從容的行走。舞雩，祭天求雨的地方。

　　敢：表示冒昧。

　　辨惑：辨者分別、判別、認定；惑者愚癡、迷糊。按《呂氏春秋・慎大覽・察今》：「舟已行矣，而劍不行，求劍若此，不亦惑乎！」

　　脩慝：脩，同「修」，打掃、洗滌；慝，讀「特」，邪念、惡念。

　　攻其惡，無攻人之惡：攻，批評、攻擊；其，自己。惡，缺點。

　　一朝：一時的。

明德說

　　讓我們「忘其身以及其親」的，並非只有一朝之忿，還有迷戀，迷戀權力、女色、財富、賭博、毒品、電子遊戲⋯都能很輕易給我們引來不幸，帶給自己和家人無盡的悲嘆和後悔。

12.22. 樊遲問仁。子曰：「愛人。」問知。子曰：「知人。」樊遲未達。子曰：「舉直錯諸枉，能使枉者直。」樊遲退，見子夏曰：「鄉也，吾見於夫子而問知，子曰，『舉直錯諸枉，能使枉者

直』，何謂也？」子夏曰：「富哉言乎！舜有天下，選於眾，舉皋陶，不仁者遠矣。湯有天下，選於眾，舉伊尹，不仁者遠矣。」

語譯

　　樊遲問老師什麼叫「仁」？孔聖人就說「愛別人才叫仁」。樊遲又問老師，「怎麼樣可以稱為智慧」？孔聖人回答，「有知人之明才叫智慧。」樊遲不能了解孔聖人的意思，於是孔聖人進而解釋：「推舉正直的人，罷黜那些邪惡作亂的人，這樣就能使那些邪惡作亂的人變得正直。」樊遲退出，碰到子夏就說：「之前，我見了老師並問老師什麼是智慧，老師說：『推舉正直的人，罷黜那些邪惡作亂的人，這樣就能使那些邪惡作亂的人變得正直。』老師說的這句話是什麼意思？」子夏說：「這句話意義豐富啊！舜擁有天下，從眾人當中挑選大臣，挑選了皋陶，疏離了奸臣。商湯擁有天下，從眾人當中挑選大臣，提拔了伊尹，疏離了奸臣。」

字義

　　問知：知，音義同「智」，智慧。
　　知人：能識別一個人的好壞、善惡。知，讀音「之」，識別、辨別。
　　未達：未，不、沒有。達，了解、明白。
　　舉直錯諸枉：舉，提拔、推舉。錯，廢棄，這裡意指罷黜、不用。枉，邪惡、作亂、小人。
　　鄉也：鄉，讀音「向」，昔也，曩也。
　　富：豐富。
　　皋陶：讀音「高搖」，是舜帝和夏朝初期的一位賢臣，以正直聞名天下。
　　伊尹：名摯（西元前1649-1549?年），約於西元前1600年助商湯滅掉夏朝，他以「調和五味」的理論輔佐五代商王，為商朝的建立和強盛立下大功。
　　不仁者遠矣：為「遠不仁者矣」的倒裝。不仁者：沒有愛心的人，也就是陷害別人的人，在朝廷中，那就是結黨營私、陷害忠良的奸臣。遠，疏離。

明德說

一、子夏所言,還需要闡述,否則,一般人不理解箇中的因果關係。子夏的邏輯是這樣子的。統治者親賢臣遠小人的結果是小人也只好變成正直的人,否則,小人就沒有生存的空間,這就是孔聖人所說的「能使枉者直」。相反的,如果國君舉枉者、遠直者,那就會導致「能使直者枉」,否則,直者就無法生存。

二、本章有兩個地方很容易誤解。第一個「舉直錯諸枉」,第二個「不仁者遠矣」。(1)「舉直錯諸枉」不是如楊伯峻說的「把正直的人提拔出來,位置在邪惡人之上」,不是如毛子水所說「把正直的人舉起來安置在那邪曲的人上面」,不是如錢穆所說「舉用正直的人,加在那些枉曲之人上面」,而是「任用正直的人,摒棄小人」。(2)「不仁者遠矣」也不是如楊伯峻說的「壞人就難以存在了」,不是如毛子水所說「那壞人就遠去了」,不是如錢穆所說「那些不仁的人也都遠去了」,而是「疏遠不仁的人。」

三、為什麼孔聖人會用「舉直錯諸枉,能使枉者直」來回答樊遲的問題?又為什麼子夏會以「舜有天下,選於眾,舉皋陶,不仁者遠矣。湯有天下,選於眾,舉伊尹,不仁者遠矣」來補充孔聖人的回答?原因是樊遲問了「仁」與「智」。仁是愛人,為政者如何體現愛人?施政對人民有利才叫愛人。如何才能對人民有利?必須選對人。要能選對人就必須有「知人之明」,這就是智,因此,舜選了皋陶,湯選了伊尹,由於皋陶、伊尹都是賢臣,自然能有仁政,就能體現舜和湯都具有仁心。

四、孔聖人所說的「舉直」就是子夏所說的「舉皋陶」、「舉伊尹」,孔聖人所說的「錯諸枉」就是子夏所說的「遠不仁者」。

12.23. 子貢問友。子曰:「忠告而善道之,不可則止,毋自辱焉。」

語譯

子貢問孔聖人如何勸告朋友。孔聖人說:「真誠的規勸、以各種方便引導他,如果他還不聽就要停止勸告,不要自取其辱。」

字義

忠告：忠，真誠。告，讀音「固」，規勸。

善道：用各種方便引導。善，巧妙、以各種方便。道，音義同「導」，引導。

明德說

交友是一門學問，不可則止，不要勉強。按《禮記·曲禮下》：「為人臣之禮：不顯諫。三諫而不聽，則逃之。」對於朋友，一樣可以三諫，不聽則去。

12.24. 曾子曰：「君子以文會友，以友輔仁。」

語譯

曾子說：「君子與朋友見面所談無非美善，並藉由朋友來促進自己仁愛的實現。」

字義

以文會友：以，用。文，美也，善也，按《禮·樂記》：「禮減而進，以進為文。樂盈而反，以反為文。」又按《史記·孔子世家》：「於是選齊國中女子好者八十人，皆衣文衣而舞《康樂》。」會，會面、晤見也。

輔：輔助、促進。

明德說

一、本章強調朋友的挑選，務必能「以文會友，以友輔仁」者，否則，「入鮑魚之肆，久而不聞其臭」，是咎由自取也。子曰：「不知其子，視其父；不知其人，視其友；不知其君，視其所使；不知其地，視其草木。故曰與善人居，如入芝蘭之室，久而不聞其香，即與之化矣。與不善人居，如入鮑魚之肆，久而不聞其臭，亦與之化矣。丹之所藏者赤，漆之所藏者黑，是以君子必慎其所與處者焉。」

二、最大的美、最大的善，那就只有真，因此，對待朋友要真，選擇朋友

的第一標準也在真,無真不善,無真不美。會對你說謊、會搬弄是非的人,鐵定不是朋友,只是在利用你而已。

　　三、「以文會友」並非如毛子水所說「用儀文(禮貌)來交友」,也非如楊伯峻所說「用文章學問來聚會朋友」,也非如錢穆所說「因於禮樂文章之講習來會合朋友」,而是「與朋友見面所談無非美善」。其中,「文」並非「儀文(禮貌)」,也非「文章學問」、也非「禮樂文章」,而是「美善」。

第十三：子路篇

13.1. 子路問政。子曰：「先之，勞之。」請益。曰：「無倦。」

語譯

　　子路問老師如何從政？孔聖人說：「給下屬和人民做好榜樣、慰問下屬和人民的辛勞。」子路請老師再多說一點。孔聖人接著說：「要充滿熱情、不懈怠。」

字義

　　先之：先，以身作則、榜樣；之，下屬以及人民。
　　勞，讀音「澇」，慰也，敘其勤以答也，使人心裡安適。
　　請益：請再多說一點。益：增加；
　　無倦：就字面意義來說，無倦可譯為沒有疲倦、不要懈怠，但這種翻譯過於僵硬，如譯為「充滿熱情」會更好。倦，厭煩。

明德說

　　一、大部份的管理書籍都只提到管理者要做好榜樣，但都忘了要關心下屬和人民，要給予下屬和人民以溫暖，物質的和精神的溫暖。人民和下屬不是統治者的工具，而是統治者的目的，要念念部屬和人民的幸福，他們有錯誤，要給予懲罰，他們有功勞，要給予獎賞，而不是把他們作為統治者可以任意欺凌、宰殺、利用的工具。
　　二、有功不賞、有罪不罰，該賞多而賞少，不該罰而罰，該罰而不罰，這些都不是勞之，而是在懲罰善良。
　　三、功罪的唯一標準：利民者功、刑民者罪，而非上級的個人喜好。
　　四、「勞之」並非如楊伯峻所說「讓他們勤勞地工作」，也非如毛子水所說「為他們的事情，你必須不避勤勞」，也非如錢穆所說「以勞使民」，而是「慰問下屬和人民的辛勞」。

13.2. 仲弓為季氏宰，問政。子曰：「先有司，赦小過，舉賢才。」曰：「焉知賢才而舉之？」曰：「舉爾所知。爾所不知，人其舍諸？」

語譯

　　冉雍成了魯國權臣季氏的家臣總管，他問孔聖人如何從政。孔聖人說：「先建立職掌、寬免小的過錯、推舉人才。」冉雍說：「怎麼知道誰是人才進而提拔他呢？」孔聖人說：「推舉你所知道的。對於你所不知道的那些人，別人難道不會推舉嗎？」

字義

　　仲弓：冉雍也，字仲弓，魯國人，生於魯昭公二十年（西元前522年），卒年不詳，與冉耕、冉求同族，為孔聖人早期學生。

　　宰：家臣之長。

　　先有司：先有執掌；有，存在，猶言建立；司，執掌。

　　赦：寬免罪過。

　　舉爾所知：舉，推選、推薦；爾，你也。

　　人其舍諸：難道別人會不推薦嗎？人，別人；其，表示反詰，可譯為「難道」；舍，音義同「捨」，放在一邊、丟開；諸，他們，指那些優秀但還沒在位的人才。

明德說

　　一、《論語雍也》第一章就提到子曰：「雍也，可使南面。」又子謂仲弓曰：「犁牛之子騂且角，雖欲勿用，山川其舍諸？」到了本章就看到冉雍已經被季氏所重用。魯哀公十三年（西元前482年），四十一歲的仲弓當上了魯國季氏的家宰（總管）。

　　二、「焉知賢才而舉之？」其實，這不是一個問題。根據吸引定律，人才自然與人才在一起。豬一定跟豬在一起。豬隊友不是問題，不知道自己是豬才是問題。

13.3. 子路曰：「衛君待子而為政，子將奚先？」子曰：「必也正名乎！」子路曰：「有是哉？子之迂也！奚其正？」子曰：「野哉，由也！君子於其所不知，蓋闕如也。名不正，則言不順；言不順，則事不成；事不成，則禮樂不興；禮樂不興，則刑罰不中；刑罰不中，則民無所措手足。故君子名之必可言也，言之必可行也。君子於其言，無所苟而已矣。」

語譯

　　子路說：「衛國國君正等待著您答應做他的官吏，一旦授予您官職，老師您打算先做什麼事呢？」孔聖人說：「首要之事，就是辨別稱謂！」子路說：「有這一回事嗎？老師您也太迂腐了吧！有什麼好辨別的呢？」孔聖人說：「子路啊！你真是不受教化啊！一個君子對於他所不知道的事情，就不要隨便發表意見。一個人的稱謂要是有問題，那麼他說的話就沒人要聽從。說話沒人聽從，政事就無法推行。政事無法推行，那麼，禮樂就無法興盛。禮樂無法興盛，那麼，刑罰就達不到效果。刑罰達不到效果，那麼，人民就不知道該做什麼、不該做什麼。因此，一個君子說出的話一定有事實根據，而且，說的話一定是做得到的。一個君子對於他所說的話，不會有任何一點點隨便！」

字義

　　衛君：指衛出公（西元前?-456年），即姬輒，衛靈公之孫，為靈公長子蒯聵之子。衛靈公過世之後，姬輒繼承君位，在位期間為西元前492-481年以及西元前477-470年。

　　正名：正，釐辨。名，人或事物的稱謂。

　　奚其正：為什麼要辨別呢？意思是不需要辨別。奚，讀音「西」，疑問詞，為什麼。

　　迂：讀音「淤」，指言行或見解不合時宜。

　　野：野蠻、不文明、不受教化。

　　蓋闕如也：蓋，發語詞，無義；闕，音義同「缺」，在這裡指留白，不說話；如，形容詞後綴，表示狀態。

名不正：名，稱謂。正，正當。

言不順：言，說的話；順，遵循。

事不成：事，政事、工作。成，行也，也就是推行、開展。

興：興盛。

刑罰不中：中，讀音「眾」，合適、達到要點、合、正對上，意指起作用、有效果、行。

名之必可言也：名，說出；言，從也，按《廣雅》從也，隨行也，引申為有事實根據。

言之必可行也：言之必可行也：說的話一定是做得到的。言，所說的話；行，做得到。

苟：隨便。

明德說

一、本章是有故事的。先理清三者的關係。衛靈公是爺爺，名姬元。衛後莊公是父親，名姬蒯聵（蒯，讀音ㄎㄨㄞˇ、kuǎi；聵，讀音「貴」）。衛出公是孫子，名姬輒（輒讀音「哲」）。衛靈公在世時已立了姬蒯聵為世子，也就是儲君。理論上，姬元死後，該由姬蒯聵繼承，但這時卻是姬輒繼位，原因是有世子身份的蒯聵因謀害靈公正妻南子事敗而逃亡在外。衛靈公死後，逃亡在外的世子姬蒯聵要回來繼承君位，卻被自己兒子姬輒給擋在門外，姬輒自己當起君主來了。衛出公這種「子奪父位」的情形，在孔聖人看來，顯然是「名不正」（無世子之名而繼承君位）的亂紀行為。

二、言不順的「順」並非如毛子水、楊伯峻所說的「順理成章」，也不是錢穆所說「順口」，而是「順從」、「遵循」。

三、事不成的「成」應理解為推行，而非成功。

四、「必也正名乎」的「正」並非如楊伯峻、毛子水所說「糾正」，而是「釐辨」，這一點，我是根據《康熙字典》來說的。

五、「君子名之必可言也」並非如毛子水所說是「君子人用一個名詞，一定是可以說得成理的」，也非如楊伯峻所說是「君子用一個詞，一定〔有它一定的理由〕可以說得出來」，也不是如錢穆所說「君子定下名，必然要說得出

口」，而是「君子說出的話一定有事實根據」。其中，「名」並非「名詞」，而是「說出」，做動詞用。

六、「（君子）言之必可行也」並非如毛子水所說是「說出一句話，一定是可以行得通的」，也非如楊伯峻所說是「順理成章的話也一定行得通」，而是「說的話一定是做得到的」。換言之，做不到，就不說。

13.4. 樊遲請學稼。子曰：「吾不如老農。」請學為圃。曰：「吾不如老圃。」樊遲出。子曰：「小人哉，樊須也！上好禮，則民莫敢不敬；上好義，則民莫敢不服；上好信，則民莫敢不用情。夫如是，則四方之民繦負其子而至矣，焉用稼？」

語譯

　　樊遲請問老師如何種植五穀。孔聖人說：「我比不上有經驗的農夫。」又請問老師如何種菜。孔聖人回答：「我比不上有經驗的菜農。」樊遲離開之後，孔聖人說：「樊遲志氣小啊！在上位者本身能做好榜樣，那麼，人民沒有不全力以赴的。上位者全心全意做好該做的本份，那麼，就沒有哪一個人會不順從的。上位者說到做到，那麼，人民就不會有不真心相待的。假設能這樣，那麼，各地的人民都會背著他們的孩子來到這裡，哪裡還需要學習種植五穀呢？」

字義

　　學稼：學，學習；稼，種植五穀。
　　老農：老，有經驗、老到。
　　為圃：種菜。圃，讀音「普」，種菜曰圃。
　　樊遲出：出，離開、退出。
　　小人哉：小人，志向小、眼光短淺的人，並非道德卑鄙之人。
　　則民莫敢不敬：則，那麼，表因果關係；莫敢，不敢；敬，全力以赴。
　　上好禮：上，在上位者；好，讀音「耗」，致力於；禮，良好的規範。
　　情：真誠、真實。
　　夫如是：夫，發語詞，無義；如是，如果能這樣。

四方：東西南北，指四處各地。

繦：讀音「搶」，背嬰兒的布巾。通「襁」。

明德說

一、很多人都喜歡從枝微末節上下功夫，就像樊遲想要學稼和學圃，或是像現在很多人想要學陰謀詭計、旁門左道，就算成功，也不會有好下場，一定要學孔聖人，從根本上下功夫。那麼，什麼是為政的根本？孔聖人說得很清楚：好禮、好義、好信而已！哪有什麼困難？是不做而已，是短視無知自大而已。

二、曾看過一篇文章：《孔子的十大糟粕思想》，說孔聖人是「典型的菁英主義者，骨子裡看不起勞動人民，視農民、菜農、手工業者為小人」，並以本章所書為例，以此證明孔聖人看不起勞動人民。在我看來，這是惡意的污衊行為，因其污衊聖人，想必此人早已遭到天譴。首先，樊遲問孔聖人這樣的問題，適合嗎？如果孔聖人是農學家，那這樣的提問是適合的，但是，孔聖人不是農學家，因此，這樣的提問就顯得牛頭不對馬嘴了。其次，孔聖人說樊遲小人，是說樊遲卑鄙無恥嗎？這裡的小人是沒有志氣，是對樊遲的失望，因為孔聖人的教法是聖人之教、是大本大源之教、是國師之教，而樊遲當時還沒體會，難怪孔聖人對樊遲有此評價！我們能因此而論斷孔聖人是菁英主義嗎？如果孔聖人有菁英思想，他怎麼可能主張有教無類呢！

13.5. 子曰：「誦《詩》三百，授之以政，不達；使於四方，不能專對；雖多，亦奚以為？」

語譯

孔聖人說：「讀誦《詩經》三百遍，任命他為官，卻沒能做出好成績，讓他出使任何一個國家，卻不能靈活把握，這樣的人，即使讀誦得再多遍，又有什麼用呢？」

字義

誦詩：誦，《說文》諷也。《徐曰》臨文為誦。誦，從也。以口從其文也。

《廣韻》讀誦也。詩，指《詩經》。據錢穆所說：「《詩》實西周一代之歷史。其言治閨門之道者在〈二南〉。言農事富民之道在〈豳風〉。平天下，接諸侯，待羣臣之道在〈大、小雅〉。〈頌〉乃政成治定後始作。而得失治亂之情，則〈變風〉、〈變雅〉悉之。故求通上下之情，制禮作樂以治國而安民者，其大綱要旨備於《詩》。誦此三百首，便當達於為政。」

　　三百：指三百遍。

　　授之以政：任命他為官。授，給予、交予、任命。之，代名詞，他也。政，治理。

　　不達：沒有達到，也就是沒有政績。

　　專對：獨自應對，也就是不需要時時刻刻請示君主。專，獨自掌握和佔有；對，應對，指應對各種狀況。

　　亦奚以為：又有何用呢。亦，加重語氣。奚，何，即什麼。以，用；為，用於句末，表示疑問、反詰。按《論語・顏淵》：「君子質而已矣，何以文為？」

明德說

　　一、讀書最重要的是能讀通，而不是讀多。書有沒有讀通？為人處事就可以看出來。

　　二、誦《詩》三百的「三百」並非如楊伯峻、毛子水所說是「三百篇」，也非如錢穆所說的「三百首」，而是「三百遍」。

　　三、不知道我的讀者們有沒有從頭到尾誦過一本書？以《詩經》而言，一本《詩經》總共 39,124 個字，如果真的誦了三百遍，那就等於讀了 11,737,200 字。那要花多少時間啊？尤其是張著木簡，加上以吟誦的速度，那要多少年才能讀完啊！

13.6. 子曰：「其身正，不令而行；其身不正，雖令不從。」

語譯

　　孔聖人說：「上位者自己行為端正，不用命令，下位者自然跟著做；上位

者自身都不端正了，即使下令命，下位者也不會服從的。」

字義

其身正：其，他，指上級、統治者等。身，自己。正，端正。
令：命令。

13.7. 子曰：「魯衛之政，兄弟也。」

語譯

孔聖人說：「魯國、衛國的政局，就像兄弟一樣，很像。」

字義

政：政局，政治情勢。

明德說

一、兄弟有什麼特徵？長得像。這裡的像，像在哪裡？春秋晚期，魯國有季氏、叔孫、孟氏三家篡奪了魯君的政權；而衛國則是權出大夫孫氏、寧氏，衛君等於被綁架。在孫氏投晉、寧氏被滅後，衛國又爆發了衛後莊公與衛出公父子爭國事件。魯衛都有君不君，臣不臣現象，衛國還有父不父、子不子。所以魯衛之政是很像的，都是背離了君君臣臣父父子子，都違背了禮。

二、從這裡又可以看出，孔聖人講話非常有藝術，有時候，不能明講，至於聽得懂不懂，那就不是說者的問題了。

13.8. 子謂衛公子荊：「善居室。始有，曰：『苟合矣。』少有，曰：『苟完矣。』富有，曰：『苟美矣。』」

語譯

孔聖人評價衛國國君的兒子荊，說他擅長處理家業。當他只有一點點財產的時候，他說：「真的夠了！」後來，他賺進了一些財富，公子荊就說：「真

的充足了！」後來，他變得更有錢了，公子荊就說：「真的很滿意了（，不用再多了）！」

字義

子謂衛公子荊：子，孔聖人也。謂，評價。衛公子荊，公子，公之子，也就是國君的兒子，其中的一個兒子名叫荊，是衛國大夫。

善居室：善，擅長；居，存積、儲存；室，家產。因此，善居室是擅長理財。

始有：即有始，指只有一點點。始，開始，指一點點、很少。有，取得、獲得、佔有。

苟合矣：苟，誠也。按《魯語》：「夫苟中心圖民，知雖不及，必將至焉。」合，閉合、合攏，表示夠了、不用再多了。

少有：即有少，有一些了。少，不多也。

苟完矣：完，充足。

富有：即有富，有很多財產。富，財產多。

苟美矣：美，滿意。

明德說

一、孔聖人對衛公子荊的讚美有兩方面，其一，善於管家理財，更重要的是第二點，衛公子荊的修養或說是心態無入而不自得的君子風範，不管經濟條件如何，內心都是平靜而滿足：錢少的時候，不覺得少；錢多的時候，也不因此而困擾或變得驕奢，覺得也很好。

二、「苟合矣」、「苟完矣」、「苟美矣」只是文字上的不同，本質上沒有不同，都是一樣的「很好啊」。

三、「苟合矣」、「苟完矣」、「苟美矣」的「苟」不是「差不多」，也不是「將就苟且」，而是「誠」、「真」。

四、毛子水的翻譯：「孔子說，衛國的公子荊真懂得處世的道理：剛有一點，他就說『很夠了』；稍多一點，他就說『很富足了』；再多一點，他就說『太好了』。」楊伯峻的翻譯：「孔子談到衛國的公子荊，說：他善於居家過日

子，剛有一點便說道：『差不多夠了。』增加一點，又說道：『差不多完備了。』多有一點，便說道：『差不多富麗堂皇了。』」錢穆的翻譯：「衛公子荊可稱得善於處理家業了。當他財貨器用始有之時，便說：『將就湊合了。』到他稍多時，便說：『將就完備了。』到他更多時，便說：『將就算得是美了。』」

13.9. **子適衛，冉有僕。子曰：「庶矣哉！」冉有曰：「既庶矣，又何加焉？」曰：「富之。」曰：「既富矣，又何加焉？」曰：「教之。」**

語譯

　　孔聖人到了衛國，冉有駕車。孔聖人說：「人真多啊！」冉有說：「既然人口已經多了，那還要加上什麼呢？」孔聖人說：「還要讓他們富足！」冉有接著問：「如果已經富足了，那還要加上什麼呢？」孔聖人說：「還要教他們詩書禮樂！」

字義

　　子適衛：適，往；衛，衛國也，周朝的姬姓諸侯國，首都朝歌，第一代國君為周文王嫡九子康叔封。

　　僕：駕車。

　　庶：眾多，這裡指人多。

　　富：充足，指吃得飽、穿得暖、看得起病、有住的地方這些基本生存需要的滿足，並非一定要很有錢。

　　教：讀音叫，教育，重點是教育的內容不是教人民鬥爭、使壞，而是教人民善良、懂禮義廉恥。

問答

　　問：這句的理解，為什麼是先富然後再進行教化。如果說老百姓還沒有富起來，就無需進行教化嗎？

　　答：要，要進行教化。三者之間的關係是這樣的，從時間先後來說，必須

先庶、再富,然後是教化;然而,從重要性的先後來說,卻是教化最為重要、富之其次,庶最後。兩種先後有沒有衝突?沒有,原因是這些事情是在不同的時間段裡完成的,因此,沒有衝突。舉個例子來說,我們一天的時間安排:早上起來要先吃早餐,若是吃不飽,就無法學習或工作,吃完早餐之後,就要上班或是上學。因此,從時間的先後順序來說,先要吃東西,再學習/工作。但是,從重要性來講就不是這樣,原因是,我們學習/工作是為了填飽肚子嗎?不是,是為了知道道理、實踐道理,必要時,犧牲生命都是可以的。

13.10. 子曰:「苟有用我者,期月而已可也,三年有成。」

語譯

孔聖人說:「假設有人用我當長官,那麼,只要一年的時間就可以看到初步成效,治理三年則可以成功。」

字義

苟:如果。

期月而已可也:期,讀音機,意指週期,因此期月便是一週年。而已,猶言只要。可,還可以,但不是很好。

明德說

孔聖人不會亂說話。他說一個地方讓他來治理,一年就能看到初步成效,這是很厲害的啊!

13.11. 子曰:「『善人為邦百年,亦可以勝殘去殺矣。』誠哉是言也。」

語譯

孔聖人說:「有句古話是:『使人民善良、制伏凶殘的人、消除內鬥和外敵,這樣就能夠使國家長治久安。』這句話不騙人啊!」

字義

善人:使人善。

為邦百年:為邦,治國家。百,很多也。百年不是就一百年,指的是長治久安。

亦:表示加強語氣,這裡相當於「就」。

勝殘:制伏凶殘。勝者制伏也;殘者凶殘。

去殺:去者除掉;殺者戰鬥也,殺分為內殺和外殺。內殺就是內鬥、自相殘殺。外殺就是外敵入侵。

誠哉是言:為「是言誠哉」的倒裝。是,此;言,一句話;誠,不騙人;哉,表示肯定的語氣。

明德說

一、「善人為邦百年,亦可以勝殘去殺矣」是個大倒裝句,還原後是:「善人、勝殘、去殺,亦可以為邦百年矣」。這意謂著若想要一個政權長治久安,那就要做好三件事:第一、使人善良,前提是統治者自己先要善良;第二、制伏凶殘的人;第三,對內不能自相殘殺、對外要防止外敵入侵和滲透。

二、毛子水的翻譯:「孔子說,一個國家連續一百年得有善人來治理,便可以使殘暴的人絕跡而不用刑戮了!——這話實在是不錯的!」楊伯峻的翻譯:「孔子說:『善人治理國政連續到一百年,也可以克服殘暴免除虐殺了。』這句話說得真對呀!」錢穆的翻譯:「古人說過:『有善人來主持國政,經歷一百年之久,纔可以化去殘暴,消滅殺伐。』這話真對呀!」

13.12. 子曰:「如有王者,必世而後仁。」

語譯

孔聖人說:「假設有想要建立王朝的人,那他本身就一定要一輩子做仁義的事情,而且,後世子孫也要做仁義的事情。」

字義

如有王者：如，如果、假設；有，存在；王，最高統治者的稱號，但「王」這裡做動詞用，去聲，也就是稱王、成為王，這裡實指建立王朝，像禹、湯、文王那樣幾百年的王朝。

必世而後仁：必，一定、肯定；世，一輩子、一生；而，而且；後，子孫、後嗣；仁，仁義、施惠於人。

明德說

一、本章如果不修辭的話，完整的句子應該是：「如有王者，必世仁而後仁。」但為了不重覆，所以只寫一個仁，並把「仁」放在「後」的後面。

二、本章的關鍵字有四個，分別是：王、世、而、後。這四個字要是無法正確理解，那就解不出來。其中，「世」並非康熙字典所說的「三十年」。按康熙字典說：「又《論語》必世而後仁。《注》三十年為一世。」

三、成就王業不是簡單的事情，這裡孔聖人告訴我們秘訣，那就是行仁。「世」這裡解釋為「終生」，即是自己一輩子行仁，但這只是完成了其中的一個條件而已，另一個條件則是自己的後代子孫也要繼續行仁，這樣，才能成就王業。

四、就一個國家而言，也是如此，如果想領導世界，那就必須老老實實行仁，而且，持續的行仁。至於陰謀詭計、製造仇恨、挑撥離間、誤導、無中生有、監視監聽、各種類型的竊取、債務陷阱、媒體控制、美色陷阱、金錢收買、暴力脅迫等無所不用其極，是走不長的，多行不義必自斃。

五、毛子水的翻譯：「如果一個能行王道的人來治理天下，那也必須三十年才能實現仁政。」楊伯峻的翻譯：「假若有王者興起，一定需要三十年才能使仁政大行。」錢穆的翻譯：「如有一位王者興起，也必三十年時間，纔能使仁道行於天下呀！」

13.13. 子曰：「苟正其身矣，於從政乎何有？不能正其身，如正人何？」

語譯

孔聖人說:「如果能端正自身,想要治理人民有何困難?如果自身都沒能端正,又憑什麼治理人民?」

字義

正其身:正,端正。身,自身。

從政:治理人民。

如正人何:為「如何正人」的倒裝,其中,「正」者「政」也,也就是治理。因此,「如正人何」就是有何資格治理人民!

13.14. 冉子退朝。子曰:「何晏也?」對曰:「有政。」子曰:「其事也!如有政,雖不吾以,吾其與聞之!」

語譯

冉求從季氏那裡回來。孔聖人說:「怎麼這麼晚才回來?」冉求回答說:「有國事要處理。」孔聖人說:「你所處理的那些事是季氏的家事。如果真的有國事,雖然我現在已經不做官了,但我還是可以參與的。」

字義

冉子退朝:冉求(西元前522-? 年),字子有,通稱「冉有」,尊稱「冉子」,此時的冉求是季康子家的宰臣。退朝,退,離去。朝,朝廷、政府辦公的地方。

何晏:何,為什麼;晏:同「宴」,晚也、遲也。

政:治理國家事務。

其事也:其,指示代詞,那,那個,那些。事,家事,季氏家的事。

不吾以:為「不以吾」的倒裝,也就是不用我;以,用,為君所用,這裡指在朝為官。因此,不吾以就是不在朝為官。

吾其與聞之:其,相當於「可」、「還是」;與聞:參與,也作「預聞」、「豫聞」。

明德說

一、從本章可以看出，孔聖人用字很精確，「政」與「事」是不一樣的，就像「達」與「聞」也不一樣，不能混著說。

二、此時當是孔聖人周遊列國，返回魯國之後，也就是孔聖人的晚年了。

13.15. 定公問：「一言而可以興邦，有諸？」孔子對曰：「言不可若是，其幾也！人之言曰：『為君難，為臣不易』。如知為君之難也，不幾乎一言而興邦乎？」曰：「一言而喪邦，有諸？」孔子對曰：「言不可以若是，其幾也！人之言曰：『予無樂乎為君，唯其言而莫予違也。』如其善而莫之違也，不亦善乎？如不善而莫之違也，不幾乎一言而喪邦乎？」

語譯

魯定公問：「一句話就可以讓一個國家興盛起來，有這種事嗎？」孔聖人回答說：「話不可以這麼說得這麼滿，但是，也接近了。有人說過這樣的一句話：『做一個君主很困難，做臣子的也不容易。』如果知道做君主很困難，因此不敢稍有懈怠，這樣說來，不也算是一句話就可以讓一個國家興盛起來嗎？」定公接著問：「一句話就可以讓一個國家毀滅，有這種事嗎？」孔聖人回答說：「話不可以這麼說得這麼絕對，但是，也接近了。不是有人說：『我當國君沒有什麼快樂可言，唯一高興的事就是沒人能反對我說的話。』假設國君的話是對的，而下面的人不反對，那當然是很好。萬一，國君的話是錯誤的，而下面的人都不反對，在這種情形之下，不也差不多可以說（國君的）一句話就可以亡國嗎？」

字義

定公：魯定公也，魯國君主。定公十二年，西元前498年，孔聖人時年五十四，為魯國大司寇。

一言而可以興邦：一言，一句話。而，就。按《易經・繫辭下》：「君子見幾而作，不俟終日。」

其幾也：其，代名詞，代指「一言而可以興邦」那一句話。幾，讀音「基」，近也、相去不遠。

唯其言而莫予違也：為「唯其莫違予言也」的倒裝，也就是唯一高興的事是他們不能違背我的話。唯：唯一；其，他們，指臣子；莫，不能。違，違背；予：我也，指君主。

莫之違也：為「莫違之」的倒裝，也就是不違背君主；之，代名詞，指君主。

一言而喪邦：而，能夠。喪邦，亡國。

13.16. 葉公問政。子曰：「近者說，遠者來。」

語譯

葉公問孔聖人如何治理？孔聖人說：「讓本國人高興，讓外國人來歸附。」

字義

近者說：近，距離短，指本國人；說，音義同「悅」，高興。
遠者來：遠，距離大，指外國人；來，歸附。

13.17. 子夏為莒父宰，問政。子曰：「無欲速，無見小利。欲速，則不達；見小利，則大事不成。」

語譯

子夏做為莒父這個地方的長官，問老師如何處理政事。孔聖人說：「不要想要速成，不要只看到眼前的好處。想要速成，反而達不到；只看著眼前的好處，就辦不成大事。」

字義

莒父宰：莒父，魯國邑名；莒父，讀音「舉府」；宰，地方長官。
無欲速：無，不要；欲，想要。

無見小利：小利，眼前的好處。

明德說

　　不管是從政、經商、為學，每個人都知道這句話，但偏偏這是幾乎所有人的通病。為什麼？因為都急著想證明給別人看，都急著想要成功，是所謂「今之學者為人」。

13.18. 葉公語孔子曰：「吾黨有直躬者，其父攘羊，而子證之。」孔子曰：「吾黨之直者異於是，父為子隱，子為父隱，直在其中矣。」

語譯

　　葉公告訴孔聖人說：「我的治下有一個人，他親身踐行了什麼叫做正直，他的父親偷羊，而他出來告發」。孔聖人說：「我們那裡正直的人跟你們不同〔，要是碰到這種情形〕，父親會為孩子隱瞞，而孩子會為父親隱瞞，這才是正直。」

字義

　　葉公：葉這個地方的最高長官。公，爵名，五等之首曰公。
　　吾黨有直躬者：黨，古代地方行政組織的名稱，古代以五百家為一黨，此處指葉公治下的所在。直躬，躬直的倒裝，即躬行正直也。躬，親身、親自。直，正直也。
　　攘羊：偷羊。攘，讀曰ㄖㄤˊ，ráng，指竊取。
　　證：告發。《說文解字・言部》：「證，告也。」

明德說

　　一、葉公所說的「直」和孔聖人所認為的「直」有什麼區別呢？葉公的直是被後天教育出來的；而孔聖人的直是未加思索，是人性裡面本來該做的，這便是兩種「直」的不同。簡單的說，葉公的直看似公正，但並不正義，原因是

孩子竟然舉報對自己有養育之恩的父親；而孔子的直才是人世間正確的義理，這是為什麼有人問「以德報怨，何如？」而孔子回答：「何以報德？以直報怨，以德報德。」

二、為什麼葉公的直不正義？孔子的直才是正義的？因為人是有他的義務的。人對父母親有孝養和保護的義務，從來不會有人說，人對別人的父母親也有孝養和保護的義務。原因是父母親養育我們，我們有義務要回報，因此，當我們有好吃的東西的時候，一定先給父母親，不會先給陌生人。如果先給了陌生人，那麼，我們一定說這個人頭腦有問題。所以，愛必然是有差等先後的。

三、王聖人陽明說：「惟是道理，自有厚薄。比如身是一體，把手足捍頭目，豈是偏要薄手足，其道理合如此。禽獸與草木同是愛的，把草木去養禽獸，又忍得；人與禽獸同是愛的，宰禽獸以養親，與供祭祀、燕賓客，心又忍得；至親與路人同是愛的，如簞食豆羹，得則生，不得則死，不能兩全，寧救至親，不救路人，心又忍得：這是道理，合該如此。及至吾身與至親，更不分得彼此厚薄。蓋以仁民愛物皆從此出，此處可忍，更無所不忍矣。《大學》所謂厚薄，是良知上自然的條理，不可逾越。」從王聖人這段話可以證明，舉報親人，看似無私，實為冷血，是不對的。

四、葉公的「直」屬於人定法，而孔聖人的「直」屬於自然法，人定法可能是惡法，而自然法必定是善法。兩者可能衝突也可能不衝突，但無論如何，自然法高於人定法。這是孔聖人偉大的地方，因為他的教法純是善法，都是自然法。而獨裁國家的法，都是惡法，之所以惡，是因為所有的法律就圍繞著一個目的轉，那就是縱容獨裁者的暴虐淫慾，而非為了人民的幸福。

五、我的讀者們對自然法可能很陌生，這裡我舉個例子來闡明。《安蒂岡妮》(Antigone) 是古希臘劇作家索福克里斯 (Sophocles) 的一部作品。劇中描寫了一位名為安蒂岡妮的少女不顧國王禁令，安葬自己的兄長而被國王處死的故事。在這部劇中，安蒂岡妮面臨著生死抉擇：是遵守國王的命令，還是信守天理（自然法）？遵守國王命令是生，信守天理是死。為了遵守天理，安蒂岡妮不惜犧牲自己的生命。劇本是這麼寫的：「國王說：『你敢違背我的法令嗎？』安蒂岡妮說：『我敢！為什麼不敢？你說的話也能算是法律嗎？宙斯從來沒有向我們宣佈過這樣的法律，正義之神也沒有制定過這樣的法令讓人們遵守，一個凡

人的命令就能廢除天神制定的永恆不變的律條嗎？它不是今天和昨天才出現的，而是永久的！我不會因為害怕死亡而違背天條，我不願意在神的面前受到懲罰。我知道我會死的，我遭遇這命運並不感到痛苦，但是，如果哥哥死後得不到祭奠和埋葬，我才會痛苦，痛苦至極！』安蒂岡妮的演繹告訴我們，國王制定的法律如果違反人的天性和天理，那它就是惡法，而對於那些傷天害理的惡法，人民沒有必要服從。回到本章攘羊的這個問題，當葉公制定的法律違反天理的時候（例如鼓勵舉報親人或連坐親人），這條法律就是無效的，而孔聖人「親親互隱」的做法才合乎自然法，是人性的、是永恆的，至於舉報親人則是不人性的，違背天理的。

六、對於本章，讓我想起一個讓人很難過的一個例子。中國共產黨在 1982 年嚴格實施一胎化政策之後，出現了好多父母親為了遵守共產黨的法律和號召，竟把自己的胎兒給殺了。光是 1983 年，根據中共國家計劃生育委員會的官方統計就有 14,370,000 例的人工流產，我再說一遍，一千四百三十七萬個生命就因為一個法律死了。這些父母親們是遵守了人定法，但違背了自然法，會有報應的。

七、楊伯峻把「直」說成是「坦白直率」，這種解釋不對；毛子水並沒有解釋什麼是「直」；錢穆把「直」解釋成「直道」，但什麼是直道呢？沒有解釋。

八、「子證之」的「證」應理解為「告發」，而非證明。

13.19. 樊遲問仁。子曰：「居處恭，執事敬，與人忠。雖之夷狄，不可棄也。」

語譯

樊遲問老師什麼是「仁」？孔聖人回答：「仁就是在家裡或是獨處的時候要戒慎、做事情要全力以赴、與人交往要誠懇，即使到了蠻夷之邦也不改。」

字義

居處恭：居，停止、休息、止息；處，名詞，讀音「觸」，時候、時刻；

恭，戒慎恐懼。居處，沒有（外）人看到的時候。

敬：全力以赴。

與人忠：與，讀音「羽」，交往；忠，誠實、誠懇。

雖之夷狄：之，往也、去也。夷狄，一種泛稱，指除華夏之外的各族。

明德說

一、孔聖人這裡其實講人一生所要面對的三種情況，分別是對於時空、事、人的應有作法，即獨處或居家的時候、做事的時候以及與人交往的時候。其中，居、執、與三個字都是動詞，而處、事、人都是名詞。

二、很多人覺得奇怪，為什麼在家裡或是獨處的時候要戒慎恐懼呢？原因是這個時候沒有人看到（或者看到的都是自家人，無妨），所以是最容易做壞事的時候、是私欲最容易膨脹的時候，是人性當中的惡最容易出現的時候，也是最敢亂來的時候。如果這時候沒有守住這顆善良的心，就會作惡事，一旦作惡事，惡果一定在未來的某一天成形。所以，聖人們才一直強調慎獨。

三、「居處恭」如何解釋？就是《中庸》所說的「戒慎不睹，恐懼不聞」，並非如楊伯峻說的「平日容貌態度端正莊嚴」、毛子水說的「居家溫恭」。「恭」是「戒慎恐懼」，並非如楊伯峻所書的「端正莊嚴」、毛子水所說的「溫恭」。

13.20. 子貢問曰：「何如斯可謂之『士』矣？」子曰：「行己有恥，使於四方，不辱君命；可謂『士』矣。」曰：「敢問其次。」曰：「宗族稱孝焉，鄉黨稱弟焉。」曰：「敢問其次。」曰：「言必信，行必果，硜硜然，小人哉，抑亦可以為次矣。」曰：「今之從政者何如？」子曰：「噫！斗筲之人，何足算也！」

語譯

子貢問老師：「怎麼樣才可以稱為『士』呢？」孔聖人說：「有羞恥心。出使到任何一個國家，都能完成國君所交付的任務。這樣的人，可以稱他為『士』了。」子貢接著說：「敢問次一等的『士』要符合什麼條件？」孔聖人

回答：「宗族的人都稱讚他孝順；鄉里的人都稱讚他敬重長上。」子貢接著說：「敢問再下一等的『士』。」孔聖人回答：「承諾一定兌現、行事堅決，執守一邊，這樣的拘泥於小節的人，或許可以稱為再下一等的『士』。」子貢接著問：「那麼，今天那些當官的，可以稱之為『士』嗎？」孔聖人說：「噫！那些人都器量狹小，怎能稱得上『士』呢？」

字義

士：《論語》當中的士，不單是指讀書人而已，而是必須是讀聖賢書的讀書人，也就是讀孔聖人書、接受孔聖人教化的讀書人。

何如斯可謂之士矣：何如，怎麼樣。斯，才。謂，稱為。

行己有恥：為人處世有羞恥心。恥，羞愧。

使於四方：使，出使；四方，各地，這裡指任何一個國家。

不辱：辱，辜負、玷辱。因此，不辱就是不辜負，也就是能完成、達成。

敢問：敢，謙辭，自言冒昧。敢問是謙辭，表示向對方提出問題的同時，附帶自謙和尊敬的姿態，尤其在講究尊卑的場合，對方地位較高時的提問，這時候用敢問比請問還好。

宗族稱孝焉，鄉黨稱弟焉：宗族，指擁有共同祖先的人群的集合；稱，稱讚；焉，代名詞，指那個人；鄉黨，鄉里；弟，音義同「悌」，順也，敬重長上。

言必信：承諾一定兌現。言，承諾；信，守信用。按：「已諾不信則兵弱。」——《荀子·富國》。

行必果：做事堅決。果，堅決。

硜硜然：執守一邊。硜，讀音坑，狀聲詞，指敲石頭發出的聲音，引申為堅硬，再引申為固執、執守，非怎樣不可。

小人：為「大人」的對稱，也就是拘泥於小節之人。

抑亦：副詞，表示推測，可譯為「也許」、「或許」。

從政者：當官的。

噫：人所發出的一種聲音，表示驚訝、感歎、無奈、嘲諷、嫌棄。這裡指嫌棄。

斗筲之人：氣量狹小的人。筲，讀音「稍」，盛飯的竹器；斗與筲都是小容器。

算：稱得上、當作。

明德說

一、本章的重點就在第一句話：行己有恥。很多人以無恥為能事（無恥就是不要臉、就是邪惡），為了榮華富貴，什麼不要臉的事情都做得出來，這是作為一個人最大的悲哀，也是一個國家最大的悲哀，不過，這種無恥一定要付出代價的，小至個人的榮華富貴以悲劇收場，大至整個民族滅亡。

二、有人說，孔聖人反對「言必信，行必果」，原因是孔聖人這句話還有後半段：「硜硜然，小人哉」，這種理解是錯誤的。就小弟所知，我們絕大部份人都必須「言必信、行必果」，真正碰到可以「言不必信、行不必果」的機會不多。要是我們誤解了孔聖人的意思而一天到晚「言不信、行不果」，那大禍不遠了。

三、「硜硜然，小人哉」的「小人」，非指道德低劣之徒，而是指拘泥於小節的人。

13.21. 子曰：「不得中行而與之，必也狂狷乎！狂者進取，狷者有所不為也。」

語譯

孔聖人說：「如果無法結交走中庸之道的人，那就一定要結交狂的人和狷的人。狂的人積極行善，狷的人潔身自好。」

字義

不得中行而與之：中行，即行中的倒裝，行，走；中，中庸之道；與，結交、交往。

狂者進取：狂，並非狂妄，而是為目標吸引而奔行。狂者有一個目標，這一個目標就是進取，也就是兼善天下，至於做不做得到，則在所不論。

獧：清白、正直不阿。獧並非無能，雖有才能，但不與桀紂為伍，不拿桀紂俸祿。獧，讀音「眷」。

明德說

一、狂者進取，志在兼善天下，這樣的目標不狂嗎？獧者有所不為、潔身自好，志在獨善其身。何謂進取？使天下人幸福就是進取；何謂有所不為？一介不取、清清白白就是有所不為。錢穆說：「伊尹聖之任，狂者也。伯夷聖之清，獧者也。狂獧皆得為聖人。」是也！

二、孔聖人說中行，而孟子說中道，兩者同也。

三、把狂解釋成激進是不對的，把獧解釋成保守也是不對的。楊伯峻的翻譯：「孔子說：得不到言行合乎中庸的人和他相交，那一定要交到激進的人和獧介的人罷！激進者一意向前，獧介者也不肯做壞事。」毛子水的翻譯：「孔子說，不能得到中和德行的人而取他，不得已的話，只好取那狂獧的人！狂者志趣高大；獧者不做不好的事情。」

13.22. 子曰：「南人有言曰：『人而無恆，不可以作巫、醫。』善夫！」「不恆其德，或承之羞。」子曰：「不占而已矣。」

語譯

孔聖人說：「南方人有這麼一句話：『一個人要是沒有恆心，就沒有資格做巫師和醫生。』說得真是好啊！」《易經・恆卦》說：「一個人做事情要是不能持之以恆，那麼，就不會成功！」孔聖人說：「不用占卜就知道會有這樣的結果了。」

字義

南人：南方人。

恆：長久不變的意志。

不可以作巫、醫：不可以，猶言沒有資格。巫，一種職業，能與鬼神溝通，能調動鬼神之力為人消災獲福，如降神、預言、祈雨、醫病等等；醫，醫生。

善夫：說得真是好啊！善，好也；夫，讀音「福」，助詞，用於句末表示感嘆。

不恆其德：德，心意、信念。這裡的「德」，無關道德。

或承之羞：猶言不會成功。或，有也。——《小爾雅·廣言》；承，蒙受；羞，恥辱。

不占而已矣：不用占卜就可以知道啦。占，占卜。

明德說

一、「不恆其德，或承之羞」出自《易經·恆卦》。

二、有人說「巫醫」是一個概念，這不對，是兩個概念，分別是巫師和醫生。原因是最晚在周朝，醫生就已經是一個獨立的職業，是一種官名。《周禮·天官》醫師掌醫之政令，聚毒藥以供醫事。註醫師，眾醫之長也。且《說文》醫，治病工也。《禮·曲禮》醫不三世，不服其藥。

三、「不占而已矣」是「不占而可知已矣」的省略。其中，「已矣」是語氣詞連用，加強語，表示事物的發展變化，可譯成「啦」。

四、毛子水的翻譯：「孔子說，南方人曾說：『一個人如果沒有恆心，那他連巫醫也不可以做。』這句話好得很！」至於「子曰，不占而已矣」一句，毛老師說：「朱子以為其義未詳。我們的譯文從『不恆其德』起便缺。」楊伯峻的翻譯：「孔子說：南方人有句話說：『人假若沒有恆心，連巫醫都做不了。』這句話很好呀！《易經》恆卦的爻辭說：『三心二意，翻雲覆雨，總有人招致羞辱。』孔子又說：『這話的意思是叫無恆心的人不必去占卦罷了。』」錢穆的翻譯：「先生說：南方人有句話說：『人若無恆，不可當巫醫。』這話真好呀！《易卦》上也說：『其德不恆的，常會有羞辱隨後。』先生說：『這也只有不替他占問就罷了。』」

13.23. 子曰：「君子和而不同，小人同而不和。」

語譯

孔聖人說：「一個君子能與別人合作，卻不聚集在一起營私。小人聚集在

一起營私，卻無法與別人合作。」

字義

　　君子，志向大、有理想、有志節的人。
　　和，合作、協調。
　　而，卻也，轉折語氣。
　　同，聚集，指結黨營私。

明德說

　　一、「和」非如楊伯峻所說「恰到好處」，也非如錢穆所說「無乖戾之心」，也非如毛子水所說「以道義相勸勉」，而是「合作」。「同」非如楊伯峻所說「盲從附和」，也非如錢穆所說「阿必」，而是「聚在一起營私」。
　　二、小人為什麼無法與別人合作？原因是小人只想到自己、目中無人，自然無法與別人合作，總給別人使絆子、拆臺、落井下石。
　　三、毛子水的翻譯：「君子以道義相交而不以利害相交；小人以利害相交而不以道義相交。」楊伯峻的翻譯：「君子用自己的正確意見來糾正別人的錯誤意見，使一切都做到恰到好處，卻不肯盲從附和。小人只是盲從附和，卻不肯表示自己的不同意見。」

13.24. 子貢問曰：「鄉人皆好之，何如？」子曰：「未可也。」「鄉人皆惡之，何如？」子曰：「未可也。不如鄉人之善者好之，其不善者惡之。」

語譯

　　子貢問孔聖人：「鄉裡的人都喜歡的人，他就是好人嗎？」孔聖人說：「未必。」子貢又問說：「鄉裡的人都厭惡的人，他就是壞人嗎？」孔聖人說：「未必。比較好的判斷標準是：鄉裡的好人喜歡他，同時，鄉裡的壞人都厭惡他，那這個人就是好人。」

字義

好：喜歡、讚美，讀音「浩」。
惡：討厭、批評，讀音「物」。
不如：比不上，意指比較好的方法（做法）是……

明德說

按照孔聖人的教法，怎麼知道一個人是壞人？那就是好人都厭惡他、看不起他、詛咒他，而壞人都讚美他。

13.25. 子曰：「君子易事而難說也；說之不以道，不說也；及其使人也，器之。小人難事而易說也。說之雖不以道，說也；及其使人也，求備焉。」

語譯

孔聖人說：「在君子下面做事是很容易的，但要讓他高興卻不容易；你要不跟他說正道，他不會高興的；關於他的用人，都是依據部屬的才幹任用；要侍奉小人很困難，但要讓他高興很容易。跟侍奉君子不一樣，侍奉小人偏偏不能跟他說正道，他才會高興；至於小人是如何用人的呢？他的用人只有一個要求：完全聽他的話。」

字義

事者侍奉也。
難說：難以取悅。說，讀音悅，意指喜悅。
說之雖不以道，說也：「說之」的說，是指說話；雖，獨、只，猶言偏偏；「說也」的說，音義同「悅」。
及其使人也：及，關於、牽涉；使人，用人。
器者容器也、才具也，指依據不同的能力而安排職位或事務。
求備：要求完全，指的是要完全符合他的心意。求，要求。備，盡、皆、完全、無所不順。

明德說

一、何謂「求全責備」？指對人或事要求完美無缺。然而，孔聖人這裡所說「求備」並非如楊伯峻、錢穆、毛子水等人所說是「求全責備」，而是要求下屬完全順從他的心意。其中「備」是指「完全」。

二、「說之雖不以道，說也」，這句話中，「不以道」為「以不道」的倒裝。那麼，什麼叫「不道」？當你的上級是小人的時候，談話的重點不在於利民、便民，而是說一些風花雪月、哪裡喝酒、哪裡玩耍、哪裡放鬆身體、哪裡撈錢、如何升官，就這些。

三、小人與君子用人的差別：小人的用人只有一個要求，那就是完全滿足他的慾望。相反的，君子的用人則都是依據部屬的才幹任用，不需要奉承、送禮、賄賂、美色。

13.26. 子曰：「君子泰而不驕；小人驕而不泰。」

語譯

孔聖人說：「君子包容而不自高自大，小人自高自大而不包容。」

字義

君子泰而不驕：泰，包容。驕，自高自大。

明德說

一、錢穆的翻譯：「君子舒泰，但不驕矜。小人驕矜，但不舒泰。」楊伯峻的翻譯：「君子安詳舒泰，卻不驕傲凌人；小人驕傲凌人，卻不安詳舒泰。」毛子水的翻譯：「君子舒泰而不傲慢；小人傲慢而不舒泰。」事實上，錢老師、毛老師和楊老師把「泰」理解為舒泰是不對的。小人的一個特性就是心胸狹窄，容不下別人，見不得人家好。因此，泰不是舒泰，而是包容。相反，君子就能包容別人。

二、把「小人驕而不泰」的「泰」理解為「舒泰」是對小人世界的不了解。首先，孔聖人這裡的「泰」無關一個人舒不舒泰，而是包容與否；其次，小人

只有在不得志的時候才會不舒泰，一旦得志，您說他舒不舒泰？當然舒泰。他從哪裡得到舒泰？他看到別人痛苦，他就舒泰；他看到別人跪著求他，他就舒泰；他能為所欲為、囂張跋扈，他就舒泰；他能以國家之名姦淫良家婦女，而良家婦女還要感恩戴德，您說他舒不舒泰？說起小人的內心世界，那可真不是我說的。

13.27. 子曰：「剛、毅、木、訥，近仁。」

語譯

　　孔聖人說：「公正無私、志向堅定不動搖、樸實、說話謹慎，具有這四種品質的人，就接近仁德了」。

字義

　　剛：正，公正。
　　毅：志向堅定不動搖。
　　木：質樸。
　　訥：說話謹慎。訥，言難也。——《說文》為什麼言難？有兩種可能，一種是口吃、結結巴巴，另一種是謹慎。這裡當取說話謹慎意。

明德說

　　木、訥是兩個概念，並非一個概念。《萌典》說，木訥是「質樸遲鈍，沒有口才」。有人說，訥是說話遲鈍，為什麼說話遲鈍能「近仁」？沒有道理，這裡的訥應該解釋成「說話謹慎」，這樣才是近仁。當然，還要加上前面三個要件:剛、毅、木。此外，木，並沒有遲鈍的意思，只有質樸的意思。原因是「遲鈍」的人，無法「近仁」。

13.28. 子路問曰：「何如斯可謂之『士』矣？」子曰：「切切偲偲、怡怡如也，可謂『士』矣。朋友切切偲偲，兄弟怡怡。」

語譯

子路問孔聖人:「怎麼樣才可以稱為『士』呢?」孔聖人回答:「個性率直、有很高才能、很和悅,就可以說是『士』了。對朋友很直率、勸勉朋友,與姐妹兄弟相處很愉快。」

字義

何如:如何、怎麼樣。

切切偲偲、怡怡如也:切,率直;偲,音猜。《說文》彊力也,又多才力也。按《詩經・齊風・盧令》:「盧重鋂,其人美且偲。」漢・毛亨・傳:「偲,才也。」怡,喜樂的樣子。

朋友切切偲偲:偲,讀音「司」,彼此勸勉督責。

明德說

一、一個士,一定是「久處樂」、給人如沐春風的感覺。這裡的快樂當然是因為內心平靜而快樂,不是縱欲、囂張跋扈的快樂。

二、孔聖人這裡分兩部份來說,第一部份是本身的個性要率直、有很高才能、要快樂,這樣才算是士。換言之,一個不率真、沒有能力、愁眉苦臉的人,沒資格稱為儒家的「士」。第二部份是講一個士與朋友的相處要做到:坦率、互相督促,對於姐妹兄弟要做到和睦相處。

三、毛子水的翻譯:孔子說:「有敬肅的心情,有和順的氣度,就可以算是士了。朋友主於敬肅;兄弟主於和順。」楊伯峻的翻譯:孔子道,「互相批評,和睦共處,就可以叫做士了。朋友之間互相批評;兄弟之間和睦共處。」錢穆的翻譯:「子路問道:『如何可算為士了?』先生說:『須有切磋,又能和悅,這樣可算為士了。切磋以處朋友,和悅以處兄弟。』」

四、楊伯峻把第一組切切偲偲理解為互相批評,不對,應該是率直而有才能。

五、本章中有兩個偲偲,意義不同,讀音也不同,第一組的偲偲,讀音「猜猜」,意指多才;第二組的偲偲,讀音「絲絲」,意指互相督促。

13.29. 子曰：「善人教民七年，亦可以即戎矣。」

語譯

孔聖人說：「擅長兵事之人教導人民軍事技能七年，就可以上戰場作戰了。」

字義

善人：擅長兵事之人。善，擅長。

亦可以即戎矣：亦，表示加強或委婉的語氣，可以翻譯成「就」。可以，能夠。即，投向。戎，犬戎，指蠻夷，這裡指戰場、作戰。

明德說

一、由此可知，孔聖人不反對打仗（孔聖人說過「當仁，不讓於師」），但是打仗之前要先找好老師（軍事家），並做好足夠的軍事訓練。

二、有人說「為什麼說善人教民七年，亦可以即戎？費解。」這其實沒有什麼好費解的。之所以有這樣的費解，實是對本章「善人」的誤解。何謂善人？朱熹、楊伯峻、錢穆都沒有解釋。毛子水說，「善人」即「善人為邦百年」的「善人」，他的理解不對。本章的「善人」無關道德，而是善於軍事的人。

13.30. 子曰：「以不教民戰，是謂棄之。」

語譯

孔聖人說：「讓沒有接受過良好軍事訓練的人上戰場，這就等於是讓他們去送死。」

字義

以不教民戰：以，用。教，讀音「叫」，教導、訓誨、教育、訓導。

是謂棄之：是謂，這就稱為。是：此，代詞，代指前面說的那一件事。謂：稱為。棄之，不要他們，也就是讓他們送死。棄，拋棄、不要。之，沒有受過

良好軍事訓練的人民。

第十四：憲問篇

14.1. 憲問恥。子曰：「邦有道，穀；邦無道，穀，恥也。」「克、伐、怨、欲不行焉，可以為仁矣乎？」子曰：「可以為，難矣！仁則吾不知也。」

語譯

　　原憲問孔聖人，什麼叫「可恥」？孔聖人回答：「當明君在位的時候，就該出來做官。然而，昏君、暴君在位的時候還出來做官，那就是可恥了。」原憲接著問：「如果能做到沒有好勝心、不自誇、不責怪他人、不貪心，這樣的話，可以說是做到仁了嗎？」孔聖人回答：「〔要是〕能做到，那是非常不容易的。至於是否就是仁了，那我就不知道了。」

字義

　　憲：原憲是也。原憲（西元前515-？年），字子思，孔聖人弟子，小孔聖人三十六歲，清淨守節，貧而樂道。孔子為魯司寇，原憲嘗為孔子宰。孔子卒後，原憲退隱，居於衛。據《孔子家語‧七十二弟子解之六》：「端木賜家富累千金，常結駟連騎，以造原憲。憲居蒿廬蓬戶之中，與之言先王之義，原憲衣弊衣冠，并日蔬食，衎然有自得之志。子貢曰：『甚矣！子如何之病也。』原憲曰：『吾聞無財者謂之貧，學道不能行者謂之病。吾貧也，非病也。』子貢慚。終身恥其言之過。」

　　恥：可恥、不要臉。

　　邦有道：即明君在位。邦，名為國家，實指國君。有道，有道德。

　　穀，官俸。古人常以穀物計祿，這裡指出來做官。

　　無道：國君無道，即昏君、暴君、魔鬼在位，那只能毀滅儒家文化、殘害忠良，生靈塗炭。

　　克、伐、怨、欲：克，勝心；伐，自誇。怨，怨恨、責怪。欲，貪心。

　　可以為，難矣：「可以為」前面省略了個「若」字。可以為，能夠做到。

可以，能夠，按《詩經・陳風・衡門》：「衡門之下，可以棲遲。」難，不容易。

明德說

一、為什麼昏君、暴君在位的時候還出來做官就是不要臉？原因很簡單，那時候，不可能為人民做好事，唯一的可能就是助紂為虐。

二、為什麼有道要穀？因為穀的目的，也就是為官的目的，不是為了光宗耀祖、榮華富貴、能有個三妻四妾，更不是像有些魔鬼是為了主人生死浮沈、踐踏別人、殘殺人民，而是為了苦難的眾生，為了想要幸福卻不知道幸福在哪裡的眾生。當有道的時候，不出來做官，那就是對不起自己的所學，這是儒家與道家、佛教的差別：積極入世。

三、今本「可以為仁矣」，《定州漢墓竹簡》寫「可以為仁矣乎」，本書從《定州漢墓竹簡》。

14.2. 子曰：「士而懷居，不足以為士矣！」

語譯

孔聖人說：「讀儒家典籍的人要是一心想著積儲，那就不能稱為是讀儒家典籍的人了。」

字義

士而懷居：士，讀儒家典籍的人。懷，存有、抱著。居，積也，蓄也。《書・皋陶謨》懋遷有無化居。

不足以為士：不足以，猶言沒有資格。為：做為、稱為。

明德說

一、這裡的居，並非指「安居樂業」或是「安逸的生活」或是「居室居鄉之安」或是「居住環境」，而是積儲，積儲名利、美色、房產、車子等等身外之物。

二、毛子水的翻譯：「一個人如果貪戀安逸的生活，那又不配稱為士了！」楊伯峻的翻譯：「讀書人而留戀安逸，便不配做讀書人了。」錢穆的翻譯：「一個士，若繫戀於他家室鄉里之安，那就夠不上一士了。」

14.3. 子曰：「邦有道，危言危行；邦無道，危行言孫。」

語譯

孔聖人說：「明君在位的時候，說話要謹慎，行為要謹慎；明君不在位的時候，行為要謹慎，說話要謙卑恭順。」

字義

邦有道：明君在位。邦，實指國君。

危行言孫：危，在高而懼，引申為謹慎。行，行為。言，說話。孫，音義同「遜」，謙卑恭順。

明德說

一、一直以來，我們都把「邦有道」翻譯為「國家政治清明」，這種理解方式不是不對，而是不夠準確，準確的理解是明君在位。「邦」實指「君」，而非國家。原因是國家與君不是一個概念，君代表國家，而不等於國家。

二、危言危行的「危」當作「謹慎」解，而非「正直」。楊伯峻的翻譯：「政治清明，言語正直、行為正直；政治黑暗，行為正直，言語謙遜。」毛子水的翻譯：「國家政治清明，應該言正、行正；國家政治昏亂，行為還是要正，而說話應該要委婉。」

14.4. 子曰：「有德者必有言，有言者不必有德。仁者必有勇，勇者不必有仁。」

語譯

孔聖人說：「有德行之人一定能有名言，有名言的人不一定有德行。愛人

的人一定有膽量,有膽量的人不一定能愛人。」

字義

言:名言,為後世傳誦之言。
勇:有膽量。

14.5. 南宮适問於孔子曰:「羿善射,奡盪舟,俱不得其死然。禹稷躬稼而有天下。」夫子不答。南宮适出,子曰:「君子哉若人!尚德哉若人!」

語譯

南宮适對孔聖人說:「羿擅長射箭,奡能在陸地上拉著船走,但是,他們都不得好死。相反的,大禹、后稷都是因為親身耕作而擁有天下。」孔聖人沒有回答。南宮适離開之後,孔聖人說:「此人是個君子啊!此人重視德行啊!」

字義

南宮适:魯國大夫,「适」讀音「瓜」。
羿:指唐堯時的射師,民間傳說他曾開弓射九日。
奡盪舟:奡,讀音「傲」,傳說是夏代寒浞(讀音濁)的兒子,力大,能陸地行舟。盪,搖動、擺動。
稷:后稷也,周朝先祖。相傳姜原因踐天帝跡而懷后稷,因初欲棄之,故取名曰棄。及長,帝堯舉為農師;有功,遂封於邰,號曰后稷,別姓姬氏,見《史記·卷四·周本紀》。姜原者,后稷之母,帝嚳之妻也。《詩·大雅·生民》:「厥初生民 時惟姜嫄。」姜原,也寫作「姜嫄」。
躬稼:躬,親身。稼,耕作。
君子哉若人:君子,才德出眾的人。若,其、此。

明德說

一、如何能有天下?有大功於人民。禹與稷有什麼大功勞?以身作則帶領

人民耕作，讓人民有飯吃，解決人民的苦難。

　　二、「君子哉若人」為「若人君子哉」的倒裝。孔聖人的表述習慣會把重點放在前頭，便形成了倒裝。

問答

　　問：為什麼在這句中禹、稷躬稼而有天下。而樊遲請學稼則被孔子認為是小人。

　　答：躬耕的意義不在於親自耕作，而在於重視人民、給予人民幸福的生活。凡是能給予人民幸福生活的，自然能有天下，而樊遲在意的是耕作的技術。禹、稷他們是農業專家嗎？不是。一個大人之所以是大人，不在於他有沒有專業技術，而在於他想著別人的死活。有專業技術而沒有仁心，不是大人；沒有專業技術而有仁心，自然有辦法解決那些專業問題，這是為什麼孔聖人說樊遲是小人的原因。

14.6. 子曰：「君子而不仁者有矣夫！未有小人而仁者也！」

語譯

　　孔聖人說：「才德出眾卻還沒達到仁的地步的，這是有的；卑鄙小人卻有仁愛之心，這種情形是絕對不會出現的。」

字義

　　不仁：未達到仁。不，未也。

明德說

　　一、君子還稱不上仁者，君子只是才德出眾，而仁者必然是君子。

　　二、小人是卑鄙無恥、專事挑撥離間的人。當然，小人也可以是統治者，這時候，他就不只是小人，也不只是暴君，而是魔鬼了。

　　三、何謂仁？愛人如己謂之仁。

　　四、楊伯峻說：「這個『君子』『小人』的含義不大清楚。……這裡似乎

是指在位者和老百姓而言。」楊伯峻的理解是錯的，本章的君子小人是從道德意義上說。

問答

問：不太理解「君子而不仁者有矣夫！」君子和仁者的境界之間的差距有多大？仁是一種最高的道德標準，顏回可以稱得上是君子，但他也只能做到長時間內不離開仁德，歷史上存在仁者嗎？

答：(1) 在我們這個階段，去區別君子與仁者是沒有意義的。就算孔聖人親自回答了這個問題，對於我們的行仁又有何幫助呢？至於有人強加區別，那也只不過是自說自話罷了。(2) 仁者愛人而已，真的愛人。為了愛人，連犧牲自己生命都無所顧惜。仁者必然具備智慧和勇敢，這也是為什麼他可以犧牲自己的原因。歷史上存在仁者嗎？當然有，孔聖人、堯舜、周文王、老子、王陽明、武訓、張志新等都是。我相信還有很多，儘管他們名不見經傳。

14.7. 子曰：「愛之，能勿勞乎？忠焉，能勿誨乎？」

語譯

孔聖人說：「愛一個人，能不讓他辛勞嗎？對一個人盡心誠意，能不勸導他嗎？」

字義

之：代名詞，這裡代替人。
能勿勞乎：勿，不。勞，辛勤、努力做事。
忠焉：忠，盡心誠意。焉，指示代詞，相當於「之」。
誨：勸導。

明德說

愛一個人，並不是讓他（她）養尊處優、什麼事情都替他（她）做好，相反的，是要鍛鍊他（她）、要讓他（她）吃得了苦。同樣的，盡心誠意也不是單純

的順從，而是要勸勉他（她）。

14.8. 子曰：「為命，裨諶草創之，世叔討論之，行人子羽修飾之，東里子產潤色之。」

語譯

孔聖人說：「鄭國政府在發佈命令之前，先由裨諶草擬文案，再由世叔研究和評論，接著由子羽修改潤飾，最後由子產修飾文句。」

字義

為命：發佈命令。甲骨文的「命」和「令」是同一個字，本義都是指發佈命令。

裨諶：人名，鄭國大夫。裨諶，讀音如「皮陳」。

世叔討論之：世叔，鄭國大夫游吉，字太叔，左傳稱為子太叔。討論，探討研究並加以評論。

行人子羽修飾之：行人，官名，掌傳旨、冊封、撫諭等事。子羽，名揮，又稱公孫揮，春秋時期鄭國人，博學，善詞令。他曾擔任行人一職，協助子產治理鄭國。修飾，修改潤飾，使文字生動。

東里子產潤色之：東里，地名，為子產所居之地。子產（西元前?-522年），姬姓，公孫氏，名僑，字子產，又字子美，謚成，鄭國大夫公孫僑的字。其人博洽多聞，長於政治，歷鄭簡公、定公、獻公、聲公執政大夫。為政寬猛並濟。卒，孔子為之涕。潤色，修飾文句。

明德說

一、為命的「命」，並不單指外交辭令或只是辭令，而是所有政府發佈的文件、公告，包括命令、政策、法律等等。

二、楊伯峻的翻譯：「鄭國外交辭令的創制，裨諶擬稿，世叔提意見，外交官子羽修改，子產作文詞上的加工。」毛子水的翻譯：「鄭國政府要作一道辭令，裨諶起草；世叔來討論；行人子羽來修飾；東里子產加以潤色。」

14.9. 或問子產，子曰：「惠人也。」問子西。曰：「彼哉彼哉！」問管仲。曰：「人也，奪伯氏駢邑三百，飯疏食，沒齒，無怨言。」

語譯

　　有人問孔聖人對子產的看法。孔聖人說：「子產嘉惠於人民。」問對子西的看法。孔聖人說：「那個人啊！不好說啊！」問對管仲的看法。孔聖人說：「管仲是了不起的人啊！不說別的。單就他削去了齊國大夫伯氏的封地駢邑一事來說，此事導致伯氏只能吃粗糙的飯食，然而，伯氏到死都沒有怨言啊！」

字義

　　惠人：加惠人民，即對人民有恩惠。
　　子西：春秋時期有三個子西，分別是鄭國的子西（西元前 ?-544 年），以及楚國的子西，但楚國的子西有兩個，一個是鬬宜申（西元前 ?-617 年），字子西；另一個是楚國令尹公子申（西元前 ?-479 年），字子西，是楚平王的庶長子，楚昭王的異母兄。本章所指子西究竟是哪一個？孔聖人沒說，因此也無須推斷，因為意義不大。
　　彼哉：猶言不好說。彼，那、那個、那裡。
　　人也：人中之傑也。人，人物也，即傑出人才。
　　奪伯氏駢邑三百：奪，削除、使失去；伯氏，齊國的一位大夫；駢邑，駢，地名，春秋時齊邑，約在今山東省臨朐縣，朐，讀音渠。邑，封地、采邑；三百，指所有，且這裡的所有並不少，而是非常多。
　　飯疏食：飯，做動詞，吃也；疏食，粗糙的飯食。
　　沒齒：一輩子、終身。沒，讀音「莫」。

明德說

　　一、三百所指並非如一些註家所說的「三百畝」或「三百戶」。蓋三表示多，而百表示所有的、一切的。駢邑是伯氏的所有，而管仲把伯氏的所有全給削去了，然而伯氏沒有怨言，是因為伯氏心服口服啊！法官當如是，也就是孔

聖人說的：「聽訟，吾猶人也，必也，使無訟乎。」

二、《文選・李康・運命論》提到：「以仲尼之謙也，而見忌於子西。」《運命論》中的子西當指楚國令尹公子申。

14.10. 子曰：「貧而無怨，難；富而無驕，易。」

語譯

孔聖人說：「身處貧窮卻不抱怨，是很難的；富有卻不自滿，相對就比較容易了。」

明德說

一、富有的哲學：從個人到國家都是一樣的。如何才能富有：勤勞、不自滿、節儉、低調、小心謹慎。

二、一時窮不是真窮，一時富，不是真富。這裡的貧窮和富有指的是一種長期的狀態，而非一時。

三、富而無驕的「驕」非如楊伯峻、毛子水所說「驕傲」，而是「自滿」。

四、孔聖人這句話充滿了哲理，我們要倒過來想。一天到晚抱怨的人能不窮嗎？不自滿、天天向善的人能不富嗎？

問答

問：「貧而無怨難」可以理解，但從古至今，仗著自己財大氣粗而橫行鄉里，欺壓百姓的人比比皆是，那孔子為什麼會認為身處富貴而不驕縱比較容易呢？

答：孔聖人這裡說的驕，不是驕縱、也不是驕傲，而是自滿，如同驕兵必敗的驕。我們知道，有錢人要是自滿，那他就不會有錢了。正是因為他不會自滿，所以，他才有錢。

14.11. 子曰：「孟公綽為趙、魏老則優，不可以為滕、薛大夫。」

語譯

孔聖人說:「以孟公綽的公正,能夠勝任趙家、魏家的家臣職位,但是,讓他去當滕國、薛國的大夫就不適合了。」

字義

孟公綽:魯國大夫,姬姓,春秋時期魯國三桓孟氏族人。

為趙、魏老則優:為,做為、擔任;趙、魏:趙家、魏家,皆大家也,那時,三家尚未分晉,因此,不說趙國、魏國,而說趙家、魏家。老,指大夫的家臣。優,有餘力,指能夠勝任。

滕薛:滕國、薛國,皆當時小國也。

明德說

一、人是這樣的,要能適才適所。把一個有能力的人放在一個不重要的位置上,他的才華是顯示不出來的。

二、楊伯峻說孟公綽「沒有才能來做滕、薛這樣小國的大夫」,這種理解是錯誤的。孟公綽本身就是魯國大夫了,而魯國又比滕、薛來得大,因此,怎麼會沒有才能擔任滕、薛的大夫?如果讓孟公綽去當滕、薛大夫,那是大材小用。

14.12. 子路問成人。子曰:「若臧武仲之知,公綽之不欲,卞莊子之勇,冉求之藝,文之以禮樂,亦可以為成人矣!」曰:「今之成人者,何必然?見利思義,見危授命,久要不忘平生之言,亦可為成人矣!」

語譯

子路問怎麼樣的人才算是完人?孔聖人說:「假設同時具備像臧武仲那樣的睿智、像孟公綽那樣的不貪取、像卞莊子那樣的勇敢、像冉求那樣的多才多藝,再加上知道禮樂,這樣,就算是完美的人了。」孔聖人接著說:「現在的完人,何必要那麼多條件!只要能看到好處時能想到該不該得、碰到國家危險、

別人有危險時能夠不顧惜自己的生命、為期很久的約定以及平常說的話都能兌現，能做到這樣，也就能說是完美的人了！」

字義

　　成人：完人、完美的人。

　　若臧武仲之知：若，像。臧武仲，即臧孫紇（紇讀音合），又稱臧孫、臧紇，謚「武」，臧文仲之孫，魯國大夫。知，音義同「智」，聰明才智。

　　公綽：即孟公綽，魯國三桓孟氏族人，《史記》說他廉靜寡欲，為孔聖人所尊敬。

　　卞莊子：人名。春秋魯國的卞邑大夫，以勇著名，嘗刺虎，一舉而獲兩虎，齊人懼之，不敢伐魯。

　　冉求之藝：冉求的才能。藝，才能也。

　　文之以禮樂：即有禮樂的修養。文，讀音「問」，修飾，使他更好。

　　授命：把命交出去。授：交予、給予也；命：生命、性命。

　　久要不忘平生之言：為「不忘久要平生之言」的倒裝。孔聖人的語法有一個特點，那就是把句子當中最重要的部份放在句首，以作強調，於是就有了倒裝句。例如本句當中，在孔聖人來看，最重要的部份就是久要，因此，放在句首。久，長久。要，讀音邀，約定也；平生，平時。

明德說

　　一、久要，為期很久的約定。何謂為期很久的約定？例如愛你到海枯石爛、等你到天荒地老，這約定不久嗎？生生世世行菩薩道，這不久嗎？

　　二、「久要不忘平生之言」並非如毛子水所說「久守約言而不忘記平日的話」，也不是楊伯峻所說「經過長久的窮困日子都不忘記平日的諾言」，也不是錢穆所說「平日和人有諾言，隔久能不忘」，而是「再久的約定、日常生活當中的承諾，都能兌現」。

14.13. 子問公叔文子於公明賈，曰：「信乎？夫子不言不笑不取乎？」公明賈對曰：「以告者過也！夫子時然後言，人不厭其言；

樂然後笑，人不厭其笑；義然後取，人不厭其取。」子曰：「其然！豈其然乎？」

語譯

孔聖人向公明賈問有關公叔文子的為人。孔聖人說：「聽說公叔文子不說話、不笑、什麼好處都不拿，有這一回事嗎？」公明賈回答說：「這樣的傳聞是言過其實了。公叔文子是該說才會說，因此，別人不會厭惡他的話；心情暢快就笑，因此，別人不會厭惡他的笑；該是他拿的，他才會拿，因此，別人不會厭惡他拿。」孔聖人說：「真的啊！真的是這樣的嗎？」

字義

子問公叔文子於公明賈：公叔文子，春秋時衛大夫，即公叔發，衛獻公之孫，名拔，諡號「文」，故稱公叔文子。於，從也、向也。公明賈，姓公明，名賈，春秋時衛國人。

信乎：信，實也；乎，用於句尾，表示疑問的語氣，相當於「嗎」、「呢」。因此，信乎就是真的嗎？

夫子不言不笑不取乎：夫子，指公叔文子。取，接受、收受，指接受別人給的好處或饋贈。

過：太、甚，指言過其實。

厭：厭惡。

樂然後笑：指公叔文子真誠沒有假笑這種事，不像卑鄙小人笑是假的、哭也是假的。樂，快樂。

14.14. 子曰：「臧武仲以防求為後於魯，雖曰不要君，吾不信也。」

語譯

孔聖人說：「臧武仲在自己的封地防這個地方，請求魯君將防封給臧氏子孫。雖然有人說，臧武仲此舉沒有要脅魯君的意思，但這種說法，我不相信。」

字義

　　臧武仲以防：臧武仲，魯國大夫，封邑在防（今山東費縣東北）。臧武仲曾任司寇，但終不能見容于魯國權臣而出逃在外。以，憑藉，這裡指談判條件，即魯君把防地封給臧氏子孫，這樣，臧武仲就離開魯國。防，地名，為臧氏的封邑。

　　求為後於魯：求，請求；為，讀音「維」，立也；後，子孫，此是臧氏子孫；為後，即立後，立後是為了使家族後繼有人或者功勳不被湮滅；魯是魯君。

　　要君：要脅魯君。要，讀音邀，要脅。

14.15. 子曰：「晉文公譎而不正，齊桓公正而不譎。」

語譯

　　孔聖人說：「晉文公會耍詐、不正派，而齊桓公正派、不耍詐。」

字義

　　晉文公（西元前 697-628 年）：姬姓，名重耳，是春秋時期晉國的第二十二任君主，西元前 636-628 年在位。晉文公文治武功卓著，是春秋五霸中第二位霸主，與齊桓公並稱。晉文公為公子時，因驪姬之亂而流亡在外十九年，年六十二始回國即位。

　　齊桓公（西元前 ?-643 年十月七日）：姜姓，呂氏，名小白，西元前 685-643 年在位，春秋時齊國第十五位國君，是姜太公呂尚的第十二代孫，與公子糾爭奪王位，成功。

　　譎：讀音「絕」，權詐也、欺也。

　　正：正派。

14.16. 子路曰：「桓公殺公子糾，召忽死之，管仲不死。曰未仁乎？」子曰：「桓公九合諸侯，不以兵車，管仲之力也。如其仁！如其仁！」

語譯

　　子路說:「齊桓公殺了他的哥哥公子糾之後,公子糾的家臣召忽殉主。同為家臣的管仲卻沒有死,可以說管仲不仁吧?」孔聖人說:「齊桓公不用武力,就能多次召集諸侯,這些都是管仲的功勞啊!怎麼說不是仁呢?完全稱得上是仁啊!就是仁!」

字義

　　公子糾:齊僖公之子,齊桓公之兄,與公子小白爭奪君位,失敗。

　　召忽:春秋時齊國人,與管仲同事齊國公子糾。召,讀音「韶」。

　　九合諸侯:合,會、聚也;九,言多也,如九死一生、九霄雲外。齊桓公究竟召集過諸侯幾次呢?根據《春秋》一書所載,齊桓公在位時,比較大型的諸侯會盟有十六次之多。

　　如其仁:如,及、比得上。

明德說

　　管仲該不該為主人而死?該不該輔佐齊桓公?這裡沒有絕對的對錯,都是主觀的,都只能因人而異,不需要在乎悠悠之口。在我看來,召忽死之是對的,而管仲不死也是對的,因為,他們有各自的使命,他們之間沒有高下。

問答

　　問:管仲對公子糾是否有虧欠?

　　答:是的,有虧欠。但很多事情就只能取捨,沒有辦法,這就是人生。問題在於取對了嗎?

14.17. 子貢曰:「管仲非仁者與?桓公殺公子糾,不能死,又相之。」子曰:「管仲相桓公,霸諸侯,一匡天下,民到於今受其賜;微管仲,吾其被髮左衽矣!豈若匹夫匹婦之為諒也,自經於溝瀆而莫之知也!」

語譯

　　子貢說：「管仲不是仁者吧？齊桓公殺了公子糾，作為公子糾的家臣管仲不但沒有殉主，竟然還輔佐齊桓公。」孔聖人說：「管仲輔佐齊桓公，稱霸諸侯，使天下恢復秩序。到了今天，人們還受到他的恩惠。要是沒有管仲，我就得披頭散髮、衣襟開在左邊，被蠻族統治了。難道要像一般人那樣，只為了守信就投水自盡，卻沒有人知道嗎？」

字義

　　管仲（約西元前 723-645 年）：姬姓，管氏，名夷吾，字仲，諡敬，春秋齊國穎上人。初事公子糾，後事齊桓公。通貨積財，富國強兵，尊周室，攘戎狄，桓公尊之為「仲父」，為法家之祖。也稱為「筦子」、「管子」。

　　又相之：又，表示轉折，相當於「卻」；相，輔佐；之，代名詞，指齊桓公，也就是公子糾爭奪王位的對手。

　　一匡天下：一，一人，代指齊桓公；匡，輔助、幫助；天下，指周天子統治之範圍，即整個中國，但在這裡，實指周天子。因此。一匡天下即是齊桓公以一人之力輔佐周天子，使天下安定下來，使外夷無法入侵。

　　微管仲，吾其被髮左衽矣：微，沒有。其，將；被，音義同「披」；披髮，頭髮散亂；衽，音「任」，衣襟；左衽，衣服前襟向左側開，為古代夷狄服裝的特色。被髮左衽比喻為異族統治。

　　豈若匹夫匹婦之為諒也：豈，難道。匹夫匹婦，一般人。為諒，守信用；諒，信也。

　　自經於溝瀆：自經，自殺。經，縊。溝，田間之水曰溝；瀆，小渠。

明德說

　　一、本章和上一章雖分為兩章，但在我看來，兩章實為一章，而且是在同一個時間內發生的，是孔聖人與他的弟子子貢和子路對於管仲、齊桓公的評價。雖然，《論語》一書的編者把「一匡天下」和「九合諸侯」放在不同的段落，但兩者卻不可分，沒有「九合諸侯」，就無法「一匡天下」，因此，「九合諸侯，一匡天下」是一個句子，不能分開來念。「九合諸侯，一匡天下」是一種

文學之美，就像「九死一生」的用法一樣，九與一都只是虛數，而非實數，九並非實數，而是非常多；而一也非僅僅是一，而是以齊桓公一人為代表，其他為輔。

二、有些人把一匡天下理解為「統一天下」，這是錯的。原因即在於該句的主詞是齊桓公，齊桓公哪裡有過統一天下？沒有，齊桓公是輔佐周天子，尊王攘夷，使天下在名義上回到周天子的統治。也有人把一匡天下的「匡」理解為「匡正」，這整說法不能說錯，但是不夠準確。

三、孔聖人在這裡肯定管仲是仁者。因為子貢質疑「管仲非仁者歟？」而孔聖人則是為管仲辯護。

14.18. 公叔文子之臣大夫僎，與文子同升諸公。子聞之曰：「可以為文矣！」

語譯

衛國公子公孫拔的家臣僎因公孫拔的推薦晉升為衛國大夫，因此與公孫拔同朝為官。孔聖人得知這事就說：「這樣的話，公叔文子被諡為文，那就沒有問題了，因為他的做法符合『錫民爵位』這一條諡文的標準。」

字義

公叔文子之臣大夫僎：公叔文子，即公孫拔，乃衛國公子；臣，家臣也；僎，讀音賺，人名，乃公孫拔之家臣。

同升諸公：同，一同；升，進也；諸，「之於」兩字的合音；公，政府、朝廷也。

明德說

文是諡號，所以叫公叔文子，因為他推薦自己的家臣給國君，是錫民爵位的表現。按《逸周書・諡法解》規定諡「文」者的條件之一：「經緯天地，道德博聞，勤學好問，慈惠愛民，潛民惠禮，錫民爵位。」諡，古代帝王或大官死後評給的稱號，依死者生前的事跡所給予。「潛」通「閔」，指憐恤；錫，

音義同「賜」。

14.19. 子言衛靈公之無道也。康子曰：「夫如是，奚而不喪？」孔子曰：「仲叔圉治賓客，祝鮀治宗廟，王孫賈治軍旅。夫如是，奚其喪？」

語譯

　　孔聖人提到衛靈公不是一個好國君。季康子就說：「既然如此，為什麼不失位呢？」孔聖人回答：「仲叔圉負責外交、祝鮀負責內政、王孫賈負責軍事，他們都做得很好，這樣子，怎麼會失位呢？」

字義

　　衛靈公：姬姓，名元，衛國君主，西元前534-493年在位，長達四十二年。「靈」是諡號，據《逸周書‧諡法解》：「亂而不損，好祭鬼神，皆曰靈。」
　　仲叔圉治賓客：仲叔圉，孔圉也，衛國大夫，聰明好學，又非常謙虛。卒後諡號「文」，後人尊稱他為孔文子。圉，讀音「雨」，圉，禁也。──《爾雅》。治賓客，即負責外交事務。治，治理、負責。賓客，春秋戰國時期多用於稱呼外國使者。
　　奚而不喪：奚，疑問辭，為什麼。喪，失位。
　　宗廟：王室國家的代稱，相當於今天的內政事務。

明德說

　　知人善用才是好的管理者，衛靈公是、齊桓公也是。然而，大部份的管理者都欠缺這方面的能力，例如：明朝末代皇帝崇禎，雖一心圖強，終因不能知人而喪命。

14.20. 子曰：「其言之不怍，則為之也難！」

語譯

　　孔聖人說:「一個大言不慚的人,他是很難做到的!」

字義

　　不怍:面不改色。怍,讀音「做」,慚愧、面色改變。
　　為之也難:即為之難也;為,做到。

14.21. 陳成子弒簡公。孔子沐浴而朝,告於哀公曰:「陳恆弒其君,請討之。」公曰:「告夫三子。」孔子曰:「以吾從大夫之後,不敢不告也。君曰:『告夫三子』者!」之三子告,不可。孔子曰:「以吾從大夫之後,不敢不告也!」

語譯

　　陳成子殺了齊簡公。孔聖人在全身洗淨之後上朝面見魯哀公。孔聖人向魯哀公稟告:「陳恆殺了他的國君,我請求魯國出兵討伐陳成子。」魯哀公就說:「這件事,你跟三桓說去。」孔聖人退朝之後說:「因為我過去擔任過大夫,遇到這等大事,不敢不告訴君主。可是,沒想到,君主卻說:『這件事你去跟三桓說!』」於是,孔聖人只好前去向三桓稟報,而三桓的回覆是不可以出兵。孔聖人離開三家之後又說:「因為我曾經是大夫,所以不能不向他們報告這件事啊!」

字義

　　陳成子弒簡公:陳成子,又稱田成子,為齊國大夫,名恆,諡成子,為齊國田氏家族第八代宗主。弒,下殺上曰弒。簡公,齊國國君,名壬。魯哀公十四年(西元前481年),田成子殺死了齊國右相闞止和齊簡公之後,立簡公弟驁為齊平公,自立為太宰。從此田恆獨攬齊國大權。
　　沐浴:濯髮洗身,即全身上下洗個乾淨。在古代,如遇重大事件或節日,人們都要沐浴更衣,以示心誠。
　　告夫三子者:告,報告。三子,指當時把持魯國朝政的孟氏、叔孫、季氏

三家大夫。者，用於句末，表語氣結束。

之三子告：即前往三子所在，向他們報告這件事。之，前往也。

從大夫之後：過去擔任過大夫。

問答

問一：陳成子弒簡公一章，孔子的行為與言論是想要表明什麼意思？

答一：本章在表明孔聖人的愛國情操以及他的深謀遠慮。本章其實很特別，那就是孔聖人竟然沐浴而朝，請求魯哀公發兵討陳成子。一般而言，孔聖人很少以這樣的面貌出現，都是以文人的姿態出現，沒有見過主戰的。這說明了什麼？孔聖人不怕戰爭、該戰就要戰，而且知兵。要是不知兵，孔聖人不敢這樣建議。因為「子之所慎者三」，其中之一就是戰。換言之，孔聖人對於戰爭是很謹慎的。而此時，孔聖人竟然建議魯君發動戰爭，必然有他的道理。道理就在孔聖人認為此舉有機會扭轉長期以來齊強魯弱的局面。《左傳》對此事有記載：「孔子三日齋而請伐齊三，公曰：『魯為齊弱久矣，子之伐之，將若之何？』對曰：『陳恆弒其君，民之不與者半；以魯之眾，加齊之半，可克也。』」事實上，孔聖人的謀劃是可行的，其一，孔子知兵；其二，弒君在當時是大逆不道的，這也是為什麼孔聖人說「陳恆弒其君，民之不與者半；以魯之眾，加齊之半，可克也」的原因。只不過，這個可行的計劃，碰到當時「志不在此」、只想偏安的三桓，也就無疾而終。

問二：孔聖人主張「不在其位，不謀其政」，但是他在「陳成子弒簡公」這章中說到「以吾從大夫之後，不敢不告也」，因為他曾經做過大夫，所以向君主諫言，但是他現在已經不是大夫了，卻還要關心在那個職位上的事情，與「不在其位，不謀其政」是否矛盾？

答二：你誤解了「不在其位不謀其政」的意思。謀是謀取、干涉，孔聖人並沒有謀取，也沒有干涉，只有建議。每一個人都可以做建議，何況是退下來的官員。

14.22. 子路問事君，子曰：「勿欺也，而犯之。」

語譯

子路問老師如何侍奉國君？孔聖人回答：「不可以欺騙，可以勸諫。」

字義

事：侍奉。

而犯之：而，能、可以；犯，抵觸，指意見與君王不同，即勸諫。

問答

問一：老師理解的事君之道是何？

答一：首先，良臣擇主而事；其次，選對了主人之後，就是從他的角度想事情，不要想自己的利益。什麼是對的主人？能為下屬設想、能為百姓設想、說到做到。

君主不見得比我們聰明、不見得比我們有能力、不見得比我們有品行。因此，絕不能一味愚忠。愚忠，對君主不好、對國家社稷也不好、對自己也不好，因此，絕不能提倡，一提倡，就是錯的。

另外，有些人貪圖名利而討好君主，這是人之常情，但問題是自己會不會被君主當成工具，甚至被犧牲掉，這是要考慮的。

仁，是很難的。孔聖人之所以稱讚管仲，是從結果來看，管仲輔佐齊桓公而天下太平、中原文化得以保留，這當然是很大的功德。但，要是齊桓公不值得輔佐，那就是助紂為虐了。

對於人生的規劃，你必需有兩套方案：有道和無道。有道則現，無道則隱。隱不見得不好。因為，首先保全了自己和家庭、不會成為別人的工具、不會成為刀下鬼、不會助紂為虐，這時候，可以把全副精力專精於一種技藝或是用來提昇自己的學問、道德和信仰深度、以及好好的孝敬父母、教育子女。總之，不該現而現是會遭殃的，即使榮華富貴也會非常短暫，而且經常不得好死，這種情形，現在就非常多。

問二：想聽老師對於「忠君」的看法。

答二：忠君是錯的。我們要忠於的不是國君個人，而是人民利益，君只是代表了國家，但不等於國家。

問三：老師認為在職場中取悅上級是必要的嗎？

答三：當然沒有必要。我們為什麼要取悅上級？是為了升遷、得到好處，對不對？問題是為了升遷，只有這一方式嗎？沒有其他可能嗎？你們要開拓其他可能的管道，例如你的能力很強，擅長解決問題，自然能得到重用。還有，要提醒你，上級不會永遠是上級，很可能很快就落馬，這時候，要是綁在一起，就麻煩了。

14.23. 子曰：「君子上達，小人下達。」

語譯

孔聖人說：「君子致力於實現仁義；小人致力於獲得名利和權力。」

字義

達：為實現一個目標，進行有意識的努力。
上：指仁義；
下：指名利、權力。

14.24. 子曰：「古之學者為己，今之學者為人。」

語譯

孔聖人說：「古代的讀書人是為了道德修養而學習，今天的讀書人是為了肉體感官（即功名富貴）〔的滿足〕而學習。」

字義

己：約束也，非自己也。孔聖人說：「非禮勿視、非禮勿聽、非禮勿言、非禮勿動」，這四非當然是約束，因此，己猶言道德修養。按《廣雅》說：「己，紀也。」朱駿聲《說文通訓定聲》：「己即紀之本字，字的本身就有『約束』和『法』的意思。」

人：人的身體，即一己的感官享受。

明德說

一、「古之學者為己,今之學者為人」為「古之學者為己而學,今之學者為人而學」的省略。

二、為人的「人」,應訓為「身體」或是「自己」。我這麼解釋當然是有根據的。「文如其人」、「思君令人老,歲月忽已晚」,這裡的「人」都訓為自己;「人不舒服」、「人在心不在」,這裡的「人」都訓為「身體」。因此,為人不是為了別人,相反的是為了自己的身體(的滿足)。

三、孔聖人把一個人的追求分成兩類,即精神追求和物質追求。精神追求即為己追求,物質追求即為人追求。精神是指道德仁義、萬物一體,而物質是指名利、感官、聲色。換言之,為己是指為了道德修養;為人是指為了一己之私利。故王聖人陽明說「聖賢只是為己之學」,而為己之學重在功夫,不在效驗。一旦功夫到家,內心無不光明,又何勞思慮!

四、對於本章,在我所看到的註解當中,這些學者對於「己」、「人」的理解都是錯的,例如錢穆:「孔子所謂為己,殆指德行之科言。為人,指言語、政事、文學之科言。孔子非不主張學以為人,惟必有為己之本,乃可以達於為人之效。……孔門不薄為人之學,惟必以為己之學樹其本;未有不能為己而能為人者。」按錢穆的話,「孔子非不主張學以為人」,事實上,孔聖人不主張「學以為人」。錢穆又說「孔門不薄為人之學」,而事實上,孔聖人確實薄「為人之學」。

五、楊伯峻的譯文:「古代學者的目的在修養自己的學問道德,現代學者的目的卻在裝飾自己,給別人看。」毛子水的翻譯:「古時的學者,志在把自己修養好;現在的學者,志在示人以所學。」楊師、毛師對於「為己」的理解基本上是對的,但沒有把「己」清楚的解釋出來;但他們在「為人」的理解是錯的,為人無關別人。

14.25. 蘧伯玉使人於孔子,孔子與之坐而問焉。曰:「夫子何為?」對曰:「夫子欲寡其過而未能也。」使者出。子曰:「使乎!使乎!」

語譯

　　衛國大夫蘧伯玉派人去探望孔聖人。孔聖人請使者坐下來並且問他話。孔聖人說：「蘧大夫都做些什麼呢？」使者就回答：「我家主人想要減少他的過失卻做不好。」使者離開之後，孔聖人就說：「不辱使命啊！不辱使命啊！」

字義

　　蘧伯玉（約前 585-484 年）：姬姓，蘧氏，名瑗，字伯玉，春秋時期衛國大夫，奉祀於孔廟東廡第一位。
　　夫子何為：夫子，指蘧伯玉；何為，為何的倒裝，做什麼。
　　孔子與之坐而問焉：與，讀音「羽」，賜也。

14.26. 子曰：「不在其位，不謀其政。」

字義

　　謀：圖謀、想要擁有、干涉的意思。
　　政：政權、權柄。按「政逮於大夫，四世矣」。

明德說

　　根據《定州漢墓竹簡》，憲問篇並沒有此章，因此推定為重出，語譯見泰伯篇即第 8.14. 章。

14.27. 曾子曰：「君子思不出其位。」

語譯

　　曾子說：「君子所想的事情不超過他的職責和本份。」

字義

　　君子思不出其位：思，想。出，超過、超出。位，職責、本份。

明德說

一、曾子這句話和孔聖人的「君君臣臣父父子子」的道理是一樣的。每個人首先應該把自己的本份盡好，光是這一點，就足夠做一輩子了，例如為官的，把為官的本份做好。因為再怎麼負責，也不一定能做好，這也是孔聖人為什麼謙稱自己「君子道者三，我無能焉」的緣故。

二、「位」也可以解釋為使命。只有專心於自己的使命，使命才可能達成；相反的，一旦分心，也就是什麼都想要，那使命就無法達成。

問答

問：「君子思不出其位」，這個「位」應該怎麼界定呢，感覺太狹隘會阻礙進步。

答：「位」就是本份。你的本份都盡了嗎？我們一輩子有多少「位」？在家庭中的「位」、身為學生的「位」、在職場上的「位」、做為一個國家成員的「位」，作為一個朋友的「位」……單單一個「位」都做不好了，哪有時間再分心去想其他非「位」的事情。因此，必須「思不出其位」。

14.28. 子曰：「君子恥其言而過其行。」

語譯

孔聖人說：「一個君子以他說的比做的還多為可恥。」

字義

而：之、的。

過：超出。

14.29. 子曰：「君子道者三，我無能焉：仁者不憂，知者不惑，勇者不懼。」子貢曰：「夫子自道也！」

語譯

孔聖人說:「君子的德行體現在三個方面,可是我沒能做到:有愛心的人不憂慮;明白的人不被迷惑;有膽量的人不害怕。」子貢說:「老師您在說您自己啊!」

字義

君子道者三:道,德行。
知:明白,尤指明瞭別人的詭計、花招、陷阱。
自道:即道自,說自己也。道,說。

14.30. 子貢方人。子曰:「賜也,賢乎哉?夫我則不暇!」

語譯

子貢批評別人。孔聖人說:「子貢賢明嗎?我是沒空去批評別人。」

字義

方:音義通「謗」,議論或批評。
乎哉:語氣助詞,表疑問,這裡可譯為「嗎」。
夫我則不暇:夫,讀音「扶」,文言發語詞。不暇,沒空。暇讀音「俠」,空閒。

14.31. 子曰:「不患人之不己知,患其不能也。」

語譯

孔聖人說:「不用擔心別人不知道自己有本事,該擔心的是自己沒本事。」

字義

患其不能也:患,擔心、發愁。能,才幹、本事。

明德說

一、「不患人之不己知」為「不患人不知己之能」的倒裝和成份省略。

二、孔聖人指出一般人的通病,老是怨天尤人、見不得人家好,卻不在自己的能力、品行上精進。

14.32. 子曰:「不逆詐,不億不信,抑亦先覺者,是賢乎!」

語譯

孔聖人說:「不預先設想別人會欺騙我們;也不臆測別人會不守信用,卻可以事先覺察真偽,這樣的人不簡單啊!」

字義

不逆詐:逆者預先也。詐者欺騙也。

不億不信:億,通「臆」,臆測。信,守信。

抑亦先覺者:抑,但是、然而,表示轉折。亦,無義。覺,知曉、意識到。

賢:有才能。

問答

問一:如何理解這裡的「賢」?又如何做到「賢」?

答一:賢,就是很厲害,很不簡單的人。如何做到這裡的賢,也就是如何做到先覺?王聖人的回答是「致良知」,但不能先有「求先覺之心」,一旦有求先覺之心,就會落入猜忌險薄,反而自蔽其良知,而不可與入堯舜之道。王聖人接著說:「君子學以為己:未嘗虞人之欺己也,恆不自欺其良知而已;未嘗虞人之不信己也,恆自信其良知而已;未嘗求先覺人之詐與不信也,恆務自覺其良知而已。」如此致良知,自然誠明,自然能「賢」,水到渠成而可以前知。

問二:孔子說:「預先懷疑別人欺詐,也不猜測別人不誠實,然而能事先覺察別人的欺詐和不誠實,這就是賢人了。」孔子為什麼這樣說?

答二:對於人與人之間的交往,好人與壞人各有他們的模式。壞人會預想別人欺詐,也會猜測對方會不守信用,因此,就會做好各種防備。因此,不管

出現什麼情況，他們都不會吃虧。相反的，好人不會預設別人欺詐，也不會臆測對方不守信用，但是，很可能就碰上壞人，這時候，他必然吃虧。偏偏有一種人叫做賢人，他是好人當中的佼佼者，他的行為跟一般好人一樣，差別在於他不會上當。

14.33. 微生畝謂孔子曰：「丘，何為是栖栖者與？無乃為佞也乎？」孔子曰：「非敢為佞也，疾固也。」

語譯

微生畝對孔聖人說：「孔丘，為什麼你要到處奔波呢？難道不是為了表現你的才智嗎？」孔聖人回答：「我並非為了表現聰明才智，而是定不下來啊！一定下來就不舒服。」

字義

微生畝：魯國人，姓微生，名畝，隱士。

何為是栖栖者與：何為，為何也，即為什麼。栖栖，這邊停留、那邊停留，意指到處停留、四處奔波，這裡指孔聖人周遊列國。栖，讀音「西」，凡物止息皆曰栖。與，音義同「歟」。

無乃為佞也乎：無乃，難道不是……嗎？佞，有才智。

疾固也：疾，痛苦、憂、患。固，安定。

明德說

一、很多人不了解為什麼孔聖人要如此回答，也讀不懂孔聖人當時說話的語氣。孔聖人對微生畝的回答「非敢為佞也」是真，「疾固也」則是應酬話了。在一些人面前，他們不了解你，你要是講真心話，他們會以為你是假清高。如果孔聖人說他周遊列國是為了眾生，很多人一定不相信，那不如找個別人願意相信的理由：「沒有啦！實在是我自己定不下來，一定下來，心就慌，是為了我自己的日子好過而已啦。」

二、注意：康熙字典把栖栖理解為皇皇是錯的。按《康熙字典》：「栖栖，

猶皇皇也。《論語》何為是栖栖者與。」為什麼是錯的？原因是「栖」不是心字旁，而是木字旁。何為皇皇，心不安也，可以確定的是，雖然孔聖人四處奔波，但沒有心不安的這種情形（蓋仁者不憂也），有的只是為眾生四處奔波的喜悅，今天在齊國、明天在衛國、後天在楚國，這邊苦勸、那邊說理，如此達十四年之久。

三、注意：《康熙字典》把「固」解釋成「執一不通」也是錯的。按《康熙字典》：「又執一不通也。《論語》非敢為佞也，疾固也。」本章的「固」該解為「安定」。

四、一般都把「佞」解釋為「口才」，我認為應該解為「有才智」。

五、楊伯峻的翻譯：「微生畝對孔子道：『你為什麼這樣忙忙碌碌的呢？不是要逞你的口才嗎？』孔子道：『我不是敢逞口才，而是討厭那種頑固不同的人。』」毛子水的翻譯：「微生畝對孔子說：『丘，為什麼那麼栖栖皇皇的！莫非是要逞你的口才去討好人家？』孔子說：『我不是要逞口才；我只是痛恨世人的固陋！』」錢穆的翻譯：「微生畝對孔子說：『丘呀！你為何如此棲棲遑遑的，真要像一佞人，專以口辯取信嗎？』孔子對道：『我不敢要做一佞人，只厭惡做一固執人而已。』」

14.34. 子曰：「驥不稱其力，稱其德也。」

語譯

孔聖人說：「不讚美千里馬的力量，而是讚美千里馬的品德。」

字義

驥者千里馬也。
稱者讚美也。
德者品德也。

明德說

千里馬有什麼品德呢？若依照岳飛《良馬對》一文，千里馬的品德是「受

大而不苟取,非精潔寧餓死不受,力裕而不求逞」;相反的,駑鈍之馬則是「寡取易盈,好逞易窮」。翻成白話文,就一個人而言就是:心胸寬大,志向高遠、包容力大,即使餓死,依然廉潔不貪;能力綽綽有餘,但不會力求表現,這樣的人才是具有千里馬的德行。相反的,心量狹小,斤斤計較、對他施點小恩小惠,很容易就滿足;因為喜歡表現,所以很容易就黔驢技窮,這樣的人就是駑鈍之才。

14.35. 或曰:「以德報怨,何如?」子曰:「何以報德?以直報怨,以德報德。」

語譯

有人說:「用恩德回報別人給你的傷害,這種做法好不好?」孔聖人說:「如果是這樣的話,那麼,要如何回報別人給你的恩惠呢?應該以合適的方式來回報別人給你的傷害,而以恩惠回報別人給你的恩惠。」

字義

以德報怨:以,用;德,恩惠、恩情。報,回報、酬答。怨,傷害。

直:正當、有理。按「師直為壯,曲為老。」——《左傳·僖公二十八年》

明德說

一、有人說,「孔子不主張以德報怨」,這種理解當然是錯的。孔聖人主張以直報怨,這裡的「直」包含了以德報怨的這個可能性,當然也包含以牙還牙這個可能性以及其他可能。

二、以牙還牙這個理論出自《聖經·出埃及記》:「以命償命、以眼還眼、以牙還牙、以手還手、以腳還腳、以烙還烙、以傷還傷、以打還打。」換言之,舊約的信徒是遵守以牙還牙的這個教義的。相反的,歷來中國人反對這種主張,大部份的中國人都接受以德報怨,至少是以直報怨,很少人是主張以牙還牙的,因為絕大部份的中國人都能認識到「冤冤相報何時了」。

三、對於「如何報怨」這個問題,孔聖人給了我們很大的選擇空間。不知

道你們贊不贊成孔聖人的這種主張？我個人很贊成。

　　四、「直」在這裡不是「正直」，也不是「公正」，而是「該怎樣就怎樣」，是很主觀的，是很個人的，並沒有一個標準給所有人，既不是每一個人都應該以德報怨，但也不是每一個人都應該以牙還牙，而是看每個人的情況而有不同，我們可以選擇以德報怨，不只寬恕對方，甚至還幫助那個加害者，但也可以選擇以眼還眼，還可以給對方以適當懲罰或是加上千倍萬倍的懲罰，這完全取決於每個人當下的情況。我認為，這裡的情況可以從三方面來考慮：第一、怨的大小與怨是故意或無意造成的；第二、對方歷來的為人與處境；第三、自己的為人與處境。總之，既不是刻意壓抑，也不是悲憤異常，以致失去了理性，而是一種自己認為最適合、最值得、最冷靜、最應該的方式去回報怨恨，不用在乎別人的眼光、不用在乎世俗的評價，完全根據內心的聲音就對了。在這種事情上，沒有人能批評別人做得對不對，而把自己當成是唯一的標準，那就不厚道了，例如廢死聯盟。

　　五、以直報怨的「直」並非如楊伯峻所說「公平正直」，也不是錢穆所說「直者直道，公平無私」，這裡的「直」，無關「公正」，也無關「無私」，而是「宜」、「值」、「合理」，該怎麼做就怎麼做。

　　六、在所有的怨裡面，最大的怨應該算是殺父殺母之仇了。要是碰到殺父母之仇，而司法又無法體現正義的前提之下，要怎麼辦呢？孔聖人會這麼做：《禮記・檀弓上》子夏問於孔子曰：「居父母之仇如之何？」夫子曰：「寢苫枕干，不仕，弗與共天下也；遇諸市朝，不反兵而鬥。」孔聖人所說的，正是一種自然法。如果父母之仇竟能不報（當然，前提是父母沒有錯），那這樣的人還是人嗎？

14.36. 子曰：「莫我知也夫！」子貢曰：「何為其莫知子也？」子曰：「不怨天，不尤人，下學而上達，知我者，其天乎！」

語譯

　　孔聖人說：「沒有人了解我啊！」子貢就說：「怎麼說沒有人了解老師您呢？」孔聖人回答：「我不對天抱怨、不責怪別人，學習了人間的一切學問，

藉以明瞭上天的旨意。了解我的人，大概只有上天了吧！」

字義

尤：怨恨、歸咎。

下學而上達：下，天之下，指人間的一切學問。而，表示目的，相當於「來」，藉以。上達，上，上天，意指天意、天命；達，明瞭、通達。

其天乎：其，大概，表示揣測。

明德說

一、下學之所以上達，沒有下學就無法上達，而不是另有一個上達的路徑。

二、對於「上學而上達」的翻譯，楊伯峻：「學習一些平常的知識，卻透徹了解很高的道理。」毛子水：「思索的雖只是平常的事情，而了解的似已進到高明的境界了。」錢穆：「只在下處學，漸向上處達。」

三、王聖人陽明對於下學與上達之間關係說明如下：「夫目可得見，耳可得聞，口可得言，心可得思者，皆下學也；目不可得見，耳不可得聞，口不可得言，心不可得思者，上達也。如木之栽培灌溉，是下學也；至於日夜之所息，條達暢茂乃是上達，人安能預其力哉！故凡可用功、可告語者皆下學，上達只在下學裡。凡聖人所說，雖極精微，俱是下學。學者只從下學裡用功，自然上達去。不必別尋箇上達的功夫。」

四、「莫我知也夫」為「莫知我也夫」的倒裝。

問答

問：在這句話中，孔子為什麼說知他者只有天？

答：這是聖者的「孤獨」，一般人無法理解聖人的內心世界，所以，聖人只好說只有上天知道他在做什麼，表示至少還有天了解他，他並不孤單。

14.37. 公伯寮愬子路於季孫，子服景伯以告，曰：「夫子固有惑志於公伯寮，吾力猶能肆諸市朝。」子曰：「道之將行也與，命也；道之將廢也與，命也。公伯寮其如命何？」

語譯

公伯寮在季孫面前公開詆毀孔聖人,子服景伯就對孔聖人說:「季孫已經被公伯寮的話給迷惑住了。但是,我還能對輿論、季孫施加影響力〔,還您清白〕。」孔聖人就說:「正道如果能實施,那是天命!正道如果不能實施,那也是天命!公伯寮他能改變天命嗎?」

字義

公伯寮:公伯氏,名寮,字子周。魯國人。

愬:讀音「素」,毀謗、誣陷。

子路:並非孔聖人的弟子子路,而是「子」、「路」兩個概念。子,指孔子。路,同「露」,暴露也,即公開也。

子服景伯:即子服何,姓子服,名何,魯國大夫。

夫子固有惑志於公伯寮:夫子,古時對大夫的尊稱,這裡指季孫氏。固,已經。惑,迷惑。

吾力猶能肆諸市朝:力,能力、影響力。猶,還。肆,伸展,猶言影響。諸,「之於」的合音。市,雜聚之處,猶言大庭廣眾,這裡指輿論。朝,朝廷,實指季孫氏,因為此時季孫當權。

道之將行也與:將,就要、將要。行,流行、流通、實施。

明德說

一、對於「公伯寮愬子路於季孫」這句話,所有人都把子路解釋成孔子的弟子仲由,不對。公伯寮所誹謗的人不是子路,而是孔子,而且是公開的毀謗。楊伯峻的翻譯如下:「公伯寮向季孫毀謗子路。」錢穆的翻譯如下:「公伯寮讒愬子路於季孫。」

二、為什麼公伯寮毀謗的人是孔聖人而不是子路呢?可以從三方面來觀察,第一,子服景伯以告的對象是孔子,而非子路;第二,孔子回答的內容無關子路,而是關於自己所要傳的道和天命。第三、在公伯寮眼中,子路沒有那麼重要,重要到需要公伯寮運用他的影響力。

三、「公伯寮愬子路於季孫」這句話如果是這樣斷句會比較清楚:公伯寮愬

子，路於季孫。

四、詆毀一個人有兩種方式，一種是公開的，一種是私底下的。而公伯寮誹謗孔聖人是公開的，而且就在朝廷上，有季孫氏在場。

五、「吾力猶能肆諸市朝」並非如楊伯峻所說「我的力量還能把他的屍首在街頭示眾」，也非如錢穆所說「我的力量還能把此事向季孫陳說清楚，使季孫殺了公伯寮，把他陳尸於市」，而是「我還能對輿論、季孫氏施加影響力」。

六、「吾力猶能肆諸市朝」這句話如果是這樣斷句會比較清楚：吾力猶能肆諸市、朝。也就是說，「市朝」不是一個概念，而是「市」與「朝」兩個概念。「市」指輿論，「朝」是朝廷，實指季孫。

七、朱熹對整部《論語》誤解之處甚多，本章又是一例。首先，「吾力猶能肆諸市朝」的「肆」並非朱子所說「肆，陳屍也。言欲誅寮」，而是「施展影響力」；其次，本章中沒有提到仲由，而朱熹顯然把本章中的「子路」當成是孔聖人的學生「仲由」了，他說「愚謂言此以曉景伯，安子路」顯然，朱熹認為，孔聖人說「道之將行也與」這一整句話的用意之一就是用來「安子路」，事實上，本章與子路沒有半毛錢關係；其三、朱熹又說「聖人於利害之際，則不待決於命而後泰然也」。朱子的這種說法不對，事實上，剛好相反。原因是孔聖人自己說了：「公伯寮其如命何？」正說明了孔聖人相信天命。正因為相信天命，所以不怕公伯寮的讒言、所以孔聖人隨時隨地能夠泰然。孔聖人對「命」的立場是很清楚的，在《論語》第 9.1. 章也已經說得很清楚，孔聖人「與命」，與命就是相信天命。既然相信天命，又怎麼會如朱熹所說「不待決於命」呢？

八、本章有四個角色，但子路不在其中，他們是：說孔聖人壞話的公伯寮、替孔聖人抱不平的子服景伯、聽信讒言的季孫氏以及事件中的主角孔聖人本身。

14.38. 子曰：「賢者辟世，其次辟地，其次辟色，其次辟言。」子曰：「作者七人矣。」

語譯

孔聖人說：「賢能的人分為四等，第一等賢，開闢一個時代；第二等賢，建立一個國家；第三等賢，開闢一番新的景象；第四等賢，有自己的學說著述。」孔聖人說：「符合賢者條件的人有七個。」

字義

賢：不簡單，有道德、有大能力的人。

辟世：開闢一個時代；辟，通「闢」，指開拓、創造；世，時代，一個時代多長？從幾百年，甚至千年、萬年都可以說。

辟地：建立國家。一個國家的壽命能有多久？短則不到一年，長則幾百年、千年。地，領土、土地。

辟色：開闢新的景象。色，景象。

辟言：建立一家之言。言，學說、主張。

明德說

一、「辟」，同「闢」，這個字本身就有「從無到有」、「新」的含意在裡面。

二、辟世者，孔聖人、釋迦牟尼、穆罕默德、耶穌、摩西。辟地者，周文王、秦始皇、劉邦者流；辟色者，漢文帝、漢景帝、漢武帝者流；辟言者，墨子、韓非子者流。

三、楊伯峻的翻譯：「孔子說，有些賢者逃避惡濁社會而隱居，次一等的擇地而處，再次一等的避免不好的臉色，再次一等的迴避惡言。」毛子水的翻譯：「孔子說，高明的人，不仕於世；次一等的人，不居亂邦；再次一等的人，君上沒有禮貌便去；再次一等的人，君上對己有不好的話才去。」錢穆的翻譯：「賢者避去此世。其次，避開一地另居一地。又其次，見人顏色不好始避。更其次，聽人言語不好乃避。」

14.39. 子路宿於石門。晨，門曰：「奚自？」子路曰：「自孔氏。」曰：「是知其不可而為之者與？」

語譯

子路在都城門外過夜。清早,守城門的人就問:「你從哪裡來?」子路回答:「我是孔門弟子」。守城門的人就說:「是那位明知做不到卻還是不放棄的那個人嗎?」

字義

子路宿於石門:宿,讀音「素」,過夜。石門,大門,這裡當指魯國都城的大門。石,通「碩」,大。

晨,門曰:不能是「晨門曰」,而是「晨,門曰」。晨,清早。門,《玉篇》人所出入也。在堂房曰戶,在區域曰門。《博雅》門,守也,這裡指守城門的人。

奚自:即自奚也,從哪裡來。

問答

問:老師是否贊同「知其不可而為之」這種行為?

答:(1) 我認為這世界上沒有所謂「知其不可而為之」的事情,只有該做不該做,至於結果是不需要去問的。我們不能因為會有結果才做,不會有結果就不做,因為沒有人知道結果會是什麼,就算知道,也不影響我們該做的事情。例如:文化大毀滅時期的張志新(女)、興義學的武訓、方孝儒等人。(2) 要相信自己就是那一隻能改變歷史進程的蝴蝶(蝴蝶效應)。如果連自己都不相信自己,那生命還有什麼樂趣可言?要記得,只要做的事情是該做的,就算肉體遭受痛苦、甚至死亡,就算日子過得再辛苦,那精神上也必然是快樂的。

14.40. 子擊磬於衛。有荷蕢而過孔氏之門者,曰:「有心哉!擊磬乎!」既而曰:「鄙哉,硜硜乎!莫己知也,斯已而已矣!『深則厲,淺則揭。』」子曰:「果哉!末之難矣!」

語譯

孔聖人在衛國。有一天他敲打著一種名為磬的樂器。這時,一位擔著草筐

的人經過孔聖人的門前，還說了一句話：「敲磬的，是有心人啊。」不久又說：「沒見識啊！這麼頑固！沒有自知之明啊！已經確定了的事情，就不要再想去改變，算了吧！《詩經》上說：『過河的地方，要是水深，那就坐船，要是水淺，那就撩起衣服〔，這樣衣服就不會濕了〕。』」孔聖人說：「是啊！你說得沒錯啊！但是，做起來非常困難啊！」

字義

子擊磬於衛：擊，敲也。磬，讀音「慶」，是古代一種打擊樂器，用石製成，形狀像曲尺，懸於架上，用木槌敲打。

荷蕢：荷，讀音「賀」，擔也。蕢，讀「愧」，用草編的筐子，一般用來盛土。

既而：不久、一會兒。

鄙哉，硜硜乎：鄙，郊野之處，引申為沒有見識。硜硜，狀聲詞，形容石頭互相撞擊的聲音，意指像石頭一樣堅硬、頑固；硜讀「坑」。

莫己知也：「莫知己也」的倒裝，不知道自己，也就是不了解自己的斤兩。

斯已而已矣：這件事情已經結束了，那就結束了吧！「斯已而已」猶如「逝者已矣」，指當時的局勢已成定局，不要再去追究或想要改變了。「斯」，此也，代指當時的政治局勢；第一個「已」，完成、結束；第二個「已」，罷了、算了。

深則厲，淺則揭：水深就坐船過河，水淺就撩起衣服。厲，音義同「瀨」，渡也，坐船過河；揭，撩起衣服。

果哉！末之難矣：果，確實、的確。末，無義或是「非常」，這裡解為「非常」更適合。難，讀音「南」，困難也。

明德說

一、荷蕢者主張「識時務者為俊傑」，而世界上絕大部份人也都是「識時務者」，為了保命、為了富貴，什麼壞事都幹得出來、什麼不要臉的話都說得出來。然而，能夠改變歷史的人，偏偏不是這一大群「識時務者」，而是像孔聖人這種「不識時務者」。我自己也不是「識時務者」，我並沒有想要改變歷

史，也沒有能力改變歷史，我只求自己不要傷害任何一個人。

二、「深則厲，淺則揭」一句出自《詩經·邶風·匏有苦葉》：「匏有苦葉，濟有深涉，深則厲，淺則揭。」按《康熙字典》：「深則厲。《注》以衣涉水，由帶以上曰厲。」《康熙字典》把「厲」解釋成連衣涉水，不對，厲是「坐船過河」。此外，這裡的「濟」指古濟水，而非渡口（名詞）或渡河（動詞）。

三、「鄙哉，硜硜乎！莫己知也，斯己而已矣！」必非如毛子水所說：「這硜硜的磬聲，顯得太陋！如果世上沒有人知道自己，那麼，自顧自亦就算了！」也非如楊伯峻所說：「磬聲硜硜的，可鄙呀！〔它好像在說，沒有人知道我呀！〕沒有人知道自己，這就罷休好了。」也非如錢穆所說：「鄙極了，這樣的硜硜然，意志堅確，沒人知得你，便只為你一己也罷了。」而是「沒見識啊！這麼頑固！沒有自知之明啊！已經確定了的事情，就不要再想去改變！」

四、「深則厲，淺則揭」非如毛子水所說「水深濕衣渡；水淺拉起衣」，也非如楊伯峻所說「水深，索性連衣裳走過去；水淺，無妨撩起衣裳走過去」，也非如錢穆所說「水深，履石而渡。水淺，揭裳而過」，而是「〔過河的地方，〕要是水深，那就坐船，要是水淺，那就撩起衣服〔，這樣，衣服就不會濕了〕。」

五、「果哉！末之難矣！」並非如楊伯峻所說「好堅決！沒有辦法說服他了」，也非如毛子水所說「這真可稱做果決了！這樣，就沒有什麼難事了」，也非如錢穆所說「這人太果決了，我沒有話可駁難他」，而是：「是啊！你說的沒錯啊！但是，做起來非常困難啊！」其中，「果哉」的「果」，並非如錢穆、楊伯峻、毛子水所說是「堅決」或是「果決」，而是「確實」、「你說的沒錯」。

六、「果哉！末之難矣！」這種說法跟孔聖人在本書第 14.33. 章的說法，「非敢為佞也，疾固也」是同一個模式：順著說者的意圖，不去辯解。而事實上，孔聖人不贊同荷蕢者的說法。

14.41. 子張曰：「書云：『高宗諒陰，三年不言。』何謂也？」子曰：「何必高宗，古之人皆然。君薨，百官總己以聽於冢宰，三

年。」

語譯

  子張說:「尚書裡面提到:『殷高宗武丁守喪,三年不談國事。』老師您怎麼評價這件事情?」孔聖人說:「哪裡只有高宗守喪三年,以前的人都是這樣的啊!國君死了之後,所有官員都要約束自己並聽從於宰相,如是,三年。」

字義

  書:即《尚書》,準確的說是在《尚書・周書・無逸》,原文為:「其在高宗,時舊勞於外,爰暨小人。作其即位,乃或亮陰,三年不言;其惟不言,言乃雍。不敢荒寧,嘉靖殷邦。至於小大,無時或怨。肆高宗之享國,五十有九年。」

  高宗諒陰:高宗,殷高宗(約西元前1250-1192年在位),商朝的第二十三位君主,子姓,根據《今本竹書紀年》,名昭,諡號「武丁」,殷末又追諡廟號為「高宗」。諒陰,指帝王守喪。

  不言:不談論國事。言,談論。

  何謂也:如何評價。謂,評論、評價。

  薨:讀音「轟」,死也。——《爾雅》

  總己:約束自己。總,約束。己,自己。

  以聽於塚宰:以,連詞,表示並列,相當於「而」,即而且也。塚宰(根據定州漢墓竹簡版本),百官之長,即宰相也。塚,今本作「冢」,大也、長(讀音「掌」)也。宰,官吏的通稱。

14.42. 子曰:「上好禮,則民易使也。」

語譯

  孔聖人說:「上位者確實做了該做的事情,那麼,下位者就容易聽從。」

字義

上好禮：上位者做了該做的事情。上，上位者、管理者、統治者。好，完成、完畢、完善，此即遵守、實踐。禮，該做的事情。

則民易使也：則，表示因果關係，就也、便也。民，人、人民、下位者。易，容易、樂於。使，聽從。

明德說

何謂禮？每個人該做的事情而已。一個上位者該做什麼？例如愛民如子、公正、兼聽等等等，如果上位者把自己該做的本份都做好了，下位者就很樂於服從命令，否則，暴虐無道的上位者一定會讓下位者不得不陽奉陰違，那就不易使了。

14.43. 子路問君子。子曰：「脩己以敬。」曰：「如斯而已乎？」曰：「脩己以安人。」曰：「如斯而已乎？」曰：「脩己以安百姓。脩己以安百姓，堯舜其猶病諸！」

語譯

子路問孔聖人怎樣才能成為一個道德崇高的人？孔聖人就說：「以害怕傷害到別人來完善自己。」子路接著說：「這樣子就夠了嗎？」孔聖人就回答：「不斷完善自己，以便能夠安定身邊的人心。」子路接著說：「這樣子就夠了嗎？」孔聖人回答：「不斷完善自己，以便能夠讓蒼生安心。在藉由完善自己來讓蒼生安心這件事情上面，連堯舜都沒有做到完美哩〔，你以為容易嗎？〕！」

字義

脩己以敬，即「以敬修己」的倒裝。脩，同「修」，完善；以，用也；敬，畏也。

如斯而已：如斯，這樣子，也就是脩己以敬。而已，助詞。起到修飾作用，表示僅止於此，猶言就夠了。

修己以安人：修養自己來安定周遭的人心。以，〈連〉表示目的，相當於「以便」。安，使平靜、使安定。人，別人、他人，此指身邊的人。

　　修己以安百姓：修養自己來安定天下人心。百姓，所有人。

　　堯舜其猶病諸：猶，尚且；病，缺點、毛病、瑕疵，指沒有做到完美。諸，之乎二字的合音。「之」是代詞，「乎」是助詞。

明德說

　　一、王聖人陽明說：「《堯典》『克明峻德』便是『明明德』，『修己』便是『明明德』。」沒有「修己」，就無法「明明德」。無法「明明德」，就不可能「安人」、「親民」、「親九族」、「平章百姓」、「協和萬邦」。

　　二、如何知道自己修養的功夫深淺？第一階段，自己能時時刻刻平靜，這是初階的修養；往上，別人見了你，他的心就跟著安定下來；最高階，天下蒼生見了你，他們的心就安定下來。

　　三、本章的「君子」所指為何？錢穆說「此君子指在上位者」，因此，錢穆把「子路問君子」翻譯成「在上位的君子，該如何始得呀？」但錢穆的翻譯是什麼意思呢？不知所云。如果君子是「在上位者」，那麼，他本身都已經是在上位者了，何來的「該如何使得」，這不是自相矛盾嗎？因此本章的君子不會是在上位者，而應該是道德崇高的人。因此，「子路問君子」應理解成「如何才能成為道德崇高的人」。因此，楊伯峻理解成「子路問怎樣才能算是一個君子」，是對的。

　　四、何謂「修己以敬」？楊伯峻理解成「修養自己來嚴肅認真地對待工作」；毛子水的理解是「嚴肅的修正自己」；錢穆理解為「即修己以禮也。禮在外，敬其內心」。那麼他們的理解對不對呢？毛子水的理解鐵定是不對的。因為子路的問題是「如何」成為一個君子？回答必須針對「如何」，也就是「怎麼做」來回答，而毛子水所說的「嚴肅」是一個形容詞，而非動詞。楊伯峻的理解也不對。原因是修養自己的目的不是「來嚴肅認真地對待工作」，而是「成為君子」，換言之，「敬」不會是楊伯峻所理解的「嚴肅認真地對待工作」。那麼，錢穆的理解對嗎？錢穆顯然把「敬」理解成「禮」了。但「敬」是「禮」嗎？好像還沒有這種解釋。此外，錢穆說「禮在外，敬其內心」，固

然，禮是在外，但「敬」不也在外？因此，錢穆的理解也有問題。我以為，「敬」應該理解為「畏」，也就是「害怕」，害怕什麼？「害怕傷害到別人」。換言之，孔聖人認為，一個人要成為君子的方法就是害怕傷害到別人。因為害怕傷害到別人，所以不會做出傷害別人的事情，進而會做出有利於別人的事情，這樣才有可能成為道德崇高的人。

五、「修己以安人」、「修己以安百姓」的「安」是楊伯峻解釋的「安樂」嗎？我以為不是，我認為應該是「安心」，也就是「安定人心」，換言之，別人看到了君子，他的心就安定了，有安全感、不會恐慌、害怕、擔憂。

六、「修己以安人」的「人」如何理解？楊伯峻理解為「上層人物」，毛子水理解為「所接觸的人」，錢穆理解為「政府百官與己接觸者」，我的理解為「周遭的人」。

七、「修己以安百姓」的「百姓」如何理解？楊伯峻理解為「所有老百姓」，毛子水未做解釋，錢穆則解為「社會羣眾與己不相接觸者」，我認為的百姓應該是天下蒼生。

八、人的所有問題都來自於不知道害怕。正因為不知道害怕，所以什麼壞事都敢做，什麼謊都敢說。當一個人能知道害怕，他就是在往「修己」的道路上前進，只要他能不斷前進，他就能「安人」、「安百姓」。

問答

問：子路問君子，這段對話是不是說要做到這三個層次才能是君子？

答：不是。只要能做到修己以敬就可以稱為君子了。但不要以為修己以敬容易。至於第二層次、第三層次其實都只是第一層次的不斷擴大而已。

14.44. 原壤夷俟。子曰：「幼而不孫弟，長而無述焉，老而不死，是為賊。」以杖叩其脛。

語譯

原壤蹲踞著等待著孔聖人的到來。兩人見上面之後，孔聖人就說：「〔你啊！〕年幼的時候不謙遜、不敬重長輩，長大之後，又沒有什麼好稱述的，你

這種情形到老還是沒變，真讓人頭疼啊！」說完就拿著手杖敲了敲原壤的小腿！

字義

原壤夷俟：原壤，魯國人，孔聖人的老朋友。夷，蹲踞。俟，等待。

孫弟：孫，音義同「遜」，謙遜；弟，音義同「悌」，敬重長上。

述：記述，猶言讚美。

老而不死：不死，不改變。死，斷絕、放棄。

是為賊：是，真、實、正、直。為，讀音「維」，表被動。賊，傷害。「是為賊」按今天的話，那就是「真的是讓人頭痛、傷腦筋啊」。

以杖叩其脛：杖，手杖；叩，敲打；脛，小腿。

明德說

「老而不死」並非如毛子水所說「老了還不死」，也不是如楊伯峻所說「老了還白吃糧食」，也不是如錢穆所說「只是那樣老而不死」，而是「你的行徑到老還是沒有改變」。

14.45. 闕黨童子將命。或問之曰：「益者與？」子曰：「吾見其居於位也，見其與先生並行也，非求益者也，欲速成者也。」

語譯

闕黨這個地方有一位未成年男子擔任傳話的工作。有個人就問孔聖人：「〔還沒成年就負責傳話，〕這對他有幫助嗎？」孔聖人說：「我看到他坐在位子上，也看到他跟長輩並排行走，從這兩點來看，他並不是一個想要進步的人，而只是想要快速成功的人。」

字義

闕黨童子將命：闕，一個地名，具體在哪，無庸探究。黨，古代地方戶籍編制單位，五百家為黨。童子，未成年男子。將命，傳命，傳賓主之話。將，拿、持。命，差遣、上級對下級的指示。

益者與：益，幫助；與，音義同「歟」，疑問語氣，嗎。
居於位：坐在位子上。居，坐下；位，凡所坐立者，皆曰位。
先生：對年長、有道德、學問者的尊稱。
成：達到、成功。

明德說

一、本章在說明，欲速則不達。

二、從工作性質來看，將命者應該是成年人的工作，童子還不適合。此外，孔聖人具體指出這位童子有兩個不合禮的地方，其一，他不該坐著，原因是他是一個傳令的人，怎麼可以坐著呢？其二，他不應該與先生並行，因為與他的身份不匹配。點點滴滴都是禮的體現。

第十五：衛靈公篇

15.1. 衛靈公問陳於孔子。孔子對曰：「俎豆之事，則嘗聞之矣；軍旅之事，未之學也。」明日遂行。在陳絕糧。從者病，莫能興。子路慍見曰：「君子亦有窮乎？」子曰：「君子固窮，小人窮斯濫矣。」

語譯

　　衛靈公請教孔子軍事問題。孔聖人回答說：「我曾經聽過有關祭祀的一些事情，至於軍事問題，我則沒有學過。」隔天就離開了衛國。到了陳國，沒有東西吃。隨行的人非常難受，站不起來。子路面露怒色的說：「君子也有窮困潦倒的時候嗎？」孔聖人說：「君子在窮困潦倒的時候，依然堅守道德；而小人要是窮困潦倒，那就會亂來。」

字義

　　陳，音義同「陣」，軍陣，指兵事。
　　俎豆，代指祭祀事宜；俎，讀組，祭祀宗廟的禮器；豆，古代盛食品的器皿，後來也做禮器用。
　　嘗：曾經。
　　軍旅：軍隊。一萬兩千五百人為一軍；五百人為一旅。
　　絕糧：沒東西吃。
　　從者病：病，困也、難受。
　　莫能興：站不起來。莫，不也。興，起也。
　　慍見：即見慍的倒裝。見，音義同「現」，呈現。慍，讀運，生氣、憤怒。
　　君子固窮：君子窮困潦倒的時候，依然堅守道德。固，堅守；窮，窮困潦倒；固窮，即窮固的倒裝。
　　窮斯濫矣：斯，則、就，表示承接上文，得出結論；濫，輕率、隨意、胡來。

明德說

孔子說「軍旅之事，未之學也」，只是孔聖人的托詞。不是孔聖人不懂軍事，而是軍事不是解決問題的途徑。心正了，一切就都對了，心不正，談論軍旅又有何用呢？衛靈公心正嗎？有心聽道嗎？沒有，這就是為什麼孔聖人以「未之學也」回答，因為「話不投機半句多」。

15.2. 子曰：「賜也，女以予為多學而識之者與？」對曰：「然，非與？」曰：「非也，予一以貫之。」

語譯

孔聖人說：「子貢啊！你以為我是因為大量學習才知道事物的道理嗎？」子貢就回答說：「是啊！難道不是嗎？」孔聖人說：「不是啊！而是我回到本源，自然就知道所有的事情！」

字義

女以予為多學而識之者與：女，同汝，讀音「汝」，指你；予：我也；多，數量大；學，學習；識，讀音「是」，知道也，即認識到事物的道理。

一以貫之：一，本源，也就是佛家說的明心見性；道家說的樸或者道，王聖人陽明說的良知、本體。貫，貫穿，指貫通所有事情；之，代名詞，代替人或事物。

明德說

一、先就學習而言，多學不必然有益，要是學了很多壞的、有毒的、沒用的、差的東西，那不是在幫助自己，而是在毒害自己（這種人不少）。學習最重要的是透徹。如何透徹？從頭到尾研究清楚，不要有意識型態、一切依事實、一切依證據、要做比較。而大部份人的學習都相當隨便，都不願意花時間研究透徹，甚至聽別人說、不思考、曲解、誤解，這樣的學習方式終究會害了自己。

二、為學，要是一件事一件事去窮裡，那就會出現莊子所說的：「吾生也有涯，而知也無涯。以有涯隨無涯，殆已！」此外，知識越多，我慢越長，離道

越遠,煩惱越多。換言之,我們要追求的,不是知識,而是本心,本來的那一念心。

　　三、按照王聖人陽明的說法,這裡「一以貫之」,「非致其良知而何」,王聖人是對的。孔聖人能知道那麼多事情,絕不是一個一個問出來的、一個一個學的,而是「致良知」得到的,能致良知,就能一通百通,無所不通。孟子云:「學問之道無他,求其放心而已矣。」雖然三者看似說法不同,而其實質卻是同一個東西。

　　四、毛子水的翻譯:「孔子說:『賜呀,你以為我只是多聞多見而且把所聞見的都默記在心裡麼?』子貢回答說:『我是這樣想的!難道不是嗎?』孔子說:『我的做學問,並不是只靠多聞多見而記住;我求學問時,把心裡所以為最重要的事情做綱領以統攝我的聞見。』」楊伯峻的翻譯:「孔子道,『賜,你以為我是多多地學習又能夠記得住的嗎?』子貢答道:『對呀,難道不是這樣嗎?』孔子道:『不是的,我有一個基本觀念來貫串它。』」

　　五、「多學而識之」的「識」並非如錢穆所說是「識,記義」,也非如毛子水所說「默記」,也非如楊伯峻所說「記得住」,而是「知道」。

15.3. 子曰:「由!知德者鮮矣。」

語譯

　　孔聖人說:「子路啊!想要成為有道德的人太少了啊!」

字義

　　知:欲也、想要。按《禮・樂記》:「好惡無節於內,知誘於外。」

明德說

　　一、子路是孔聖人很親近的學生,因此,對他更容易有感而發就說出他的感嘆。孔聖人感嘆,絕大部份人只追求名利,不追求道德,只知道名利的好處卻不知道道德的好處。

　　二、把「知」解釋成「知道」、「懂得」是不對的。毛子水的翻譯:「孔

子說：『由呀，懂得修德的人很少了！』」楊伯峻的翻譯：「孔子對子路道：『由，懂得德的人可少啦。』」錢穆的翻譯：「先生說：『由呀！對於德，知道的人太少了。』」

15.4. 子曰：「無為而治者，其舜也與！夫何為哉？恭己正南面而已矣。」

語譯

　　孔聖人說：「不去主宰而能做到天下太平的，大概就是舜了吧！舜是怎麼做的呢？對任何事情都戒慎恐懼，做好臣民的榜樣，就這樣子而已！」

字義

　　無為而治者：不用主宰而達到天下太平。為，主宰、主導。而，轉折語氣，卻也。治，天下太平。

　　夫何為哉：他是怎麼做的呢？夫，讀音「服」，文言中指示代名詞，這裡指舜。何為，怎麼做。哉，疑問語氣。

　　恭己正南面：恭，戒慎也，並非謙遜有禮；正，榜樣；南面，即面南，也就是在臣民面前，因此，正南面是面南正的倒裝，也就是在臣民面前要正、要做好臣民榜樣的意思。

　　而已：罷了、這樣就夠了。

明德說

　　一、儒家也講無為，而非只有道家，從本章可見。

　　二、「無為而治」並非如錢穆所說「任官得人，己不親勞於事」，也非如楊伯峻所說「自己從容安靜」，也非如毛子水所說「不做什麼」，他們都誤解了無為而治。無為，並非什麼事情都不做，那是百分之百的誤解了，而是輔助、什麼事情都做，就偏偏不做主宰、主導的事情。若如錢穆所說「任官得人，己不親勞於事」，前後顯然矛盾，任官要能得人，能不自己挑選嗎？任官要能得人，能什麼事情都不做嗎？歷來學者對道家有很多的誤解，此是其一。

三、「恭己正南面」並非如毛子水所說「恭敬的向著南面」，也非如楊伯峻所說「莊嚴端正地坐朝廷」，也非如錢穆所說「自己恭恭敬敬，端正地站在南面天子之位」，而是「對任何事情都戒慎恐懼，做好臣民的榜樣」。

15.5. 子張問行。子曰：「言忠信，行篤敬，雖蠻陌之邦行矣。言不忠信，行不篤敬，雖州里行乎哉？立，則見其參於前也；在輿，則見其倚於衡也。夫然後行。」子張書諸紳。

語譯

子張問言行該怎麼做。孔聖人說：「說話要真實、守信；待人要敦厚，做事要戒慎，即使到了野蠻的、陌生的國家，也能行得通；要是說話不真實、不守信用、待人要是不敦厚、做事要是不戒慎，即使是在自己家鄉，能走得通嗎？站著的時候，這句話就像參星一樣高高懸掛天上，看得一清二楚；在車子上，就像看到這句話靠著車衡一樣，然後，才說話行事。」子張就把這句話寫在衣帶上。

字義

子張問行：行，言行。

言忠信：言，說話；忠，真實；信，說到做到。

行篤敬：行，做事情；篤，敦厚；敬，戒慎。

見其參於前：指一抬頭就能看到。參，讀音「身」，即參星，二十八星宿之一。在中國古代天文學中，天蠍座身體部位的三顆星稱為商星，獵戶座腰帶處的三顆星稱為參星。天蠍和獵戶分別是夏天和冬天最顯著的星座。在這裡，「參」是名詞做動詞用，指高高掛在天上，人們很清楚就能看到。

蠻陌之邦：蠻橫、陌生的國家。蠻，蠻橫的；陌，讀音「莫」，生疏、陌生。

州里：古代二千五百家為州，二十五家為里。州里為舊時地方行政區域州和里的合稱，泛指地方鄉里。

在輿，則見其倚於衡也：輿，車也；倚，靠著；衡，車衡、軛也、車轅前

端的橫木也。

　　書諸紳：把它書寫在衣帶上。書，寫；諸，「之於」的合音；之，指「言忠信，行篤敬」；於，在；紳，衣帶。

明德說

　　一、「子張問行」的「行」並非如毛子水、楊伯峻所說「行得通」，也非如錢穆所說「猶其問達，蓋問如何而能所行如意」，而是言行。原因從孔聖人的回答「言忠信，行篤敬」，可以得證。

　　二、「見其參於前」的「參於前」並非如毛子水所說「排列在面前」，也非如楊伯峻所說「在我們面前」，也不是如錢穆所說「此參字或訓累，猶云積累在前」，而是「就像參星一樣，一抬頭就能看到」。蓋「參」指「參星」是也。

15.6. 子曰：「直哉史魚！邦有道，如矢；邦無道，如矢。君子哉蘧伯玉！邦有道，則仕；邦無道，則可卷而懷之。」

語譯

　　孔聖人說：「史魚這個人，正直啊！明君在位，言行就像射出去的箭一樣直直前進；要是明君不在位，言行依然像射出去的箭一樣前進。蘧伯玉這個人，真是君子啊！明君在位，就出來做官，明君不在位，就把才華隱藏起來。」

字義

　　直哉史魚：即「史魚直哉」的倒裝。史魚，史鰌也。鰌，讀音「秋」，字子魚，春秋時期衛國大夫。衛國蘧伯玉賢而衛靈公不用，彌子瑕不肖反任之，史鰌屢諫不聽，自認沒有盡到職責，臨死遺言停屍內室而不放在大廳，終於使衛靈公改弦更張。

　　邦有道：邦，國家，只是國君的代稱，邦實指國君。道，正道，也就是能公平正義的處理政事。因此，邦有道的翻譯是明君在位。

　　矢：箭也，像箭一樣射出去，不彎曲，引申為「直」、「正直」。

卷而懷之：把東西（這裡指才能）捲起來，置於胸前，藏起來。卷，音義同「捲」，把東西彎轉成圓桶狀。懷，藏也。

問答

　　問：孔子是更看重「直」呢？還是「君子」呢？

　　答：(1) 兩者絕非對立關係；(2) 每個人可以有不同的選擇，但是，仕與不仕的標準要有，這個標準就是不要助紂為虐。

15.7. 子曰：「可與言而不與言，失人；不可與言而與之言，失言。知者不失人，亦不失言。」

語譯

　　孔聖人說：「值得和他說話，卻不說話，這樣，就會錯失一個對的人。不值得和他說話卻和他說話，就會失去言談的意義。一個有智慧的人，既不會錯失值得交談的對象，也不會說了不該說的話。」

字義

　　可：值得。

　　失人：錯失一個對的人。

　　失言：失去言談的意義，即浪費口舌。

　　知：音義同「智」。

15.8. 子曰：「志士仁人，無求生以害仁，有殺身以成仁。」

語譯

　　孔聖人說：「有抱負、有愛心的人，不會為了保存生命而犧牲仁義，只有犧牲生命來成就仁義。」

字義

志士:志,抱負。
害:傷害、不利;
殺身:犧牲自己的生命。殺,以刀或武器使人或禽獸等失去生命。

問答

問:對「殺身成仁」的理解?
答:文天祥、方孝儒、張志新就是殺身成仁。只有死才能成就仁義,沒有第二條路。

15.9. 子貢問為仁。子曰:「工欲善其事,必先利其器。居是邦也,事其大夫之賢者,友其士之仁者。」

語譯

子貢問老師,如何成就仁?孔聖人說:「一個工匠想要把他的事情做好,就一定要先把他的器具磨利。住在這個國家,就要為該國的賢大夫效勞、結交該國能人當中的仁者。」

字義

為:成就。
工:工匠。
是:這、此。
事其大夫之賢者:事,效勞。
友其士之仁者:友,結交;士,有能力的人。

明德說

一、為仁要有方法,而方法有利鈍之別,利者為事其大夫之賢者,友其士之仁者,至於土法煉鋼不是不可以,只不過是鈍法。

二、「工欲善其事,必先利其器」,意指善知識對於一個想要為仁的重要

性，善知識就是利器。

15.10. **顏淵問為邦。子曰：「行夏之時，乘殷之輅，服周之冕，樂則韶舞。放鄭聲，遠佞人。鄭聲淫，佞人殆。」**

語譯

　　顏淵問老師如何治理國家？孔聖人說：「實行夏曆、乘坐商代的大車、戴周朝的禮帽、音樂則採用舜時的樂舞。查禁鄭國的音樂、遠離花言巧語的人。因為鄭國音樂會讓人沈迷，而投其所好的人會讓人陷入危險。」

字義

　　為邦：治理國家。

　　行夏之時：使用夏朝的曆法。按夏商周三代歲首的正月各有不同，周以陰曆十一月為正月；殷以陰曆十二月為正月；只有夏朝以陰曆一月為正月。孔子認為夏朝以一月為正月最好，故曰「行夏之時」。我們現在所說的「舊曆、陰曆、農曆」指的都是「夏曆」。時，時間，此當指曆法。

　　乘殷之輅：乘坐商代的大車。輅，讀音「路」，大車。

　　服周之冕：冕，讀音「免」，用帶子繫於下巴的古代禮帽（以防被風吹走）。

　　樂則韶舞：韶，讀音「勺」，韶舞，舜時的樂舞。樂舞，乃配合音樂節拍的舞蹈，為中國傳統舞蹈的總稱。

　　放：驅逐、查禁。

　　淫：沈溺、上癮。按《書經・大禹謨》：「罔遊于逸，罔淫于樂。」

　　佞人殆：佞，偽善、能投其所好。殆，危險、陷入困境。

明德說

　　「行夏之時」指像夏朝那樣重視天文科學；「乘殷之輅」指像商朝那樣重視交通和貿易；「服周之冕」指像周朝那樣重視禮儀；「樂則韶舞」指音樂的製作能起到像《韶舞》那樣，對於人的心性起到最大的陶冶作用、對於感官起

到最大享受的作用。「放鄭聲」指靡靡之音、亡國之音必須禁止。「遠佞人」指治國必須遠離那些投其所好的人，這些人就是小人。所謂投其所好就是別人想什麼，就說什麼，以取得別人的信任，進而控制別人。換言之，孔聖人在這章表示，治國有五個要點：第一、重視天文和科學；第二、重視交通和貿易；第三、重視禮儀和制度；第四、重視音樂的教化作用；第五、遠離小人。

15.11. 子曰：「人無遠慮，必有近憂。」

語譯

孔聖人說：「一個人要是沒有長遠的謀劃，眼前一定要碰到麻煩事。」

字義

慮：謀劃。
憂：發愁、煩惱。

明德說

一、總是在做挖東牆補西牆的事情，能不一天到晚憂愁嗎？有長遠謀劃的人，早已算到今天會發生的事情，因此，他根本就不用擔心眼前的那些事情，因為他早已做好準備；相反的，那些沒有長遠規劃的人，不只未來的事情做不好，眼前的事情也做不好，這是環環相扣的。可憐的是，大部份人都有這個問題，雖也有慮，但慮的不夠遠，到時候，都會栽跟頭的。舉例：腐敗大官員被關押、被謀殺，這當然是眼前的不幸。那為什麼會出現這種情形？很明顯的，因為他之前沒有遠慮，如果他有遠慮，一開始就不會有害人的念頭，也就不用承擔今天的後果。

二、如何遠慮？王聖人的回答：「遠慮不是茫茫蕩蕩去思慮，只是要存這天理。天理在人心，亙古亙今，無有終始。天理即是良知，千思萬慮，只是要致良知。良知愈思愈精明，若不精思，漫然隨事應去，良知便粗了。若只著在事上茫茫蕩蕩去思，教做遠慮，便不免有毀譽得喪人欲攙入其中，就是將迎了。」

三、毛子水老師說「遠近二字不指距離講」，我認為，偏偏就是指距離，指時間的遠近。毛老師的翻譯：「一個人如果對自己的一切行為沒有周密的思慮，那麼，他隨時可以遇到憂慮的來臨。」

問答

問：「人無遠慮，必有近憂」的語譯有兩種解釋，一種認為前後有因果關係，一種認為前後句獨立，該如何理解？
答：前後有因果關係。

15.12. 子曰：「已矣乎！吾未見好德如好色者也！」

語譯

孔聖人說：「算了吧！我沒有見過像好色那樣好德的人。」

字義

吾未見好德如好色者也：好，動詞，喜好、崇尚、重視。德，品德。色，外表，不只是外貌而已，還包括名利等等。這裡的「色」同「賢賢易色」的色。

15.13. 子曰：「臧文仲其竊位者與！知柳下惠賢而不與立也。」

語譯

孔聖人說：「魯國大夫臧文仲，大概是個偷了別人位子的人吧？明明知道柳下惠賢能，卻不給他有建樹的機會。」

字義

臧文仲（西元前?-617年）：姬姓，臧氏，名辰，諡文，謂臧孫辰。臧哀伯次子，諡文，故死後又稱臧文仲。春秋時魯大夫，世襲司寇。

其竊位者與：其，在句中表示揣測語氣，相當於「恐怕」、「或許」、「大概」、「可能」。竊位，偷取官位；竊，偷也；位，位子、官位，這裡指該有

的位子。

　　與立：與，讀音「羽」，賜予、給予。立，建樹，即發揮才能。

明德說

　　一、一個管理者負有舉荐賢才的責任，明知是賢才卻不提拔，反而提拔自己的狐群狗黨，那就是偷了別人的位子。另外有一種管理者，本身就沒有能力，因此，提拔的自然都是跟他一樣的無能。

　　二、「竊位者」並非如楊伯峻所說「做官不管事的人」，而是「偷了別人位子的人」。

15.14. 子曰：「躬自厚而薄責於人，則遠怨矣！」

語譯

　　孔聖人說：「要求自己多一點，要求別人少一點，如此，就不會有怨恨了！」

字義

　　躬自厚而薄責於人：躬自，自身，己也；厚，多也。薄，少也。責，求也。遠怨，即怨遠的倒裝，即怨恨就會離開。遠，離開、避開。

明德說

　　一、孔聖人這句話就是嚴以律己、寬以待人，一般人都是反過來。

　　二、「躬自厚而薄責於人」有成份省略和倒裝，如不省略，該是「責己厚而責人薄」。

15.15. 子曰：「不曰『如之何，如之何』者，吾末如之何也已矣！」

語譯

　　孔聖人說：「一個連怎麼辦怎麼辦都不知道說的人，那我真的也是無能為力了。」

明德說

一、沒有問題,當然就不會說怎麼辦。問題在於明明是一個問題、甚至是一個嚴重的問題,而這個人竟然毫無察覺,對於這種人,孔聖人也無能為力。很多人就是活在這樣的世界中,一個被別人牢牢控制的世界中,還自以為自由、安全,其實是活在巨型監獄裡面,隨時都可以成為祭品。

二、對於一個要嘛自私自利(死多少人都與他無關),要嘛無知愚昧的人(自己被騙了還不知道),他會說怎麼辦嗎?不會。

三、讀書會的江同學讀了這一章後認為:「孔子這幾句話是說一個人處理任何事情,都要有頭腦,要經過思考,要提出問題,不管是科學家,哲學家,官員,甚至就是在平時生活中處理小事,都應該想到要怎麼做,只有這樣才有可能想出解決的思路和辦法。文字很簡單,問題很深刻。」

問答

問:這句話不是很理解,請問老師,孔子想表達什麼樣的意思?

答:如之何,怎麼辦的意思。要是一個人連問題是什麼都不知道,你還能幫他什麼嗎?比方說有人問你未來打算做什麼?你回答說「不知道」;老師問「這句話有什麼不對勁的地方?」學生答:「不知道」。

為什麼連「怎麼辦」的念頭都不會有?因為這個人的頭腦已經僵化了、死了、冷血了、麻木了。再舉個例子。我就問過,在極權體制之下生活的人們有沒有民主?有沒有自由?有的人就說有,這時候,還繼續跟他說話是沒有意義的。或問,我們現在的制度有沒有問題?有人就說,沒有問題、很好啊!有吃有喝,還不好嗎?這些人就是孔聖人所說的「吾末如之何也已矣」!

15.16. 子曰:「群居終日,言不及義,好行小慧,難矣哉!」

語譯

孔聖人說:「整天跟別人混在一起,說的都是無關道義的話,還喜歡玩弄小聰明,這種人是很難教化的。」

字義

　　言不及義：說的話都跟道義無關，只跟功名利祿、偷拐搶騙、搬弄是非、男盜女娼有關。義，道義、正義。

　　好行小慧：熱中於使用小聰明。好，熱中。行，行使。小慧，小聰明，指那些算計別人，又能經常得逞的人。

明德說

　　一、「難矣哉」有省略成份，不省略的話，可以是「難以為君子哉」，而不是難以成功或難以有成就。

　　二、我們以為好行小慧的「小慧」專指那些「輕浮淺薄之輩」，不是的。即使是盜國賊、欺騙了全世界的人，一樣是小慧之人。孔聖人眼裡的大小，無關權力、財富，只關道德仁義，原因是有德之人才是大慧，這裡的有德，是對別人有利益。若對人類有大利益，那就叫大德、大慧。因此，有些惡棍當上了國家元首，但他們依然屬於那些好行小慧的人。

15.17. 子曰：「君子義以為質，禮以行之，孫以出之，信以成之，君子哉！」

語譯

　　孔聖人說：「君子以正義作為根本、以禮作為行為的依據、對人的態度很謙遜、做人很有信用，這樣的人就是一個君子啊！」

字義

　　義以為質，即以義為質。義，正義；質，根本。

　　孫以出之：孫，音義同「遜」，謙遜。出，顯露、出現。

　　信以成之：在信用方面完成了，這就意謂著這個人很有信用。成，完成、成就。

明德說

「信以成之」並非如楊伯峻所說「用誠實的態度完成它」，而是「做人很有信用」。

15.18. 子曰：「君子病無能焉，不病人之不己知也。」

語譯

孔聖人說：「一個君子只憂慮自己沒有本事，而不憂慮別人不知道自己的能力。」

字義

病：憂慮。
不己知：即不知己的倒裝。

明德說

「君子病無能焉，不病人之不己知也」的「病」，不是如楊伯峻所說是「慚愧」、「怨恨」，而是「憂慮」。

15.19. 子曰：「君子疾沒世而名不稱焉。」

語譯

孔聖人說：「一個君子擔心，到了死的時候，雖被稱為君子，但無君子之實。」

字義

君子疾沒世：君子者有才有德的人；疾，憂慮。沒世，到死也。沒，讀音末，終了；世，一輩子。
名不稱焉：即名不稱實，也就是徒有君子之名，而無君子之實。稱，讀音「秤」，符合、相當。焉，指示代名詞，即「名」也、即「君子之實」也，即

能經世濟民，拯救人民於倒懸也。

明德說

一、王聖人陽明說，君子疾沒世而名不稱，稱字讀去聲，實不稱名之意也。

二、很多註家都把「稱」理解為「稱述」或「傳述」或「傳播」，把「疾」理解為「恨」，都是錯的，如楊伯峻的翻譯：「孔子說，到死而名聲不被人家稱述，君子引以為恨。」又如毛子水的翻譯：「孔子說，一生不能留下好的名聲，是君子所恨的事情。」又如錢穆的翻譯：「先生說，一個君子，恨他身後聲名之不傳。」

問答

問：「君子病無能焉，不病人之不己知也」和「君子疾沒世而名不稱焉」之間是否存在矛盾的地方？

答：不存在矛盾。君子不在乎有沒有名氣，只在乎自己是不是有德。而所謂德者，即有恩惠於別人。

15.20. 子曰：「君子求諸己，小人求諸人。」

語譯

孔聖人說：「碰到不如意的事情，善良的人總是責怪自己，而不善良的人總是責怪別人。」

字義

君子求諸己：君子，善良的人。求，責備、責求。諸，之於的合音，之代指不如意的事情。

小人：不善良的人。

明德說

碰到不如意的事情，善良的人總會問自己哪裡做錯，而不善良的人反過來，

總是把矛頭對準別人。

15.21. 子曰：「君子矜而不爭，群而不黨。」

語譯

孔聖人說：「一個君子有自信，但不會和別人發生爭執；能跟別人相處愉快，但不會結黨營私。」

字義

君子矜而不爭：矜，自信；爭，奪取、互不相讓。
群而不黨：群，相聚在一起，表示能與人友好相處；黨，結黨營私。

明德說

一、結黨是正常的，而且是人性的，因為物以類聚。不同性子、不同利益、不同理念的人自然結成不同的團體。歷史上之所以會有黨禍，是因為制度不合理、皇帝無能所造成。結黨不是問題，就像現在的民主國家，全部都是有好多政黨的。有的國家的執政黨甚至不是只有一個黨，而是好幾個黨，是所謂聯合內閣。相反的，只有一個政黨的國家才是不正常的，是人民不幸的來源。

二、毛子水的翻譯：「君子立身矜嚴而不和人爭；善與人同而不阿黨為私。」楊伯峻的翻譯：「君子莊矜而不爭執，合群而不鬧宗派。」錢穆的翻譯：「君子只是莊敬自守，但與人無所爭。只是和聚有羣，但亦不結黨。」

15.22. 子曰：「君子不以言舉人，不以人廢言。」

語譯

孔聖人說：「一個上位者不因為一個人說好聽話就提拔他，也不因為一個人地位低下或說話不中聽就不採納他的話。」

字義

　　君子不以言舉人：君子，統治者、上位者。舉，提拔。
　　廢：不再使用。

15.23. 子貢問曰：「有一言而可以終生行之者乎？」子曰：「其恕乎！己所不欲，勿施於人。」

語譯

　　子貢問孔聖人：「有一個字可以讓人一輩子奉行的嗎？」孔聖人說：「有啊！那就是恕啊。所謂的恕就是自己不想要的，就不要施加在別人身上。」

字義

　　有一言而可以終生行之者乎：言者字也，一言即一個字。行，奉行。

明德說

　　「一言」並非如楊伯峻所說是「一句話」，而是「一個字」，這一個字就是「恕」。而「己所不欲，勿施於人」只是用來解釋什麼叫「恕」。

15.24. 子曰：「吾之於人也，誰毀誰譽？如有所譽者，其有所試矣。斯民也，三代之所以直道而行也。」

語譯

　　孔聖人說：「對於人啊，我有毀謗過誰、有過美誰了嗎？〔沒有。〕假設我稱讚了誰，那麼，他們一定都是經過我檢驗的。被我稱讚的在夏商周三代的那些人，都是因為走正道才被我讚揚的。」

字義

　　誰毀誰譽：毀，毀謗；譽，過美。
　　如有所譽者：假設有人被我稱讚。譽，稱讚。

試者檢驗也。

斯民也：指被孔聖人讚譽的那些人；斯者此也，這些。民者人也。

三代之所以直道而行也：三代者夏商周也。所以者理由、原因，按《史記》：「察其所以，皆失其本已。」直道者正道也，不以詭詐也。

明德說

一、毛子水說：「這章的前半段，文意勉強可通，但『斯民也，三代之所以直道而行也』這後半段，無論連上文為一章或獨立為一章，意義都難明白。」楊伯峻的翻譯：「我對於別人詆毀了誰？稱讚了誰？假若我有所稱讚，必然是曾經考驗過他的。夏、商、周三代的人都如此，所以，三代能直道而行。」錢穆的翻譯：「我對人，那個是我毀了，那個是我譽了的呢？我若對人有所譽，必是其人已確有所試，見之於實的了。這人呀，即是三代以來全社會一向有直道流行其間的人呀！」

二、「斯民」並非如錢穆所說「即今世與吾同生之民」，也非如楊伯峻所說是「夏、商、周三代的人都如此」，而是「被我稱讚的那些人」。

三、「所以直道而行」並非如錢穆所說「全社會一向有直道流行其間的人呀」，也非如楊伯峻所說「所以，三代能直道而行」，而是「因為走正道〔才被我稱讚的〕」。其中，「所以」並非表因果關係的「所以」，而是「因為」；其中「直道而行」，即「行直道」，也就是走正道。

四、本章有兩個「譽」，但意思不同。「誰毀誰譽」的「譽」是指過美，「如有所譽者」的「譽」是指稱讚。

五、誰毀誰譽的「譽」並非如楊伯峻、《教育部國語詞典重編本》所說是「稱讚」，而是指過美，《康熙字典》才是對的，按《易·坤卦》括囊，無咎無譽。《註》譽者，過美之名，即揚人之善而過其實。譽平聲。那麼，為什麼不能理解成「稱讚」而應理解成「過美」呢？道理很簡單：孔聖人當然有稱讚過人，稱讚過大禹、文王、武王、泰伯、伯夷、叔齊、管仲等等，雖然稱讚他們，但都是有根據的，沒有過美。因此，誰毀誰譽的「譽」只能理解為過美。

15.25. 子曰：「吾猶及史之闕文也。有馬者，借人乘之。今亡矣

夫！」

語譯

孔聖人說：「我好比是合格的史官，能夠挖掘事物背後的真相和來龍去脈。但是〔，現在這樣的史官已經沒有了〕，今天已經沒有能把馬借給別人騎的人了。」

字義

吾猶及史之闕文也：吾，我。猶，好比。及史，及格的史官。及，達到，這裡意指及格、合格。史者史官也。闕文，挖掘事物的紋理。闕，不讀「缺」，音義同「欮」、「掘」，意指挖掘、發掘。文，事物錯綜複雜所形成的紋理或形象。

亡，讀音「無」，沒有、失去，可以指完全沒有或基本上沒有了。

明德說

一、據說，本章也是歷來無準確解讀的一章。朱熹：「胡氏曰：『此章義疑，不可強解。』」楊伯峻：「『史之闕文』和『有馬者借人乘之』其間有什麼關聯，很難理解。」包咸的《論語章句》和皇侃的《義疏》都把它們看成兩件不相關的事。宋‧葉夢得《石林燕語》根據《漢書‧藝文志》的引文無「有馬」等七個字，因疑這七個字是衍文。李澤厚說：「原文已有錯漏，解說甚多，都不通順。其實不必妄解，此處按字面譯出而已，並無意義。」

二、本章在寫史官的職責、史書的作用以及孔聖人的為人、孔聖人研究學問的方法。同時，感嘆當時的史官、史書都變了味，都不再具有助人、引導人變得更為明智的功能了。

三、今本「吾猶及史之闕文也」的「闕」，在《定州漢墓竹簡》寫「欮」，蓋「闕」即「欮」也。「欮」、「闕」與今日我們所用之「掘」，在本章的語境下，三字同音同義。

四、馬比喻快速，指效果大，騎馬比起走路當然要快，意指以史為鑑的效果比起其他方式還來得大。把史官比喻為馬是從功能上來說的。

五、寫史是一件非常困難的工作，除了公正，還必需有抽絲剝繭的能力，因為歷史無法重現，來龍去脈非常複雜，再加上個人好惡、立場的關係，以至於一部歷史寫下來經常變成了偽史，既充滿偏見、又充滿杜撰，甚至還受到統治者的脅迫而扭曲真相。因此，一個好的史官能夠抽絲剝繭、復原歷史，這當然不是一般史官做得到的。那麼，「史」有什麼作用呢？可以讓人變得聰明。當然，前提是真的歷史，而非杜撰的歷史。假的歷史只會讓人變得愚笨。孔聖人認為史官的作用就像把馬借給別人騎一樣，不用親自經歷當時的事件，就能藉由史官的筆獲得啟發和智慧。然而，現在（孔聖人當時）的史官已經不具備欺文的能力了。

　　六、歷史最重要的一件事情是什麼？真實。史官寫史最重要的一件事情是什麼？公正。

　　七、毛子水的翻譯：「我還趕得上那個時代：抄書的人，遇到不明白的文字，便闕而不寫；有馬的人，自己不能調良，便請善御的人代為馴服。現在這種事情都沒有了吧！」楊伯峻的翻譯：「我還能夠看到史書存疑的地方。有馬的人〔自己不會訓練，〕先給別人使用，這種精神，今天也沒有了罷！」錢穆的翻譯：「我猶看到官文書上有空闕的字，又有有馬的借人乘用，現在這些都沒有了。」

　　八、為什麼「吾猶及史之闕文也」的「及」要理解成「合格」？原因是並非所有的史官都能根據事實寫歷史，有些史官也沒有能力判斷歷史事件的真假，而這些人都是不合格的史官。換言之，同樣是史官，有些合格，有些不合格。而只有合格的史官才能對人有益，這是為什麼孔聖人把自己比喻為合格的史官，原因是為了區別那些不合格的史官。

15.26. 子曰：「巧言亂德，小不忍則亂大謀。」

語譯

　　孔聖人說：「虛浮不實的話能夠敗壞人心。在小的地方不忍耐就會破壞整個大計劃。」

字義

巧言亂德：巧，虛浮不實的。亂，破壞、敗壞。德，心意、志向、信念。
則亂大謀：則，便、就會；亂，敗壞。大，大計、大事。

明德說

根據《孔子家語》，孔子位司寇而殺魯大夫少正卯就是一個「巧言亂德」足以敗壞人心、引人向惡的例子。原文如下：「孔子為魯司寇，攝行相事……朝政七日而誅亂政大夫少正卯，戮之於兩觀之下，尸於朝三日。子貢進曰：『夫少正卯、魯之聞人也。今夫子為政而始誅之，或者為失乎？』孔子曰：『居！吾語女以其故。天下有大惡者五，而竊盜不與焉。一曰心逆而險，二曰行辟而堅，三曰言偽而辯，四曰記醜而博，五曰順非而澤。此五者，有一於人，則不免君子之誅，而少正卯皆兼有之。其居處足以撮徒成黨，其談說足以飾褒瑩眾，其強禦足以返是獨立；此乃人之姦雄者也，不可以不除。……《詩》云：「憂心悄悄，慍于群小。」小人成群，斯足憂矣。』」

15.27. 子曰：「眾惡之，必察焉；眾好之，必察焉。」

語譯

孔聖人說：「所有的人都詆毀他，那就一定要去查個清楚；所有的人都讚美他，那也一定要去查個清楚。」

字義

眾惡之：眾，所有人。惡，讀音「物」，詆毀、說壞話。
必察焉：必，一定。察，仔細看，調查研究、細緻深刻地觀看。
眾好之：好，讀音「耗」，讚美、肯定。

明德說

遭到四川省綿陽市人民醫院職代會與會八十八名職工代表一致表決通過解聘的「走廊裡的瘋子醫生」蘭越峰就是一個很好的例子，告訴我們「眾惡之，

必察焉」。

15.28. 子曰：「人能弘道，非道弘人。」

語譯

孔聖人說：「宣揚正道能使弘道人自己更有本事。而宣揚某個大人物是不正確的做法。」

字義

人能弘道：為「弘道人能」的倒裝。弘，推廣、宣揚。道，正道也。人，自己，即弘道人自己。能，聰明、本事。

非道弘人：為「弘人非道」的倒裝。道，做法、方式。人，人才、傑出人物，通常有大師、精神領袖、偉人、救星、英雄之類的頭銜。弘人，宣傳某個人物。

明德說

一、本章有兩個「道」，指涉不同。「人能弘道」的「道」是指正道，具體的說是仁道、孔聖人之道。「非道弘人」的「道」是指正確的做法。

二、本章有兩個「人」，指涉也不同。「人能弘道」的「人」是指弘道人；「非道弘人」的「人」是指「人物」、「人才」。

三、錢穆的翻譯：「人能弘大道，道不能弘大人。」朱熹說：「弘，廓而大之也。人外無道，道外無人。然人心有覺，道體無為；故人能大其道，道不能大其人也。」楊伯峻老師在《論語譯注》中說：「這一章只能就字面來翻譯，孔子的真意何在，又如何叫做『非道弘人』，很難體會。朱熹曾經強為解釋，而鄭皓的《論語集注述要》卻說『此章最不煩解而最可疑』，則我們也只好不加臆測。」

四、道理有正確與錯誤之分，就像宗教和學說都是有正有邪的，例功利主義、自由至上主義、平均主義就是邪說。正確與否不是每個人可以主觀認定的，而是客觀存在，只因人私欲的作用，使得有人把歪理、魔道視為正道，如邪教

中人視自己的信仰為無上真理，願意以身殉道，以至於凡做了壞事，都能以信仰之名而予以正當化，這是人間不幸的來源，也是一切罪惡的來源。

　　五、本章是大倒裝，按現在的語序是「弘道人能，弘人非道」。

　　六、本章在探論兩個問題：(1) 應該弘道還是弘人？孔聖人告訴我們，弘道不弘人，偏偏大部份人都是「弘人不弘道」、「依人不依道」。弘人會有什麼弊端？會對彼此造成傷害，對被弘的大師、偉人、教主而言，會造成他的貢高我慢；對追隨者而言，會有盲目以及犯傻的結果。(2) 弘道有何價值？孟子對此有所發明，他說「增益其所不能」。為什麼？因為弘道人在弘道過程中，必然碰到各種難題，必然「苦其心志，勞其筋骨，餓其體膚，空乏其身，行拂亂其所為」。但也因此解決了各種難題，而對道有更深入的體悟，這也是為什麼孔聖人有一點點「抱怨」說「回也，非助我者也」的原因。

　　七、孔聖人、王聖人陽明、釋迦牟尼佛，他們既是得道人，也是弘道人。而顏子、曾子、子夏、子游、子貢、漆雕開、閔子騫等人則是弘道人。

　　八、王聖人陽明說：「求之於心而非也，雖其言之出於孔子，不敢以為是也，而況其未及孔子者乎？求之於心而是也，雖其言之出於庸常，不敢以為非也，而況其出於孔子者乎？」王聖人這句話很好的闡述了孔聖人的「非道弘人」，也就是說，如果宗教主說錯了話，大人物有錯，那也不能盲目跟隨。

15.29. 子曰：「過而弗改，是謂過矣。」

語譯

　　孔聖人說：「犯了過錯卻不改，那才叫過錯。」

15.30. 子曰：「吾嘗終日不食，終夜不寢，以思；無益，不如學也。」

語譯

　　孔聖人說：「我曾經整天不吃，整晚不睡，就只是想，這麼做，沒有好處，還不如把這時間拿來學習。」

15.31. 子曰：「君子謀道不謀食。耕也，餒在其中矣；學也，祿在其中矣。君子憂道不憂貧。」

語譯

孔聖人說：「君子一心想著實現正道，而非圖謀富貴。君子要是去耕作，生活自然不差；君子要是去讀書學習，自然能當官。因此，君子只擔心不能行正道，而不擔心自己會貧窮。」

字義

謀食：追求富貴；謀，營求；食，生計，引申為富貴。

餒：魚爛也，這裡引申為生活不差，原因是，家裡能夠出現讓魚爛掉的情形，自然是家境不差才有可能，至少是小康之家，當然，大富也有可能。

祿在其中矣：祿，俸也，居官所給廩。在其中，在裡面，義同「有」。

明德說

一、為什麼君子一點都不需要擔心貧窮呢？因為君子不可能貧窮。孔聖人告訴我們，只要是君子，只要是才德兼備，生活自然不差。

二、各行各業都有君子，君子不是只能從政，君子也可以當導演，像是出自台灣的國際大導演李安，君子也可以是演員和歌手；君子也可以是乞丐，像是武訓；君子也可以是商人、也可以是老師、也可以是工匠或農夫。

三、事實上，本章又是孔聖人現身說法，是「夫子自道也」。孔聖人是君子，他的生活差嗎？孔聖人說過自己「魚餒而肉敗不食」，能夠魚餒不食，家裡會窮嗎？不會；孔聖人自己因為學習，後來也當過官，享有俸祿。因此，如果真是君子，他完全不需要擔心貧窮的問題，而是應該擔心心中的理想如何去實現、如何讓眾生離苦得樂。

四、「餒」這個字在本章中出現了詞義的轉移，由原本的魚敗轉變為生活不差。所謂詞義轉移是指詞的意義在原來的基礎上向某一個方向發生變化，即從甲義變成乙義，它的主要特點是新義產生後，舊義就不存在了，如「中心」古義為心裡，今義是正中、事情的主要部份。又例如「亂」的本義是「治理」，今

義變成了「沒有秩序」。去，古義是離開，今義則是「前往某地方」。此外引申的意義，也都可視為詞義轉移，例如本章的「餒」字。

　　五、毛子水的翻譯：「孔子說，一個君子，只應用心力於道，不必用心於衣食。耕種，有時也未免於飢餓；學得好，當可以得俸祿！一個君子，只應勞心於道而不必勞心於生活的問題！」楊伯峻的翻譯：「君子用心力於學術，不用心力於衣食。耕田，也常常餓著肚皮；學習，常常得到俸祿。君子只著急得不到道，不著急得不到財。」錢穆的翻譯：「君子只計謀於道，不計謀於食。耕田也有饑餓時，學道也可得祿食。所以君子只憂道之不明不行，不憂貧不得食。」

15.32. 子曰：「知及之，仁不能守之，雖得之，必失之。知及之，仁能守之。不莊以涖之，則民不敬。知及之，仁能守之，莊以涖之。動之不以禮，未善也。」

語譯

　　孔聖人說：「憑藉聰明才智得到一個很寶貴的東西，但是，不能用恩惠來守住，雖然到手了，但後來一定會失去。雖然有聰明才智，也能施以恩惠，但要是不用認真嚴肅的態度來對待，那麼，就得不到別人的尊敬。雖然有聰明才智，也能施以恩惠，態度還能夠認真嚴肅，但是，行為舉止若不根據禮，那還是不完美。」

字義

　　知及之：憑藉聰明才智得到一個東西；知，音義同「智」，聰明才智；及，抓住；之，一個東西，可以是天下或一番事業或一個位置，總之，是我們很想要的東西。

　　仁不能守之：此倒裝句也，即不能守之以仁；仁，恩惠。守，遵行、堅持，猶言施以。

　　莊以涖之：此倒裝句也，即涖之能莊。涖，視也，本意是指走到近處察看，這裡指治理，管理；莊，嚴肅、認真。

動：言行也，起心動念、行為舉止。

明德說

一、本章的「仁」，楊伯峻解釋為「仁德」，毛子水解釋為「德性」，我把它解釋為恩惠，或許更符合孔聖人的原意吧！

二、「知及之」並非如錢穆所說「一個在上位者，他的知足以知到此道了」，也非如楊伯峻所書「聰明才智足以得到它」，而是「憑藉聰明才智得到它」。

15.33. 子曰：「君子不可小知，而可大受也。小人不可大受，而可小知也。」

語譯

孔聖人說：「不可以讓君子主持小事（當小官），而可以讓他主持大事（當大官）；不可以讓道德卑劣之人負責大事，可以讓他負責小事。」

字義

君子不可小知：君子，才德兼備之人，追求仁義的人；小知，即知小的倒裝，知，讀音「之」，掌管、主持、管理；小，地位低。

小人不可大受：小人，道德卑劣之人。大受，即受大的倒裝，受，接受。大，地位高或重責大任。

明德說

毛子水的翻譯：「君子於小事未必可觀，而可以任大事；小人不可任大事，而有時卻有小小的長處。」楊伯峻的翻譯：「君子不可以用小事情考驗他，卻可以接受重大任務；小人不可以接受重大任務，卻可以用小事情考驗他。」錢穆的翻譯：「一個君子，不可從小處去賞識他，但他可接受大任務。一個小人，不能接受大任務，但可於小處被賞識。」

問答

問：為何君子不可小知？

答：因為君子是關心眾生、以天下為己任的人，這樣的人要給他當大官，才是適才適所。就像孔子說的：「孟公綽，為趙魏老則優，不可以為滕薛大夫。」

15.34. 子曰：「民之於仁也，甚於水火。水火，吾見蹈而死者矣，未見蹈仁而死者也。」

語譯

孔聖人說：「仁對於我們的重要性比起水和火都來得重要。我看過有人因為身陷水火而死的，但還沒有看過有人因為踐行仁而死的。」

字義

民，人也。

吾見蹈而死者矣，未見蹈仁而死者也：第一個蹈，踩也、踏也；第二個蹈，遵循、實踐。

明德說

一、「民之於仁也」的「民」並非楊伯峻所說是「百姓」，而是人，而且是所有人。

二、有人說，「殺身成仁」不就死了嗎？怎會有「未見蹈仁而死者」？殺身成仁就肉體上講，確實是死了，但他們的精神永遠不死，永遠為我們所懷念與效法。

15.35. 子曰：「當仁，不讓於師。」

語譯

孔聖人說：「碰上攸關仁義之事，不排除出兵討伐。」

字義

當:遇。

不讓於師:讓,音義同「攘」,拒絕。於,以、用。師,戰爭、聚眾討伐。

明德說

一、當仁不讓這句成語顯然是一個美麗的誤會,但早已背離了孔聖人的原意。其中,「師」不解釋為「老師」而解釋為「出兵」,這也是陳成子弒齊簡公,為什麼孔聖人主張魯國應該出兵討伐的原因,因為當仁。而「讓」也不解釋為「遜讓」、「謙讓」,而是解為「拒絕」。

二、「當仁,不讓於師」並非如毛子水所說「在為仁的大道理上,對於師也不必有所遜讓」;也非如楊伯峻所說「面臨著仁德,就是老師,也不同他謙讓」;也非如錢穆所說「若遇行仁之事,在己即當率先向前,莫讓給眾人為之」,而是「碰上攸關仁義之事,不排除出兵討伐」。

15.36. 子曰:「君子貞而不諒。」

語譯

孔聖人說:「君子卜問,但不必固守卜卦的結果。」

字義

貞而不諒:貞者卜也、卜問;諒者固執,這裡指固守卜卦的結果。

明德說

一、雖然這句話,孔聖人是以君子起頭,但適用於所有人。我們難免會有難以決斷的時候,這時候,孔聖人說,可以卜卦(要知道,孔聖人是學《易經》的),但卻不一定要完全依照卜卦的結果來決定怎麼做,換言之,卜卦是個參考,而非依據,不需要固守。

二、「君子貞而不諒」並非如毛子水所說「君子依正道而行,不必守硜硜的信」;也非如楊伯峻所說「君子講大信,卻不講小信」;也非如錢穆所說:

「君子只固守正道，不拘執小信」，而是「君子卜問，但不必固守卜卦的結果」。

15.37. 子曰：「事君，敬其事而後其食。」

語譯

　　孔聖人說：「服事君主，要認真、嚴肅辦理君主所交代的事情，至於俸祿一事就不要計較。」

字義

　　敬其事而後其食：敬，不怠慢、不苟且。食，俸祿。

15.38. 子曰：「有教無類。」

語譯

　　孔聖人說：「〔只要願意跟我學習，〕不管他（她）是哪一類的人，我都願意教。」

字義

　　有教：得到教育，指得到我的教育。有，得也。
　　無類：不管那一類。類，種類，具有共同特徵的人事物，例如黑人、白人、本國人、外國人、本地人、外地人、男人、女人、貴族、平民、君主、乞丐、聰明、愚笨……

15.39. 子曰：「道不同，不相為謀。」

語譯

　　孔聖人說：「（終極）目標不同，就不替他謀劃。」

字義

道：道路，指目標或理想，尤其是指第一義、終極目標。

不相為謀：相，表示一方對另一方有所施為，同「實不相瞞」、「好言相勸」的相。為，做；謀，謀劃。

明德說

一、本章有兩個地方很容易引起誤解。其一，「相」不是互相，而是單方面的，而且是下對上或受到委託。孔聖人這裡說的「不相為謀」的「相為謀」同於曾子的「為人謀而不忠乎」的「為人謀」。其二，「道」不是指手段，而是目標。把道說成「道路」、「主張」都是可以的，但「目標」會更準確。

二、「道不同，不相為謀」並非如毛子水所說「人的志行不相同，便不能互相為謀」，也不是如楊伯峻所說「主張不同，不互相商議」；也非如錢穆所說「各人道路不同，便無法互為謀慮了」，而是「（終極）目標不同，就不替他謀劃」。

三、正因為「道不同，不相為謀」，所以，當衛靈公問陳於孔子，孔聖人回答「軍旅之事，未之學也」。如果他們兩人志同道合的話，我相信孔聖人一定會傾囊相授的，因為孔聖人同樣說過：「吾豈匏瓜也哉？焉能繫而不食？」

問答

問：這裡的「道」是否可以解釋為主張。這裡的「道」、「相」和「謀」該怎麼解釋。也有人提出這句話正確的斷句應該是「道，不同、不相為謀」。格桑澤仁老師以及很多學者也提到過，說同專業之間的學生最好不要交流，因為大家的想法都差不多，得不到創新。這裡，老師是怎麼理解這句話的？

答：這裡的「道」，解釋成主張是可以的，但嚴格說來，是終極目標、是第一義。至於「同專業之間的學生最好不要交流」這種說法當然是錯的。同專業、不同專業都應該交流。

15.40. 子曰：「辭，達而已矣！」

語譯

孔聖人說:「說話,對方可以明白也就夠了!」

字義

辭:說。
達:理解、明白。

15.41. 師冕見。及階,子曰:「階也。」及席,子曰:「席也。」皆坐,子告之曰:「某在斯,某在斯。」師冕出,子張問曰:「與師言之,道與?」子曰:「然,固相師之道也。」

語譯

　　一位名叫冕的盲樂師來見孔聖人。快到台階的時候,孔聖人對他說:「前面就有台階了。」快到座位前的時候,孔聖人就對他說:「前面就是座位了。」等大家都坐好了之後,孔聖人就對師冕說:「誰在哪裡,誰又在哪裡。」冕離開之後,子張就問老師說:「老師您對師冕所說的那些話,就是對待盲人的正確方式嗎?」孔聖人說:「是啊,這本來就是幫助盲人的正確做法。」

字義

　　師冕見:師,樂師。冕,人名,眼盲。
　　及階:及,至也;階,為了便於上下,用磚石砌成的或就山勢鑿成的梯形的道。
　　及席:及,到達。席,座位。
　　出:離開。
　　與師言之:與,和也;言,說也;之,代詞,即孔聖人對師冕所說的那些話。
　　道與:道,(應該有的、正確的)方法、道理、做法、方式;與,音義同「歟」,文言句末語氣助詞,表示疑問。
　　固相師之道也:固,本然之詞。按《孟子》天下固畏齊之強也;相,讀音

「向」,輔佐、幫助也。

明德說

　　本章表達兩件事情:一以禮,待客之道,尤其是指對待盲人之道,包括把在場的人介紹給師冕認識。一以仁,考慮到對方的需要,經由指引,讓行動不便的人感到方便、感到安全,也讓盲人知道現場有哪些人,讓師冕能安心,應對起來才不致於有差錯。在我看來,禮即仁也,仁即禮也。一種好的禮節必然包含愛心在裡面;同樣的,有愛心的人必然知道該怎麼行禮。所以孔聖人說:「人而不仁,如禮何?」

第十六：季氏篇

16.1. 季氏將伐顓臾。冉有季路見於孔子曰：「季氏將有事於顓臾。」孔子曰：「求！無乃爾是過與？夫顓臾，昔者先王以為東蒙主，且在邦域之中矣，是社稷之臣也。何以伐為？」冉有曰：「夫子欲之，吾二臣者，皆不欲也。」孔子曰：「求！周任有言曰：『陳力就列，不能者止。』危而不持，顛而不扶，則將焉用彼相矣？且爾言過矣！虎兕出於柙，龜玉毀於櫝中，是誰之過與？」冉有曰：「今夫顓臾，固而近於費；今不取，後世必為子孫憂。」孔子曰：「求！君子疾夫舍曰欲之而必為之辭。丘也聞有國有家者，不患寡而患不均，不患貧而患不安。蓋均無貧，和無寡，安無傾。夫如是故，遠人不服，則修文、德以來之。既來之，則安之。今由與求也，相夫子，遠人不服而不能來也；邦分崩離析而不能守也，而謀動干戈於邦內。吾恐季孫之憂，不在顓臾，而在蕭牆之內也！」

語譯

　　季氏打算討伐顓臾。冉有、季路來見孔聖人，他們說：「季氏打算出兵顓臾。」孔聖人聽了之後就說：「冉求，這難道不是你的過錯嗎？顓臾這個國家，在過去，是周成王讓顓臾負責東蒙山的祭祀，而且地處魯國境內，還是魯國的附庸，為什麼還要攻打呢？」冉有就說：「是季康子想打的，我跟子路都反對。」孔聖人就說：「冉求啊，周朝大夫周任說過：『能施展才華，就留在那個位置上，如果不能，就要離開』。危險卻不支撐、搖晃了卻不攙扶，那麼，哪裡還需要用到那個輔助的人啊？而且，你說的話不恰當。老虎、兕子從籠子裡跑出來，烏龜、玉器在木匣子裡被毀壞了，這是誰的過錯呢？」冉有回答：「現在，顓臾這個屬國，內部很團結而且離費邑很近，現在不把它拿下來，一定會成為季氏後代子孫的禍患」。孔聖人就說：「冉求啊！一個君子痛恨一個人心裡想要卻說不要，而且還一定要為此找藉口。我孔丘曾聽人這麼說過，國

君或家主，他們不擔心人口少，而是擔心統治者處事不公；不擔心貧窮，而是擔憂人心不安。因為，統治者公正，國家就不會貧窮。團結起來就不擔心人口少。人心安定，政權就不會倒下。假設有下面這種情形：不認同你的人不來順服，那就要提昇自己的美善和道德來使他們歸附。一旦他們歸順之後，就要讓他們安心、安定下來。如今，子路和冉求你倆輔佐季氏，而顓臾的人不順服，以至於不願意歸附。國家已經分崩離析，你們卻無法力挽狂瀾，〔在這種情況之下，〕你們還想要在自己國家之內發動戰爭。我恐怕季氏要擔憂的不是顓臾，而是季氏自己的內部問題！」

字義

季氏將伐顓臾：季氏，指季康子，魯國大夫，名肥，把持朝政。顓臾，讀音「專魚」，魯國境內的小國，此時效忠於魯君，而非季氏。

冉求：姓冉，名求，字子有，此時是季康子的家臣。

季路：姓仲，名由，字子路，此時是季康子的家臣。

無乃爾是過與：無乃，用於反問句中，表示不以為然的意思，可翻譯成：「難道不是……嗎？」爾，你也。

昔者先王以為東蒙主：周天子給顓臾的主要任務就是祭祀蒙山。先王，周成王。東蒙，山名，古稱「東蒙」，今稱「蒙山」，地處山東省臨沂市西北、沂蒙山區腹地。

周任：周朝良史，他說過的名言很多，除了「陳力就列，不能者止」之外，還有《左傳・隱公六年》：「為國家者，見惡如農夫之務去草焉，芟夷蘊崇之，絕其本根，勿使能殖，則善者信矣。」又《左傳・昭公五年》：「為政者，不賞私勞，不罰私怨。」

陳力就列，不能者止：陳，施展。力，能力、力量。就，便、即，做副詞用。列，職務、職位。止，停止，這裡指離開。

危而不持，顛而不扶：持，支撐。顛，動搖、不穩、震盪。扶，攙，用手支持人或物，使不倒。

則將焉用彼相矣：乃「則焉用彼相將之矣」的省略與倒裝。則，那麼。將，讀音「江」，扶持、扶助。焉用，哪裡需要用到。焉，文言疑問詞，怎麼、哪

兒、哪裡；用，使用。相，讀音「向」，攙扶瞎子的人。按《荀子・成相》：「人主無賢，如瞽無相。」矣，通「乎」，助詞，表示疑問的語氣。

爾言過矣：過，過份，指不恰當。

虎兕出於柙，龜玉毀於櫝中：兕，讀音「四」，類似犀牛的異獸。柙，讀音「霞」，關獸的木籠子。櫝，讀音「讀」，木櫃、木匣子。

固而近於費：固，堅固，指內部很團結。費，讀音「必」，邑名，是季氏私邑。

後世必為子孫憂：猶「必為後世子孫憂」。一定會變成後代子孫的煩惱。後世子孫，同義詞，後世即子孫，子孫即後世。憂，愁也，猶言禍患。

君子疾夫舍曰欲之而必為之辭：疾，憎惡、痛恨。夫，讀音「膚」，指人。「舍曰欲之」即「欲之曰舍」的倒裝，即想要說不要。舍，音義同「捨」，即捨棄、不要；曰，說也。欲，想要。而，反而，卻。辭，藉口、說辭。

有國有家者：國，古代稱諸侯的封地為「國」，如魯國、齊國等都是周天子的諸侯。家，古代大夫所統治的行政區域，家在國之下，例如季氏、孟氏、叔孫氏，這些人不只是魯國的權臣，他們還有各自的封地，在封地內，他們是唯一的主人，不受魯國國君的命令，是我這裡所謂的「家主」，也是文中所說的「有家者」。

不患寡而患不均：寡者少也，這裡指人口少。均，平也，即公平、公正、正義。均不是「平均」、「均等」、「一樣」。所得稅累進就是均。有一段時間，台灣的遺產稅不分貧富採單一稅率10%，反而是不均，這就反過來證明當時的決策者不公正。

不患貧而患不安：貧，窮、生活窮困、缺乏、不足；安，安心，即讓人民安心，指為政者不壓迫人民、不朝令夕改、不師心自用、不讓人民擔心受怕，不讓人民處於恐懼之中、不讓人與人之間無法相信。

和無寡：團結起來就沒有人口少的問題。和，加起來，也就是集眾人之力，也就是團結。

安無傾：人民安心，政權就不會倒下。傾，傾塌、倒下。

夫如是故：假設有這種情形。夫，發語詞，無義。如，假設。是，這、此。故，事情，按《左傳・昭公二十五年》：昭伯問家故，盡對。

遠人不服：不認同的人不來歸服。遠，指心理距離的疏遠，而非有形距離上的遙遠。因此，遠要理解為「不認同」。

　　修文德以來之：修，完善也。文，美善。德，道德。來，歸順。

　　恐：恐怕，表示估計兼擔心。

　　蕭牆之內：蕭牆，古代宮室內作為屏障的矮牆。三國魏‧何晏‧集解：「鄭曰：『蕭之言肅也，牆謂屏也，君臣相見之禮，至屏而加肅敬焉，是以謂之蕭牆。』」而本章的「蕭牆之內」無關魯君與季氏之間，而是季氏自身內部。

明德說

　　一、很多人說孔聖人反對戰爭，這是不對的。孔聖人既沒有贊成戰爭，也沒有反對戰爭。戰與否取決於仁，孔聖人說：「當仁，不讓於師。」

　　二、「不患寡而患不均」並非如毛子水所說「不必憂患貧窮，卻要擔心貧富不均」，也非如楊伯峻所說「不必著急財富不多，只需著急財富不均」，而是「不必擔心人口少，而是要擔心統治者不公正」。其中，「寡」並非「貧窮」，而是「人口少」；「均」並非「平均」，而是「正義」、「公正」。

　　三、「不患貧」並非如毛子水所說「不必憂患人民稀少」，也非如楊伯峻所說「不必著急人民太少」，而是「不必擔心貧窮」。其中，「貧」並非「人民稀少」，而是「貧窮」。

　　四、「均無貧」並非如毛子水所說「財富平均，就沒有貧窮」；也非如楊伯峻所說「若是財富平均，便無所謂貧窮」，而是「統治者公正，人民就不會貧窮」。

　　五、楊伯峻在他的「論語譯注」第一七二頁說：「不患寡而患不均，不患貧而患不安——當作『不患貧而患不均，不患寡而患不安』，『貧』和『均』是從財富著眼，下文『均無貧』可以為證；『寡』和『安』是從人民著眼，下文『和無寡』可以為證。說詳俞樾群經平議。」簡單的說，楊伯峻認為這二句話傳抄有誤，「寡」和「貧」應調換。錢穆持同樣的看法，他認為：「此兩句當作『不患貧而患不均，不患寡而患不安』。」然而，他們的說法不對，《論語》的傳抄在本章完全沒有錯誤，當然「寡」和「貧」也不需要調換。

　　六、遠人不服的「遠人」並非如楊伯俊所說是「遠方之人」，也非如錢穆

所說是「在遠之人」,而是「不認同你的人」。

16.2. 孔子曰:「天下有道,則禮樂征伐自天子出;天下無道,則禮樂征伐自諸侯出。自諸侯出,蓋十世希不失矣;自大夫出,五世希不失矣;陪臣執國命,三世希不失矣。天下有道,則政不在大夫。天下有道,則庶人不議。」

語譯

　　孔聖人說:「周天子能行公道,那麼,制禮作樂、打仗就由天子決定。周天子不能行公道,那麼,制禮作樂、打仗的這些事就由諸侯自己決定。由諸侯決定,傳了十代之後還能不失去政權的,這種情形很少。制禮作樂征伐由大夫決定的國家,傳了五代還能握有權柄的,這種情形是很少。陪臣掌握國家的命運,很少有掌權三代之後還能繼續下去的。若是國君能行公道,那麼,權柄就不會落在大夫手上;若是國君能行公道,自然百姓就不會議論。」

字義

　　天下有道:天下,指當時的周天子。道,公道、正義。
　　出:發出、發佈、決定。
　　陪臣:臣之臣。如諸侯國的卿大夫對諸侯稱臣,對天子則自稱「陪臣」;卿大夫的家臣對諸侯而言也稱「陪臣」。這裡的陪臣是指卿大夫的家臣,例如:陽虎(陽貨也)。
　　執國命:執,執掌。國命,國家的命運。

問答

　　問:「天下有道,則政不在大夫。天下有道,則庶人不議。」如果大夫為政的成效比君王更大、更好,也叫作無道嗎?
　　答:你的問題其實是兩個不同的問題,不能混雜成一個問題。我先解釋孔聖人在本章的語境中所說的「天下有道」。天下,實指國君。有道,意謂道義得到伸張。在位者若非明君,必然天下不太平、人民痛苦不堪。因此,天下有道

即明君在位。如果明君在位，自然政權不會落到大夫身上。這是一個邏輯問題而已。接下來，進入你的語境，也就是你在乎的問題，如果明君不在位，陪臣執國命，這時候，如果人民豐衣足食，那麼，能夠叫無道嗎？我的回答是不能。只要人民幸福，則這個政權就是正義的，就是有道，一切以人民的幸福為判斷依據。

16.3. 孔子曰：「祿之去公室，五世矣。政逮於大夫，四世矣。故夫三桓之子孫，微矣。」

語譯

　　孔聖人說：「政權不掌握在國君身上，已經有五代了。政權落到了大夫手上，也已經四代了。因此，三桓的子孫也已經慢慢衰微起來了。」

字義

　　祿之去公室：祿，福也。——《說文》，這裡的福指的是享有政權的福，即政權也。去，離開；公，封建制度下的最高爵位，周朝的爵位分為五等，由高至低依序為：公、侯、伯、子、男。室，朝廷。

　　世：代也，一輩一輩相傳的。

　　政逮於大夫：政。政權、權柄；逮，讀音「代」，到也、及也。

　　三桓：季氏、孟氏、叔孫氏三家，這三家都是魯桓公的後代，因此稱為三桓。

　　微：衰微。

16.4. 孔子曰：「益者三友，損者三友：友直，友諒，友多聞，益矣；友便辟，友善柔，友便佞，損矣。」

語譯

　　孔聖人說：「對我們有益的朋友有三種，對我們有害的朋友也有三種。正直、誠實、知識淵博，是對我們有益處的朋友；過於偏頗、很懦弱、習慣花言

巧語，是對我們有害的朋友。」

字義

諒：誠實，按《說文》諒，信也，這裡並非寬恕、體諒或守信。

便辟：過於偏頗。便，讀音「駢」，熟習，猶言「很」、「過於」。辟，與僻同，偏頗。

善柔：容易軟弱。善，容易。柔，軟弱、懦弱。按：「蚤見而心柔懦。」
——《韓非子·亡徵》

便佞：習慣花言巧語。佞，用巧言來迷惑人。

明德說

一、友直是從行為上來說的，而友諒是從言語上來說的。正直的人是這樣的一種人，他們明是非、正大光明、不畏權貴、不欺弱小、不阿諛諂媚、不說一套做一套。

二、雖然孔聖人沒有直接指出其中的順序，但我認為最有益的朋友是正直、其次是誠實、其三是多聞；而最有害的朋友是便辟，次害是善柔，三害是便佞。

三、每一個人都知道不交損友，那麼，為什麼有人會交到損友呢？原因在於自己也是一名損友，以至於損友在損友身上就變成了益友，此乃物以類聚以及唯己是善，異己為惡的道理。

四、「便辟」是指「過於偏頗」，非如錢穆所說「慣於裝飾外貌」，非如楊伯峻所「諂媚奉承」，非如毛子水所說「徒有儀文」。

五、「善柔」是指「容易懦弱」，非如錢穆所說「工於媚悅面善態柔」，也非如楊伯峻所說「當面恭維背面譭謗」，也非如毛子水所說「徒善顏色」。

16.5. 孔子曰：「益者三樂，損者三樂：樂節禮樂，樂道人之善，樂多賢友，益矣；樂驕樂，樂佚遊，樂宴樂，損矣。」

語譯

孔聖人說：「有三種快樂對我們是有幫助的，也有三種快樂對我們是不利

的。以受到禮樂的調和而感到快樂、以引導別人向善而感到快樂、以讚美朋友的賢能為樂，這些快樂對我們是有幫助的；對驕傲感到快樂、對放蕩、嬉戲感到快樂、對吃喝聲色感到快樂，這三種快樂對我們是有害處的。」

字義

樂節禮樂：第一個樂讀音「勒」，動詞，做喜歡解，第二個樂讀音「月」，名詞，做音樂解。節，調節、調和。

道人之善：道，音義同「導」，引導；之：往也。

樂多賢友：為「樂多友賢」的倒裝。多，推崇、讚美。

佚：音義同「逸」，放蕩。

宴樂：宴，聚在一起吃飯喝酒。樂，聲色情事。按《國語・越語下》：「今吳王淫于樂而忘其百姓。」

明德說

「樂節禮樂，樂道人之善，樂多賢友」這句話當中的節、道、多，都做動詞用。其中樂道人之善的道並非宣揚或是稱道，而是引導。樂道人之善的「之」並非「的」，而是做動詞用，往也、向也。樂多賢友的「多」，並非多少的多，而是讚美、推崇。

16.6. 孔子曰：「侍於君子有三愆：言未及之而言，謂之躁；言及之而不言，謂之隱；未見顏色而言，謂之瞽。」

語譯

孔聖人說：「陪在上位者身邊的時候有三種過失：第一、還不到時候就說話，這種情況稱為急躁；第二、到了該說的時候反而不說，這種情況稱為隱匿；第三、沒有察言觀色就說話，這種情況稱之為瞎子。」

字義

侍於君子有三愆：侍，讀音「是」，在旁邊陪著；君子，上位者；愆，讀

音「千」，過失也。
　　躁：急躁。
　　隱：隱匿。
　　瞽：瞎子。

16.7. 孔子曰：「君子有三戒：少之時，血氣未定，戒之在色；及其壯也，血氣方剛，戒之在鬥；及其老也，血氣既衰，戒之在得。」

語譯

　　孔聖人說：「一個君子在一生中對三件事情要禁止。年少的時候，元氣還沒安定下來，禁止接觸情色；到了壯年，元氣正剛強，這時候不能逞強鬥狠；到了老年，元氣已漸漸衰竭，這時候，應該要放手了〔，不要再抓著不放〕。」

字義

　　定：安定。
　　戒之在色：戒，防止、禁止。色，指情慾、情色。
　　血氣方剛：血氣，元氣、精力。方，正。剛，剛強。
　　鬥：逞強鬥狠、爭強好勝。
　　得：獲取、緊握不放。

明德說

　　一、務必清楚，「君子」不限於男性，也包括女性，寫君子只是以部份代全體。
　　二、戒之在色的「色」範圍很廣，不只是性生活，還包括青春校園小說或與色情有關的書籍、視頻等各種傳播媒介。注意，這裡還包括愛情，原因在於此時仍是少年，還未成年。
　　三、戒之在色的「色」並非如《國語詞典》所說「女色，容貌美麗的婦女。」《論語・季氏》：『少之時，血氣未定，戒之在色』」，而是「情欲」，

主詞不限於男性，因此，不能說是「女色」。

　　四、本章的「戒」怎麼解釋？毛子水說是「要戒」，但什麼是要戒？楊伯峻說是「警惕戒備」，錢穆說「戒猶孟子所謂『持志』」，似不通，我以為是「禁止」、「不可」。

16.8. 孔子曰：「君子有三畏：畏天命，畏大人，畏聖人之言。小人不知天命而不畏也，狎大人，侮聖人之言。」

語譯

　　孔聖人說：「君子害怕三件事：害怕天賦使命沒有達成、害怕志向崇高之人、害怕聖人的言論。小人不知道上天的意旨而不知道害怕、輕慢志向崇高的人、侮辱聖人的言論。」

字義

　　君子有三畏：君子，指才德兼備之人；畏，害怕，恐懼。

　　小人不知天命而不畏也：小人，指人格卑下的人。只要人格卑下，不管上至皇帝還是下至乞丐，都是小人。天命，上天的指派、上天的命令、上天的意旨。命，指派。

　　大人：人格崇高偉大之人，是小人的相對概念。這裡的大人無關年齡或社會地位。

　　狎：讀俠，意指輕慢、輕忽，不當一回事。

　　侮：輕慢、踐踏。

明德說

　　一、本章「大人」非如鄭玄所說「為天子諸侯為政教者」，也非如楊伯峻所說「在高位的人」，也非如錢穆所理解「居高位者」，而是「心懷眾生者」。為什麼大人要解釋成人格崇高、心懷眾生、願代眾生苦的人呢？這是跟後面的文意而來，因為後面提到狎大人。假設「大人」解釋成「居高位者」或「天子諸侯」，那顯然不會有人敢輕慢居高位者，只會奉承，至少是恭敬，這是沒問

題的。但是，對於人格崇高的人，例如為了興義學而自甘乞丐的武訓或是為了推行仁政而周遊列國的孔聖人，常遭到一般人的看輕、誤解、污衊，或認為無濟於事，這種事情是很常見的，這也是為什麼我把「大人」解釋成「心懷眾生的人」，而非居高位者。居高位者對於君子而言，完全沒有什麼好畏懼的，頂多不就掌握了生殺予奪之權而已，對於一個大人而言，生死有何懼？權力有何懼？富貴又算什麼！

二、大人與聖人的差別：大人是人格崇高，其成就在生前尚未被完全肯定、被充份知曉，例如孔聖人生前、武訓生前……這些人，他們的志向都是當時別人認為不可能做到的，因此，被世人嘲笑；而聖人則是絕大部份人公認的已有大成就之人，例如孔聖人、老聖人（老子）、釋迦牟尼佛，雖然他們已經死了，但是他們都是死而不亡。

三、一般人與君子的差別即在於所畏不同。王聖人陽明說「戒慎恐懼是致良知的功夫」，可見，要致良知一定要懂得恐懼。能恐懼才能找回本心、才能大徹大悟、成就人世間的功業、成聖成佛、才能大圓滿。一般人怕什麼？怕飢寒、怕不得富貴、怕病痛、怕死……這些畏與君子的畏不同。

四、一個不知道害怕的人意謂著什麼？自大、無知、麻木和無法無天。有人很狂妄、說「與天地人鬥其樂無窮」這樣的話，但是，他只是在他所認識的範圍中很大、很強，事實上，是井底之蛙、是夜郎自大，不是真的很大、很強，而是他沒碰到對手而已。一個不知道害怕的人會做出什麼事情？壞事做盡，卻透過宣傳，把自己裝扮成偉人、聖人……於是，會發生什麼後果？成人之惡。因為成人之惡，自己哪一天就要償還，即使死後，是所謂因果、是「自作孽不可活」。

五、為什麼要畏？因為不畏就不會當一回事，就不會去做。人性之一就是因為害怕，才會迫使自己做自己不想做的是情。那為什麼要畏大人呢？害怕失去向大人學習的機會、害怕大人有一天也要過世，就失去指引！

六、為什麼要畏天命呢？天命是上天賦與一個人的使命，既然是上天所賦與，那必然不是一件容易的事，對於一件不容易的事，又必須完成，這個知道天命的人會有什麼心態？害怕，害怕完成不了，害怕辜負了使命。

七、為什麼要畏聖人之言？何謂聖人之言？像孔聖人說的話。一個君子聽

到孔聖人的話，能不恐懼嗎？為什麼恐懼？害怕做不到啊！例如，孔聖人說仁，怎麼做才能做得到啊？一般人聽了孔聖人的話是無動於衷的，甚至嘲笑，而君子就不一樣，他聽了之後，非常緊張，一直想怎麼做怎麼做，不敢有所懈怠，因此，當然害怕！就像「子路有聞，未之能行，唯恐有聞」，這個「恐」就是害怕；也像顏淵喟然歎曰「夫子循循然善誘人，博我以文，約我以禮，欲罷不能」，這裡「欲罷不能」的原因就在於害怕。

　　八、為什麼「畏」不宜解為「敬畏」，原因是「敬畏」只對了一半。為什麼「畏」要解釋成「害怕」呢？這跟孔聖人對人性深有了解有關。他知道，敬畏一個人不一定（只有50%）會做他要求、希望的事，但是，害怕一個人，那基本上是不做也不行，這種情形在暴政之下特別明顯。在暴政統治之下，犯罪率非常低，是人民「敬畏」暴君嗎？當然不是，而是「害怕」暴君把他殺了。這種情形在宗教的世界裡也特別明顯，一個人為什麼會遵守教義？是敬畏上帝或真主嗎？不是，是害怕上帝或真主讓他下地獄，讓他上不了天堂。簡言之，是暴君與上帝握有他們的生殺之權，因此害怕。因為害怕，所以不只不敢違逆，而且充滿熱情、赴湯蹈火，只為了生時富貴，死時升天。

問答

　　問：小人為什麼會「狎大人」呢？

　　答：從你的提問就可以知道你不知道本章所說的小人與大人的意思。小人，人格卑鄙之人，不管是皇帝或乞丐都有可能。大人，人格崇高偉大之人。不要以為大人會被看重，不是的。大人經常受到小人的侮辱、鄙視、踐踏。老子不也說過嗎？「下士聞道大笑之。不笑不足以為道。」老子這裡的下士就是孔聖人所說的小人，也就是排斥正道、鄙視善良的人，從皇帝到乞丐都可能是下士。

16.9. 孔子曰：「生而知之者，上也；學而知之者，次也；困而學之，又其次也。困而不學，民斯為下矣！」

語譯

　　孔聖人說：「生下來不用有老師教就能通曉，這是第一等人；雖然有老師

教，但很輕鬆就學會，這是第二等人；很費勁才學會的，這屬於第三等人。本身資質已經不好，還不認真學習，這種人是最差的了。」

字義

生而知之者，即是「生，不學而知之者」的省略。知，通曉；之，代名詞，非特定某件事情，也不是就一定指「道」。

學而知之：學，學習，具體來說，是受正規教育、有到學校，這裡尤其是指有老師的幫助。

困而學之：很費勁才明白。困，困難，指學習這件事情上有困難，即天資不聰明。學，並非學習，而是覺悟、領會。按《玉篇・子部》：「學，覺也。」又《書經・說命下》：「學于古訓乃有獲，樂夫天命復奚疑。」

明德說

一、何謂知？《莊子・外物》：心徹為知。知就是「通曉」。何謂「通曉」？了解透徹，而不是一知半解。怎麼樣才叫透徹了解？對於一項能力，運用自如，無不通達。例如打仗。只有每次打仗都是打勝，才能說是知，否則，都不是知。中國歷史上，漢武帝時的名將霍去病就是屬於生而知之者的人。他不學兵法，十七歲就上戰場，一上戰場就打敗了匈奴，一生戰無不勝，這就屬於真的「知」。此外，成吉思汗也是生而知之者，他不用向別人學習就懂得打仗，而且，戰無不勝，這才能稱為「知」，真的通達。

二、我們大部份人其實不是學而知之者，而是困而學之者。連孔聖人都自謙是學而知之者，那我們一般人怎能稱得上學而知之者呢？

三、「困而學之」並非如如楊伯峻所說「實踐中遇見困難，再去學它」，也不是如錢穆所說「經歷困境後纔知要學的」，而是「很費勁才學會」。其中，「困」指困難，指的是在學習方面有困難，翻成白話文就是智商一般，老師教的東西無法一聽就懂。生活中，這種例子很多，例如考試，有些人要花很長時間才能把一篇文章背下來，這些人，包括作者本身，就是屬於困而學之的人。

16.10. 孔子曰：「君子有九思：視思明，聽思聰，色思溫，貌思

恭，言思忠，事思敬，疑思問，忿思難，見得思義。」

語譯

　　孔聖人說：「君子有九個地方要注意：看的時候，要注意是否看得清楚明白；聽的時候，要注意能否辨別對方說話的真假；與人相處的時候要注意自己的臉色是否柔和；與人相處要注意自己的態度是否謙恭有禮；說話的時候要注意是否是說實話；做事情的時候要注意是否認真嚴肅；有不明白的地方就要追根究底；生氣的時候就要深想事後可能的災難；遇見好處的時候就要深想這好處該不該得。」

字義

　　視思明：思，深想、想到、注意；明，清楚、清晰。

　　聰：從耳從囪從心。耳聞而循心通上。明察。指耳聞聲音而心能辨其真假。恖，既是聲旁也是形旁，表示內心有窗，心思明亮。造字本義：耳聽八方，聽而能悟。古人稱聽覺靈敏為「聰」，稱耳背為「聵」，稱失去聽力為「聾」。又聰，察也。——《說文》。

　　色：臉色。

　　溫：柔和。

　　貌思恭：貌，模樣、姿態、態度。恭，謙遜有禮。

　　敬：認真嚴肅。

　　疑思問：疑，不明白、不能斷定。問，追究。

　　忿思難：忿，憤怒；難，災難、不幸。

　　見得思義：見，接觸、遇到。得，利益、好處、各種類型的好處。義，宜也、應該、公道。

16.11. 孔子曰：「『見善如不及，見不善如探湯。』吾見其人矣，吾聞其語矣。『隱居以求其志，行義以達其道。』吾聞其語矣，未見其人也。」

語譯

孔聖人說:「我聽過這樣的話,那就是:『看到好事,急著去做,就好像現在不做,以後就沒有機會做了。看到邪惡的事情就像會碰到滾燙的熱水一樣,趕快離開。』也看過這樣做的人;我聽過這樣的話,那就是:『明君不在位,就不做官,為了是不違背自己的志向。明君在位,就出來做官,廣行仁義,以實現正道。』但是,卻沒看過這樣做的人。」

字義

吾見其人矣,吾聞其語矣:其,指示代名詞,那、那些、這、這些。

見不善如探湯:不善,邪惡也。探,摸取。湯,熱水、沸水。

隱居以求其志:隱居,不做官。以,目的在於。求其志:保住他的志向。求,通「逑」,聚合,引申為「保住」。志,志向。

行義以達其道:行,從事。義,正義。達,實現、完成。道,正道。

明德說

一、本章又是大倒裝。「『見善如不及,見不善如探湯。』吾見其人矣,吾聞其語矣」是個倒裝句,按現在的語序是:「吾聞其語矣,『見善如不及,見不善如探湯。』吾見其人矣。」同樣的,「『隱居以求其志,行義以達其道。』吾聞其語矣,未見其人也」也是個倒裝句,按現在的語序是:「吾聞其語矣,『隱居以求其志,行義以達其道。』未見其人也。」

二、「隱居以求其志,行義以達其道」有文字上的省略,不省略的話,全文應該是「邦無道,隱居以求其志;邦有道,行義以達其道」。

三、為什麼要隱居?這裡的隱居是指不做官。能做官而不做官是因為什麼?當然只有一個原因,那就是明君不在位,也就是邦無道,既然是邦無道,還做官的話,那必然要助紂為虐。助紂為虐當然不是他的志向(他的志向是澤加於民)。為了不助紂為虐,也就是為了不違背自己的志向,那就只有隱居。

16.12. 齊景公有馬千駟,死之日,民無德而稱焉。伯夷叔齊餓于首陽之下,民到于今稱之。其斯之謂與?

語譯

齊景公擁有四千匹馬,他死的時候,人民不覺得他有什麼恩德好稱讚。伯夷叔齊雖然餓死在首陽山,但是,人民到現在還稱讚他們。這當中是什麼道理呢?

字義

駟,四馬一乘也。——《玉篇》

無德而稱焉:沒有什麼恩德可以稱道;稱,讚譽、讚頌;焉,代詞,指齊景公。

其斯之謂與:即「這當中是什麼道理呢?」或「這種情形該怎麼說呢?」其,指示代詞,指這件事情;斯,是也;之,代詞,相當於「什麼」;謂,做名詞用,指意義、道理;若做動詞,則是評價;與,音義同「歟」,相當於「呢」。

明德說

一、根據《定州漢墓竹簡》,這一章的章首並沒有「誠不以富,亦祇以異」這句話。今從《定州漢墓竹簡》,刪去『誠不以富,亦祇以異』。

二、所謂「其斯之謂與」,即「這種情形該怎麼評價呢?」事實上,這是一個困難的選擇題。人人都想當齊景公,享受富貴尊榮,有的人甚至還想當暴君魔鬼,即使千千萬萬人痛恨他也無所謂,但是,沒有人會感念這樣的人。相反的,沒有人想當伯夷叔齊這種人,偏偏他們得到很多人的尊敬,你要選哪一種呢?

三、本章的「其斯之謂與」與學而篇裡面「詩云:『如切如磋,如琢如磨。』其斯之謂與!」意義不同。前者是一個困難的選擇題,而後者指的是一個相對有把握的答案。

16.13. 陳亢問於伯魚曰:「子亦有異聞乎?」對曰:「未也。嘗獨立,鯉趨而過庭。曰:『學《詩》乎?』對曰:『未也。』『不學《詩》,無以言。』鯉退而學《詩》。他日,又獨立,鯉趨而過

庭。曰：『學禮乎？』對曰：『未也。』『不學禮，無以立！』鯉退而學禮。聞斯二者。」陳亢退而喜曰：「問一得三：聞《詩》，聞禮，又聞君子之遠其子也。」

語譯

　　陳亢問孔聖人的兒子伯魚說：「您從您爸爸那裡聽到的，和我們聽到的有不一樣嗎？」伯魚說：「沒有啊！有一次，我爸爸一個人站在庭院裡，我正要快步走過去時，我爸爸就叫住我，對我說：『你學《詩經》了嗎？』我就回答說：『沒有。』爸爸接著說：『你不學《詩經》，你就不會懂得怎麼說話。』我離開之後就去學習《詩經》。後來有一次，父親又一個人站在庭院裡，我就又快步要經過父親。這時候，爸爸叫住我對我說：『你學禮了嗎』，我回答：『沒有。』爸爸接著說：『你不學禮就沒有辦法生存。』我退下之後就開始學禮。我就聽到這兩件事。」陳亢離開之後很高興的說：「我問一件事，卻得到三個信息：知道《詩》的重要、知道禮的重要，又知道一個君子對他自己的兒子並沒有厚愛。」

字義

　　陳亢（西元前511-430年）：媯姓，字子亢，一字子禽，春秋末年陳國人，陳國君主陳胡公第二十世孫，齊大夫陳子車的弟弟、孔子弟子，小孔子四十歲。亢，讀音剛。

　　伯魚：子姓，孔氏，名鯉，字伯魚，孔聖人唯一的兒子。

　　異聞：聞異的倒裝，即聽到不一樣的。

　　嘗獨立：嘗，曾經；獨，單獨、一個人；立，站。

　　趨：短而多的步子快步走。

　　無以立：立，生存。

　　聞君子之遠其子也：聞，知道；遠其子，沒有厚愛他的兒子。

16.14. 邦君之妻，君稱之曰夫人，夫人自稱曰小童；邦人稱之曰君夫人，稱諸異邦曰寡小君；異邦人稱之亦曰君夫人。

語譯

　　國君的妻子,國君稱她為「夫人」,而夫人在國君面前自稱「小童」。本國人稱她為「君夫人」,本國人在與外國人談到「邦君之妻」的時候,稱她為「寡小君」。而外國人也稱乎她為「君夫人」。

字義

　　稱諸異邦:乃「邦人稱之於異邦」的省略;諸,「之於」的合音是也,
　　異邦:外國。

第十七：陽貨篇

17.1. 陽貨欲見孔子，孔子不見，歸孔子豚。孔子時其亡也而往拜之，遇諸塗。謂孔子曰：「來，予與爾言。」曰：「懷其寶而迷其邦，可謂仁乎？」曰：「不可。」「好從事而亟失時，可謂知乎？」曰：「不可。」「日月逝矣，歲不我與。」孔子曰：「諾，吾將仕矣。」

語譯

　　季氏家臣陽貨想見孔聖人，孔聖人不見。為此，陽貨就送給孔聖人一隻小豬。孔聖人趁著陽貨不在家的時候去拜訪陽貨。偏偏兩人在路上碰上面了。陽貨就對孔聖人說：「來，我跟你說幾句話。」陽貨接著說：「懷裡揣懷著寶貝，卻讓國家處於昏亂，這可以說是仁嗎？」孔聖人回答：「不可以。」陽貨說：「想做大事，卻經常錯失機會，這樣，可以說是有智慧嗎？」孔聖人回答：「不可以。」陽貨接著又說：「日子一天一天過去，時間可不會等我們。」孔子聽完之後就說：「好，我打算當官了。」

字義

　　陽貨，又叫陽虎，是季氏的家臣。一度「陪臣執國命」，控制三桓，掌握魯的實權，囚禁主公季桓子三年，最後造反失敗，逃奔晉國。

　　歸孔子豚：歸，通「饋」，贈送；豚，讀ㄊㄨㄣˊ，小豬、豬。

　　時其亡也：時，通「伺」，讀音「四」，候也、察也。——《字林》；其，代詞，他，指陽貨；亡，讀ㄨˊ，外出、不在家。

　　遇諸塗：孔聖人在路上遇到了陽貨。遇，遇見。諸，之於的合音，之是代名詞，代指陽貨；於是介詞。塗通「途」，道路。

　　予與爾言：我跟你說。予，我也；與，跟也、和也、同也；爾，你也；言：說話。

　　迷：昏亂。

好從事而亟失時：從事，處理事務。亟，讀音器，每每。時，機會。

日月逝矣，歲不我與：日月，時間、時光。逝，消逝、流失、過去。歲不我與，為歲不與我的倒裝，意指歲月不會等待我們。歲，時間。與，等待。我，我們。

諾：答應。

明德說

一、本章的爭議不在文義，而在話是誰說的。楊伯峻、毛子水、錢穆都把「懷其寶而迷其邦，可謂仁乎？曰：不可。好從事而亟失時，可謂知乎？曰：不可。日月逝矣，歲不我與」這一整段話視為是陽貨說的。但我的看法不同。這一整段話是由兩組半的對話所組成的。首先，陽貨問：「懷其寶而迷其邦，可謂仁乎？」孔子就回答「不可」；然後是第二組對話，陽貨接著問「好從事而亟失時，可謂知乎？」孔子就回答「不可」；然後是第三組對話的前半段，陽貨接著就說「日月逝矣，歲不我與」。

二、陽貨說「日月逝矣，歲不我與」這句話的意思是在提醒孔聖人，趕快來我這裡做官，不然，就沒有機會了。

三、「陽貨欲見孔子」，為什麼陽貨要見孔子？無事不登三寶殿，陽貨要邀請孔子去他那裡做官，因為此時的陽貨是魯國的權臣。

四、據《孔子年譜》所載，這件事情發生於孔聖人四十七歲，西元前505年，周敬王十五年，魯定公五年。

問答

問：「陽貨欲見孔子，孔子不見。」這一整段只是在陳述一個故事，還是有什麼深層次的含義呢？

答：有些人不適合見，就像陽貨這樣的小人，見了等於認可他了。這也是為什麼子見南子，子路會激烈反對的原因。

17.2. 子曰：「性相近也，習相遠也。」

語譯

　　孔聖人說：「一般人的本性是很接近的，然而，會因為學習的內容不同而變得差異很大。」

字義

　　性相近也：性，人的本性；相，彼此。
　　習相遠也：習，學習；遠，差距大。

明德說

　　去爭議性善或是性惡是完全沒有意義的，孔聖人這句話才有意義：習相遠也。除了極善和極惡的人之外，絕大部份的人的行善與行惡都取決於他受什麼教育內容以及有什麼信仰。

17.3. 子曰：「唯上知與下愚不移也。」

語譯

　　孔聖人說：「非常非常聰明的人以及非常非常愚笨的人，這兩種人是無法影響他們、無法改變他們的。」

字義

　　唯上知與下愚不移也：唯，發語詞，無義。上知，知之上者，最聰明的人。下愚，愚之下者，最愚笨的人。知，音義同「智」，指的是才智。移，影響、改變。

明德說

　　一、究竟上智與下愚是不肯移還是不可移？王聖人陽明說：「不是不可移，只是不肯移」，但在我看來確實是不可移而非不肯移。為什麼不可移？因為最聰明的善人和最聰明的惡人都是帶有天命的，移不動他們，例如孔聖人，誰能改變他呢？最笨的人也是無法被改變的。

二、《漢書‧古今人表》說：「可與為善，不可與為惡，是謂上智。可與為惡，不可與為善，是謂下愚。」孫星衍《問字堂集》說：「上知謂生而知之者，下愚謂困而不學。」毛子水說：「生而善的『上智』，不為惡習所移而即於惡；生而惡的『下愚』，不為善習所移而即於善」、錢穆說「上知不可使為惡，下愚不可與為善」，上述理解都是對孔聖人的誤解。這裡的上智與下愚完全從智商來講，無關善惡。

問答

問：子曰：唯上知與下愚不移。為什麼只有上等的智者與下等的愚者是改變不了的？那中間的如何改變？

答：(1) 因為業力 (karma) 深重。所謂業力，就是牽引力，是一種無法抗拒的善惡報應之力。這裡的知要解釋成才智，而不解釋成智慧。原因是「智慧」這個詞只有正面意義，但聰明就是一個中性詞，聰明人可做好事，也可為惡；(2) 扣除上智與下愚之後就是中間的，這些人就是用教化與刑罰去影響他們、改變他們。

17.4. 子之武城，聞弦歌之聲，夫子莞爾而笑，曰：「割雞焉用牛刀。」子游對曰：「昔者偃也聞諸夫子曰：『君子學道則愛人，小人學道則易使也。』」子曰：「二三子！偃之言是也，前言戲之耳！」

語譯

孔聖人去了武城，聽到了琴聲、歌詠之聲。孔聖人因而微笑，就對著他的學生子游說：「殺雞何必用到牛刀？」子游回答說：「過去，我聽老師說過：『在上位者學了正確的道理之後就能夠愛護下屬和百姓，而下位者和人民學了正確的道理之後就容易遵守規矩。』」孔聖人聽了子游的回答之後就說：「同學們聽到了，子游說得對，我之前說的，只不過是開玩笑罷了！」

字義

　　子之武城：子，孔聖人。之，去。武城，地名。

　　弦歌之聲：琴聲、歌聲；弦，張於樂器上的絲、線，這裡指弦樂器；歌，詠也。——《說文》

　　夫子莞爾而笑：夫子，學生對老師的稱呼。莞爾，微笑。

　　子游：言偃也，姓言，名偃，字子游。

　　君子學道則愛人，小人學道則易使也：君子，上位者。道，正確的道理。愛，恩惠、仁德。小人，下位者、平民百姓。易使，容易守法、守規矩。使，命令、派遣、服從。

　　二三子：猶言諸位、各位，這裡指孔聖人隨行的弟子們。

　　偃之言是也：是，對的、正確的。

　　前言戲之耳：戲，開玩笑。耳，而已、罷了。

17.5. 公山弗擾以費畔，召，子欲往。子路不悅，曰：「末之也已，何必公山氏之之也。」子曰：「夫召我者，而豈徒哉？如有用我者，吾其為東周乎！」

語譯

　　季桓子的家臣公山弗擾背叛季桓子，佔據費邑，邀請孔聖人前往幫忙。孔聖人打算前往。子路不高興就說：「就不要去了吧！何必去公山氏那裡呢？」孔聖人說：「邀請我去的那個人，難道會不讓我做事嗎？假設重用我，我應該能夠把那個地方建設成周朝初建時的朝氣蓬勃吧！」

字義

　　公山弗擾以費畔：公山弗擾，人名，姓公山，名不狃（也作弗擾、不擾。狃，讀音扭），字子泄，魯國人，與陽虎同時，同是季桓子家臣。季桓子派公山不狃擔任季氏私邑——費邑（費縣）的邑宰。以，仰賴、憑藉；費，音必，魯國大夫季氏的封邑。畔，同叛。

　　末之也已：不要去了吧！末，否定的意思；也，表示疑問，相當于「吧」；

之,去、前往;已,止、棄也。

何必公山氏之之也:為「何必之公山氏也」的倒裝。第一個「之」,幫助倒裝用的結構助詞;第二個「之」,動詞,前往。

而豈徒哉:豈者難道也;徒者空也。

吾其為東周乎:其者將也、期望也。為,建立、建設。東周,並非專有名詞「東周」這個朝代,而是朝氣蓬勃的周朝,相當於西周初期。東,日出的一方,但這裡不做方位名,而做形容詞,形容太陽剛剛升起的樣子,即朝氣蓬勃。按《說文》東者,動也。陽氣動,於時為春;又《白虎通》:「所以名之為東方者,動方也。萬物始動生也。」周,指周朝。

明德說

一、「吾其為東周乎」並非如毛子水所說「我想要把周家的治道在東方復興起來」;也不是如楊伯峻所說:「我將使周文王武王之道在東方復興」;也非如錢穆所說:「我或者能興起一個東周來呀」,而是「我應該能夠把那個地方建設成周朝初建時的朝氣蓬勃吧」。

二、「末之也已」並非如楊伯峻所說「沒有地方去便算了」;也不是錢穆所說「沒有去處了」,而是「不要去了吧」。

17.6. 子張問仁於孔子。孔子曰:「能行五者於天下,為仁矣。」「請問之。」曰:「恭、寬、信、敏、惠。恭則不侮,寬則得眾,信則人任焉,敏則有功,惠則足以使人。」

語譯

子張問孔聖人,怎麼做算是仁?孔聖人說:「一個人能在任何一個地方都做好五件事,那就是仁了。」子張接著問:「請問老師,是哪五件事?」孔聖人回答:「謙遜有禮、待人寬厚、說到做到、勤奮、對人有恩。謙遜有禮就不會遭來侮辱、待人寬厚就可以得到眾人的支持、說到做到就能得到別人的信任、勤奮就能有好成績、對人有恩就能用人。」

字義

天下：任何一個地方。

恭：謙遜有禮。

信則人任焉：信，信用。人，別人、他人；任，相信。

敏則有功：敏，努力、奮勉。功，成績。

惠則足以使人：惠，恩、給予好處。使，用。

明德說

「信則人任焉」並非如楊伯峻所說「誠實就會得到別人的任用」，而是「說到做到就能得到別人的信任」。

17.7. 佛肸召，子欲往。子路曰：「昔者由也聞諸夫子曰：『親於其身為不善者，君子不入也。』佛肸以中牟畔，子之往也，如之何？」子曰：「然，有是言也。不曰堅乎？磨而不磷。不曰白乎？涅而不緇。吾豈匏瓜也哉？焉能繫而不食！」

語譯

晉國中牟邑的邑宰佛肸邀請孔聖人前往幫忙。孔聖人打算前往。子路說：「過去，我聽老師您這麼說過，『對於本身不做善事的人，君子是不會加入他的』。如今，佛肸佔據中牟，背叛主人，而您卻要前往，這是怎麼一回事？」孔聖人回答：「是啊！我是這麼說過。但我不也說過，怎樣才能說是堅硬嗎？再怎麼磨也不受損，這才能叫堅硬啊！我不也說過，怎樣才能說是白？在黑色礬石當中也不會變黑，這才能叫白。我難道是只能觀賞的葫蘆嗎？我怎能只掛著卻不能吃呢？」

字義

佛肸召：佛肸，讀音「必細」，人名，是春秋末年晉國中牟邑的邑宰。召，邀請。

君子不入也：入，參加、加入。

佛肸以中牟畔：以，憑借。中牟，邑名，晉國中牟邑，約在今河北邢台與邯鄲之間。畔，音義同「叛」，背叛也。

有是言也：我說過這樣的話。是，此也。言，話。

磨而不磷：再怎麼磨都不會受損。磷，碎石，這裡比喻為受損。

涅而不緇：涅，讀音鎳，可用作黑色染料的礦物，即礬石。緇，音資，黑色。

吾豈匏瓜也哉？焉能繫而不食：豈，難道。匏瓜，匏讀袍，俗稱「苦葫蘆」，這種葫蘆不好吃，只適合觀賞。焉，怎麼。繫，懸掛。

問答

問：「吾豈匏瓜也哉？焉能繫而不食？」這句話怎麼理解？

答：這句話在說明孔聖人不是中看不中用的傢伙（只能觀賞不能吃的匏瓜），而是有真才實學的。既然有真才實學，只要有合適的舞台，就應該出來做官，造福一方百姓。

17.8. 子曰：「由也，女聞『六言六蔽』矣乎？」對曰：「未也。」「居！吾語女。好仁不好學，其蔽也愚；好知不好學，其蔽也蕩；好信不好學，其蔽也賊；好直不好學，其蔽也絞；好勇不好學，其蔽也亂；好剛不好學，其蔽也狂。」

語譯

孔聖人說：「子路啊！你聽過『六言六蔽』的說法嗎？」子路說：「沒有。」孔聖人接著說：「你坐下來，我告訴你。執取於做好人好事卻不追求明白，就容易受騙上當；喜歡耍聰明卻不追求明白，行為就會放縱；堅持守信卻不追求明白，就會傷害到自己；執取於正直卻不追求明白，就會遭到排擠；執取於勇敢卻不追求明白，就會闖禍；執取於堅強卻不追求明白，就會傲慢自大。」

字義

六言：六個字，本章中指仁、知、信、直、勇、剛六種美德。言，字。

蔽：弊端、缺點、問題。

居：坐下來。

好仁不好學，其蔽也愚：好，愛好、熱衷於、貪於、執取。仁，愛也，猶言做好人好事。愚，笨也，如何體現一個人笨？受騙上當就是最好的體現。好學，追求明白。學，讀音「叫」，明白、領悟、覺悟。

知，音義同「智」，聰明。

蕩：放蕩、行為不加約束。

好信不好學，其蔽也賊：信，信用。賊，殘害、傷害。

好直不好學，其蔽也絞：直，正直；絞，擠壓、扭緊，猶言遭到排擠。

好勇不好學，其蔽也亂：勇，勇氣、膽量。亂，犯上違法，猶言闖禍。

剛：堅強。

明德說

一、這裡明德補充一下第七種美德，形成所謂「七言七蔽」：愛國不好學，其蔽也盲。這裡舉一個例子來說明，光是出於自以為的愛國而不明白事理就會被有心人利用。以2012年「九・一五」反日遊行為例，一位西安人士只不過是開了一部日系的車子，結果就被一位年輕人拿起U型鎖暴打，頭破血流，住院至今，其右半身失去知覺，加害者就是自以為的愛國者。其實，他只是別人的工具。

二、何謂好學？沒有例外，歷來把「好學」理解為「愛好學習」，我認為是一種很空洞無力的說法，也很沒有意義。我認為本章好學的「學」與「吾十有五而志於學」的「學」是同一個概念，也就是明白。這世界上，聰明人很多很多，但明白人那就是鳳毛麟角了。為什麼會出現這種情形？因為追求不同，前者追求知識，並以知識為階，實質是追求名利，而後者追求明白。

三、喜歡學習的人很多，但這些人當中，能明白的人可就少了。因此，我說孔聖人所說的「好學」並非「愛好學習」或「愛好學問」。

四、「尾生之信」實為「好信不好學，其蔽也賊」之最佳例證。《莊子・盜跖》記載：「尾生與女子期於梁下，女子不來，水至不去，抱樑柱而死。」守信，沒有不對。可是，當有些預料不到的情況發生，而且，守信不利於對方

的時候，就不需要堅守。

17.9. 子曰：「小子！何莫學夫《詩》？《詩》可以興，可以觀，可以群，可以怨；邇之事父，遠之事君；多識於鳥獸草木之名。」

語譯

　　孔聖人說：「同學們啊！你們為什麼不好好學學《詩經》呢？《詩經》的內容可以激發我們的想像力，可以欣賞、可以用來結交朋友、可以譏諷。它的用處可大可小，小的可用來侍奉父母，大的可用來服事國君；此外，還可以認識很多鳥、獸、花、草、樹木的名字。」

字義

　　小子：老師對學生的稱呼。
　　興、觀、群、怨：興，起也，意指引發我們的思緒、讓我們想起什麼事情。觀，欣賞。群，聚集，指結交朋友。怨，譏諷。

17.10. 子謂伯魚曰：「女為《周南》、《召南》矣乎？人而不為《周南》、《召南》，其猶正牆面而立也與！」

語譯

　　孔聖人對他的兒子伯魚說：「你讀過《詩經》裡面的《周南》卷、《召南》卷嗎？人要是不讀《周南》卷、《召南》卷，那就好像你的正前方有一堵牆立著〔，讓你前進不得〕！」

字義

　　伯魚：孔聖人唯一的兒子。
　　周南：為周朝時期採集的詩篇，因在周朝王都的南面而得名。《詩經‧周南》卷總計十一篇：關雎、葛覃（覃讀音「談」）、卷耳（卷，讀音「捲」）、

樛木（樛讀音「糾」）、螽斯（螽讀音「終」，古代蝗蟲一類的害蟲總稱）、桃夭（夭讀音「邀」，茂盛意）、兔罝（罝讀「居」，網子）、芣苢（讀音「福以」，古書上指「車前」，多年生草本植物，開淡綠色花，葉和種子可入藥。芣，繁盛也）、漢廣、汝墳、麟之趾。

召南：召南指召公統治的南方地域，召讀「紹」。《詩經・國風・召南》共有十四篇：鵲巢、采蘩、草蟲、采蘋、甘棠、行露、羔羊、殷其雷、摽有梅（摽，讀音ㄅㄧㄠˋ，biào）、小星、江有汜（汜讀「四」）、野有死麕（麕讀「均」）、何彼襛矣、騶虞（騶讀「鄒」；虞讀「魚」，騶虞是傳說中的瑞獸）。

正牆面而立：指不得前進也。正，正面對著。

明德說

一、有人說，「周南、召南都是講夫婦之道的」，這種說法不正確，因為周南和召南總共二十五篇，裡面不是單講夫婦，還講男女關係、愛情、哀怨、祝願、思念、等待、歸心似箭、採摘、生活、嫁娶、也講祭祀、官民關係，種類非常多。

二、為什麼孔聖人說，人要是不讀周南、召南，就好像站在一堵牆面之前，前進不得呢？原因是周南、召南都是講人最純真的感情與希冀，知道了這些之後，才能將心比心，而非像魔君一樣，吞噬人民的生命、尊嚴和靈魂。

17.11. 子曰：「禮云禮云，玉帛云乎哉？樂云樂云！鐘鼓云乎哉？」

語譯

孔聖人說：「當我們說到禮的時候，難道就只送上玉器、絲織品就算是了嗎？當我們說到樂的時候，難道只要有鐘聲、鼓聲就算是了嗎？」

字義

云：說。
玉帛：玉器和絲織品，通常作為禮物之用。

問答

問：孔子的這兩句反問想要表達的意思是什麼？

答：禮和樂，形式固然重要，但更重要的是仁心、真心，不是送禮、有音樂就是禮就是樂了。

17.12. 子曰：「色厲而內荏，譬諸小人，其猶穿窬之盜也與！」

語譯

孔聖人說：「外表裝得很厲害，而內心非常怯弱，若用壞人做比喻，他們就像是壞人當中挖洞通到人家家裡的小偷那一類的吧！」

字義

色厲而內荏：色，樣子、臉色、外表。厲，厲害。荏，讀音「忍」，怯弱。

譬諸小人：好比各類型的道德卑下之人。譬，打比方。諸，之於的合稱。小人，人格卑下之人，可分為很多類型，例如強盜型、小偷型、陰謀理論家型、色鬼型、餓鬼型，不一而足。

其猶穿窬之盜也與：其，代詞，指前面所說的色厲而內荏的人。猶，好像。穿窬，鑿了一個通道。穿，鑿通、鑿破。窬，讀音魚，通道。

17.13. 子曰：「鄉原，德之賊也！」

語譯

孔聖人說：「一鄉裡的人都說好的人，是敗壞道德的人。」

字義

鄉原：好好先生，什麼都好、誰都不得罪。鄉，鄉里的人。原，音義同「愿」（讀音院），善也。

賊：傷害。

明德說

按照孟子的說法，鄉原是：「非之無舉也，刺之無刺也；同乎流俗，合乎污世；居之似忠信，行之似廉潔；眾皆悅之，自以為是；而不可與入堯、舜之道，故曰德之賊也。」簡單的說，鄉原就是八面玲瓏、很會做人的人。

17.14. 子曰：「道聽而塗說，德之棄也！」

語譯

孔聖人說：「從別人那裡聽來什麼，在不經驗證的情況下，又把聽來的說出去，這是不道德的啊！」

字義

道聽而塗說：道，道路也。塗，道路，通「途」。道即塗也。
棄：背離。

明德說

一、凡事必經驗證，否則就是德之棄也，背離了道德，助長了罪惡。
二、人的世界一定會有造謠者，問題是，「道聽而塗說」者都成了造謠者的幫凶，終將害了自己。

17.15. 子曰：「鄙夫可與事君也與哉？其未得之也，患得之；既得之，患失之。苟患失之，無所不至矣！」

語譯

孔聖人說：「可以和卑鄙之人一起服事君主嗎？這種卑鄙之人，在他還沒得勢的時候，就千方百計要得到。一旦得勢之後，就又擔心失勢。一旦擔心起來，那就會無所不用其極了啊！」

字義

鄙夫：卑鄙之人。夫，指人。

可與：可同。「與」，同、和、跟。

其未得之也：之，心中想要的官職。

患得之：想盡辦法要得到；患，串心也，苦於，也就是想盡辦法。

苟患失之：苟，如果；患，擔心憂慮。

無所不至：什麼壞事都做得出來。

明德說

一、患得患失是一句成語，《教育部重編國語辭典修訂本》把它解釋為「形容人的得失心很重，在沒得到以前怕得不到，得到以後又怕失去」。或是「指對於個人的利害得失斤斤計較」。這樣的理解並不準確，嚴格說來，患得患失是指為了達到目的而不擇手段。

二、有些版本刪改原文，把「患得之」改為「患不得之」，達到所謂的「以通文理」。例如《荀子・子道》和東漢王符《潛夫論・愛日篇》等都增加了一個「不」字。但是，這是誤解了孔聖人的原意。孔聖人原文確實是「患得之」，而非「患不得之」。之所以會出現這樣的錯誤，就在於一般人把兩個「患」同做「擔憂害怕」解，而事實上，同一患字卻是兩個不同的意思，前者是想辦法要得到，後者是擔憂。

三、「其未得之也，患得之」讓我想到武則天，先是為了當皇后，把自己的親生女兒殺了；當上皇后之後為了當皇帝，把自己的親生兒子殺了。「患失之，無所不至矣」則讓我想到為了保住權力而發起文化大毀滅，造成中國文化浩劫的那個魔鬼。

問答

問：如果不得已而「與鄙夫共事君」，應該怎麼樣做呢？

答：君子和而不同。

17.16. 子曰：「古者民有三疾，今也或是之亡也。古之狂也肆，今

之狂也蕩；古之矜也廉，今之矜也忿戾；古之愚也直，今之愚也詐而已矣。」

語譯

　　孔聖人說：「古代人有三個優點，這三個優點可能是現代人所沒有的。古代狂妄的人寬厚平和，現代狂妄的人行為不檢點；古代自大的人有節操，現代自大的人卻是蠻橫無理，動輒發怒；古代不諳人情的人很老實；而現代不諳人情的人只會耍詐罷了。」

字義

　　古者民有三疾：民，人也，不是人民，而是就是「人」，上至帝王，下至老百姓。疾，大、強，引申為優點。按《荀子・勸學》：「順風而呼，聲非加疾也，而聞者彰。」

　　今也或是之亡也：此句倒裝，還原後是「今也或是無之也」。或是，或許、也許是。之，代指前面所說到的三疾；亡，音義同「無」，沒有也。

　　古之狂也肆，今之狂也蕩：肆，寬舒，寬厚平和。蕩，行為不檢。

　　古之矜也廉，今之矜也忿戾：矜，自大。廉，節操。忿戾，蠻橫無理，動輒發怒。忿，怒也。戾，兇暴、猛烈。

　　古之愚也直，今之愚也詐而已矣：愚，不諳人情世故。直，老實。詐，欺騙、偽裝。而已，罷了。

明德說

　　一、「古者民有三疾，今也或是之亡也」有成份省略，如果沒有省略，大致是：「古之民者，雖有三病，但有三疾，今之民者只有三病，或無三疾也。」這裡的疾是優點、強項。三病指的是狂、矜、愚。

　　二、毛子水的翻譯：「古代人有三種毛病；現在可能沒有那個樣子的三種毛病了。古代的狂人肆志進取，現在的狂人則放蕩而沒有拘檢；古代自矜的人廉潔自守，現在自矜的人則乖戾而多怒；古代的愚人質直，現在的愚人則只有偽詐！」楊伯峻的翻譯：「古代的人民還有三種〔可貴的〕毛病，現在呢，或許

都沒有了。古代的狂人肆意直言，現在的狂人便放蕩無羈了；古代自己矜持的人還有些不能觸犯的地方，現在自己矜持的人卻只是一味老羞成怒，無理取鬧罷了；古代的愚人還直率，現在的愚人卻只是欺詐耍手段罷了。」錢穆的翻譯：「古人常見有三種病，現在或許連這些病也不見了。古代狂者常易肆志不拘，現代的狂者則是蕩無所據了。古代矜者常易廉隅陗厲，現代的矜者則成忿戾好爭了。古代愚者常易徑情直行，現代的愚者則成變詐百出了。」

問答

問：老師對於「厚古薄今」這種行為怎麼看？

答：我不認為孔聖人厚古薄今，我認為厚古薄今只是孔聖人的一種教育方式：鼓勵和榜樣，藉由厚古薄今，今人也可以具有肆、廉、直的美德。換言之，古時候的人是否真的如此，這不重要。

17.17. 子曰：「巧言令色，鮮矣仁。」

語譯

孔聖人說：「話說得很動聽，臉色裝得很和善，這種人基本上沒什麼愛心。」

字義

巧言令色：即言巧色令的倒裝。巧，動聽。令，美好。

鮮矣仁：也是倒裝句，即仁鮮矣，愛心很少、基本上沒有愛心。

問答

問：或曰：「雍也仁而不佞。」子曰：「焉用佞？禦人以口給，屢憎於人，不知其仁。焉用佞？」這句孔子說何必要能言善辯，與人論辯常招人討厭，我想知道在孔子的思想中，能言真的很被看低嗎？

答：相比而言，能言沒有誠實重要。雖然誠實不是目的，但誠實是進德的必要手段，沒有誠實，就不可能有德行。而德行才是孔聖人所念茲在茲的追求。

所以孔聖人說「吾未見好德如好色者也」，就是在感嘆，大家都追求外在的東西，包括能言、會說話，能說的天花亂墜，就以為是多了不起的事情，而事實上，越會說話（通常是由謊言所編織而成），就越可能把我們帶入罪惡的深淵。附帶一提，一個人在道德上有成就，自然就能言，而不是單獨去追求能言，在能言上下功夫。

17.18. 子曰：「惡紫之奪朱也；惡鄭聲之亂雅樂也；惡利口之覆邦家者。」

語譯

　　孔聖人說：「厭惡紫色壓過紅色，厭惡鄭國音樂敗壞了正樂，厭惡那些能言善道而把國家給毀滅了的人。」

字義

　　奪：壓過、勝過。
　　惡鄭聲之亂雅樂也：鄭聲，鄭國音樂，有容易讓人上癮的能力。亂，敗壞、破壞。雅樂，典雅純正的音樂。雅，正也。
　　惡利口之覆邦家者：利口，能說善道。覆，覆滅、敗、滅。

17.19. 子曰：「予欲無言。」子貢曰：「子如不言，則小子何述焉？」子曰：「天何言哉？四時行焉，百物生焉，天何言哉？」

語譯

　　孔聖人說：「我不想說話了！」子貢就說：「您要是不說話，那我們做學生的怎麼遵循呢？」孔聖人就說：「老天有說話嗎？〔老天沒說話，〕四季照常運行，萬物照樣生長，老天哪裡說話了！」

字義

　　予欲無言：予，我。言，說。

則小子何述焉：小子，指學生。述，遵循。按：「述，循也。」——《說文》

四時行焉：四時，春夏秋冬四季。行，運行。

17.20. 孺悲欲見孔子，孔子辭以疾。將命者出戶，取瑟而歌，使之聞之。

語譯

孺悲想見孔聖人就派人前往孔家約時間，但孔聖人以有病為由不見。當幫孺悲帶話的人就要踏出孔家大門的時候，孔聖人反而撥起瑟弦，唱起歌來，目的是要將命者聽到。

字義

孺悲：人名，當是魯哀公之臣；按《禮記・雜記》：「恤由之喪，哀公使孺悲之孔子學士喪禮，《士喪禮》於是乎書。」其人在魯哀公時。

辭以疾：即「以疾辭」的倒裝，以生病為由而拒絕接見。辭，推辭。疾，生病。

將命者出戶：將命者，傳達指示的人，這裡是指孺悲派到孔聖人家中安排見面事宜的人。將，持、拿。命，上級對下級的指示。戶，門。

瑟：一種撥弦樂器。

使之聞之：第一個「之」指將命者。第二個「之」指瑟音與歌聲。

明德說

一、先來看一看各家的翻譯和註釋：(1) 楊伯峻：「孺悲來，要會晤孔子，孔子託言有病，拒絕接待。傳命的人剛出房門，孔子便把瑟拿下來彈，並且唱著歌，故意使孺悲聽到。」(2) 錢穆：「孺悲要求見孔子，孔子不肯見，推辭有病。傳命者走出戶，孔子即取瑟彈之，又自和而歌，使將命者聽到，知道孔子沒有病。」(3) 毛子水：「孺悲想見孔子；孔子以疾病的理由不見他。傳話的人走出房門，孔子就拿了瑟來彈並且歌唱，故意讓他聽到。」(4) 鄭注：「『將命，

傳辭者。」此指主人之介，傳主人辭者也。戶，室戶也。」(5) 朱熹《集注》：「當是時必有以得罪者。故辭以疾，而又使知其非疾，以警教之也。」(6) 程子曰：「此孟子所謂不屑之教誨，所以深教之也。」

二、從上述可知，渠等都認為：(1) 孺悲親自到了孔家；(2) 將命者將的是孔子的命（命令），也就是傳的是孔子的話，換言之，將命者是孔家人；(3)「將命者出戶」的「戶」是房門。但很不幸的，他們理解都錯誤了。首先，孺悲並沒有親自到孔家，到孔家的是孺悲派去的人，因此，將命者將的是孺悲的命，而非孔聖人的命；其次，「戶」不是孔子當時所在房間的那個房門，而是孔家的大門。此外，孔子對孺悲的做法可以算是程子所說的「不屑之教」嗎？不可以。原因是孔子並沒有對孺悲不屑，也沒有不教孺悲，只是對孺悲做了個提醒的動作而已。

問答

問：孺悲欲見孔子，孔子辭以疾。將命者出戶，取瑟而作，使之聞之。孔子為什麼這麼做？

答：唯一的可能就是孺悲在某一個具體的禮節上出了問題，而孔聖人藉此提醒孺悲。相信將命者把這情形回報孺悲之後，孺悲自然知道問題在哪裡，下一次再派人去的時候，就能約好見面時間了。

17.21. 宰我問：「三年之喪，期已久矣！君子三年不為禮，禮必壞；三年不為樂，樂必崩。舊穀既沒，新穀既升，鑽燧改火，期可已矣。」子曰：「食夫稻，衣夫錦，於女安乎？」曰：「安！」「女安，則為之！夫君子之居喪，食旨不甘，聞樂不樂，居處不安，故不為也。今女安，則為之！」宰我出。子曰：「予之不仁也！子生三年，然後免於父母之懷。夫三年之喪，天下之通喪也。予也，有三年之愛於其父母乎？」

語譯

宰我問老師：「三年的喪期，這樣的時間太久了。君子三年不行禮，禮一

定毀壞；三年不奏樂，樂一定荒廢。舊的穀吃完了，新的穀也收成了。取火用的木材已經過了一個輪迴。因此，守喪滿一年就夠了。」孔聖人聽完之後就說：「你守喪一年之後就吃白米飯，穿錦衣，你能心安嗎？」宰我回答：「心安！」孔聖人聽完之後〔，火氣就上來了〕，就說：「你能心安，你就這麼去做。一個君子在守喪期間，即使吃到美食也不會覺得香甜，即使聽到好聽的音樂也不會快樂，即使住在自己家裡也不覺得舒適，因此，才不這麼做。現在，既然你能安心，那麼，你就去做吧！」宰我離開之後，孔聖人就說：「宰我沒有良心啊！孩子生下來三年之後，才能離開父母的懷抱。三年的守喪，是全天下都通用的做法。宰我，他對父母親的愛能有三年之久嗎？」

字義

期已久矣：期，讀音「其」，指時、日、一段時間。已，太、過。

舊穀既沒，新穀既升：舊的稻穀已經吃光了，新的稻穀已經出來了。

鑽燧：鑽，以鑽子之類的器具在物體旋轉穿洞。燧，取火的木材。

改火：又稱改木、更火。古代為了取火，所鑽之木，會根據四季改變，春取榆柳之火，夏取棗杏之火，秋取柞楢之火，冬取槐檀之火。因為古人認為，只有根據木的顏色，與四時相配，才能得火，反之則不能得火。也就是說，每逢換季之時，就要改新火。改火一年一輪迴。因此，火猶言年、歲。

期可已矣：期，讀音「基」，一週年。已，停止。

食旨不甘：旨，美食。

居處不安：居，住；處，讀音「觸」，居室，居住的房屋，也就是自己的家；安，舒適。

予之不仁也：予，宰我的名。不仁，猶言沒有良心。

於其父母：對於他的父母。其，代詞，他，指宰我。

通喪：上下通行的喪禮。

明德說

一、到了今天，三年之喪是否已經過時了呢？我的回答是，沒有過時，只不過形式要有所改變，也就是依然做原本該做的工作，該上班上班、該休息休

息，只不過，在父母過世三年之內，要每天給父母上香，要食旨不甘、聞樂不樂、居處不安，以盡孝道。

　　二、關於「居處不安」。按古代喪禮，居父母喪的禮節是「居倚廬，寢苫枕塊」。所謂「倚廬」是守喪者所住的草房。這種草房蓋在中門之外的東牆下，向北開門，門上沒有橫梁和柱子，只是以草為屏障，不加泥塗。按《禮記‧喪大記》：「父母之喪，居倚廬，不塗。」所謂「寢苫枕塊」是睡在草荐上，頭枕著土塊。換言之，居父母喪不是住在原來的房子裡，而是住在用木料草料臨時搭建而成的凶廬裡。因此，「居處不安」的「居處」並非如楊伯峻所說是「指平日的居住生活而言」，也非如錢穆所說「在日常宮室中起居」，而是住在自己家裡。住在凶廬當然不會舒適，而住在自己家裡，當然就舒適多了，這是一個對比。

17.22. 子曰：「飽食終日，無所用心，難矣哉！不有博弈者乎？為之，猶賢乎已！」

語譯

　　孔聖人說：「整天吃飽飽，什麼心思都不動，這種人是難以養成君子的。不是有玩六博、圍棋的嗎？就算玩六博、下圍棋也比什麼心思都不動還強！」

字義

　　終日：一整天。

　　無所用心：沒有一個地方是用心的，就是渾渾噩噩。所，地方。

　　難：難以教化。為什麼難以教化？一點心思都不用，還能教化嗎？

　　不有博弈者乎：博，《說文》作簙，局戲也，六箸十二棋也，也稱六博、陸博、六簿。弈，下圍棋。

　　猶賢乎已：賢，勝，更好。已，代名詞，此，代指「飽食終日、無所用心」這件事。

問答

問：孔子為什麼說「整天吃飽了飯，什麼心思也不用」是很難的？

答：「整天吃飽了飯，什麼心思也不用」，這當然不難，難的是教化成君子。「難矣哉」是省略，不省略的話，應該是「養成君子，難矣」。

17.23. 子路曰：「君子尚勇乎？」子曰：「君子義以為上。君子有勇而無義為亂，小人有勇而無義為盜。」

語譯

子路請問老師：對一個統治者或是上級來說，膽量這種品質重要嗎？孔聖人說：「對統治者而言，最重要的是行正道。統治者有膽量卻不行正道，那他就會禍害人民；人民或是下級只有膽量但不行正道，那麼，他們就會盜搶別人的東西。」

字義

尚：崇尚、重視。

小人：下級、平民百姓。

君子有勇而無義為亂：君子，統治者、上位者。勇，敢做。義，正道、正理。為，則也、就也。亂，破壞，猶言禍害百姓。

17.24. 子貢曰：「君子亦有惡乎？」子曰：「有惡，惡稱人之惡者，惡居下流而訕上者，惡勇而無禮者，惡果敢而窒者。」曰：「賜也亦有惡乎？」「惡徼以為知者，惡不孫以為勇者，惡訐以為直者。」

語譯

子貢說：「君子也有厭惡的事情嗎？」孔聖人回答：「有厭惡的事情。厭惡說別人壞話的人；厭惡嘲諷上級的人；厭惡勇猛卻無禮的人；厭惡勇敢果決卻不通事理的人。」孔聖人問子貢：「賜啊，你也有厭惡的事嗎？」子貢回答：

「厭惡把偷竊別人的成果用以證明自己是很聰明的人。厭惡把傲慢無禮當成自己是很勇敢的人。厭惡把揭發別人隱私當成自己是很正直的人。」

字義

惡居下流而訕上者：惡，讀音物，厭惡也。居，處於、位居。下流，下屬。訕，讀音「善」，毀謗、嘲諷也；上，自己的上級。

惡果敢而窒者：果敢，勇敢果決。窒者不通，不通事理。

惡徼以為知者：徼，讀音「交」，徼者抄襲、竊取也；知，因義同「智」，聰明也。

不孫：不遜也，即傲慢無理。孫，音義同「遜」，謙遜。

惡訐以為直者：訐，讀音「結」，揭發、攻擊別人的隱私、缺點；直，正直、誠實。

17.25. 子曰：「唯女子與小人為難養也！近之則不孫，遠之則怨。」

語譯

孔聖人說：「軟弱的人和卑鄙的人是難以培養成君子的。如果太親近他們，他們就會不知分寸；若是不親近他們，他們又會抱怨懷恨。」

字義

唯者：用於句首，發語詞，無實義。

女子：軟弱、意志不堅的人，猶如今人說的「爛泥扶不上牆」。女，這裡是形容詞，無關性別，意指柔弱、脆弱、軟弱也。我做此解的根據是《詩經・豳風・七月》：「猗彼女桑。」這裡的女就是嫩。子，人的通稱。我的根據是《詩・邶風・匏有苦葉》：「招招舟子，人涉卬否？」

小人：卑鄙無恥之人。

難養：難者困難、不容易也；養者教育、訓練也。

近之則不孫：近者親近；則，便、就會。孫，退讓也。

遠之則怨：遠者不親近。怨者抱怨、怨恨也。

明德說

一、要解孔聖人這句話，要從後面看前面。重點是難養，養什麼？養大人之志、養浩然正氣。因此，女子這裡只能是指個性軟弱、耳根子軟的人，不管是男人還是女人，無關性別，也無關年紀。孔聖人對人性是很清楚的，一個軟弱的人是經不起在成仁之路上的種種考驗的。

二、那麼，孔聖人對於女性的立場如何？太讓人驚嘆了，他是這個地球上最早主張兩性平等的人，他甚至主張妻子是一家之主。我說這話有根據的，請看《孔子家語・大婚解第四》：「孔子遂言曰：『昔三代明王，必敬妻子也，蓋有道焉。妻也者，親之主也；子也者，親之後也，敢不敬與？是故君子無不敬。』」我贊成孔子的主張。

三、至於小人是什麼意思？這裡指的是相對於大人的概念。何謂大人？有節操、有仁心的人，才能稱為大人，而非居高位的人。所謂小人就是自私自利、傷天害理、爭權奪利的人，即使他們是王侯、將相，只要有這些行為，都是小人。小人必然作惡多端，為了控制別人，圖自己暢快，甚至連親人、國家、人民、民族都可以出賣，這類人，當然也是難以教化成君子的。因此，小人之道與大人之道是兩條恰好相反的路。既然是小人，對他們親近，他們當然會得寸進尺；要是疏遠他們，他們當然懷恨在心，伺機報復。

四、「遠」可以理解為疏遠，但理解為不親近則更為準確。我把人與人的關係根據親密度打分數，不共戴天的仇人是零分，熱戀中的男女是一百分。那麼，在本章中，「近」的話，大概在七十五分以上，「疏遠」大概只有二十分。可是當我們把「遠」理解為不親近的時候，那麼，沒有達到七十五分就已經算是遠了，就能激起怨恨，而不需要等到兩者的關係降到二十分那樣低才會激起他們的怨恨。

五、要養成君子或大人的兩個前提，一是要有堅毅的性格，二是有仁心。

六、毛子水的翻譯：「只有女子和小人是最難以相處的：接近他們，他們就對你不恭；疏遠他們，他們就會恨你。」毛老師進而解釋：「本章的女子、小人，當是專指婢妾僕隸等講的。」楊伯峻的翻譯：「只有女子和小人是難得同他們共處的，親近了，他會無禮，疏遠了，他會怨恨。」錢穆的翻譯則是：「只有家裡的妾侍和僕人最難養。你若和他們近了，他將不知有遜讓。你若和

他們遠了,他便會怨恨你。」

17.26. 子曰:「年四十而見惡焉,其終也已!」

語譯

　　孔聖人說:「一個人活到了四十歲,還被人家討厭,那麼,他的一生也就算完了。」

字義

　　而者猶也、還也。
　　見惡:被人厭惡。見,用在動詞前,表示被動。惡,讀音「物」,討厭。
　　其終也已:終者結局、完了也。已,止。

明德說

　　在孔聖人看來,一個人到了四十歲的時候,應該各方面都已經成熟,至少做人做事應該都很圓融,不會讓人討厭了。

第十八：微子篇

18.1. 微子去之，箕子為之奴，比干諫而死。孔子曰：「殷有三仁焉。」

語譯

微子離開商紂王，箕子被商紂王貶為奴僕，比干因勸諫商紂王而死。孔聖人說：「殷朝有三個仁人。」

字義

微子：子姓，宋氏，名啟，後世稱微子、微子啟、宋微子。微子是商王帝乙的長子、商紂王帝辛的長兄。

去之：去，離開；之，代詞，指商紂王。

箕子：名胥餘，是商王文丁的兒子，商王帝乙的弟弟，商王紂的叔父，官太師，封於箕。箕，讀音「基」。

奴：本指獲罪入官服雜役的人，後泛指奴僕。《說文》奴婢，古之罪人。《周禮》男子入於罪隸，女子入於舂藁。凡有爵者，與七十者，未齔者，皆不為奴。

比干：子姓，比氏，名干，商王文丁的次子，帝乙的弟弟，紂王的叔叔。二十歲就以太師高位輔佐商王帝乙，受託孤之重輔佐商紂王，敢於直諫，有「亙古忠臣」之美名。

明德說

一、按朱注引馬融說：「微、箕，二國名。子，爵也。」但宦懋庸《論語稽》則謂：「微、箕非國，皆殷圻內之地（京城四周千里之地）……蓋以食邑之地稱之者也。子，非爵，乃男子之美稱。」我贊成宦懋庸對微子、箕子的解釋。

二、奴僕與奴隸並不同，不可混淆。對於這兩者的區別，我們從英文來看

最清楚，前者是 Servant，後者是 Slave。公務員在英文裡面是 civil servant，我們能夠說公務員是人民的奴隸嗎？不可，但勉強可以說是人民的公僕。嚴格說來，公務員不是人民的公僕，而是人民的管家。

18.2. 柳下惠為士師，三黜。人曰：「子未可以去乎？」曰：「直道而事人，焉往而不三黜？枉道而事人，何必去父母之邦？」

語譯

　　柳下惠作為首席參謀，多次被罷免。有人就對他說：「您不可以離開魯國到別的國家發展嗎？」柳下惠就說：「依正道做官，不管去哪裡，能夠不被多次罷免嗎？要是不想依正道做官，那還需要離開祖國嗎？」

字義

　　柳下惠（西元前 720-621 年）：姬姓，展氏，名獲，表字禽，一字季，魯國人，魯孝公之子公子展的後代。「柳下」是他的食邑（封地），「惠」則是他的諡號，所以後人稱他「柳下惠」。因他又字「季」，所以有時也稱「柳下季」。

　　士師：參謀長、首席顧問。

　　子未可以去乎：子，您，古時對人的尊稱；未：不；去，離開，這裡指離開魯國，到別的國家去。

　　直道而事人：直道，正道；事，服事；人，指君主。

　　焉往而不三黜：焉，代詞，意指哪裡；往，去。三黜，多次被罷免。三，多也，不一定就是三次。黜，讀音「觸」，罷免。

　　枉：不正，不依正道。

　　父母之邦：祖國，即魯國。

明德說

　　一、所有的註家都把士師解釋成獄官，不妥，例如錢穆說是「典獄官」；毛子水說是「主治訟獄的官」；楊伯峻說是「法官」。我認為，此士師非《禮

記》中的士師，不是一個官銜，就像《老子》裡面的上將軍，取其字面意義，在眾將軍之上，是統帥，而非官銜，在這裡也是同一個道理，是參謀長，是君主身邊的首席顧問，是個大官，也不是管司法的，而是針對國家大政給君主提建議的。蓋柳下惠是魯孝公之子公子展的後代，加上他的能力，自然不會是小官了。再舉一個例子，孔聖人說：「如有用我者，吾其為東周乎」，這裡的東周也不是周平王東遷之後的的東周，而是指西周初年的那個禮樂興盛的年代。

二、柳下惠的意思是：只要依正道做官，不管去哪個國家，都會遭到一再免職的命運，既然如此，何必還要到別的國家！但，我不同意柳下惠的說法，我認為，「良禽擇木而棲，賢臣擇主而事」，一定有好的君主，不出去試看看，怎能知道。

18.3. 齊景公待孔子，曰：「若季氏則吾不能，以季、孟之間待之。」曰：「吾老矣，不能用也。」孔子行。

語譯

　　齊景公談到給孔聖人的待遇時說：「假設要我給你在齊國相當於季氏在魯國的地位，那我是做不到的，但是我可以給你在季氏和孟氏兩者之間的地位。」齊景公說：「我老了，不能用你了。」於是，孔聖人就離開齊國了。

字義

　　待：待遇，指物質上的報酬或政治上所給予的權利、地位。
　　行：走、離開。

明德說

　　根據《孔子年譜》，本章的這段對話發生於孔聖人三十七歲時，也就是西元前515年，周敬王五年，魯昭公二十七年。

18.4. 齊人歸女樂，季桓子受之，三日不朝。孔子行。

語譯

齊國國君送給魯國一批歌妓舞女，掌魯國實權的季桓子接受了，而且連續三天不上朝理事。孔聖人就離開了魯國。

字義

齊人歸女樂：齊人，字面上是齊國人，而實指齊君、齊景公。歸，音義同「饋」，贈送；女樂，善於歌舞的美女。

季桓子：即季孫斯，為魯定公五年至魯哀公三年時的執政上卿。季桓子之子為季康子季孫肥。

明德說

讀者要是有心的話，讀到本章一定會很納悶，齊君為什麼要送給魯國一批歌妓舞女？與孔聖人有關係嗎？原因就是齊國擔心要是孔聖人在魯國被重用的話，齊國將受到魯國的威脅，於是使出乳頭樂（tittytainment，亦稱娛樂至死）戰略。我說這話是有根據的。案《史記·孔子世家》：「定公十四年，孔子年五十六，由大司寇行攝相事。於是誅魯大夫亂政者少正卯。與聞國政三月，粥羔豚者弗飾賈；男女行者別於塗；塗不拾遺；四方之客至乎邑者，不求有司，皆予之以歸。齊人聞之而懼，曰：『孔子為政必霸，霸則吾地近焉，我之為先並矣。盍致地？』犁鉏曰：『請先嘗沮之，沮之而不可則致地，庸遲乎？』於是選齊國中女子好者八十人，皆衣文衣而舞《康樂》，文馬三十駟，遺魯君。陳女樂文馬于魯城南高門外。季桓子微服往觀再三，將受，乃語魯君為周道遊，往觀終日，怠於政事。」齊國的美人計行之有效，孔聖人見魯君、季桓子沈迷於聲色，勢不可挽回，只好離開魯國，去了衛國。

18.5. 楚狂接輿，歌而過孔子，曰：「鳳兮！鳳兮！何德之衰？往者不可諫，來者猶可追。已而！已而！今之從政者殆而！」孔子下，欲與之言。趨而辟之，不得與之言。

語譯

　　楚國有一個名叫接輿的隱士，在經過孔聖人住處的時候唱起歌來，歌詞是：「鳳鳥啊！鳳鳥啊！現在的政治太腐敗了！過去的事情已經無法改正了，未來的事情還能夠補救。算了吧！算了吧！現在從政的人太危險了。」孔聖人從屋裡走出來，想要跟他說話。但是，接輿趕緊避開了，孔聖人沒能跟他說上話。

字義

　　楚狂接輿：接輿，人名，楚國人。狂，不受拘束，猶言隱士。

　　鳳：中國古代傳說中的神鳥也。常用來象徵祥瑞。雄的叫鳳，雌的叫凰。

　　何德之衰：為「德何衰」的倒裝，意謂政治非常的腐敗。德，道德，指政治道德。衰，衰敗。何，副詞，多麼的、非常的。

　　往者不可諫，來者猶可追：諫，正也、改正。追，補救。

　　已而：算了吧！已，止也。而，語助詞。

　　殆：危險。

　　孔子下：下，下堂出門。

　　趨而辟之：「趨」，快步走、趕著向前走；辟，音義同「避」，避開。

　　不得與之言：得，能夠。

18.6. 長沮、桀溺耦而耕。孔子過之，使子路問津焉。長沮曰：「夫執輿者為誰？」子路曰：「為孔丘。」曰：「是魯孔丘與？」曰：「是也。」曰：「是知津矣！」問於桀溺，桀溺曰：「子為誰？」曰：「為仲由。」曰：「是魯孔丘之徒與？」對曰：「然。」曰：「滔滔者，天下皆是也，而誰以易之？且而與其從辟人之士也，豈若從辟世之士哉？」耰而不輟。子路行以告，夫子憮然曰：「鳥獸不可與同群！吾非斯人之徒與而誰與？天下有道，丘不與易也。」

語譯

　　長沮和桀溺兩人並耕。這時，孔聖人經過他們，就讓子路去問他們渡口在

哪裡。長沮就說：「是誰的馬車啊？」子路就回答：「是孔丘的。」對方就說：「是魯國的孔丘嗎？」子路就回答說：「是啊！」對方接著說：「〔既然是孔丘，那〕他一定知道渡口啊！」〔由於長沮沒有回答，〕子路就問桀溺渡口在哪裡。桀溺就反問，「那你是誰呢？」子路就回答：「我是子路。」桀溺就說：「那你是魯國孔丘的弟子囉？」子路回答：「是的！」桀溺就說：「現在全天下的局勢都很混亂，但是，誰能改變得了這種情形呢？況且，你與其跟隨一個追求仁愛的人，不如跟隨一個以生命為重的人，這不更好嗎？」說完之後就繼續平整田地。子路走回來，把他們之間的對話一五一十的告訴了孔聖人。孔聖人聽完之後，心情不是很好，就說：「鳥類和野獸是無法相伴為伍的。如果我不是他們那一類人，還會有誰是和他們同一類的呢？假設天下太平，我也不會參與這項改變政治局勢的事業啊！」

字義

　　長沮、桀溺耦而耕：長沮、桀溺，兩位隱士，真實姓名、事蹟不詳。耦，讀音「偶」，古代的一種農具。按《說文解字‧耒部》：「耦，耕廣五寸為伐，二伐為耦。」耦，這裡做動詞，指耦耕、兩人並耕。

　　問津：詢問渡口在哪裡。津，渡口。

　　執輿者為誰：那輛馬車是誰的？執輿者，馬車的所有人。執，掌握。輿，馬車。

　　是知津矣：他知道渡口在哪裡啊！是，指示代名詞，此也，指孔聖人。

　　且而與其從辟人之士也：且，文言發語詞，用在句首，與「夫」相似。而，你。辟人就是推崇仁愛。辟，讀「必」，法也，效法、推崇的意思。人，同「仁」，指仁愛。

　　豈若從辟世之士哉：豈若，猶言何如、不如。從，跟隨。辟世，推崇生命也，即把生命看得比仁義、名利等還重要。世，同「生」，生命也，按「亦如人自世至老，貌色智態，亡日不異；皮膚爪髮，隨世隨落」，出自《列子‧天瑞篇》。

　　滔滔者，天下皆是也：即「天下皆是滔滔者也」的倒裝。天下，到處。滔滔，形容局勢混亂。

而誰以易之：然而，誰能改變這種局勢呢？而，然而。以，可以、能夠。按《詩經・齊風・猗嗟》：「四矢反兮，以禦亂兮。」易，改變。之，代名詞，代指前面所說的「滔滔者天下皆是也」。

耰而不輟：繼續平整田地。耰，讀「優」，通「櫌」，用來平整田土或擊碎土塊的農具，此處名詞做動詞用，指拿著耰平整田地。輟，讀音「綽」，中途停止。

憮然：悲愁、失意。憮，讀音「五」。

同群：共處、為伍、做同伴。

吾非斯人之徒與而誰與：斯，此也。斯人，指長沮、桀溺。徒，同一類或同一派別的人。與，音義同「歟」。

丘不與易也：與易，參與改變，使從壞的變成好的。與，讀音「欲」，參與。易，改變。

問答

問一：為什麼長沮認為孔聖人是「知津矣」呢？

答一：孔子周遊列國已有多年，在國際上有一定的知名度，長沮、桀溺也聽過孔聖人的名字。孔聖人到處教導別人該怎麼做怎麼做，這不就說明了這個人什麼都懂，既然什麼都懂，怎麼可能不知道渡口在哪裡！

問二：「滔滔者天下皆是也，而誰以易之？且而與其從辟人之士也，豈若從辟世之士哉？……天下有道，丘不與易也。」這和孔子的無道則隱是否矛盾？

答二：你之所以會提出這個問題，在於你誤解了「無道則隱」的「隱」字的意思。你把「隱」當成隱居了，但「隱」並非「隱居」，而是不做官。換言之，君主無道之下，知識份子不能出來做官，但應該出來扭轉這個局面，也就是孔聖人所說所做的「與易」，希望藉由一己的「與易」，使天下回到有道，這就是儒家的「道」，即信仰儒家的知識份子該做的事情，我稱之為道。

明德說

一、本章最難理解的，恐怕就是「鳥獸不可與同群！吾非斯人之徒與而誰與」這句話究竟是什麼意思。這句話在說孔聖人與長沮、桀溺兩類人當中的同

與不同。同的地方在於：他們都是希望過簡單、清閒生活，都不是貪圖富貴的人，是所謂「吾非斯人之徒與而誰與」；而不同的地方在於：孔聖人以天下為己任（辟仁之士），東奔西跑是不得已的，而長沮、桀溺（辟世之士）不想淌這一混水，因此是「鳥獸不可與同群」。

二、「鳥獸不可與同群」並非如毛子水所說「我們不能和鳥獸在一起生活」，也不是如楊伯峻所說是「我們既然不可以同飛禽走獸合群共處」，而是「鳥類和野獸是無法相伴為伍的」。

三、「吾非斯人之徒與而誰與」，並非如毛子水所說「我們不和人類在一起、更和什麼在一起呢！」也不是如楊伯峻所說「若不同人群打交道，又同什麼去打交道呢？」也不是如錢穆所說「我不和那天下人同羣，又和誰同羣呢？」而是「如果我不是長沮、桀溺那一類人，還有誰是和他們同一類的呢？」

四、「誰以易之」並非如毛子水所說「有哪個會來變易它呢？」，也非如楊伯峻所說「你們同誰去改革它呢？」也非如錢穆所說「和誰來變更它呀」，而是「有誰能夠改變這種情形呢？」這句話的關鍵是「以」字，「以」不是楊伯峻所說是「與」，也不是毛子水所說是「為」，而是「能夠」、「可以」。

五、「辟人」、「辟世」並非如毛子水所說是「逃避壞人」、「逃避亂世」；也非如楊伯峻所說是「逃避壞人」、「逃避整個社會」，也不是如錢穆所說是「避人」、「避世」，而是「推崇仁愛」、「推崇生命」。

18.7. 子路從而後，遇丈人，以杖荷蓧。子路問曰：「子見夫子乎？」丈人曰：「四體不勤，五穀不分，孰為夫子？」植其杖而芸。子路拱而立。止子路宿，殺雞為黍而食之，見其二子焉。明日，子路行以告。子曰：「隱者也。」使子路反見之。至則行矣。子路曰：「不仕無義。長幼之節，不可廢也；君臣之義，如之何其廢之？欲潔其身而亂大倫，君子之仕也，行其義也。道之不行，已知之矣。」

語譯

　　子路跟隨著老師，但是，沒跟上。路上遇上一位老人家，這位老人擔著一

根棍棒，棍棒上掛著除草的農具。子路就問他：「您看到過我的老師了嗎？」這位老人就說：「四肢不勤於勞動，五穀也分不清楚，誰是你的老師啊？」說完之後，這位老人把棍棒樹立起來，接著繼續除草。子路聽完之後，拱著手，站在一旁。這位老人讓子路在自己家裡過夜，並殺雞、煮黍米飯招待子路，還讓他的兩個孩子出來見子路。隔天，子路告別了他們，並把這件事情告訴了孔聖人。孔聖人聽完之後說：「這位老者是位隱士啊！」於是讓子路回頭去找他。當子路到達老者家中的時候，老者已經出門了。這時候，子路留下了一句話請老者的孩子代為轉達：「不在沒有道義的君主之下做官。長幼之間有他們各自該遵守的規矩，這些規矩是不能免除的；君臣之間也是有他們各自該遵守的規矩，怎麼可以廢棄不顧呢？想要潔身自愛，並且理順重大的倫常關係，這是一個有操守的君子之所以願意出來做官的原因啊！〔就是為了造福百姓才出來做官。〕如果在位子上卻無法實施正道，那就要知道該辭官了！」

字義

從而後：從，跟隨。而，轉折語氣，但是。後，落後，指沒跟上孔聖人。

丈：對老年男子的尊稱。

以杖荷蓧：以，用也。杖，棍棒。荷，讀音「賀」，擔也。蓧，讀音「掉」，除草用的竹編農具。

植其杖而芸：植，樹立。芸，古同「耘」，除草。

拱：抱拳，斂手。兩手在胸前相合，表示恭敬。

止子路宿：止，使…留下。宿，過夜。

黍：禾屬而黏者也。——《說文》。按，今北方謂之黃米。

不仕無義：不在沒有道義的統治者之下做官。無義是無義之君之簡寫。仕，做官。

長幼之節：節，止也，規矩也。

欲潔其身而亂大倫：而，而且。亂，治也，《玉篇》理也，《書·皋陶謨》亂而敬。大倫，重大的倫常關係，即君臣、父子關係是也。大，重要、重大。倫者常也。

行其義也：做他該做的事情，這裡是指為官造福百姓。

道之不行：即「之道不行」的倒裝，即如果在位子上無法造福百姓。之，如果，按《論語‧子張》：「我之大賢與，於人何所不容？我之不賢與，人將拒我，如之何其拒人也？」「道不行」，即該做的事情無法做到，也就是無法造福百姓。

已知之矣：即「知已之矣」，即「知道該辭官了。」已，止也、罷也。之，代詞，指身上的官職。

說明

一、「不仕無義」並非如毛子水所說「一個人不服務公家是不合理的」，也不是如楊伯峻所說「不做官是不對的」，也不是錢穆所說「一個人不出仕，是不義的呀」，而是「不在沒有道義的統治者之下做官」。

二、「亂大倫」並非如毛子水所說「有害於人生的大道理」，也非如楊伯峻所書「隱居便是忽視了君臣間的必要關係」，也非如錢穆所說「把人類大倫亂了」，也非如劉寶楠所說「不仕則無君臣之義，是為亂倫。亂之為言，猶廢也」，而是「理順重大的倫常關係」。其中，「亂」不是「廢」，而是「理」。

三、「道之不行」的主詞是「君子之仕也」的「君子」。「道之不行」非如毛子水所說「他的道理不能行於世」，也不是楊伯峻所說「至於我們的政治主張行不通」，也不是如錢穆所說「至於道之不能行」，而是「如果〔一個君子〕在位子上卻無法實施正道」。其中，「之」不是助詞，而是連接詞「如果」。

四、「已知之矣」非如毛子水所說「乃是早已想到的」，也非如楊伯峻所說「早就知道了」也不是如錢穆所說「他也早已知之了」，而是「那就要知道該辭官了」。其中，「已」不是「已經」，而是「罷」、「止」。

問答

問：丈人曰：「四體不勤，五穀不分，孰為夫子？」這句話有兩種理解，一種說是丈人在說自己，一種是說丈人罵子路「四體不勤五穀不分」，然而我們應該取那一種理解？

答：在指責讀書人，並非指責子路，更不可能罵自己（連白癡都不可能罵

自己）。至於，這位老者為什麼指責讀書人，具體原因不知道，但是可以理解，因為每個人都有他的認知，不是嗎？

18.8. 逸民：伯夷、叔齊、虞仲、夷逸、朱張、柳下惠、少連。子曰：「不降其志，不辱其身，伯夷、叔齊與！」謂：「柳下惠、少連，降志辱身矣。言中倫，行中慮，其斯而已矣。」謂虞仲、夷逸：「隱居放言，身中清，廢中權。」「我則異於是，無可無不可。」

語譯

　　伯夷、叔齊、虞仲、夷逸、朱張、柳下惠、少連都是超群卻不在其位的人。孔聖人說：「堅守志向、不屈服於外在環境、不玷污了自身的清白，伯夷、叔齊可以算是這樣的人吧！」接著說：「至於柳下惠、少連這兩位，他們無法堅守志向而屈服於外在環境，玷污了自身的清白。然而，他們說話合乎道理、行為都經過謀劃，但是，他們也只不過做到這樣而已。」接著說到虞仲、夷逸：「這兩位不肯出來做官，也不議論朝政，一輩子清清白白，但是，卻失去了該有的變通。」「我卻是與他們不同，沒有一定要做什麼，也沒有一定不做什麼。」

字義

　　逸民：超群卻不在位的人。逸，超群、隱、遁。民，人也。

　　不降其志：即「其志不降」的倒裝，即堅守志向，不屈服於外在環境。降，意指屈服，讀音「詳」，非「匠」。

　　不辱其身：辱，玷污；身，自身、自己。

　　言中倫：中，讀音「眾」，合乎、正對上。倫，道理。

　　行中慮：慮，謀劃、思慮。

　　隱居放言：隱居，不肯出仕；放言，不議論。放，棄也。──《小爾雅》；言，議論、談論。

　　廢中權：廢，捨也、丟棄、失去；中，適宜的、該有的。權，權宜、變通。

明德說

一、有人說:「伯夷、叔齊、虞仲、夷逸、朱張、柳下惠、少連」這些人不得志、懷才不遇,這種說法並不妥當。首先,伯夷、叔齊他們不降其志,這能說是不得志嗎?一定要當官才叫得志嗎?一定要做官才算是志向嗎?非也!有些小人當了皇帝,這算得志嗎?不算,那是不幸、蒼生的不幸!

二、「放言」並非如楊伯峻所說「放肆直言」,而是「不議論」。

三、「廢中權」並非如楊伯峻所說「被廢棄也是他的權術」,也不是錢穆所說「他們的廢棄,也合乎權衡了。」而是「失去了該有的變通」。

四、「不辱其身」並非如楊伯峻所說「不辱沒自己身份」,而是「不玷污了自身清白」。

18.9. 大師摯適齊,亞飯干適楚,三飯繚適蔡,四飯缺適秦。鼓方叔入於河,播鼗武入於漢,少師陽、擊磬襄入於海。

語譯

魯國樂官之長,名叫摯,去了齊國;在魯君第二次進食時負責奏樂侑食的樂師,名叫干,去了楚國。在魯君第三次進食時負責奏樂侑食的樂師,名叫繚,去了蔡國。在魯君第四次進食時負責奏樂侑食的樂師,名叫缺,去了秦國。一位名叫方叔的鼓手隱居於黃河邊;一位名叫武的搖小鼓的人,隱居在漢水河邊。有一位協助太師的少師,名叫陽,以及有一位敲磬的,名叫襄,這兩位都隱居於海邊。

字義

大師摯適齊:大師,讀「太師」,即樂官之長。「大」,音義同「太」,指身分最高或輩數更高的。師,樂官。摯,人名。適,之也、往也。齊,齊國。

亞飯:古代天子、諸侯第二次進食時奏樂侑食的樂師。按班固《白虎通・禮樂》:「王者所以日食者何?……平旦食,少陽之始也;晝食,太陽之始也;餔食,少陰之始也;暮食,太陰之始也。」宋・王應麟《小學紺珠・器用・四飯》:「王者平旦食,晝食,餔食,暮食,凡四飯;諸侯三飯;卿大夫再飯。」

鼓方叔入於河：入，沒也，指隱居。

播鼗：搖小鼓。播，搖也；鼗，音「陶」。如鼓而小，持其柄搖之，兩耳還自擊。俗稱「撥浪鼓」。

少師：協助太師的樂官。少，副貳、輔佐。

明德說

一、本章說明魯國人才流失之嚴重。人才為什麼流失，以本章為例，主要原因是名不正，言不順，即此時的魯國國君已經淪為空有其名的君主，在這種情況下，人才就會流失。這時候，人才有兩種去處，一種是到別的國家去發展，例如摯、干、繚、缺這四人；另一種可能就是隱居，例如方叔、武、陽、襄。

二、人才流失是一個很好的指標，用來說明一個組織出了大問題（組織這個概念可大可小，大到一個大國家，小到一個小公司）。問題的原因只有一個，那就是制度。人才越多，國家越興旺，人才流失，國家越衰敗。要吸引人才，只有從制度上著手。

18.10. 周公謂魯公曰：「君子不施其親，不使大臣怨乎不以。故舊無大故，則不棄也。無求備於一人。」

語譯

周公對他的兒子魯公說：「做一個國君不能放鬆對自己親人的約束；不能讓有能力的臣子抱怨得不到重用；對於故交舊友，只要不是故意犯了重大過失，都不能拋棄他們。此外，對任何人都不能要求完美。」

字義

周公謂魯公：周公，即周公旦，周文王的第四子，周武王的弟弟。魯公，即周公的兒子伯禽，因封於魯所以叫魯公。

君子不施其親：君子，統治者、君主。施，音義同「弛」，鬆弛、放鬆意也。唐代經學家陸德明著《經典釋文》作「不弛」，此外，劉氏正義說：「施弛二字古多通用」。親，親人。

不使大臣怨乎不以：大臣，能力高強的臣子。以者用也，指重用。

故舊無大故，則不棄也：故舊，故交舊友。大故的「故」，故意，指存心犯錯。棄，拋開、捨去。

無求備於一人：求，要求；備，完備、完美；一人，任何一個人、所有人。

明德說

「不施其親」並非如毛子水所說「遺忘他的親戚」，也非如楊伯峻所說：「不怠慢他的親族」，也非如錢穆所說「不要忘忽他親屬」，而是「不能放鬆對自己親人的約束」。

18.11. 周有八士：伯達、伯适、仲突、仲忽、叔夜、叔夏、季隨、季騧。

語譯

周朝有八個能人，他們分別是伯達、伯适、仲突、仲忽、叔夜、叔夏、季隨和季騧。

字義

士：能人。

騧，讀「刮」。

明德說

伯達是誰？其他七個能人是誰？眾說紛紜，且無事跡留下，因此，不需追問。

第十九：子張篇

19.1. 子張曰：「士見危致命，見得思義，祭思敬，喪思哀，其可已矣。」

語譯

子張說：「一個讀孔聖人書的人看到別人的生命發生危險了，這時候，把命奉上都無所顧惜；看到好處，就想到該不該拿；祭祀的時候，要想到主敬存誠；有喪事的時候，要想到哀傷，能夠做到這些，應該就算是很不錯的了吧！」

字義

士見危致命：士，讀孔聖人書的人。危，危險，這裡指別人的生命發生危險。例如捨生救學童的台北市健康幼稚園老師林靖娟。致命，把命奉上。致，給予。

其可已矣：其，表示揣測，可譯為大概、或許、應該。可，善也、好也。

明德說

見得思義的標準在於：(1) 合不合法。這個好處拿了之後，後來會不會面臨法律的制裁；(2) 正不正當，也就是有沒有違背良心，即使是合法的行為，但違背良心，例如中國的一胎化政策強迫二胎的產婦流產，這是合法的，但不正當。

19.2. 子張曰：「執德不弘，信道不篤，焉能為有？焉能為亡？」

語譯

子張說：「一個人雖有某個信念卻沒能不斷強化；雖然相信某個道理卻不堅守，在這種情況之下，怎能說他有某個信念或是說他相信某個道理，說他有，不對，但說他沒有也不對啊！」

字義

　　執德不弘：執，拿著。德，信念、道德。弘，含容之大也，由小變成大，弘在這裡的意思是擴大而非發揚。

　　篤：專一、堅持。

　　焉能為有？焉能為亡：焉，豈、如何。亡，音義同「無」。

明德說

　　一、子張這裡講的是一種大多數人的通病。很多人都知道努力、要堅定志向、要百折不撓，可是，兩天捕魚，三天曬網，這怎麼會有什麼效果？

　　二、毛子水的翻譯：「沒有決心來擔起至德；沒有毅力來守住道義：這種人，有也可！沒有也可！」楊伯峻的翻譯：「對於道德，行為不堅強，信仰不忠實，〔這種人，〕有他不為多。沒他不為少。」

19.3. 子夏之門人問交於子張。子張曰：「子夏云何？」對曰：「子夏曰：『可者與之，其不可者拒之。』」子張曰：「異乎吾所聞：『君子尊賢而容眾，嘉善而矜不能。』我之大賢與，於人何所不容？我之不賢與，人將拒我，如之何其拒人也？」

語譯

　　子夏的學生問子張如何與人交往？子張說：「子夏是怎麼說的呢？」子夏的學生說：「我的老師說：『能夠交往就交往，交往不來就與他保持距離。』」子張說：「子夏的這種說法跟我聽到的不一樣，我聽到的是：『一個君子能夠尊敬賢能的人而且能夠包容不同的人、能夠鼓勵善良的人而且能夠憐憫能力差的人。』如果我是非常賢能的那一類，那麼，有什麼人是我不能包容的？如果我屬於不賢能的那一類，別人自然與我保持距離，我哪裡還需要去跟別人保持距離呢？」

字義

　　交：來往、與人交往。

其不可者拒之：拒，音義同「距」，這裡名詞做動詞用，指保持距離。
矜：憐憫。
我之大賢與：如果我是非常賢能的那一類人。之，若、如果；與，讀音「禹」，同類，指那一類人。

明德說

一、「不可者拒之」並非如楊伯峻所說是「不可以交的拒絕他」，也不是錢穆所說「該拒絕不與相交」，而是「跟他保持距離」。其中，拒，指的不是拒絕，而是保持距離。

二、「我之大賢與」、「我之不賢與」，楊伯峻的翻譯：「我是非常好的人嗎？」、「我是壞人嗎？」可見，楊伯峻把「與」理解為「歟」，但不是，「與」是「類」、「同類」之意。此外，楊伯峻也沒有把「之」翻譯出來，顯然他把「之」視為虛字，這是不對的。

19.4. 子夏曰：「雖小道，必有可觀者焉，致遠恐泥，是以君子不為也。」

語譯

子夏說：「像演戲、唱歌、舞蹈、下棋、打球這些技藝一定有可取之處，但是，這些技藝很容易沈迷，一旦有志於大道的人與這些技藝為伍，恐怕會沈迷其中。因此，君子不會從事。」

字義

小道：各種能使人高興、愉悅的技藝，例如唱歌、跳舞、相聲各種表演、娛樂活動。道，技藝。
必有可觀者焉：必，一定。觀，欣賞、稱讚，猶言有價值，有可取之處。
致遠恐泥：致，達到。泥，讀音「逆」，迷戀、流連。
為：從事。

明德說

一、小道是相對于致遠而言,致遠即是大道,也就是修齊治平的事業。

二、演戲、歌唱、跳舞、打牌、打遊戲機等等娛樂,都是子夏所說的「小道」。這些小道有一個共同的特色,就是容易讓人沈迷、流連,也就是「泥」。

三、子夏並沒有否定小道,只是小道對致遠者而言是絆腳石。想想看,如果一個君子沈迷於娛樂,哪還有心思關心天下蒼生!例如明朝皇帝朱由校沉迷於木工,整天和鑽子、鉋子、鋸子、斧子打交道,只知製作木器,蓋小宮殿,將國家大事拋諸腦後,才給了宦官魏忠賢擅政的機會,加速了明朝的滅亡。

四、朱熹的《論語集注》把小道解釋成「如農圃醫卜之屬」不妥,因為這些技藝很難說能讓人沈迷。何晏、皇侃把小道解釋成諸子百家之書,這也是不對的,原因是很少有人會流連忘返於諸子百家。

19.5. 子夏曰:「日知其所亡,月無忘其所能,可謂好學也已矣。」

語譯

子夏說:「時時時刻都能察覺到自己的缺點,時時刻刻都不忘記他應該做的,這樣就可以說是一心要覺悟了。」

字義

日知其所亡:日,光陰。知,覺察,按:「〔君主〕又損其生以資天下之人,而終不自知。」——《呂氏春秋·情欲》;亡,音「忘」,失也,猶言缺點。

月無忘其所能:月,時光;能,應該。

好學:一心要覺悟,學,音「叫」,覺悟。

明德說

一、楊伯峻的翻譯:「每天知道所未知的,每月複習所已能的,可以說是好學了。」錢穆的翻譯:「每天能知道所不知道的,每月能不忘了所已能的,可說是好學了。」

二、孔聖人說「有顏回者好學，不遷怒，不貳過」，可呼應我對本章的理解。

19.6. 子夏曰：「博學而篤志，切問而近思，仁在其中矣。」

語譯

子夏說：「通曉學問，而且志向堅定專一；對問題追根究底，把自己想像成對方那樣想問題，仁就在裡面了。」

字義

博學而篤志：博學。博，通曉、徹底的了解。學，學問；篤志，篤，專一、堅持。

切問而近思：切問，追根究底。切，迫。近思，把自己想像成對方那樣思考。近，逼近。

在其中：在裡面。

明德說

一、「博學」非楊伯峻所說「廣泛地學習」，也非如毛子水所說「廣求知識」，而是「通曉學問」。

二、「切問」非楊伯峻所說「懇切地發問」，也非如錢穆所說「就己身親切處去問」，而是「對問題追根究底」。

三、「近思」非楊伯峻所說「多考慮當前的問題」，也非如毛子水所說「慎思」；也非如錢穆所說「接近處去思」，而是「把自己想像成對方那樣想問題」，其實就是將心比心。

19.7. 子夏曰：「百工居肆以成其事，君子學以致其道。」

語譯

子夏說；「各行各業的人在市場上完成他們想要做的事情〔，即買到自己

想要的東西、賣出自己想賣出去的東西〕；有心成為有才有德的君子就必需經由學習才能實現他的理想。」

字義

　　百工居肆以成其事：百工，各行各業的人，非指各類工匠。居，處於、在；肆，市集貿易的地方。事，工作、職務，這裡指的是交易、買賣之事。

　　致其道：達到他的目標。道，目標、理想、志向。

明德說

　　一、這章在談實現目標的手段問題。雖然說，條條道路通羅馬，但畢竟有的快有的慢。各行各業的人要如何把他們的商品或勞務賣出去呢？各行各業的人如何買到他們想要的商品或勞務呢？最有效的方法就是到市場去。不到市場就難以成其事。換言之，市場是手段，且是完成目的的最好手段。同樣的，有心想成就道業，實現自己理想、想實施仁政的人，也必需學習，而且，學習是最佳的手段。當然，這裡的學習是廣義上的學習，而非單指書本上的知識研讀或記誦而已。

　　二、「百工」必非如楊伯峻所說「各種工人」，也非如錢穆所說是「百工」，也非如毛子水所說「工人」，而是各行各業。

　　三、「肆」必非如楊伯峻所說「製造場所」，也非如錢穆所說是「官府造作之處」，也非如毛子水所說「工廠」，而是「市場」。

　　四、「事」必非如錢穆、毛子水所說「器物」，而是「〔想完成的〕事情」。

　　五、「君子學以致其道」呼應了第 19.5. 章子夏說的「日知其所亡，月無忘其所能，可謂好學也已矣」，換言之，學的目的不是為了千鍾粟、黃金屋、顏如玉、稱王拜相，而是覺悟，這才是孔孟之道。

19.8. 子夏曰：「小人之過也必文。」

語譯

　　子夏說:「卑鄙無恥之徒要是犯了過錯,一定掩飾。」

字義

　　小人:卑鄙無恥之徒。
　　文:讀音「問」,掩飾也。

19.9. 子夏曰:「君子有三變:望之儼然,即之也溫,聽其言也厲。」

語譯

　　子夏說:「君子有三種變化:看起來給人莊重的感覺;接近之後,讓人感覺到很和氣;聽到他的話,就能受到他的鼓舞。」

字義

　　變:變化。
　　儼:音「演」,莊重。
　　即之也溫:即,接近、靠近。溫,和氣。
　　厲:同"勵",振奮、激勵、勉勵。

明德說

　　一、康熙字典把這裡的「厲」解釋成「嚴」,並不妥。原因是,一個君子既是有德有才,那應該有能力鼓舞人心,而非板著一張臉,好像人家欠他五百萬一樣。按康熙字典:「又《說文》嚴也。《論語》聽其言也厲。」

　　二、「望之儼然」並非如楊伯峻所說「遠遠望著,莊嚴可畏」,也非錢穆所說「遠望他,見他儼然有威」,而是「看起來給人莊重的感覺」,「望」理解為「看」即可,非得一定要「遠遠望著」;「聽其言也厲」並非如楊伯俊所說是「聽他的話,嚴厲不苟」,也非如錢穆所說是「待聽他說話,又像斬釘截鐵般厲害」,而是「聽到他的話,就能受到他的鼓舞」。

19.10. 子夏曰：「君子信而後勞其民，未信則以為厲己也。信而後諫，未信則以為謗己也。」

語譯

子夏說：「才德出眾的人要取得別人的信任，才能讓別人做事；如果未取得信任，別人會以為是要對自己不利。才德出眾的人要取得別人的信任才能規勸，如果未取得信任就規勸，別人會以為是在毀謗自己。」

字義

君子信而後勞其民：君子，才德出眾的人。信，相信、信任。勞，做事、出力、使力。民，人。

未信則以為厲己也：未信，未能獲得別人的信任。以為，認為。厲，疾病、災禍，也就是不利。

諫：糾正。

謗：毀、傷害。

明德說

一、錢穆的翻譯：「君子等待民眾信他了，再來勞使他們。否則將會怨他有意作害於他們了。君子等待其君信他了，再對君有所諫。否則將誤會他故意謗毀於己了。」楊伯峻的翻譯：「君子必須得到信仰以後才去動員百姓；否則百姓會以為你在折磨他們。必須得到信任以後才去進諫，否則君上會以為你在毀謗他。」

二、本章「諫」的對象不限於對君上或是長輩，也包括平輩。

三、本章的「信」，與信仰無關，相信、信任就可以。

四、本章的「民」是指不特定人，而非人民、百姓、民眾。

19.11. 子夏曰：「大德不踰閑，小德出入可也。」

語譯

　　子夏說：「〔統治者〕在人民利益這條紅線上不能逾越，在個人私德上有點差錯是可以接受的。」

字義

　　大德不踰閑：大德，大得也，也就是重大利益，指人民利益。大，重要的、重大、關鍵的；德者得也、利益也；踰，同「逾」，讀音「魚」，越過、超過；閑，讀「賢」，柵欄也，按《說文解字·門部》：「閑，闌也。」此指紅線，不可逾越的界線。

　　小德出入可也：小德，小得也，小的利益，也就是與國家利益無直接相關的事情，這裡指統治者的私德。小，不重要的、無關核心的；出入，差異、不一致、不相等，指與應該做的不相等、有出入。

明德說

　　一、主語是誰是本章首先要解決的問題。對這句話的理解，首先要了解子夏是什麼人（子夏是國師）以及他說過什麼重要的話：「仕而優則學，學而優則仕。」因此，我們可以確定，這句話的主語是高級官員，尤其是統治者，而不是平民或低中低階官員。

　　二、子夏（西元前507-400年），姓卜，名商，字子夏，春秋時衛國人，為孔聖人弟子，擅長文學、孔門詩學，由子夏六傳而至荀卿。又《春秋》公羊、穀梁二傳，皆傳自子夏。據《史記·仲尼弟子列傳》載：「孔聖人既沒，子夏居西河，教弟子三百人，為魏文侯師。」是孔聖人著作的主要傳人，後漢徐防有「詩書禮樂定自孔子，發明章句始於子夏」之說。

　　三、為什麼子夏要這麼說？原因在於統治者所做的決定的影響範圍已經超越了自己，而是影響到整個國家，因此，人民利益是最優先的，而且不能逾越這個界線，至於與人民利益無直接關係的個人行為，例如：喜歡書畫、喜歡踢球、喜歡聽歌、有點懶、好色、不喜歡學習……就不需要太過要求，這才是符合人性的治理之道，也才能使統治者過上人性的生活，一方面國家治理得好，他（她）的個人生活也能很滋潤，這才是行得通的政治學。否則，要求統治者像

苦行僧，那就不可行了，例如明萬曆皇帝就是在張居正教育之下的一個明顯的犧牲品，以至於後來的萬曆皇帝長期不上朝。

　　四、所謂「大德不踰閑」是指統治者要維護國家利益、保護人民，凡是出賣國家領土、把國家利益當個人報恩的禮物送給外國以及虐待百姓就是踰閑。

　　五、只有兩種人能夠賣國，他們是總統、總理、部長、中央銀行行長這類國家領導人以及被外國資本家收買的本國企業家、學者們。至於平民、一般專家學者都沒有資格。

19.12. 子游曰：「子夏之門人小子，當灑掃應對進退則可矣，抑末也；本之則無，如之何？」子夏聞之曰：「噫！言游過矣！君子之道，孰先傳焉？孰後倦焉？譬諸草木，區以別矣。君子之道，焉可誣也？有始有卒者，其惟聖人乎！」

語譯

　　子游說：「子夏的學生們，負責灑水、掃地、接待客人、言談舉止，都還做得不錯，但這些卻是末端的事情，都沒有涉及根本，這怎麼可以呢？」子夏聽到之後說：「怎麼會這麼說呢！子游的話過份了！成為君子的方法，哪些是重要的？哪些是該傳授的？哪些是不重要的？哪些是不該傳授的？就好像植草與種樹的方式不同，必須有所區分。在成為君子的方法當中，難道包含了中傷別人嗎？能夠從起點就可看到終點，從終點就可反推回起點的，大概只有聖人了吧！」

字義

　　門人小子：門人、小子、學生，同義也。
　　當：掌管、主持。
　　應對，言語間的酬答。
　　抑：但是。
　　噫，表驚訝。
　　言游：子游（西元前 506-？年），姓言，名偃，字子游，亦稱「言游」、

「叔氏」，春秋末吳國人，與子夏、子張齊名，孔聖人的著名弟子，「孔門十哲」之一，曾為武城宰。

君子之道：成為君子的方法。道，方法。

孰先傳焉：孰，讀音「叔」，什麼。先，重要。傳，讀音「船」，傳授。

孰後倦焉：後，不重要。倦，厭惡，意指不該傳授。

誣：讀巫，謗也、攻擊別人。

有始有卒：有，音義同「又」，表示幾種情況同時存在。在本章，也就是「從因能夠知果」、「從果能夠知因」兩種情況同時存在。始，開始、起點，即因也。卒，結束、終點，即結果。

其惟：大概。

明德說

一、草跟木是不同的，因此，栽培方式就不一樣。草木比喻不同能力、不同性向、不同根器的學生。

二、本章的「有始有卒」非如毛子水說「從始至終」，也非如楊伯峻所說「﹝依照一定的順序去傳授而﹞有始有終」，也非如錢穆所說「有始有卒，淺深大小都學通了的」；也非如朱熹所說「始終本末一以貫之」，而是能夠從因看到果，從果可推回因；從起點可以看到終點，從終點可推算出起點。

三、我不贊成子游的教法，我認為灑掃應對進退是本而非末，能把灑掃應對進退做好，還有什麼不能的呢！相反的，一心想學知識，那反而是本末倒置了。

四、「孰先傳焉？孰後倦焉？」非如毛子水所說：「君子的道理，哪一樣應先教？哪一樣應後學？」也非如楊伯峻所說：「哪一項先傳授呢？哪一項最後講述呢？」也非如錢穆所說：「那些是先來傳給人？那些是放在後，厭倦不教了？」而是「哪些是重要的？哪些是該傳授的？哪些是不重要的？哪些是不該傳授的？」換言之，「孰先傳焉？孰後倦焉？」指涉四件事，而非兩件事，即「孰先焉？孰傳焉？孰後焉？孰倦焉？」

五、我作為老師，對子夏這句話感受很深。學術界裡面也有暗黑勢力，他們故意教學生壞的、錯誤的、不重要的、短視近利的，引導人們走向邪惡、墮

落，他們宣揚邪惡學說、他們宣揚物質感官利益、他們宣揚只要成功不要誠實。

　　六、「君子之道」並非如楊伯峻所說「君子的學術」，也非毛子水所說「君子的道理」，而是「成為君子的方法」。其中「道」是指方法，而非「學術」或是「道理」。

19.13. 子夏曰：「仕而優則學，學而優則仕。」

語譯

　　子夏說：「做官要能夠做得出色，就得學習；學習能夠出色，就可以做官。」

字義

　　仕而優則學：仕，做官。而者能夠也。優，出色。

明德說

　　一、「學」與「仕」的關係：為什麼要仕？是要造福人民。要造福人民，怎能沒有學識！

　　二、毛子水的翻譯：「做事有餘暇，便應更求學問；學問充實，便應該做事。」楊伯峻的翻譯：「做官了，有餘力便去學習；學習了，有餘力便去做官。」錢穆的翻譯：「仕者有餘力宜從學，學者有餘力宜從仕。」毛老師、楊老師、錢老師都誤解了子夏的意思。仕而優的「優」不是解釋成「有餘力」，而是出色。

19.14. 子游曰：「喪致乎哀而止。」

語譯

　　子游說：「為死者而哭，達到悲傷就要停止〔，不能過了〕。」

字義

喪致乎哀而止：喪，讀音「桑」，哭死去的人。致，使達到。哀，悲傷。

明德說

一、為什麼「喪致乎哀而止」？因為如果太難過，甚至一直無法從悲傷之中走出來，那麼，生者的生活、生命都會受到不利的影響，而死者也不願意生者過於難過。例如子夏因為痛失愛子而哭瞎眼睛；有的人因為愛人死了，一輩子活在痛苦之中，這怎麼可以呢？這怎麼會是亡者所希望的呢？

二、本章讓我想起台灣著名的雷政儒命案，其父雷子文因不堪喪子之痛而自焚，讓人不捨。《禮記》：「毀不滅性，不以死傷生也。」是至理者也。

19.15. 子游曰：「吾友張也，為難能也，然而未仁。」

語譯

子游說：「我的朋友子張，是難得的人才，儘管還稱不上仁者。」

字義

張：即顓孫師，姓顓孫，名師，字子張，陳國人，孔聖人的弟子。
難能：了不起的人才。難，難得。能，能力、人才。
然而：儘管。

明德說

我不認為子游是在批評他的同學子張不仁，相反的，是在讚美子張，本章的重點在「難能也」，而非「不仁」。原因是仁本來就不容易。相信沒有人會要求任何一個人是個仁者。

19.16. 曾子曰：「堂堂乎張也，難與並為仁矣。」

語譯

曾子說:「子張真是宏偉高大啊!難以和他一起從事仁的事業。」

字義

堂堂:宏偉高大。
並:一起、同時

明德說

一、此章各註大都批評子張未仁,但是考諸《大戴禮記衛將軍文子》對子張的記載:「業功不伐,貴位不善,不侮可侮,不佚可佚,不敖無告,是顓孫之行也。孔子言之曰:『其不伐則猶可能也,其不弊百姓者則仁也。詩云:「愷悌君子,民之父母。」』夫子以其仁為大也。」由此可見,連孔聖人都稱讚子張了,曾子應該也是贊同孔聖人對子張的評價的,因此,曾子自謙「難與(子張)並為仁」,就可以理解。

二、我認為本章是曾子對子張的讚美。按曾子是一位德行很高的人,就算子張做得不好,也不大可能批評他。而且,本章前半段事實上已經給子張定性了,那就是「堂堂乎」,既然是「堂堂乎」,怎麼可能後面的文字會變成貶抑的詞,一旦如此,那就矛盾了。

三、上一章,子游講子張「未仁」,而此章講曾子難與子張並為仁,這兩者並沒有矛盾。子張雖「未仁」,但已經在很多人前面了。

四、毛子水的翻譯:「子張,容貌堂堂,很難和他相勉為仁。」楊伯峻的翻譯:「子張的為人高得不可攀了,難以攜帶別人一同進入仁德。」毛老師與楊老師把「堂堂」理解為「容貌堂堂」、「高得不可攀」,不對。

19.17. 曾子曰:「吾聞諸夫子:『人未有自致者也,必也親喪乎!』」

語譯

曾子說:「我聽老師說過:『人不會有真情流露的時候,如果真有的話,那只有在親人過世時才會發生吧!』」

字義

夫子：老師，指孔聖人。

自致：自，本來、自然；致，達到。因此，自致可以理解為真情流露。

必也親喪乎：親，親人。喪，動詞，讀「ㄙㄤˋ、sàng」，過世。

19.18. 曾子曰：「吾聞諸夫子：『孟莊子之孝也，其他可能也，其不改父之臣與父之政，是難能也。』」

語譯

曾子說：「我曾聽老師說過：『孟莊子的孝順，其他統治者也是做得到的。但是，他上台之後，不換掉他的父親留下來的大臣也不改變他父親的政策，這件事是別的統治者難以做到的。』」

字義

孟莊子（西元前 ?-550 年）：即仲孫速，姬姓，魯國孟孫氏第六代宗主，孟以及仲孫都是以齒序排行為氏，莊是諡，速是名。魯孟孫氏，也叫仲孫氏，出於桓公子慶父，慶父為莊公庶兄，故稱孟（庶長曰孟），以非嫡長，又稱仲。仲孫氏是魯三桓之一，其世系為：公子慶父—公孫敖—孟文子（仲孫穀）—孟惠叔（孟孫難）—孟獻子（仲孫蔑）—孟莊子（仲孫速）。

其他：其他統治者、其他宗主，而非其他方面，也非其他人。

明德說

一、孔聖人這句話主要在講很多統治者、管理者共有的問題，那就是剛愎自用，喜歡用（表面）聽話的人，把父母親所留下來的人才和政策全部廢除，以至於吃了大虧。例如：德意志第二帝國在皇帝威廉一世過世之後，接任的威廉二世 (Wilhelm II) 把威廉一世所留下來的宰相俾斯麥 (Otto von Bismarck) 和政策全部廢除，並因而引發第一次世界大戰，並導致德國戰敗，最終還導致德意志帝國的滅亡。

二、「蕭規曹隨」是對的，但有前提：是蕭規，才能隨；要不是蕭規就不

能隨。為什麼要蕭規曹隨？因為政策需有穩定性，人民才能安心、資源才不會浪費。

19.19. 孟氏使陽膚為士師，問於曾子。曾子曰：「上失其道，民散久矣！如得其情，則哀矜而勿喜。」

語譯

魯國權臣孟孫氏請陽膚去當參謀長，於是，陽膚就來問他的老師曾子有什麼地方該注意的。曾子就說：「統治者沒有道義，以至於民心失散已經很久了。〔你到了他那裡之後，〕如果知道了一些不為人知的內幕，就要憐憫而不是高興。」

字義

孟氏使陽膚為士師：孟氏，魯大夫孟孫氏。陽膚，曾子的學生。士師，士者，事也，任事之稱也；師者範也，教人以道者也。士師按照今天的用語就是幕僚長、參謀長、首席顧問這類的職位。

上失其道：上，統治者，有實權的人。道，道義。

民散久矣：民，民心；散，分離。

情：真實情況，通常是指不為人知的內幕。

矜：憐憫。

明德說

一、所有的註釋都把士師說成典獄官或法官，我認為不對。雖然《周禮》中有士師一職，但與《論語》中的士師是兩種不同的職務。原因是從上下文來看，陽膚的職責與典獄無關，而且，重要性也比典獄還高，應該是孟氏身邊很親近的官了，如此，才可能得知孟氏失其道的內幕。因此，我認為孟氏之下的士師應該相當於今天人們所理解的參謀長、幕僚長、首席顧問這樣的職位。

二、毛子水的翻譯：「孟氏任命陽膚做法官。陽膚向曾子請教。曾子說：『國家政教不好，人民心裡早已沒有國家的法紀了。你審清一件案情時，不應

以查出罪人為善,而應哀憐罪人!」」楊伯峻的翻譯:「孟氏任命陽膚做法官,陽膚向曾子求教。曾子道:『現今在上位的人不依規矩行事,百姓早就離心離德了。你假若能夠審出罪犯的真情,便應該同情他,可憐他,切不要自鳴得意!』」錢穆的翻譯:「孟氏使陽膚當治獄官,陽膚去問曾子。曾子道:『在上者治民失道,民心離散已久,你遇判獄能獲得他們犯罪之實,當把同情來哀矜他們,莫要自喜明察呀!』」

三、曾子病重的時候,孟敬子特地去看望曾子,曾子還報以「君子所貴乎道者三」之言,每一句話都是針對孟敬子而發,可見,曾子與孟氏家族關係非比一般,因此,對孟家的一些不希望別人知道的不幸的事情,多少是知悉的。因此,當曾子的學生楊膚來問曾子的意見的時候,自然說到「如得其情,則哀矜而勿喜。

19.20. 子貢曰:「紂之不善,不如是之甚也。是以君子惡居下流,天下之惡皆歸焉。」

語譯

　　子貢說:「商紂王所做的壞事,不像所流傳的那麼嚴重。因此,統治者最害怕被推翻,一旦被趕下台,天底下所有的壞事都算到他的頭上。」

字義

　　紂:紂王也,殷王帝乙之子,名辛,字受,紂是謚號。邢疏:「謚法,殘義損善曰紂。」

　　君子惡居下流:君子,在位者或君王。按《易經・乾卦・九三》:「君子終日乾乾,夕惕若厲,無咎。」惡,讀音「物」,害怕、畏懼。按《韓非子・八說》:「使人不衣不食,而不飢不寒,又不惡死,則無事上之意。」居,位於、處於,按《孟子・離婁上》:「居下位而不獲於上。」下流,被趕下台。下,落也。《邢疏》下者,自上而落也。流,流放、放逐。按《國語・周語上》:「王不聽,於是國人莫敢出言,三年,乃流王於彘。」

　　天下之惡皆歸焉:惡,讀音「遏」,名詞,壞事也。歸焉,算在他頭上。

歸，算也、歸到一處。焉，指示代名詞，這裡指被趕下台的統治者。

明德說

一、本章的君子必須指涉清楚，究竟是人格高尚的人還是統治者？答案是統治者。而毛子水、錢穆、楊伯峻、朱熹都把君子理解為人格高尚的人，不對。那為什麼不能解釋為「人格高尚的人」而只能解釋為「君主」呢？原因很簡單，要是人格高尚的人，縱使會遭到一些人的惡意或無意的詆毀，但不可能「天下之惡皆歸焉」。能有機會「享受」「天下之惡皆歸焉」「待遇」的，只有被推翻的君主。

二、朱熹的《論語集注》說：「下流，地形卑下之處，眾流之所歸；喻人身有污賤之實，亦惡名之所聚也。」這樣的理解「下流」是不對的，是誤解了子貢的意思。商紂「享有」惡名的主因不是他做了很多壞事，這是為什麼子貢說「不如是之甚也」，而是他被推翻了。下流指的被趕下台、被推翻，像商紂或周厲王的下場。

三、「君子惡居下流，天下之惡皆歸焉」的翻譯，毛子水是：「一個君子人，最忌身犯污行，因為一有污行，什麼壞事都會歸到你的身上來。」楊伯峻的翻譯：「君子憎恨居於下流，一居下流，天下的什麼壞名聲都會集中在他身上了。」錢穆的翻譯：「君子不肯居下流之地，使天下惡名都歸到他身上。」

四、「君子惡居下流」的「惡」並非如楊伯峻所說是「憎恨」，也非如錢穆所說「不肯」，而是「害怕」。

問答

問：我們學習中所了解到的紂王都是暴君，那這句話是子貢在說為紂王開脫嘛？還是平常我的課本上是描述過份了呢？

答：到底紂王是否如教科書中說得那麼壞，還是像子貢這裡說的沒那麼壞，或是紂王本人比起教科書中說得還壞，這三種都有可能。子貢沒有活在那個時代，我們也沒有活在那個時代，而留下來的史書記載也太少，因此，都說不準的。

19.21. 子貢曰：「君子之過也，如日月之食焉。過也，人皆見之；更也，人皆仰之。」

語譯
　　子貢說：「人格高尚的人所犯的過錯，就像日蝕、月蝕一樣。做錯事了，每一個人都能看到；改正過來了，每個人都仰望他。」

字義
　　君子：人格高尚的人。
　　食，音義同「蝕」。
　　更：讀音「耕」，改正。

明德說
　　為什麼君子之過人皆見之？因為他誠實、不隱瞞、不掩飾、必然承認，不像「小人之過也必文」，遮遮掩掩、毀滅歷史、竄改歷史。

19.22. 衛公孫朝問於子貢曰：「仲尼焉學？」子貢曰：「文、武之道，未墜於地，在人。賢者識其大者，不賢者識其小者，莫不有文、武之道焉。夫子焉不學？而亦何常師之有？」

語譯
　　衛國的公孫朝問子貢說：「仲尼是跟誰學的呢？」子貢說：「周文王、周武王的道理並沒有消失，而是在人的身上。能力大的人認識到深層的道理，能力小的人認識到淺層的道理，他們身上都有文王、武王的道理。因此，有誰是我的老師（指孔聖人）不學習的呢（有誰不是孔聖人學習的對象呢）？因此，他哪會有一個固定的老師呢？」

字義
　　衛公孫朝：當時的通例是諸侯的兒子叫「公子」，公子的兒子叫「公孫」。

這位公孫的名字叫「朝」,前面加個「衛」字,標明國籍,是衛國的公孫朝。

仲尼焉學:即「仲尼學焉」的倒裝。學,學習,師從。焉,代詞,代指人物,這裡指「誰」。

賢者識其大者:賢者,能力高強之人。識,讀音「是」,明白、通曉、認識。大,深層的道理、重要的知識。

常:固定。

19.23. 叔孫武叔語大夫於朝,曰:「子貢賢於仲尼。」子服景伯以告子貢。子貢曰:「譬之宮牆,賜之牆也及肩,闚見室家之好;夫子之牆數仞,不得其門而入,不見宗廟之美、百官之富。得其門者或寡矣。夫子之云,不亦宜乎!」

語譯

叔孫武叔在朝廷上跟其他大夫說:「子貢比起他的老師仲尼還賢能。」同是魯國大夫的子服景伯聽到之後就去告訴子貢這件事。子貢就說:「就以宮廷的牆垣做比喻,我的牆的高度才只到一個人的肩膀高,可以看到裡面的房子的美好;然而,孔聖人的牆垣卻有好幾公尺高,而且找不到門進去,因此,就看不到裡面宗廟的美麗以及裡面館舍之多。由於能夠進入孔聖人的門庭的人實在是少,因此,會出現叔孫武叔這樣的評價不也是很可以理解的嗎?」

字義

叔孫武叔:姬姓,叔孫氏第八代宗主,名州仇,諡武,曾擔任過魯國司馬,是叔孫不敢的兒子。

仲尼:孔聖人也。孔聖人,姓孔,名丘,字仲尼。

子服景伯:魯大夫。

宮牆:宮廷的牆垣。

仞:讀音「刃」,古代的長度單位,一仞是古代一個成年人兩手平伸時的兩手之間的距離;一仞約八尺,以周秦漢的度量衡來論,一尺等於今日的23.1公分,所以一仞相當於1.848公尺。因此,數仞的話,就是好幾倍於一個成年人

的身高了。

　　宗廟之美、百官之富：宗廟，君主祭祀祖先的宮室；百，概數，言其多。按：「千祿百福。」──《詩·大雅·假樂》；官，通「館」，房舍、館舍。

　　或寡矣：很少。或，有也。──《小爾雅·廣言》按：「或躍在淵。」──《易·乾》

　　夫子之云，不亦宜乎：夫子，叔孫武叔。云，說。不亦宜乎，不也是很可以理解的嘛！宜，相稱、正常。

明德說

　　一、「或寡矣」非如錢穆所說是「該是太少了」，也非如楊伯峻所說的「或許不多罷」，也不是毛子水所說「可能很少」，而是「太少了」，「或」當解為「有」，而非「或許」、「可能」、「該」。

　　二、「百官之富」的「百官」不是如錢穆所說「百官乃家中治事之府」，而是各種館舍、各種建築物。

19.24. 叔孫武叔毀仲尼。子貢曰：「無以為也，仲尼不可毀也。他人之賢者，丘陵也，猶可踰也；仲尼，日月也，無得而踰焉。人雖欲自絕，其何傷於日月乎？多見其不知量也！」

語譯

　　叔孫武叔毀謗孔聖人。子貢說：「沒有用啊！孔聖人是沒有辦法毀謗的！有些人的賢明，就像丘陵一樣，還可以超越；孔聖人就像日月高高掛在天上，是怎麼樣都無法超越的。有人雖然想自斷與太陽和月亮的關係，但這些人能夠傷害到太陽和月亮嗎？只表明這些人不知道天高地厚罷了！」

字義

　　毀：毀謗、說不實的壞話。

　　無以為也：沒有用的。

　　人雖欲自絕：乃「人雖欲自絕於日月」的省略。自絕，自斷關係。絕，斷

也。

　　多見其不知量也：多，只、僅僅；量，讀音「亮」，能容之謂量。不知量，猶言不知天高地厚。

19.25. 陳子禽謂子貢曰：「子為恭也，仲尼豈賢於子乎？」子貢曰：「君子一言以為知，一言以為不知，言不可不慎也！夫子之不可及也，猶天之不可階而升也。夫子之得邦家者，所謂『立之斯立，道之斯行，綏之斯來，動之斯和。其生也榮，其死也哀』。如之何其可及也？」

語譯

　　陳子禽對子貢說：「你太謙遜了！仲尼哪裡會比你厲害！」子貢回答說：「從一個人口中的一句話就可以知道這個人是聰明還是愚笨。因此，說話不能不謹慎啊！我的老師的能力是我們達不到的，就像天一樣的高，是無法用梯子爬上去的。如果孔聖人有機會治理國家，真能做到所謂的『想要有建樹，就能有建樹；一經引導，人民就會行動起來；對那些不聽話的人進行安撫，那些人就來歸附了；有社會矛盾，經他調解，人民就和諧起來了。他活著的時候，大家都尊崇他，他死的時候，大家都感到悲傷難過』，像老師這樣的人，怎麼是我們可以達到的呢？」

字義

　　陳子禽，姓陳，名亢，亢讀音「剛」。

　　子為恭也：子，指子貢。子是對男子的美稱，多指有學問、道德或地位的人。為，表示強調。恭，謙遜。

　　仲尼：孔聖人的字。字，又稱表字，是本名以外另取的別號。一般稱呼他人的表字而不直稱其本名，以表示客氣，本名則只供尊長、上級和自己稱呼，自稱其名表示謙遜，晚輩只能稱其字，而不能稱其名。

　　君子一言以為知，一言以為不知：君子，對別人的尊稱，可翻譯為「一個人」。一言，一句話。知，音義同「智」，指聰明。

夫子之不可及也：夫子，老師，這裡指子貢的老師，也就是孔聖人。及，達到。

　　夫子之得邦家者：之，如果；得，獲得。得邦家者即治理國家，也就是成為國君或是成為家主。

　　立：建樹、成就。

　　綏：安撫。

　　動之斯和：動，作也，這裡是指調解。斯，則、就。和，敦睦、和諧。

明德說

　　「君子一言以為知，一言以為不知」，並非如楊伯峻所說「高貴人物由一句話表現他的有知，也由一句話表現他的無知」，也非如錢穆所說「君子只聽人一句話，就以為那人是知者，只聽人一句話，就以為那人是不知者了」，而是「從一個人所說的一句話裡就可以得知這個人是聰明還是愚笨」。原因是，本章中的「君子」不解釋成「高貴人物」或「才德兼備之人」，而是解釋成「人」，是所有人。只因為對對方要用敬稱，因此稱對方為「君子」，是一種禮節用語。

第二十：堯曰篇

20.1

20.1.1. 堯曰：「咨！爾舜！天之曆數在爾躬，允執其中！四海困窮，天祿永終。」舜亦以命禹。

語譯

堯〔讓位給舜的時候〕說：「真好！你，舜啊，上天選你，天命在你身上。你要執守誠信、大公無私，要是天下人吃不飽、穿不暖，那你的王位就會沒了，而且一去不復回。」舜也以同樣的話交代夏朝開國君主大禹王。

字義

堯：古代統治者陶唐氏的號，相傳為帝嚳次子，初封於陶，又封於唐，在位百年，有德政，後傳位於舜。

咨：發語詞，表示讚嘆，可翻譯為「真好」，表示對舜的肯定。

天之曆數在爾躬：曆，挑選。數，命運、天命；爾，你也；躬，身。

允執其中：為「執其允中」的倒裝。允，信、誠。執，持。其，語助詞，無義，只增加一個音節。中，公平。

四海：古人認為中國四周環海，因而稱四方為「四海」，四海即普天之下。

天祿永終：可以理解為「天祿終，永也」。祿，福也，也就是王位。終，結束。永，永遠，也就是一去不復回，再也沒有關係了。

命：上級對下級的指示。

20.1.2. 曰：「予小子履敢用玄牡，敢昭告于皇皇后帝：有罪不敢赦，帝臣不蔽，簡在帝心！朕躬有罪，無以萬方；萬方有罪，罪在朕躬。」

語譯

〔商湯對天帝〕說:「小的我名叫履,未經您的許可就用了黑公牛來祭拜您。我冒昧的向偉大的宇宙的主宰您公開的說出來:對於犯罪的人,我是不敢輕易赦免的,我對天帝、臣民都不敢欺瞞;我做得好不好完全由您來評判。假設我自己犯罪了,就請您處罰我,而不要牽連到全國各地的百姓;人民要是犯罪了,那他們的罪就是因我而起,因此,就處罰我一個人就可以了。」

字義

予小子履敢用玄牡:「予小子」與「予一人」都是古代天子的自稱,按《詩經‧周頌‧閔予小子》:「維予小子,夙夜敬止。」履,商朝開國君主湯的名字。敢,魯莽、冒昧、唐突。玄,黑。牡:讀音「畝」,公牛。

敢昭告于皇皇后帝:昭,明顯的、公開的。皇皇,偉大的。后,君王。帝,天神、宇宙的主宰。

帝臣不蔽:即不蔽帝臣的倒裝。蔽,欺騙。帝,宇宙的主宰。臣,臣民。

簡在帝心:簡,檢驗、檢查,猶言評判。在,決定、依靠、聽任。

朕躬有罪,無以萬方:朕,讀音「鎮」,古人(秦始皇之前)自稱之詞,即我。秦始皇之後,始為皇帝的自稱。以,及、及於、連及。

萬方:萬國、各地諸侯,這裡實指湯王之下的全國人民。

明德說

一、「帝臣不蔽」不是如楊伯峻所說「您的臣僕〔的善惡〕我也不隱瞞掩蓋」;也非錢穆所說「那些賢人都是服從上帝之臣,我也不敢障蔽着他們」,而是「我對天帝、臣民都不敢欺瞞」。

二、「簡在帝心」不是如楊伯峻所說「您心裡也是早就曉得的」,也不是如教育部國語辭典所說「為皇帝所知曉、賞識者」,而是「我做得好不好完全由您來評判」。

20.1.3.「周有大賚,善人是富。」「雖有周親,不如仁人;百姓有過,在予一人。」

語譯

〔周武王說：〕「上天賜予周朝大禮，能臣非常的多。」「雖然我有至親，但他們都比不上仁德之人重要。百姓要是犯了錯，責任就由我一個人來承擔。」

字義

周有大賚：賚，音「賴」，賞賜、賜與。

善人是富：善人，擅長治理的人。善，擅長，這裡是指擅長治理。富，豐富、很多。

周親：至親。周，至也。親，泛指和自己有血緣或姻親關係的人。

予一人：古代天子自稱。

明德說

一、「善人是富」並非如楊伯峻所說「使善人都富貴起來」，而是「能臣非常的多」。

二、朱熹《四書集注》說：「『雖有周親，不如仁人；百姓有過，在予一人。』此周書太誓之辭。孔氏曰：『周，至也。言紂至親雖多，不如周家之多仁人。』」在我看來，孔安國的說法恐有誤。「雖有周親，不如仁人」一句無關紂王，而是至親與仁人兩者之間在周武王心中輕重的衡量，也就是至親不如仁人。

三、「雖有周親，不如仁人；百姓有過，在予一人」四句，宋翔鳳以為系武王封諸侯之命辭。可信。

20.1.4. 謹權量，審法度，修廢官，四方之政行焉。興滅國，繼絕世，舉逸民，天下之民歸心焉。所重民食、喪、祭。寬則得眾，信則民任焉，敏則有功，公則說。

語譯

權衡要謹慎，法律和制度要公正，懈怠的官員要整頓，這樣，用於四方各地的政策就能推行開來。讓不當滅的國家重新建立起來，讓不當斷絕的世家重

新延續下去，把不在位的才俊都請出來做官，如此，天下民心都能夠向著你。重視人的：物質生活、喪葬、祭祀三件事。為政寬厚，就能得到眾人的支持；說話算話就能得到別人的信任；勤勞就能有功績；公正就大家都高興。

字義

謹權量，審法度，脩廢官：三句話都是倒裝，還原後是：權量謹、法度審、廢官修。權量，權衡也。審，正、不偏斜。法度：法律和制度，按《書經‧大禹謨》：「籲！戒哉！儆戒無虞，罔失法度。罔遊於逸，罔淫於樂。任賢勿貳，去邪勿疑。疑謀勿成，百志惟熙。罔違道以干百姓之譽，罔咈百姓以從己之慾。無怠無荒，四夷來王。」廢，懈怠、曠廢。脩，治理、整理、整頓。

興滅國，繼絕世，舉逸民：三句話都是倒裝，按今天的語序是：滅國興、絕世繼、逸民舉。絕世，斷絕祿位的世家。逸民，不在位的能人。

所重民食、喪、祭：民，人也，是總稱。食，食物，指代物質生活。

敏：勤奮。

公則說：公，公正也；說，音義同「悅」。

明德說

一、楊伯峻說：「謹權量，審法度」兩句只是「齊一度量衡」一個意思，不敢苟同，應該是兩件事，而非一件事，即不是楊伯峻所說「檢驗並審定度量衡」，而是「權衡要謹慎，法律和制度要公正」。

二、「脩廢官」非如楊伯峻所說「修復已廢棄的機關工作」，也非錢穆所說「舊的官職廢了的，該重新修立」，而是「整頓懈怠的官員」。

三、「所重民食喪祭」，楊伯峻的翻譯是：「所重視的：人民、糧食、喪禮、祭祀。」究竟民食喪祭是四件事還是三件事，我個人傾向為三件事。原因是如果是四件事，也就是重視人民、糧食、喪禮、祭祀。然而，如何體現對人的重視呢？重視糧食、喪禮和祭祀不都是重視人的體現嗎？如果是四件事，那就有重疊了。因此，是三件事。

四、「所重民食喪祭」的「民」僅限於人民嗎？我以為，包括君王自己，也包括官員。因此，民不解釋為「人民」，而解釋為「人」。

五、「信則民任焉」並非如楊伯峻所理解「有信實，就會被百姓任命」，這裡的「信則民任焉」與第17.6.章「信則人任焉」並無任何不同，蓋「人」即「民」也，這裡指的都是「別人」，無關在位者或是百姓。

20.2. 子張問於孔子曰：「何如斯可以從政矣？」子曰：「尊五美，屏四惡，斯可以從政矣。」子張曰：「何謂五美？」子曰：「君子惠而不費，勞而不怨，欲而不貪，泰而不驕，威而不猛。」子張曰：「何謂惠而不費？」子曰：「因民之所利而利之，斯不亦惠而不費乎！擇可勞而勞之，又誰怨？欲仁而得仁，又焉貪？君子無眾寡，無小大，無敢慢，斯不亦泰而不驕乎？君子正其衣冠、尊其瞻視、儼然，人望而畏之，斯不亦威而不猛乎？」子張曰：「何謂四惡？」子曰：「不教而殺謂之虐；不戒視成謂之暴；慢令致期謂之賊；猶之與人也，出納之吝謂之有司。」

語譯

孔聖人的學生子張問老師：「具備哪些條件才能夠從政呢？」孔聖人說：「遵行五種美德，摒除四種不好的做法，就可以從政了。」子張說：「何謂五種美德？」孔聖人說：「為政者給人民好處卻不用花錢；讓人民勞動，人民卻不會抱怨你；追求仁德而不貪取名利權色；平和卻不驕傲；有威嚴卻不必用到凶暴。」子張說：「什麼叫惠而不費呢？」孔聖人說：「人民認為什麼有利的，就實施那個政策，這不是給人民好處卻不花錢嗎？你要人民勞動也是要挑時間，挑內容，就挑一個他們有空的時間，挑一個他們願意做的事情，這樣，又有誰會抱怨呢？你想追求仁德，也因此得到仁德了，又哪裡需要貪戀名利權色！君子辦公不看來辦事情的人是多或少，一律平等看待；也不看對方的地位是高或低，一律平等看待，都不敢怠慢，這不就是平和而不驕傲嗎？君子衣服帽子穿戴整齊，重視自己的行為舉止，做事情的態度非常莊重恭敬，人民看到他就自然升起一股敬畏之心，這不就是有有威嚴卻不必用到凶暴嗎？」子張說，「那什麼是四種要不得的做法呢？」孔聖人說：「沒有接受軍事訓練，就要讓人民上戰場，這種情形叫做殘忍；沒有讓他們準備就要看到成果，這種情形叫做欺凌；

命令很晚才下，卻要下屬在期限內完成，這種做法就叫做傷害；終究是該給別人的，可是卻給的很不乾脆，這種情形叫做小家子氣。」

字義

子張：孔聖人弟子，複姓顓孫，名師，子張是顓孫師的字，春秋末年的陳國人。

尊五美，屏四惡：「尊」，音義同「遵」，遵行、遵從；「屏」，音義同「摒」，摒棄、摒除。美：好的德性；惡，讀音「俄」，不好。

君子惠而不費：君子，從政者。惠，恩、好處。費，花費。

泰而不驕：泰，平和；驕，驕傲。

威而不猛：威，威嚴；猛：凶暴。

因民之所利：因，根據、按照。

尊其瞻視：尊，重視；瞻視，觀瞻、外觀，指行為舉止。

儼：莊重、恭敬。

不教而殺謂之虐：教，讀音「交」，傳授，指傳授軍事技能。殺，戰鬥、拼殺。虐，殘忍。

不戒視成謂之暴：戒，準備。按「既種既戒」——《詩‧小雅‧大田》。視，看。成，成果。暴，凶惡、欺凌。

慢令致期謂之賊：慢，不及時、遲了。令，命令。致，達到。期，期望。賊，傷害。

猶之與人也：猶，仍然、還、終究。之，代詞，這裡指物、錢財。與，給。

出納之吝，謂之有司：吝，捨不得，吝嗇。有，置於名詞前，作音節的襯字。司。臣也。有司，指下級機關的官員，意謂小家子氣，辦不了大事，無法獨當一面。

明德說

一、「君子正其衣冠、尊其瞻視、儼然，人望而畏之」，就句讀而言，並非如楊伯峻、錢穆所說是「儼然人望而畏之」，而是「儼然，人望而畏之」，「儼然」屬於君子行為的一部份，而非修飾「人」。其中「尊其瞻視」並非如

楊伯俊所說「目不邪視」，也非如錢穆所說「瞻視尊嚴」，而是「重視自己的行為舉止」。

二、「猶之與人也」的「猶」並非如錢穆、楊伯峻所說「均是」、「同是」，而是「終究是」。

三、「不戒視成謂之暴」並非如錢穆所說「不事先告戒人，而到時忽然要查驗他成功了沒有，那叫暴」，也非楊伯峻所說「不加申誡便要成績叫做暴」，而是「沒讓人有足夠的時間準備就要看到成果，這種情形叫做欺凌」，其中，「戒」並非「告戒」、「申誡」，而是「準備」。

四、尊五美的「尊」，並非楊伯峻所說「尊貴」，也非錢穆、毛子水所說「尊崇」，而是遵行。

20.3. 孔子曰：「不知命，無以為君子也；不知禮，無以立也；不知言，無以知人也。」

語譯

孔聖人說：「不知道上天賦與的使命，就無法成為君子；不知道人的行為規範，就無法立足於社會；不知道別人所說的話的真正意思，就無法知道這個人究竟是怎樣的一個人。」

字義

不知命，無以為君子也：知：通曉，清楚認識。命，指派、人所稟受。為，成為。

禮：人該有的行為規範。

言：所說的話的真正意思。

20.4. 人心惟危，道心惟微、惟精、惟一、允執、厥中。

語譯

有些人的本性險惡。治心就從細微處、專一、本質著手，而且竭盡全力做

到誠信、公正。

字義

人心惟危：人，某人、某種人、某些人，按：「勞心者治人，勞力者治於人。」——《孟子·滕文公上》；心，本性、性情，按《周易·複卦》：「復，其見天地之心乎？」

惟，是也。危，險惡。

道心惟微：道，治也，按《史記·文帝紀》道民之略，在于務本；心，指前文所言「危心」。微，微細、細節。

惟精、惟一：精，專一。一，源頭。根據《說文解字·一部》：「一，惟初太始，道立於一，造分天地，化成萬物。凡一之屬皆從一。」根據《說文解字》的解釋，我認為，一實指源頭、本質。

允執厥中：允，誠。執，持。厥，通「屈」，竭盡。中，公平。

明德說

一、本章出自《尚書·虞書·大禹謨》，並非《論語》原文的一部份，而是作者在本書中唯一擅自增加的，可以忽略。

二、治心之道，同時也是對付小人的的五個下手處：從細微處、從專一、從本質、誠信、公平。

附錄一：
對所謂「孔子的十大糟粕思想」的一點看法

全世界最優美、最善良、最公平的文化就是孔子之道，日本學者伊藤仁齋(1627- 1705) 稱孔聖人為最高的聖人，而《論語》乃「最上至極宇宙第一書」，乃名符其實，這世界上再也沒有比孔子之道更好的了；全世界最邪惡的政治制度就是獨裁，沒有再比獨裁還壞的了。

作為人，一般人有三大致命弱點：無知、懦弱和貪婪。寫「孔子的十大糟粕思想」這篇文章的作者至少體現了該人的無知。無知，如果不是惡意的，那就情有可原，還有上天堂的可能，要是惡意的，那就要下地獄了。

「孔子的十大糟粕思想」原文以標楷體呈現，隨後，我進行逐一反駁。

魯迅先生說：「翻閱兩千年的中國文明史，只看到兩個大字：吃人。」誠哉斯言！鑒於近日，國學之風又起，害人無數，有必要再次將孔子的糟粕思想進行梳理，以示國人。

我的反駁：如果真如魯迅所說，儒家是吃人的禮教，那麼，中國早就滅亡了，因為人全被吃光了！而事實上，中國還沒滅亡，不是嗎？因此，魯迅的這種說法是含血噴人。

一、等級觀念：孔子推崇君權、父權、夫權，提倡愚忠、愚孝、愚節。在孔子的觀念裡，君臣父子夫妻，各有其位，等級森嚴，不容僭越，絕無平等之必要，更無平等之可能。導致國人只知專制，不識民主，以為命由天定，其實人人生而平等。孔子的這種專制思想、等級觀念逐漸滲透進國人的血液裡，流淌至今，如附骨之蛆，剔之不去。《論語·顏淵》孔子對曰：「君君、臣臣、父父、子子。」《論語·八佾》孔子對曰：「君使臣以禮，臣事君以忠。」《論語·里仁》子曰：「三年無改於父之道，可謂孝矣。」

我的反駁：

(1) 在地球上，有哪一個組織沒有等級？有哪一個政府沒有等級？有哪一家公司沒有等級？有哪一個軍隊沒有等級？有哪一個政黨沒有等級？……毫無例外，全部都有等級。為什麼所有的組織都必須有等級？連這麼簡單的問題都不知道答案的話，那大概也就只有白癡了。在任何一個組織裡面，等級是必然存在的，不應該有的是世襲，世襲的政權、種性制度、以世界的統治者自居才不公平，也才是罪惡的源頭。

(2) 很多人不知道什麼叫做平等。何謂平等？每一個人都有機會當總統，這就是平等。而讓每一個人都是總統，這不叫平等，也不可能。孔聖人是最主張平等的，有教無類在兩千五百年前就做到了；「冉雍可使南面」，這不叫平等嗎？

(3) 孔子從沒推崇過君權、夫權、父權，這是該文作者對孔聖人的污衊。三綱之說是政權儒家的說法，與孔聖人無任何關係。關於政權儒家請看本書附錄二的儒家之辨。

(4) 孔聖人從沒提倡過愚忠、愚孝、愚節。該文的作者犯了污衊聖人的重罪。

(5) 孔聖人從沒主張過專制，這又是污衊了。

(6) 君君臣臣父父子子，不對嗎？做國君的盡到他的責任不對嗎？做臣子的盡到他的責任不對嗎？君使臣以禮，臣事君以忠（正確解釋請看本書第 3.19. 章），難道不對嗎？三年無改於父之道（請看本書正文註解），難道不對嗎？

二、孔子力主推行愚民政策，讓民眾按照統治者的意思去做事，卻不要讓他們知道這樣做的原因。愚民為何？一句話：便於統治！中國近現代的諸多落後，以及國人骨子裡的奴性十足，都是兩千多年的專制思想和愚民教育合力作用的結果。對此，孔老夫子，恐怕難辭其咎。《論語・泰伯》子曰：「民可使由之，不可使知之。」

我的反駁：

(1) 孔聖人從沒主張愚民政策，相反的，是從他開始開啟了民智，讓平民也可以受教育，是從他開始鼓吹仁政。

(2) 中國近現代的諸多落後，與儒家無關，而是政治制度落後的結果，也就是一人說了算的帝制，而非一人一票的民主制。

(3) 中國人骨子裡從沒有奴性，是獨裁要求人民在上級面前表現出奴性，下屬和人民只好裝出奴性。

(4) 「民可使由之，不可使知之」，是說政府可以使用民力，但是不要讓他們有貪慾。詳細說明請看本書第8.9.章。

三、簡單的二元思維：孔子眼裡，人只有兩類，非君子即小人。如此簡單的二元思維，導致國人在面對多元社會，多元問題時的無能為力和不知所措。其實人性之複雜，根本就不是君子和小人所能涵蓋的，當然，孔子認為一分為二足矣。《論語・為政》子曰：「君子周而不比，小人比而不周。」《論語・述而》子曰：「君子坦蕩蕩，小人長戚戚。」《論語・里仁》子曰：「君子喻于義，小人喻於利。」

我的反駁：

(1) 「簡單的二元思維」這種說法又是在扣帽子、子虛烏有。「孔子眼裡只有兩類人，非君子即小人」，這樣的理解顯然錯誤。君子和小人是人群當中的兩類，而非只有兩類。在人群中，小人固然很多，但是，君子難得見到一個，而大部份人既不是小人，也不是君子。

(2) 二元思維簡單嗎？辨別善惡簡單嗎？知道什麼是是什麼是非簡單嗎？決策都能正確而不錯誤，簡單嗎？面對輸贏，簡單嗎？這世界上的事情，有哪一件是簡單的？

四、孔子只重闡述，不提倡原創，結果中國歷代知識份子只能將古人的思想陳陳相因，多是些訓詁、考據、索隱之學，而新思想的誕生幾無可能。此便為春秋戰國之後，中國再無思想大家之根源所在。另外，一個不重視原創的民族只會出現現在這樣的結果：抄襲嚴重，盜版猖獗。《論語・述而》子曰：「述而不作。」

我的反駁：

(1)「孔子只重闡述，不提倡原創」這種說法是污衊。「述」在這裡就是撰述，也就是創作，而非闡述。如果說連孔聖人這樣一個大學問家都沒有創作的話，那就不知道誰有資格說他創作了。

(2) 春秋戰國之後，中國再無思想家與儒家沒有半毛錢關係，而是專制所造成。專制之下，有何學術自由可言？既然沒有學術自由，又哪裡來的思想家？那不是緣木求魚嗎？

(3) 中國現在的「抄襲嚴重，盜版猖獗」與儒家沒半毛錢關係，而是邪惡的政治制度的必然結果，是所有獨裁國家的通病，無法創新，只能抄襲和偷竊。

　　五、迷信古人：孔子的目標永遠向後，只恨不能回到周初，為周公洗足，替武王捶背。導致的結果是，人人迷信古人，而古人迷信更古的人。年紀輕輕就開始懷舊，不思進取，只知慨歎人心不古，其實古人之心未必如今。《論語‧述而》子曰：「信而好古。」

我的反駁：

說孔聖人「迷信古人」，這種說法是污衊。「信而好古」是指孔聖人敬仰而且喜好聖人之道，這有什麼不對嗎？如果把古解釋成古人，那麼，難道孔聖人也迷信夏桀商紂嗎？他們不也是古人嗎？

　　六、歧視女性：孔子輕賤女性，視女子為小人，導致的結果是數千年的重男輕女，造孽無數。《論語‧陽貨》子曰：「唯女子與小人為難養也，近之則不孫，遠之則怨。」

我的反駁：

說孔聖人「歧視女性」，這種說法是污衊。關於「唯女子與小人難養也」的正確解釋，請看本書第17.25.章。

　　七、狹隘的民族主義：孔子心中那「正統嫡傳」的文化道德優越感，逐

漸演變成國人心目中「天朝上國」之莫名其妙的觀念，至明清而愈演愈烈，舉國上下，不知天外有天，遂有清末之辱。細細揣度，人類之戰爭，半數以上起於民族主義，一戰、二戰之德國日爾曼民族、日本大和民族，皆因自以為優而彼等劣，遂起貪心，致生靈塗炭。現今，國內經濟略有好轉，民族主義叫囂又起，望國人慎之再慎，引以為戒。《論語‧八佾》子曰：「夷狄之有君，不如諸夏之亡也。」

我的反駁：

(1) 我不知道該文作者懂不懂得什麼叫民族主義？

(2) 該文作者不識貨，自然不知道孔孟之道的可貴。至於「天朝上國」又與孔聖人有何干係？

(3) 想必該文作者也不懂「夷狄之有君，不如諸夏之亡也」的正確意義，請看本書第 3.5. 章的解釋。至於夷狄之說也不過是當時中原流行、共通的說法罷了！

八、孔子提倡事不關己，高高掛起。如此這般，社會責任感，從何談起？
《論語‧泰伯》子曰：「不在其位，不謀其政。」

我的反駁：

又是污衊孔聖人，說孔聖人「提倡事不關己，高高掛起」。關於「不在其位，不謀其政」的正確解釋，請看本書第 8.14. 章。

九、孔子是典型的精英主義者，骨子裡看不起勞動人民，視農民、菜農、手工業者為小人。《論語‧為政》子曰：「君子不器。」《論語‧子路》樊遲請學稼。子曰：「吾不如老農。」請學為圃。曰：「吾不如老圃。」樊遲出。子曰：「小人哉，樊須也！」

我的反駁：

(1) 又是一而再、再而三的污衊，說孔聖人「是典型的菁英主義者」。如果

孔聖人是菁英主義者，他就不需要推動平民教育，他的弟子大多是平民出身。

(2) 關於「君子不器」的正確解釋，請看本書第 2.12. 章。

(3) 關於「樊遲請學稼」請看本書第 13.4. 章的解釋。孔子指責樊遲，一是問錯對象，若要學圃或學稼，不該問孔聖人；二是辜負了老師的心血。孔聖人教的是太平之道，他希望樊遲也能夠做個關心天下蒼生的大人，而不是只想著自己生計的小人。大人與小人的分別不取決於職業、身份、地位、財富，而取決於自私還是利他。

十、孔子為人虛偽，言行不一，在衛國見南子，惹眾弟子不悅一事，將其說一套，行一套的嘴臉暴露無疑。《論語·雍也》子見南子，子路不說。夫子矢之曰：「予所否者，天厭之！天厭之！」

我的反駁：

(1) 在批評別人之前，先問問自己有沒有「為人虛偽、言行不一」？如果自己做到了言行一致，再來說別人。

(2) 其次，孔聖人見了南子，為什麼就是言行不一？有何虛偽？孔聖人在見南子之前，有說不見她嗎？如果沒有說過不見她，那哪裡來的虛偽和言行不一！

(3) 南子貴為衛國的國君夫人，三番兩次邀請孔聖人面見，於禮，又如何能拒絕？

污衊孔聖人會有什麼後果？猶如造了五無間罪，這是所有污衊者必須認識到的。要滅一個民族，先滅他的文化。因此，什麼是最大的漢奸？把孔孟之道說成糟粕，順便把漢字簡化了，最好把象形字改成拼音文字，這就是最大的漢奸的歹計。

附錄二：
儒家之辨——我們真的了解孔孟嗎？

這等事需要去釐清：南宋已經亡了，文天祥還不投降，為什麼？美國眾議院在 2009 年十月二十八日通過紀念孔子誕辰兩千五百六十週年的決議，為什麼？時任韓國總統的朴槿惠稱「中國古語令其終身受益」[1]，為什麼？在中國之外的越南、日本、韓國、琉球、新加坡、印尼、馬來西亞等地都建有孔廟，且韓國還有一千萬名的孔教信徒[2]，為什麼？啟蒙時期的法國思想家伏爾泰(Voltaire) 對孔子讚譽有加[3]，為什麼？但另一方面，儒家卻被自己的部份菁英唾棄：陳獨秀與吳虞對儒家的孝道進行批判；魯迅在浙江任教時逼走尊孔校長；錢玄同說：「欲廢孔學，不可不先廢漢字！」魯迅高喊：「漢字不滅，中國必亡！」[4]為什麼？到底儒家文化是好文化？是壞文化？是稀世珍寶還是吃人的禮教？是不可或缺還是糟粕？同樣是儒家，為什麼會有兩種幾乎完全不同的評價，究竟我們了解孔孟嗎？這些問題將在本文得到探討。

---

1. 朴槿惠稱中國古語令其受益終身，其所引用的古語例如：《管子‧權修》「一年之計，莫如樹穀；十年之計，莫如樹木；終身之計，莫如樹人」、《周易》的「自強不息，厚德載物」、《中庸》的「君子之道，譬如行遠必自邇，譬如登高必自卑」、諸葛亮云「非淡泊無以明志，非寧靜無以致遠」、她領悟到「推己及人，即為『仁』」，並戲稱趙子龍是自己的「初戀」，參見中國新聞網：http://www.chinanews.com/gn/2013/06-29/4983822.shtml?f=360
2. 德文維基百科，關鍵字：Konfuzianismus，2013 年八月八日檢索。
3. 法國思想家伏爾泰也受到孔子的影響，他把孔子的理性主義 (Rationalism) 作為基督教教義之外的另一個人生選擇。他讚揚孔子的倫理與政治思想，認為儒家思想下的中國社會政治秩序可以做為歐洲的典範，他說："Confucius has no interest in falsehood; he did not pretend to be prophet; he claimed no inspiration; he taught no new religion; he used no delusions; flattered not the emperor under whom he lived..." 以上參閱 Lan, Feng (2005). Ezra Pound and Confucianism: remaking humanism in the face of modernity. University of Toronto Press. p.190. 上述這句話的中文大意是說，孔夫子沒有興趣造假，不說自己是先知，不說自己獲得神啟，不教我們宗教，他不使用幻覺，也不阿諛他的國君。換言之，伏爾泰把儒家與基督教文化做了一個鮮明的對比，前者是理性可以驗證的，而後者則是神性無法驗證的，需要靠幻覺想像的。
4. 以上參閱容若，「打倒孔家店」溯源，明報月刊 2009 年五月號，http://www.mingpaomonthly.com/cfm/Archive2.cfm?File=200905/book/01a.txt&Page=1，2013 年八月八日檢索。

一、概念界定:原始儒家與政權儒家

對於儒家如何劃分,各有說法。例如李澤厚提出儒學四期說、牟宗三、杜維明提出儒學三期說、成中英提出儒學發展五階段說,也有柳河東的五期說[5]。在此,本文嘗試另一種分法,非要標新立異,而是想從另一個角度來認識儒家,此劃分的標準即是「儒家是否為政權所用」。依此,本文把尚未為政權所用的儒家稱為原始儒家,也就是以孔孟為代表的先秦儒家,是未經法家[6]、漢儒三綱、天人感應說和宋明理學改造過的孔孟思想;另一種稱為政權儒家,也就是在漢武帝獨尊儒術之後的儒家,其已經與政權結合而淪為帝王的統治工具,[7]包括漢唐至宋元明清的儒學[8]。

二、原始儒家與政權儒家的區別

在經過上述的定義之後,原始儒家與政權儒家兩者究竟有何區別?本文分別從以下六個面向區別之:純正與否、民本或君本、對人性尊重與否、具體或抽象、公平對不公平、對忠孝的理解有異。

(一)純正與否

就內涵而言,政權儒家除了本身的儒家色彩之外,還夾雜了陰陽家、法家、道家、佛家(尤其在宋明理學時)的思想,已經與孔孟儒家有明顯區別。

---

[5] 柳河東,儒學發展五期說及其現代價值的展現來源:世界儒學大會論文集(2008年十月十五日)

[6] 這裡尤其指的是韓非子的三綱思想:「臣事君,子事父,妻事夫,三者順則天下治,三者逆則天下亂,此天下之常道也。」見韓非著,陳秉才譯注,2007年,《韓非子·忠孝》,北京:中華書局,第285頁。另錢軍也指出,三綱政治倫理制度的文化的直接源頭是法家的韓非子。見錢氏著,西漢故事研究,四川民族出版社,第771頁。

[7] 「儒家思想在董仲舒天人感應說之後,逐步為統治階級所利用,開始了倫理政治化和政治倫理化。」參見:薛曉萍,2010年,先秦儒家道德價值思想及其現代啟示研究。河北師範大學法政學院博士論文,第9-10頁。

[8] 雖然漢經學和宋明理學有所不同,但兩者都沒有擺脫三綱、君要臣死,臣不得不死的束縛,其實施的結果都有利於帝王的統治,而不利於民本的實踐。因此,本文把兩者都歸納為政權儒家。

（二）民本對君本

孔孟學說主要是用來約束君主，而政權儒家的為政之道則是用來約束臣民。孔子雖未明言民貴君輕，但從他的說法中則處處可見，治理國家的責任在於君主，而非人民。《論語・堯曰》篇說：「朕躬有罪，無以萬方；萬方有罪，罪在朕躬。」做為君主應該承擔所有責任，盡到照顧好臣民的責任，所以，孔子說：「道千乘之國，敬事而信，節用而愛人，使民以時。」又子曰：「為政以德，譬如北辰，居其所，而眾星共之。」孔子：「有君子之道四焉：其行己也恭，其事上也敬，其養民也惠，其使民也義。」又孔子對季康子說：「子為政，焉用殺？子欲善，而民善矣！君子之德風；小人之德草；草上之風必偃。」季康子問：「使民敬忠以勸，如之何？」子曰：「臨之以莊，則敬；孝慈，則忠；舉善而教不能，則勸。」以上所言，無不是孔子對為政者的期盼，只要君王修己愛民，則草上之風必偃。相較於孔子對為政者的循循善誘，孟子對君主的勸諫則顯得理直氣壯，他直白的說：「民為貴、社稷次之、君為輕。」接著說：「君之視臣如手足，則臣視君如腹心；君之視臣如犬馬，則臣視君如國人；君之視臣如土芥，則臣視君如寇仇。」《孟子・離婁篇下》

故孔孟思想都以民為貴，以民為本，君有義務做好表率，行仁政，「百姓有過，在予一人」，不在臣民。然而政權儒家則反是。西漢董仲舒在《春秋繁露・基義第五十三》指出：「君臣、父子、夫婦之義，皆取諸陰陽之道，君為陽，臣為陰；父為陽，子為陰；夫為陽，婦為陰……王道之三綱，可求於天。」接著他說：「天子受命于天，諸侯受命于天子，子受命于父，臣妾受命于君，妻受命于夫。」《春秋繁露・順命第七十》雖然董仲舒終其一生並沒有明確提出「君為臣綱、父為子綱、夫為妻綱」的字句，[9]但三綱所指已經很明顯了。至東漢年間，漢章帝親自召開白虎觀會議[10]，會後結論即為《白虎通義》一書，《白虎通義・三綱六紀》指出：「三綱者何謂也？謂君臣、父子、夫婦也。……君為臣綱，父為子綱，夫為妻綱。」自此至清末，三綱成為所有中國人揮之不去的束縛，卻是帝王統治臣民的有力工具，這也造成中國在後來的落後。

9　錢軍，2012 年，西漢故事研究，四川民族出版社，第 779 頁。
10　錢軍，2012 年，西漢故事研究，四川民族出版社，第 784 頁。

（三）尊重人性對壓抑人性

原始儒家與政權儒家的一大差別在於前者尊重人性、尊重個性、引導人性，而後者則是壓抑人性。

孔聖人不用道德綁架，也沒有要全部的人就一個樣子。「閔子侍側，誾誾如也；子路，行行如也；冉有、子貢，侃侃如也。」子路是孔聖人的學生，「子見南子，子路不說」、「公山弗擾以費畔，召，子欲往。子路不悅」、「在陳絕糧。從者病，莫能興。子路慍見」，學生可以對老師不高興；而孔子本身也會開玩笑：「由也，好勇過我，無所取材。」又有一天，孔聖人問他的學生：「以吾一日長乎爾，毋吾以也。居則曰：『不吾知也！』如或知爾，則何以哉？」問到曾點的時候，曾點才「鼓瑟希，鏗爾，舍瑟而作」，而不是一開始就是端立在老師面前。

宋明理學的代表朱熹指出：「聖賢千言萬語，只是教人明天理，滅人欲。」[11]「學者須是革盡人欲，復盡天理，方始是學。」[12]「天理、人欲，只要認得分明。便吃一盞茶時，亦要知其孰為天理，孰為人欲。」[13]「一言一語，一動一作，一坐一立，一飲一食，都有是非。是底便是天理，非底便是人欲。如孔子『失飪不食，不時不食，割不正不食，不多食』，無非天理。如口腹之人，不時也食，不正也食，失飪也食，便都是人欲，便都是逆天理。如只吃得許多物事，如不當吃，纔去貪吃不住，都是逆天理。」[14]又說「飲食者，天理也；要求美味，人欲也。」要求美味，竟成了該去除的「人欲」，有如此的緊張嗎？反過來說，「去美味」，真的是天理嗎？

況且，去人欲做得到嗎？要真做到了，會沒有代價嗎？王慶節指出：「黑暗的中世紀教會史應當為我們在這方面提供足夠的教訓與借鑒。這一歷史告訴我們，一旦有限的、世俗的人類試圖拔高，扮演無限與超越的上帝角色，接踵而來的大概更多的可能是偽善與罪惡。」[15]結果歐洲在這一千年當中幾乎停滯

---

11 《朱子語類》（一）第十二卷，學六，持守，頁207。臺北：中華書局，1986年。
12 《朱子語類》（一）第十三卷，學七，力行，頁225。
13 《朱子語類》（三）第三十六卷《論語》十八，顏淵喟然歎章，頁963。
14 《朱子語類》（三）第三十八卷《論語》二十，鄉黨篇，第八節，頁1004。
15 王慶節。2009年，道德金律、恕忠之道與儒家倫理，第533-557頁，收錄於劉國英、張燦輝編，修遠之路：香港中文大學哲學系六十週年系慶論文集。同寅卷。香港中文大學出版社，第540頁。

不前。同樣的,當宋明理學把滅人欲作為一種對所有人的規範,希冀每一個人都成為聖人時,在社會上必然造成更多的壓抑、不幸,其結果便會如中古歐洲社會一樣長期停滯不前。

事實上,後儒都誤解了孔聖人,孔教一點都不深奧,也沒有教條,既不用講天理,也不用講人欲,就是一個「恕」,就是「成人之美」,如此而已。當一個讀孔聖人書的人失去了同理心,那他就是在行惡。因此,真正的儒家不會主張餓死事小、失貞事大、不會主張纏腳、不會主張守寡,不會主張三從四德,不會主張三綱,因為儒家主張的是平等、利他、善良、是每一個人都扮演好他的角色,孔教的目的是讓人(包括女人)幸福、自由、活潑,而非讓人槁木死灰。

(四)具體對抽象

誠然:「以孔子為代表的儒家流行了二千多年。隨著社會時代的改變,儒家的形象也經常被改變著。重大改變有兩次,一次在漢代,即董仲舒塑造的儒家;一次在宋代,即朱熹塑造的儒家。董仲舒用天人合一、天人感應的思想塑造儒家,董仲舒標榜的儒家是已經神學化了的儒家,與春秋時期孔丘的思想有很大的差別。」[16] 差別之一即在於六合之外論或不論,孔孟不論,而董仲舒、朱熹等人卻能言之鑿鑿。[17]

孔孟思想平易近人,具體可行,例如孔子說「學而時習之」、「己所不欲、勿施於人」、孟子說「愛人者,人恆愛之;敬人者,人恆敬之」。這些說法不只中國人能理解,即便是外國人也能理解,然而,政權儒家所言的心性與天道則讓人費解[18],例如:心是什麼?心在哪裡?性是什麼?性在哪裡?道是什麼?道在哪裡?理是什麼?理在哪裡?氣是什麼?氣在哪裡?天是什麼?天在哪裡?神是什麼?神在哪裡?……且不說一般人摸不著邊,就是修行人、士子也是各說各話。正因為心性天道無法捉摸,孔子才不說,故子貢言:「夫子之言性與天道,不可得而聞也。」

---

16 任繼愈主編,1985年,中國哲學發展史·秦漢,人民出版社,第361頁。

17 清·紀昀《閱微草堂筆記》:「宋儒據理談天,自謂窮造化陰陽之本,於日月五星,言之鑿鑿,如指諸掌。」

18 王夫之提出「天下惟氣」的說法,他說:「天下惟氣而已矣。道者氣之道,氣者不可謂道之氣也。」(《周易外傳》卷五,《船山全書》第一冊,第1028頁。)又說:「陰陽二氣充滿太虛,此外更無它物,亦無間隙,天之象,地之形,皆其所範圍也。」(《張子正蒙注》卷一,《船山全書》第12冊,26頁)

孔子「不語怪力亂神」，又說「務民之義，敬鬼神而遠之」，孔子對鬼神的態度與莊子的「六合之外，聖人存而不論」是一致的，他們不講玄幻天道，而是專心於今生在人間的事業。如果今生能夠做好推己及人的功夫，鬼神又如何能把他趕到地獄中去？反之，如果今生壞事做盡，祭拜再多的鬼神，鬼神又如何能讓他上天堂？

相反的，政權儒家則與歐洲中古世紀的羅馬教廷一樣講神，董仲舒的儒家即充滿神學的味道，他的天人感應說——《春秋繁露》一書充滿了上天的主宰、旨意和暗示。在董仲舒眼中，天「是一位有喜怒、司賞罰、有絕對權威的至上神，既主宰天上的諸神，也支配人間的帝王」。[19] 他說：「天者，百神之君也，王者之所最尊也。」《春秋繁露・郊義》那麼，君王如何體察天心呢？董仲舒說，天會給徵兆：「有非力之所能致而自至者，西狩獲麟，受命之符是也。」《春秋繁露・符瑞第十六》獲麟是受命之符，又如：「帝王之將興也，其美祥亦先見，其將亡也，妖孽亦先見。」（《春秋繁露・同類相動第五十七》）而一旦君王對天不敬的話會有什麼後果呢？董仲舒說，其禍至顯：「以此見天之不可不畏敬，猶主上之不可不謹事，不謹事主，其禍來至顯，不畏敬天，其殃來至闇。」總而言之，《春秋繁露》是一本以天道及陰陽五行之說來闡發春秋公羊傳大義的書[20]，跟孔孟思想已經大異其趣。

與董仲舒一樣，朱熹在思想上亦有海納百川的能力，其思想融合儒釋道法[21]，集理學之大成，後人對其推崇備至。錢穆即說：「中國之有孔子，猶如西方之有耶穌。朱子則如耶教中之馬丁路德。」[22] 此外，朱熹與董仲舒一樣喜歡講形而上的世界，尤其喜歡講理，他認為「世間之物，無不有理，皆須格過」[23]。他繼承程頤「性即是理」的說法[24]，他說：「伊川性即理也，自孔孟後無人見得到此，亦是從古無人敢如此道」[25]、「性只是理，萬理之總名。此理亦

---

19 任繼愈主編，1985年，中國哲學發展史．秦漢，人民出版社，第325-326頁。
20 賴炎元，1987年，春秋繁露今注今譯，臺灣商務印書館，〈自序〉第4頁。
21 徐公喜，論朱熹思想融合與創新特色，《江西社會科學》2006年09期。
22 錢穆，1983年，宋代理學三書隨劄，臺北：東大圖書，第217頁。
23 朱熹，1986年，《朱子語類》卷十五，冊一，第286頁。臺北：文津出版社。
24 朱熹，1986年,《朱子語類》卷五，冊一，第82頁。臺北：文津出版社。
25 《朱子語類》，卷59。

只是天地間公共之理,稟得來便為我所有」²⁶、「性者,人所受之天理」²⁷,那麼,性如何形成的呢?朱熹說道:「未有形氣,渾然天理,未有降付,故只謂之理;已有形氣,是理降而在人,具形氣之中,方謂之性。已涉乎氣矣,便不能超然專說得理也。」²⁸ 因此,他主張理在先而氣在後,但理與氣又不相離,「有是理便有是氣,但理是本」、「理未嘗離乎氣。然理形而上者,氣形而下者。自形而上下言,豈無先後!理無形,氣便粗,有渣滓」²⁹、「天地之間,有理有氣。理也者,形而上之道也,生物之本也。氣也者,形而下之器也,生物之具也。」《朱子文集・答黃道夫》除了理之外,心也是朱子學說的重點。對此王陽明曾說:「晦庵謂人之所以為學者心與理而已。」³⁰ 朱熹說:「心,主宰之謂也」、「心,即管攝性情者也,心是做功夫處」³¹。至於心是什麼?如何在心上做功夫?這等問題爭議甚多。且不說儒家本身就有陸王與程朱之分,若再加上道家、佛家,乃至基督教³²、伊斯蘭教等其他宗教的說法,那麼,爭議就更多了,如何去驗證也就不可得了。

(五)公平對不公平

原始儒家的人倫關係是公平、雙向、相對的³³,而政權儒家的人倫關係則是不公平、單向、絕對的。

齊景公問政於孔子。孔子對曰:「君君,臣臣,父父,子子。」公曰:「善哉!信如君不君,臣不臣,父不父,子不子,雖有粟,吾得而食諸?」在孔子

---

26 《朱子語類》,卷8。
27 《朱子語類》,卷5。
28 朱熹,1986年,《朱子語類》卷九十五,冊六,第2430頁。臺北:文津出版社。
29 《朱子語類》卷1。
30 王陽明,《傳習錄》卷中。
31 朱熹,1986年,《朱子語類》卷五,冊一,第94頁。臺北:文津出版社。
32 基督教的「心」與朱熹等儒者的「心」兩者意義是不同的。蘇友瑞在其「從儒家的心物問題談中國文化的社會實踐問題」一文中指出:「在基督教的立場中,『心』或許很重要,但絕對不是『主體』。基督教的道德主體是上帝,這是一個『外在的超越主體』,並不是從內心反省而生出來的。也就是說,『心』是被一個『有具體內容的《神》』所主控的,具體的內容就是白紙黑字的聖經。因此,基督教不主張『心』的獨大,人不管犯了多少錯,他依賴的不是來自內心的省察,而是來自與上帝的溝通、乞求上帝的憐憫。」參閱http://life.fhl.net/Society/ps5.htm,2013年九月十五日檢索。
33 錢軍也指出,孔子終生都在強調及推崇君臣、父子、兄弟朋友之間一種各自恪盡職守的人倫關係,而且孔子自己的師生、朋友和父子關係就是一種互相和睦與互相可以批評的關係,並非那種有嚴格尊卑、貴賤等級的關係,見錢氏著《西漢故事研究》,第780頁。

眼中，君臣父子關係是彼此的約束，有各自的角色扮演、應盡的義務和應享有的權利，孔子這種說法，齊景公欣然接受，所以景公說，是啊，假設君不君、臣不臣，他就吃不到食物了。對於人倫的分寸如何，孟子和孔子的理解是一致的，孟子說：「欲為君盡君道，欲為臣盡臣道：二者皆法堯、舜而已矣。不以舜之所以事堯事君，不敬其君者也，不以堯之所以治民治民，賊其民者也。」《孟子‧滕文公上》：「聖人有憂之，使契為司徒，教以人倫：父子有親，君臣有義，夫婦有別，長幼有序，朋友有信。」孟子又說：「仁之於父子也，義之於君臣也，禮之於賓主也。」孟子認為君臣之間必須彼此有義，非只要求臣有義，而君可以不義。政權儒家則反是，三綱之說斬斷了人倫之間相對的權利義務關係，轉變為絕對的服從關係：臣順君、子順父、妻順夫。三綱準則同樣是政權儒家在法律案件的判決依據，至於案件本身的是非曲直則非首要考慮。朱熹在給皇帝的奏書上說：「凡有獄訟，必先論其尊卑、上下、長幼、親疏之分，而後聽其曲直之辭。凡以下犯上，以卑淩尊者，雖直不右；其不直者，罪加凡人之坐。」《戊申延和奏箚一》。朱熹這種說法不對，也不善。因為司法的目的無關尊卑、上下、長幼、親疏，而只關是非曲直。

《大學》云：「為人君，止於仁。為人臣，止於敬。為人子，止於孝。為人父，止于慈。與國人交，止於信。」這說明了每一個人都有他該盡的責任，即使是人君也不例外；又《大學》：「致知在格物。物格而後知至，知至而後意誠，意誠而後心正，心正而後身修，身修而後家齊，家齊而後國治，國治而後天下平。自天子以至於庶人，壹是皆以修身為本。」就原始儒家而言，修身是天子以致于庶人都該做的最重要的一件事，然而到了政權儒家，似乎修身只是臣民、下屬、妻子單方面的義務，故君、父、夫的行為難以約束，暴政、家庭不幸也就難以避免。

在對女性的立場方面，董仲舒以下的儒家無不主張夫為妻綱，然而三綱之說顯然是不公平的。根據《孔子家語》，孔聖人說：「妻也者，親之主也」，親就是家庭，妻子才是一家之主。哪能單方面要求妻從夫，而夫可以不從妻。雙方必然是平等的，這樣才是公平，才是仁，才是將心比心。

（六）對忠與孝的認知不同

原始儒家的孝必須合於禮、合於義、合於道，但政權儒家斷章取義，把孔

子說的無違等同於孝[34]，這乃受到父為子綱思想的影響；原始儒家所說的忠是忠誠，政權儒家所說的忠是忠順，前者講人倫關係要以禮相待，而後者講無條件的服從，這乃政權儒家受到君為臣綱思想的影響。關於原始儒家對於忠與孝的理解將在後面做更為詳細的闡述。

從以上種種說明可知，政權儒家已經背離了孔孟之道，在孔孟的觀念裡，自天子以至於庶人皆以修身為本，而非三綱因人而異。孔孟之道是民本、人性的，是真理，具有永恆的實踐價值，即使在今天也可行、明天依然可行；而政權儒家則是君本、不公平、違背人性。

三、原始儒家的孝、恕、忠

（一）孝

1、孝的字面意義

「孝」在漢字六書中是一個會意字，由老字與子字組成，而且，老在上，子在下。孝表明親子關係中為人子女者所應扮演的角色和應有的行為，在甲骨文中就已經發現孝字，可見，孝的起源非常早。單從字面分析，孝的含意便非常豐富：

(1) 孝是護生。孝字的本身是親子（老與子）俱存。要照顧父母，子女必須先存在，且身心健康，才能盡孝，故《孝經·開宗明義》說：「身體髮膚，受之父母，不敢毀傷，孝之始也。」

(2) 孝是承擔。從字的形象上來講，兒子背負著老父親形成了孝字，這表明父母親年紀大了，走不動了，子女就要承擔起背負和照顧的責任。故東漢許慎《說文解字》說：「孝，善事父母者。從老省，從子，子承老也。」子承老方為孝，子若不承老就是不孝了。

(3) 孝是繼志。再從字的形象上來說，老與子融為一體才是孝，親子之間同心協力才是孝，父業子承，延續先人之志才是孝。故《中庸》說：「夫孝者，善繼人之志，善述人之事者也。」而《論語·學而》也說：「父在，觀其志；父

---

[34] 《論語為政》：孟懿子問孝，子曰：「無違。」

沒，觀其行。三年無改于父之道，可謂孝矣。」

(4) 孝是生育。孝的本身有子一字，換言之，無子不成孝、沒有子嗣的人就無法盡孝，這是文字本身就蘊含的意義。

2、孝在原始儒家的意義與重要性

(1) 孝是常道，永遠不變。《孝經》：「夫孝，天之經也，地之義也，民之行也。」

(2) 孝是所有善行的根本。曾子說：「民之本教曰孝。……夫仁者，仁此者也；義者，宜此者也；忠者，中此者也；信者，信此者也；禮者，體此者也；行者，行此者也，強者，強此者也。」《大戴禮記・曾子大孝》

(3) 孝是治國的根本。「孝，文之本也」《國語・周語》，唐朝學者陸德明解釋說：「經天緯地謂之文。」換言之，欲經天緯地者需以孝為根本，故古來便有「以孝治天下」之說，而《孝經》也說，孝能「順天下、民用和睦、上下無怨」。

(4) 孝是祭祀。年老的父母親過世之後，是否孝道就完成了呢？還沒有。這時候，孝道如何表達呢？祭祀。所以《國語・魯語上》云：「夫祀，所以昭孝也。」又《易經》說：「先祖者，類之本也，無先祖，惡出？」因此，盡孝不只對生育我們的父母，也包括對列祖列宗的追思。

(5) 孝須合於禮。子女一味的服從父母並非孔孟之孝。「孟懿子問孝。子曰：無違。樊遲御，子告之曰：孟孫問孝于我，我對曰無違。樊遲曰：何謂也？子曰：生，事之以禮，死，葬之以禮，祭之以禮。」孔子說，生、死、祭都要無違於禮，才是孝。《禮記・祭統》也說：「孝者，畜也。順于道，不逆於倫。」《孝經・諫諍章第十五》說：「故當不義，則子不可以不爭於父，臣不可以不爭於君。故當不義則爭之。從父之令，又焉得為孝乎。」

(6) 孝是繼往開來。孔子說：「武王、周公，其達孝矣乎。夫孝者，善繼人之志，善述人之事者也。」《中庸》上一輩沒有完成的志業，由下一代加以完成，這才是孝。

3、孝對個人、家庭、社會的作用

(1) 孝是報父母恩。想當初父母親對我們無微不至的呵護，為人子女怎能不回報？

(2) 促進家庭和樂。子女孝順父母，兄友弟恭，家庭就能和樂。

(3) 促進社會和諧：如何讓一個社會和諧？孔子的教法是發揚孝道；孟子也提倡孝道，認為尊親長的社會可致天下太平：「人人親其親，長其長，而天下平。」

（二）恕

1、恕的本義

今天我們都習慣把恕理解為寬恕、原諒，但這是後來的理解，與原始儒家有所不同。恕在六書中是形聲字，根據《說文解字》的解釋，恕，「仁也。從心，如聲」[35]。恕是仁。孟子又說，「仁者愛人」，因此，恕也可以理解為愛人。如何愛人？這回到恕，因為恕是由如和心兩部份組成，如心者如己之心，將心比心、推己及人就能如心，就能愛人。因此，我們可以說，仁、恕、愛、將心比心、推己及人等都是同義詞。而「以己量人」《新書‧道術》、「己所不欲，勿施於人」、「施諸己而不願，亦勿施於人」《中庸》、「己欲立而立人，己欲達而達人」、「老吾老以及人之老，幼吾幼以及人之幼」《孟子》、「人饑己饑，人溺己溺」[36]、「以仁愛為心，內省己志施之於人」《顏師古注漢書‧杜周傳》等都是恕道的表現。由以上分析可知，孔孟之恕非指寬恕，而是愛人[37]，朱熹也說：「恕非寬假之謂，推己及物為恕。」[38] 故寬恕是愛人的一部份，但只是一部份。

2、恕在原始儒家的重要性

(1) 恕是孔子之道。子曰：「參乎！吾道一以貫之。」曾子曰：「夫子之道，忠恕而已矣。」《中庸》：「忠恕違道不遠；施諸己而不願，亦勿施於人。」又《孟子‧盡心》曰：「強恕而行，求仁莫近焉。」又子貢問曰：「有一言而可以終身行之者乎？」子曰：「其恕乎！己所不欲，勿施於人。」本文以為，

---

35 畢寶魁認為恕是會意字，非形聲字。見畢氏：《論語》「忠」「恕」本義考，《清華大學學報（哲學社會科學版）》2009 年，24(6): 156-160。
36 原文是：「禹思天下有溺者，由己溺之也；稷思天下有飢者，由己飢之也，是以如是其急也。」《戰國‧孟子‧離婁下‧第二十九章》
37 楊寶忠，「恕」字古義考──兼論「恕」和「仁」的關係，《孔子研究》，1999 年 2 期。第121-123 頁。
38 張玉書等撰，王引之等校訂，康熙字典 [2]，上海：上海古籍出版社，1996 年，頁 348。

孔子所說「吾道一以貫之」的「一」、曾子所說的「忠恕」，孟子所說的「強恕」、《中庸》所言忠恕違道不遠的忠恕，指的都是同一個德目，那就是孔子一直在講的仁、也就是恕，用現代話來說是愛。

(2) 恕是仁之方：恕為儒者所應終身奉行。《論語·衛靈公》子貢問曰：「有一言而可以終身行之者乎？」子曰：「其恕乎！己所不欲，勿施於人。」馮友蘭認為，恕道在中國文化中，既是實踐道德的方法，也是日常待人接物的方法[39]，「夫仁者，己欲立而立人。己欲達而達人。能近取譬，可謂仁之方也矣。」這種「仁之方」落實到具體的人際關係便是對人對己皆適用同一道德標準的公正原則，即《大學》所說的「絜矩之道」：「所惡于上，毋以使下。所惡于下，毋以事上。所惡于前，毋以先後。所惡于後，毋以從前。所惡于右，毋以交于左。所惡于左，毋以交於右。」[40] 由此可見，孔子反對雙重道德標準。不只在個人上，也在國際場合。否則，就不叫恕。

(3) 恕是從己做起，非要求別人。《大學》有云：「君子有諸己，而後求諸人；無諸己，而後非諸人。所藏乎身不恕，而能喻諸人者，未之有也。」又孔子說：「君子有三恕：有君不能事，有臣而求其使，非恕也；有親不能報，有子而求其孝，非恕也；有兄不能敬，有弟而求其聽令，非恕也。」《孔子家語·三恕》

(4) 恕是治道。從政者一定要體貼人民的需要，而非從自己的想法、利益出發去頒佈政策。《說苑·君道》：「先恕而後教，是堯道也。」又《新書·修政語上》：「帝堯曰：……仁行而義立，德博而化富，故不賞而民勸，不罰而民治，先恕而後行，是以德音遠也。」又《孔子家語·致思》：「思仁恕則樹德，加嚴暴則樹怨。」又《鹽鐵論·取下》：「君子仁以恕，義以度，所好惡與天下共之，所不施不仁者。」

(5) 恕以尊重他人為前提：「恕道的本質就在於對他人主體性的尊重」[41]，不尊重別人，當然談不上恕。此外，恕代表了包容、多樣化以及因地制宜的可貴。《小戴禮記·王制》云：「凡居民材，必因天地。寒暖燥濕，廣谷大川異

---

39 馮友蘭，2007年，《新世訓：生活方法新論》。北京：三聯書店，第14頁。
40 羅寶成、盧美華。儒學合理群體主義及其現代思想價值。社會科學論壇。第24頁。
41 張起鈞。1988年，《恕道與大同》，臺北：東大圖書，第71頁。

制，民生其間者異俗。剛柔輕重，遲速異齊，五味異和，器械異制，衣服異宜。修其教，不易其俗，齊其政，不易其宜。中國夷狄五方之民，皆有性也，不可推移。」

3、恕對個人、家庭、社會、國家、世界的重要性

(1) 恕能幫助個體立與達。人與人之間難免有各種衝突，這時候，能替別人設想，就能減少紛爭，更能得到幫助。曾國藩告誡其弟曾國潢：「恕，聖門好言仁，仁即恕也。……吾兄弟須從恕字痛下功夫，隨在皆設身以處地。我要步步站得穩，須知他人也要站得穩，所謂立也。我要處處行得通，須知他人也要行得通，所謂達也。今日我處順境，預想他日也有處逆境之時；今日我以盛氣淩人，預想他日人亦以盛氣淩我之身，或淩我之子孫。常以恕字自惕，常留餘地處人，則荊棘少矣。」[42]

(2) 恕能促進家庭和樂：所謂「家和萬事興」，然而，家如何能和？唯有恕，總是替家人設想、尊重家庭成員各式的差異、包容家庭成員的犯錯。

(3) 恕能促進社會和諧。恕即是己所不欲勿施於人，但在當前社會中，出現了一些反恕道的行為：毒奶粉是生產商不想吃的，卻賣給別人；髒空氣是工廠老闆不想吸的，卻大量排放；馬路髒亂是髒亂的製造者不想看到的，他們卻隨地吐痰、不遵守交通規則；受騙是騙子不想要的，卻去騙別人；被欺負是加害者不想要的，卻去欺負別人等等。因此，恕在當前社會中特別需要。

(4) 對外，恕能讓國家交到更多朋友：在國際場合上，行使陰謀詭計的做法不利於國家利益的實現，反而真誠的恕道更能實現國家利益。

(5) 對內，恕能展延國祚。在秦始皇統一中國之後的歷代王朝中，只有漢、宋兩朝國祚超過三百年。據《史記·平準書》中記載漢朝文景之治的盛況：「京師之錢累巨萬，貫朽而不可校；太倉之粟，陳陳相因，充溢露積於外，至腐敗不可食。」此時，漢朝富裕之程度讓人不敢想像。宋朝不只國祚長（西元960-1279年），而且科技、經濟、教育、文化鼎盛，政治開明清廉，終宋一代沒有嚴重的兵變、民亂、宦官、外戚問題和地方割據，其原因與宋朝皇帝實施的仁政有很

---

42 曾國藩著，梧桐整理，曾國藩文集，北京：海潮出版社，1998年，頁434-435。

大關係。宋太祖趙匡胤不殺功臣,而且規定不得殺士大夫及上書言事人[43],這些舉措充滿了儒家恕道的精神,因此,得民心、得天佑,國祚更長。

(6) 恕能促進世界和平:當今世界戰亂不休,莫不導因於各別民族想要統治世界的野心,而儒家的恕具有共享的意義,很明顯的,共享的做法比起獨佔的做法更容易帶來世界和平。美國眾議院通過的一項決議也指出,孔子《論語》中所說的「己所不欲,勿施於人」和「己欲立而立人,己欲達而達人」是一種道德品行的典範,能促進人類和諧。[44]

由以上說明可知,孔子的恕確實是真理,到任何地方、任何國家都行得通。儒家的恕道使儒家具有其他一些學派或宗教所不具有的的包容性,因此,儒家才能歷經二千多年而綿延不絕、歷久彌新。

(三) 忠

1、忠字的意義

依據六書的造字原則,忠是形聲字。[45] 忠的概念在中國的出現比孝還晚,一直要到春秋時期才流行開來。[46]

(1) 忠是真實。《周語》:「忠者,文之實也。」《周禮‧大司徒》云:「中心曰忠。中下從心,謂言出於心,皆有忠實也。」意思是所言皆發自內心。如《孔子家語‧六本》:「忠言逆耳而利於行。」

---

43 「相傳太祖趙匡胤曾在石碑上(一說在鐵塊上)刻下留給子孫的遺言,宋朝歷任皇帝在即位時,都必須拜讀這份遺訓;不過,這份遺訓至為機密,除了特定宮中人士之外,甚至連宰相都不知道。後來金朝打敗宋朝,佔領皇宮時,才發現這份文件的存在。遺訓記載的內容有下列三點:(一)柴氏子孫有罪,不得加刑,縱犯謀逆,止於獄中賜盡,不得市曹刑戮,亦不得連坐支屬。(二)不得殺士大夫及上書言事人。(三)子孫有渝此誓者,天必殛之。宋朝的皇帝基本上都遵守了誓碑遺訓,從柴家子孫與南宋共存亡,以及在新舊黨爭當中失勢的官員並沒有被殺,還可能會隨著政局的演變由罷黜而回到中央這兩點就可以證明。趙匡胤溫厚的個性透過這個石碑遺訓,表現在整個宋王朝的政治上。」以上錄自維基百科,關鍵字:趙匡胤。又:「太祖勒石,鎖置殿中,使嗣君即位,入而跪讀。其戒有三:一、保全柴氏子孫;二、不殺士大夫;三、不加農田之賦。嗚呼!若此三者,不謂之盛德也不能。」見於王夫之著《宋論》卷一《太祖三》;又程頤說:「太祖之有天下,救五代之亂,不戮一人,自古無之,非漢、唐可比,固知趙氏之祀安於泰山。」

44 美國眾議院通過決議紀念孔子誕辰兩千五百六十週年,見於 2009 年十月三十日新華網 http://news.xinhuanet.com/world/2009-10/30/content_12361512.htm

45 畢寶魁認為忠是會意字,非形聲字。見畢氏:《論語》「忠」「恕」本義考,《清華大學學報(哲學社會科學版)》2009 年,(24)6:156-160。

46 張繼軍,先秦時期「忠」觀念的產生及其演化,《求是學刊》2009 年第 36 卷第 2 期。第 35 頁。

(2) 忠是無私。《左傳‧成公九年》云：「無私，忠也。」而「以私害公，非忠也」《左傳‧文公六年》。

(3) 忠是沒有二心。《孔傳》云：「忠，事上竭誠也，不貳也。」《書‧伊訓》也說：「居上克明，為下克忠。」《國語‧晉語二》：「可以利公室，力有所能，無不為，忠也。」

(4) 忠是敬、盡心盡力。《六書精蘊》說忠是「竭誠也」。《說文解字》解釋忠為：「敬也。從心，中聲。」敬者，肅也，不懈於心，因此，全心全力盡到職責才是忠，心力有所保留、半途而廢或見異思遷就不是忠。

(5) 忠是利民。春秋初期的隨國大臣季梁說：「所謂道，忠於民而信於神。上思利民，忠也；祝史正辭，信也。」（《左傳‧桓公六年》）這裡的忠就是國君利民、愛民。

(6) 忠是教人以善，如《孟子》云：「教人以善謂之忠。」

2、忠在原始儒家的重要性

忠是儒家思想的核心德目之一。為什麼「忠」對儒家來講特別重要呢？

(1) 忠是誠實，是與人交往的依據、說話的準則。「子曰：『居處恭，執事敬，與人忠。雖之夷狄，不可棄也。』」「子曰：『言忠信，行篤敬，雖蠻貊之邦行矣。言不忠信，行不篤敬，雖州里行乎哉？」又孔子曰：「言思忠。」忠對應於「言」，因此，這裡的忠是誠實的意思。

(2) 忠以良知為前提。「忠」有多義，其中一義是一種對人對事的盡責態度，但並非所有的盡責都能稱為忠，而只有助善去惡才是忠，例如：臣子巧言令色、誘使君王墮落便不是忠，故孟子說：「教人以善謂之忠。」而《鹽鐵論‧刺議》中的賢良文學也說：「以正輔人謂之忠，以邪導人謂之佞。」因此，儒家的忠君是有前提的，那就是建立在良知助善的基礎上。至於君若不君，乃至殘害生民，則可以革命「誅一夫紂」。故孟子說：「賊仁者謂之賊，賊義者謂之殘，殘賊之人謂之一夫。聞誅一夫紂矣，未聞弒君也。」《孟子‧梁惠王下》

(3) 忠是對所有人的規範：忠在原始儒家具有多元且相對的意義，忠不只是下對上，同時也是上對下，也包括對事情、工作、對朋友、對婚姻、對承諾都應該忠。「君人執信，臣人執共，忠信篤敬，上下同之，天之道也。君自棄也，弗能久矣！」《左傳‧襄公二十二年》子張問政。子曰：「居之無倦，行之以

忠。」《論語・顏淵》；孔子說：「君使臣以禮，臣事君以忠。」(《論語・八佾》)換言之，君待臣以禮，臣事君以忠，這是君臣雙方未形諸文字的合同，這個合同需要彼此遵守。因此，孔孟儒家的治國理念在於要求君王甚於臣民，而孟子更把君臣關係的好壞完全由君主來負責，孟子說：「君之使臣如土芥，則臣視君如寇仇。」此外，原始儒家的忠是對雙方的要求，如《中庸》所言：「忠信重祿，所以勸士也。」這裡的「忠」就是君主對臣子要以誠相待。這些都說明了忠誠這樣的美德既有益於所有人，也需要所有人的奉行。至於後儒則幾乎把「忠」局限於下對上，臣對君之間，忠變成了忠君的單一意義，且要求臣民無條件服從，這是違背了孔孟之道，助紂為虐者也。

附錄三：
作者解開的《論語》謎題
——至今無解以及有爭議的章句列舉

1. 學而時習之
2. 唯女子與小人為難養也
3. 人能弘道，非道弘人。
4. 色斯舉矣，翔而後集。曰：「山梁雌雉，時哉時哉！」子路共之，三嗅而作。
5. 子曰：「當仁，不讓於師。」
6. 子曰：「好勇疾貧，亂也。人而不仁，疾之已甚，亂也。」
7. 子曰：「不有祝鮀之佞，而有宋朝之美，難乎免於今之世矣！」
8. 三人行，必有我師焉。擇其善者而從之，其不善者而改之。
9. 子曰：「蓋有不知而作之者，我無是也。多聞，擇其善者而從之，多見而識之，知之次也。」
10. 述而不作
11. 樊遲問知。子曰：「務民、之義，敬鬼神而遠之，可謂知矣。」問仁。曰：「仁者先難而後獲，可謂仁矣。」
12. 由也，好勇過我，無所取材
13. 不知其仁，焉用佞？
14. 事父母幾諫
15. 父母在，不遠遊，遊必有方
16. 富與貴，是人之所欲也，不以其道得之，不處也。貧與賤，是人之惡也，不以其道得之，不去也。
17. 子曰：「弟子入則孝，出則弟，謹而信，汎愛眾，而親仁。行有餘力，則以學文。」
18. 信近於義，言可復也。恭近於禮，遠恥辱也。因不失其親，亦可宗也。

19. 學而不思則罔
20. 子以四教：文，行，忠，信。
21. 子曰：「攻乎異端，斯害也已。」
22. 孟武伯問孝？子曰：「父母唯其疾之憂。」
23. 色難。有事，弟子服其勞；有酒食，先生饌，曾是以為孝乎？
24. 吾十有五而志於學
25. 四十而不惑
26. 立，則見其參於前也
27. 君子不施其親
28. 大德不踰閑
29. 聽訟，吾猶人也；必也、使無訟乎！
30. 回也其庶乎
31. 柳下惠為士師
32. 民可使由之，不可使知之
33. 加我數年，五、十以學《易》，可以無大過矣。
34. 子曰：片言可以折獄者，其由也與。子路無宿諾。
35. 君子不重則不威，學則不固
36. 不患無位，患所以立；不患莫己知，未為可知也。
37. 子曰：「人之過也，各於其黨。觀過，斯知仁矣。」
38. 顏淵曰：「願無伐善，無施勞。」子路曰：「願聞子之志！」子曰：「老者安之，朋友信之，少者懷之。」
39. 子曰：「齊一變，至於魯；魯一變，至於道。」
40. 子曰：「君子坦蕩蕩，小人長戚戚。」
41. 子謂顏淵曰：「用之則行，舍之則藏，惟我與爾有是夫。」子路曰：「子行三軍，則誰與？」子曰：「暴虎馮河，死而不悔者，吾不與也。必也臨事而懼，好謀而成者也。」
42. 主忠信。毋友不如己者
43. 君子多乎哉？不多也！
44. 問人於他邦，再拜而送之

45. 子罕言利,與命與仁
46. 見齊衰者,雖狎必變
47. 子曰:「先進於禮樂,野人也;後進於禮樂,君子也。如用之,則吾從先進。」
48. 不在其位,不謀其政。
49. 先之、勞之。
50. 曾子曰:君子以文會友,以友輔仁。
51. 子曰:「善人為邦百年,亦可以勝殘去殺矣。」
52. 子曰:「君子謀道不謀食。耕也,餒在其中矣;學也,祿在其中矣。君子憂道不憂貧。」
53. 子曰:「如有王者,必世而後仁。」
54. 子曰:「君子貞而不諒。」
55. 久要不忘平生之言
56. 富而無驕易
57. 士而懷居,不足以為士矣!
58. 愛之,能勿勞乎
59. 賢賢易色
60. 聽其言也厲
61. 棖也欲,焉得剛
62. 子曰:「人無遠慮,必有近憂。」
63. 道之以政
64. 君子不器
65. 子張學干祿。子曰:「多聞闕疑,慎言其餘,則寡尤。多見闕殆,慎行其餘,則寡悔。言寡尤,行寡悔,祿在其中矣。」
66. 子曰:「夷狄之有君,不如諸夏之亡也。」
67. 子夏問曰:「巧笑倩兮,美目盼兮,素以為絢兮」何謂也?子曰:「繪事後素。」曰:「禮後乎?」子曰:「起予者商也,始可與言詩已矣。」
68. 祭如在,祭神如神在。子曰:「吾不與祭,如不祭。」
69. 子曰:「《關雎》,樂而不淫,哀而不傷。」

70. 成事不說，遂事不諫，既往不咎
71. 樂其可知也：始作，翕如也；從之，純如也，皦如也，繹如也，以成。
72. 盡美矣，又盡善也。謂《武》：盡美矣，未盡善也
73. 「唯仁者，能好人，能惡人。」
74. 君子懷德，小人懷土；君子懷刑，小人懷惠
75. 子曰：「參乎！吾道一以貫之。」曾子曰：「唯。」子出。門人問曰：「何謂也？」曾子曰：「夫子之道，忠恕而已矣。」
76. 事君數，斯辱矣；朋友數，斯疏矣
77. 子曰：「譬如為山，未成一簣；止，吾止也！譬如平地，雖覆一簣；進，吾往也！」
78. 子曰：「可與共學，未可與適道；可與適道，未可與立；可與立，未可與權。」
79. 「唐棣之華，偏其反而；豈不爾思？室是遠而。」子曰：「未之思也，夫何遠之有？」
80. 子張問善人之道。子曰：「不踐跡，亦不入於室。」
81. 子曰：「論篤是與，君子者乎？色莊者乎？」
82. 子張問「明」。子曰：「浸潤之譖，膚受之愬，不行焉，可謂明也已矣。浸潤之譖，膚受之愬，不行焉，可謂遠也已矣。」
83. 虎豹之鞟猶犬羊之鞟也？
84. 子謂衛公子荊，「善居室。始有，曰：『苟合矣』；少有，曰：『苟完矣。』富有，曰：『苟美矣。』」
85. 子曰：「君子和而不同，小人同而不和。」
86. 子曰：「賢者辟世，其次辟地，其次辟色，其次辟言。」
87. 曾子曰：「君子思不出其位。」
88. 微生畝謂孔子曰：「丘，何為是栖栖者與？無乃為佞也乎？」孔子曰：「非敢為佞也，疾固也。」
89. 知德者鮮矣
90. 子曰：「無為而治者，其舜也與！夫何為哉？恭己正南面而已矣。」
91. 子曰：「君子疾沒世而名不稱焉。」

92. 子曰：「吾之於人也，誰毀誰譽？如有所譽者，其有所試矣。斯民也，三代之所以直道而行也。」
93. 子曰：「吾猶及史之闕文也，有馬者，借人乘之。今亡矣夫！」
94. 子曰：「君子不可小知，而可大受也。小人不可大受，而可小知也。」
95. 而今而後，吾知免夫！
96. 子曰：「道不同，不相為謀。」
97. 丘也聞有國有家者，不患寡而患不均，不患貧而患不安。蓋均無貧，和無寡，安無傾。
98. 如有用我者，吾其為東周乎
99. 子曰：「鄙夫可與事君也與哉？其未得之也，患得之；既得之，患失之。苟患失之，無所不至矣！」
100. 古者民有三疾，今也或是之亡也。
101. 孺悲欲見孔子，孔子辭以疾。將命者出戶，取瑟而歌，使之聞之。
102. 滔滔者，天下皆是也，而誰以易之？且而與其從辟人之士也，豈若從辟世之士哉？
103. 鳥獸不可與同群！吾非斯人之徒與而誰與？天下有道，丘不與易也。
104. 不仕無義。長幼之節，不可廢也；君臣之義，如之何其廢之？欲潔其身而亂大倫，君子之仕也，行其義也。道之不行，已知之矣。
105. 隱居放言，身中清，廢中權。
106. 執德不弘，信道不篤，焉能為有？焉能為亡？
107. 我之大賢與，於人何所不容？我之不賢與，人將拒我，如之何其拒人也？
108. 雖小道，必有可觀者焉，致遠恐泥，是以君子不為也
109. 百工居肆以成其事，君子學以致其道
110. 子夏曰：「仕而優則學，學而優則仕。」
111. 堂堂乎張也，難與並為仁矣
112. 孟氏使陽膚為士師，問於曾子。曾子曰：「上失其道，民散久矣！如得其情，則哀矜而勿喜。」
113. 人不閒於其父母昆弟之言

114. 自古皆有死，民無信不立
115. 子曰：「求也退，故進之；由也兼人，故退之。」
116. 老而不死
117. 子曰：「古之學者為己，今之學者為人。」
118. 子曰：「法語之言，能無從乎？改之為貴！巽與之言，能無說乎？繹之為貴！說而不繹，從而不改，吾末如之何也已矣！」
119. 子曰：「里仁為美。擇不處仁，焉得知？」
120. 子曰：「不仁者，不可以久處約，不可以長處樂。仁者安仁，知者利仁。」
121. 苟志於仁矣，無惡也
122. 季文子三思而後行
123. 克己復禮為仁，一日克己復禮，天下歸仁焉
124. 吾與點也
125. 我未見好仁者惡不仁者
126. 子曰：「能以禮讓為國乎，何有！不能以禮讓為國，如禮何！」
127. 行夏之時
128. 父為子隱
129. 君子喻於義，小人喻於利。
130. 舜禹之有天下也而不與焉
131. 君子之於天下也，無適也，無莫也，義之與比
132. 知之為知之
133. 使民敬忠以勸
134. 子疾病，子路請禱。子曰：「有諸？」子路對曰：「有之；誄曰：『禱爾於上下神祇。』」子曰：「丘之禱久矣。」
135. 子張問崇德辨惑。子曰：主忠信，徙義，崇德也。愛之欲其生，惡之欲其死，既欲其生，又欲其死，是惑也。誠不以富，亦祇以異。
136. 有子曰：「其為人也孝弟，而好犯上者，鮮矣；不好犯上，而好作亂者，未之有也。君子務本，本立而道生。孝弟也者，其為仁之本與！」
137. 喪，與其易也，寧戚

138. 善人教民七年
139. 夫如是故，遠人不服。
140. 既來之，則安之。
141. 吾未見好德如好色者也。
142. 舉直錯諸枉，能使枉者直
143. 公伯寮愬子路於季孫
144. 傳不習乎
145. 孰先傳焉？孰後倦焉？
146. 子曰：文，莫吾猶人也。躬行君子，則吾未之有得。
147. 君子居之，何陋之有。
148. 父在，觀其志；父沒，觀其行。三年無改于父之道，可謂孝矣。
149. 視其所以，觀其所由，察其所安。人焉廋哉？人焉廋哉？
150. 十室之邑，必有忠信如丘者焉，不如丘之好學也
151. 子曰：「人之生也直，罔之生也幸而免。」
152. 子曰：「中人以上，可語上也；中人以下，不可語上也。」
153. 子曰：「君子博學於文，約之以禮，亦可以弗畔矣夫！」
154. 子曰：「中庸之為德也，其至矣乎！民鮮久矣。」
155. 子曰：「默而識之，學而不厭，誨人不倦，何有於我哉？」
156. 子曰：「奢則不孫，儉則固。與其不孫也，寧固。」
157. 大哉孔子，博學而無所成名。
158. 子絕四，毋意，毋必，毋固，毋我。
159. 子云，吾不試，故藝。
160. 語之而不惰者，其回也與？
161. 子曰：「歲寒，然後知松柏之後凋也。」
162. 君賜食，必正席，先嘗之。
163. 如殺無道以就有道
164. 慮以下人
165. 誦《詩》三百
166. 及其使人也，求備焉

167. 以直報怨
168. 躬自厚而薄責於人
169. 困而學之
170. 日知其所亡,月無忘其所能,可謂好學也已矣。
171. 君子惡居下流,天下之惡皆歸焉。
172. 「管仲儉乎?」曰:「管氏有三歸,官事不攝,焉得儉?」
173. 子曰:「狂而不直,侗而不愿,悾悾而不信,吾不知之矣。」
174. 子曰:「巍巍乎,舜禹之有天下也而不與焉!」
175. 有民人焉,有社稷焉,何必讀書,然後為學
176. 知及之,仁不能守之,雖得之,必失之。
177. 益者三友,損者三友
178. 益者三樂,損者三樂
179. 可者與之,其不可者拒之
180. 博學而篤志,切問而近思
181. 君子信而後勞其民
182. 吾友張也,為難能也
183. 宗廟之美、百官之富
184. 帝臣不蔽,簡在帝心
185. 謹權量,審法度,脩廢官
186. 君子一言以為知,一言以為不知,言不可不慎也
187. 君子有三變
188. 修己以敬

《讀懂論語就能成功》

《讀懂論語就能成功》

www.ingramcontent.com/pod-product-compliance
Lightning Source LLC
Chambersburg PA
CBHW071552080526
44588CB00010B/879